中国印刷业发展报告（2016版）
CHINA PRINTING INDUSTRY DEVELOPMENT REPORT

主　编／黄晓新　　副主编／张羽玲

中国书籍出版社
China Book Press

图书在版编目（CIP）数据

中国印刷业发展报告：2016版/黄晓新主编. —北京：中国书籍出版社，2016.11
ISBN 978－7－5068－5630－0

Ⅰ. ①中… Ⅱ. ①黄… Ⅲ. ①印刷工业—工业发展—研究报告—中国—2016
Ⅳ. ①F426.84

中国版本图书馆CIP数据核字（2016）第294605号

中国印刷业发展报告：2016版

黄晓新　主编

责任编辑	庞　元
责任印制	孙马飞　马　芝
封面设计	方　波
出版发行	中国书籍出版社
地　　址	北京市丰台区三路居路97号（邮编：100073）
电　　话	（010）52257143（总编室）　　（010）52257140（发行部）
电子邮箱	eo@chinabp.com.cn
经　　销	全国新华书店
印　　刷	北京九州迅驰传媒文化有限公司
开　　本	787毫米×1092毫米　1/16
印　　张	20
字　　数	322千字
版　　次	2016年12月第1版　2016年12月第1次印刷
书　　号	ISBN 978－7－5068－5630－0
定　　价	78.00元

版权所有　翻印必究

《中国印刷业发展报告（2016版）》
编委会

主　任：王岩镔
副主任：路　洲
委　员：（按姓氏笔画排序）
　　　　付　东　吕　楠　刘成芳　张迁平
　　　　张羽玲　黄晓新　路　洲

《中国印刷业发展报告（2016版）》课题组、撰稿人名单

组　　长：黄晓新
副组长：张羽玲
撰稿人：（按姓氏笔划排序）
　　　　刘成芳　刘峰源　刘积英　张羽玲
　　　　张震一　郑爱玲　郭春涛

目 录

主报告

中国印刷业发展现状解析 …………………………………………… (3)
 一、"十二五"时期我国印刷业发展情况分析 …………………… (4)
  （一）"十二五"时期我国印刷业发展的基本情况 ……………… (4)
  （二）"十二五"时期我国印刷业区域发展的特点 ……………… (11)
  （三）"十二五"时期我国印刷业产业结构的变化 ……………… (15)
  （四）"十二五"时期我国印刷业部分主营业务发展情况 …… (36)
  （五）"十二五"时期规模以上重点印刷企业发展态势 ……… (51)
  （六）"十二五"时期我国数字印刷发展态势 ………………… (66)
  （七）"十二五"时期我国绿色印刷发展态势 ………………… (71)
 二、2010—2014年印刷业规模以上工业企业发展情况分析 ………… (74)
  （一）2010—2014年我国印刷业规模以上工业企业主要经济指标运行情况 ……………………………………………… (75)
  （二）2010—2014年我国印刷业规模以上国有及国有控股工业企业主要经济指标运行情况 ……………………………… (86)
  （三）2010—2014年我国印刷业规模以上私营工业企业主要经济指标运行情况 …………………………………………… (95)
  （四）2010—2014年我国印刷业规模以上外商投资和港澳台商投资工业企业主要经济指标运行情况 ……………………… (106)
  （五）2010—2014年我国印刷业大中型工业企业主要经济指标运行情况 ……………………………………………………… (116)
  （六）2014年印刷业各类规模以上工业企业主要经济指标对比 ………………………………………………………………… (126)

1

专题报告

中国绿色印刷企业年度调查报告
　　　　　　　　　　　　　　　　　　　　　　《中国印刷》杂志社（135）
　　一、绿色印刷企业调查数据统计……………………………………（136）
　　二、企业绿色印刷技术应用现状分析………………………………（142）
　　三、企业绿色印刷技术需求分析……………………………………（156）
　　四、绿色印刷技术发展趋势及市场前景分析………………………（163）
　　五、结　语……………………………………………………………（168）

中国印刷业数字化发展报告
　　　　　　　　　　　　　　　　　　　　　　　　　　　郑爱玲（169）
　　一、印刷工作流程：向全面数字化方向发展………………………（169）
　　二、印刷内容：数字化内容亟待数字化管理………………………（177）
　　三、印刷经营管理：大幅度向信息化管理迈进……………………（179）
　　四、结　语……………………………………………………………（187）

中国数字印刷产业报告
　　　　　　　　　　　　　　　　　　　　　　　　　　　郭春涛（188）
　　一、全球数字印刷产业发展概况……………………………………（189）
　　二、我国数字印刷发展现状…………………………………………（193）
　　三、我国数字印刷业发展趋势………………………………………（209）
　　四、结　语……………………………………………………………（214）

产业政策

新闻出版总署关于进一步推动新闻出版产业发展的指导意见
　　新出政发〔2010〕1号…………………………………………………（217）

新闻出版总署关于加快我国数字出版产业发展的若干意见
　　新出政发〔2010〕7号…………………………………………………（226）

国务院关于促进企业兼并重组的意见
国发〔2010〕27号 ……………………………………………… (232)

国家科技支撑计划管理办法
国科发计〔2011〕430号 ………………………………………… (241)

新闻出版总署、环境保护部关于实施绿色印刷的公告
（新闻出版总署公告2011年第2号）…………………………… (250)

国家印刷复制示范企业管理办法
新出政发〔2011〕18号 …………………………………………… (254)

国家文化科技创新工程纲要
国科发高〔2012〕759号 ………………………………………… (259)

文化产业发展专项资金管理暂行办法
财文资〔2012〕4号 ……………………………………………… (268)

新闻出版总署关于支持民间资本参与出版经营活动的实施细则
（新闻出版总署2012年6月28日发布）……………………… (274)

新闻出版总署关于推进绿色印刷产业发展的通知
新出政发〔2013〕96号 …………………………………………… (276)

关于推动新闻出版业数字化转型升级的指导意见
新广出发〔2014〕52号 …………………………………………… (279)

国家新闻出版产业基地（园区）管理办法
新广出办发〔2014〕107号 ……………………………………… (284)

深化新闻出版体制改革实施方案 …………………………………… (288)

关于推动传统出版和新兴出版融合发展的指导意见
新广发〔2015〕32号 ……………………………………………… (296)

关于加快新闻出版业实验室建设的指导意见
新广出办发〔2016〕81号 ………………………………………… (301)

关于新闻出版改革发展项目库2017年度项目申报工作的通知
新广出办发〔2016〕97号 ………………………………………… (305)

主报告

中国印刷业发展现状解析

2015年是我国"十二五"规划的收官之年。在这一年里，我国印刷业克服国内外经济环境中各种不确定性因素的影响，积极面对各种困难和挑战，开拓进取，勇于创新，在提质增效、转变发展方式方面取得了积极进展，为"十三五"时期继续稳步发展与提升打下了良好的基础。

从整体上看，2015年全球经济形势未见明显好转，主要经济体仍未走出国际金融危机的阴影，增长速度继续放缓，复苏前景并不明朗。受各种不确定性因素影响，全球金融市场波动加剧，以石油为代表的大宗商品价格持续低迷，部分国家贸易保护主义思想抬头，货币竞争风险提升。

在错综复杂的国际经济环境下，我国经济下行压力持续加大，不同地区、不同行业走势分化，部分实体行业的中小企业普遍遭遇效益下滑、经营压力加大，转型升级进展缓慢的问题。面对经济发展存在的现实问题和诸多挑战，我国政府继续坚持稳增长、调结构、防风险，创新宏观调控方式，通过加大改革力度，激发市场活力，积极推进"互联网+"行动计划，制定实施创新驱动发展战略纲要和意见，实现了社会经济发展稳中有进、稳中有好。国家统计局数据显示，2015年，我国国内生产总值达到67.67万亿元，增长6.9%，在世界主要经济体中位居前列。其中，服务业在国内生产总值中的比重首次突破50%，这标志着我国经济结构调整取得积极进展。

整个"十二五"时期，我国积极应对国际金融危机持续影响等一系列重大风险挑战，适应经济发展新常态，国内生产总值由"十一五"末期2010年的40.89万亿元增长至2015年的67.67万元，增长了65.49%。但受国内外宏观经济环境影响，同比增速逐年下降，由2011年的9.5%降至2015年的6.9%。

印刷业作为国民经济的"晴雨表",受宏观经济调整影响,在2015年同样遭遇了增速放缓、成本上升、环保压力加大等诸多挑战,部分中小企业经营遇到一定困难,转型升级步伐缓慢。据国家新闻出版广电总局统计,2015年,我国印刷业实现工业总产值11246.24亿元,比上年增长3.58%,增速为近年来最低点。但从整体上看,随着"互联网+"行动计划在印刷业的逐步落地,以及行业资本意识的觉醒,印刷业可持续发展的新动能正在逐步显现。

整个"十二五"时期,我国印刷业工业总产值由"十一五"末期2010年的7706.50亿元增长至2015年的11246.24亿元,增长了45.93%。受宏观经济换挡减速和关联行业增势放缓影响,同比增速同样呈现逐年下降趋势,由2011年的12.59%降至2015年的3.58%。

为了梳理"十二五"时期我国印刷业发展的趋势及特点,本文以国家新闻出版广电总局印刷企业年度核验数据和国家统计局每年发布的"印刷和记录媒介复制业"相关统计数据为基础,对2011—2015年间我国印刷业发展的关键数据指标进行了全面梳理和解读。

一、"十二五"时期我国印刷业发展情况分析

本部分内容以国家新闻出版广电总局(原国家新闻出版总署)针对全国印刷企业的年度核验数据为基础,对"十二五"时期(2011—2015年)我国印刷业的发展情况进行全面分析与总结。作为印刷业行政主管部门,国家新闻出版广电总局针对印刷企业的年度核验数据全面、详尽,具有良好的统一性和延续性,是针对国内印刷业最权威的统计数据。

(一)"十二五"时期我国印刷业发展的基本情况

"十二五"时期,我国印刷业与整个国民经济一道迎来了换挡减速的发展新常态。在此期间,我国印刷业整体上保持了向上态势,产业规模继续增长,但增速有所下滑,以利润总额为代表的个别关键数据指标出现波动。

国家新闻出版广电总局年度核验数据显示,"十二五"期间,我国印刷企

业数量有所波动，但变化幅度不大。2015年我国共有印刷企业103467家，比2011年增加了983家，增长率为0.96%。期间，我国印刷企业数量呈"抛物线"走势，由2011年的102484家连续增至2013年的105890家，达到区间高点；随后，又连续两年呈下行走势。

印刷企业数量走势平稳，表明我国印刷业的基本面仍保持良好。虽然一方面有少量印刷企业由于各种原因出现关厂、倒闭、破产，但另一方面也不断有新兴企业加入进来，这保证了印刷产业生态正常的新旧交替。

"十二五"期间，印刷业面临的市场调整压力，在三项关键数据指标上得到了不同程度的体现。数据显示，2015年，我国印刷业资产总额、工业总产值、利润总额三项指标分别为12357.31亿元、11246.24亿元、698.60亿元，与2011年比分别增长了33.49%、29.61%、-5.58%。其中，工业总产值同期增速低于资产总额的增加幅度，表明投资对印刷业产业规模的拉动效应有所下降。在资产总额、工业总产值双双上行的情况下，利润总额出现超过5%的负增长，则表明印刷业的投资回报率和利润率向下压力明显。

在三项指标中，资产总额的变化相对平稳：各个年份均保持向上走势，且自2013年后增长率保持在6%左右。这表明国内印刷企业的投资意愿并未出现大幅波动。工业总产值在"十二五"期间同样实现了持续正向增长，但增长率逐步下滑。2012年，我国印刷业工业总产值的同比增长率在改革开放后首度降至10%以下，为9.60%。此后，连续下行，至2015年达到区间低点3.58%。这一走势反映了经济新常态下，印刷业客观存在的调整需求。利润总额在"十二五"期间波动最大，期末比期初出现5%以上的负增长，这在近30多年印刷业的发展历程中并不多见。结合工业总产值的变化可以发现，利润总额的下降不是市场需求出了问题，而是源于企业内在成本控制压力的上升。

三项关键数据指标呈现出的不同走势表明，在印刷企业数量保持平稳的前提下，印刷业仍表现出了一定的投资和扩大再生产意愿。但由于外在经济环境的变化，印刷业产业规模扩张动能减弱，盈利能力有所下滑。对此，国内印刷企业应因应外部环境的变化，合理制定发展目标和投资计划，以维持自身的健康和可持续发展。（见表1、图1）

表1 "十二五"时期印刷业资产总额、工业总产值和利润总额

年份	印刷企业数量（家）	资产总额（亿元）	资产总额增长率	工业总产值（亿元）	工业总产值增长率	利润总额（亿元）	利润总额增长率
2011	102484	9257.09	—	8677.13	—	739.87	—
2012	104367	10461.29	13.01%	9510.13	9.60%	724.98	-2.01%
2013	105890	11024.71	5.39%	10312.45	8.44%	772.20	6.51%
2014	104981	11762.98	6.70%	10857.51	5.29%	714.17	-7.52%
2015	103467	12357.31	5.05%	11246.24	3.58%	698.60	-2.18%

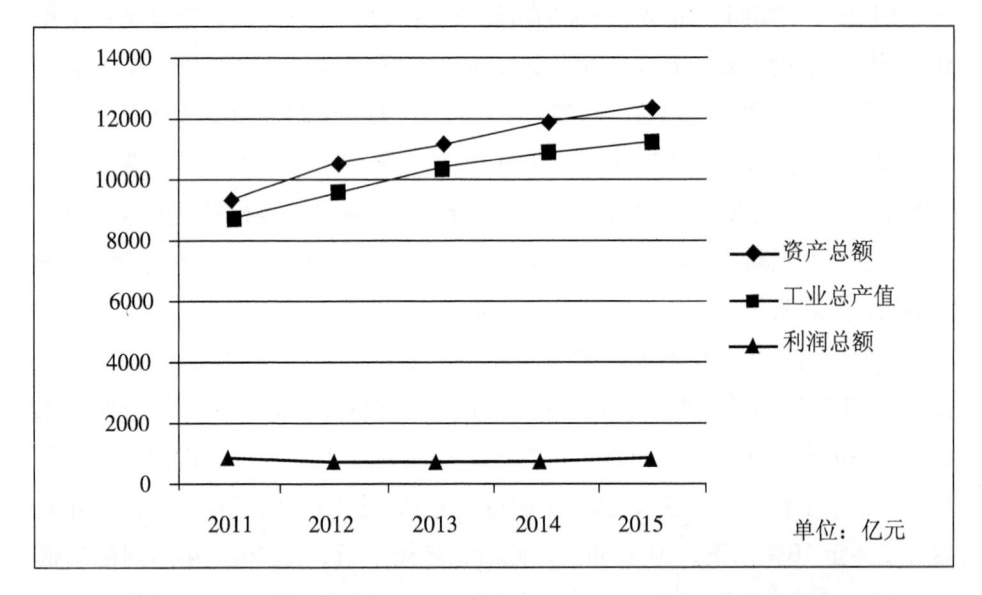

图1 "十二五"时期印刷业资产总额、工业总产值和利润总额变化情况

"十二五"时期，我国印刷业发展的一个显著特点是从业人员数量的持续下降。2015年，我国印刷业从业人员数量为317.60万人，比2011年减少了39.06万人，下降幅度达到10.95%。其中，仅2015年从业人员数量就减少了近22万人。从印刷企业平均用工数量看，2015年约为30.70人，比2011年的34.80人减少了4个人。

在印刷企业数量相对稳定，从业人员数量明显减少的情况下，印刷业工业总产值继续保持向上增长，这意味着印刷企业的平均规模和全员劳动生产率处于上升周期。2015年，我国印刷企业的平均产值规模为1086.94万元，比2011年提高了28.38%；印刷从业人员人均产值为35.41万元，比2011年提高了

45.55%。印刷企业平均规模的继续提升，表明我国印刷业基本面仍然稳定向好。而全员劳动生产率的提升则是广大印刷企业积极应对市场变化，加快转变发展模式，由劳动密集型向技术密集型过渡的必然结果。近年来，随着大量自动化、智能化设备的引进，印刷企业对简单手工劳动的需求大幅下降，这直接带动了印刷企业用工需求的减少，进而优化了整个行业的人才结构，提升了全员劳动生产率。（见表2、图2）

表2　"十二五"时期印刷业企业平均产值和行业人均产值

年份	印刷企业数量（家）	工业总产值（亿元）	企业平均产值（万元）	企业平均产值增长率	行业从业人数（万人）	行业人均产值（万元）	行业人均产值增长率
2011	102484	8677.13	846.68	—	356.67	24.33	—
2012	104367	9510.13	911.22	7.62%	344.13	27.64	13.59%
2013	105890	10312.45	973.88	6.88%	341.46	30.20	9.28%
2014	104981	10857.51	1034.24	6.20%	339.41	31.99	5.92%
2015	103467	11246.24	1086.94	5.10%	317.60	35.41	10.69%

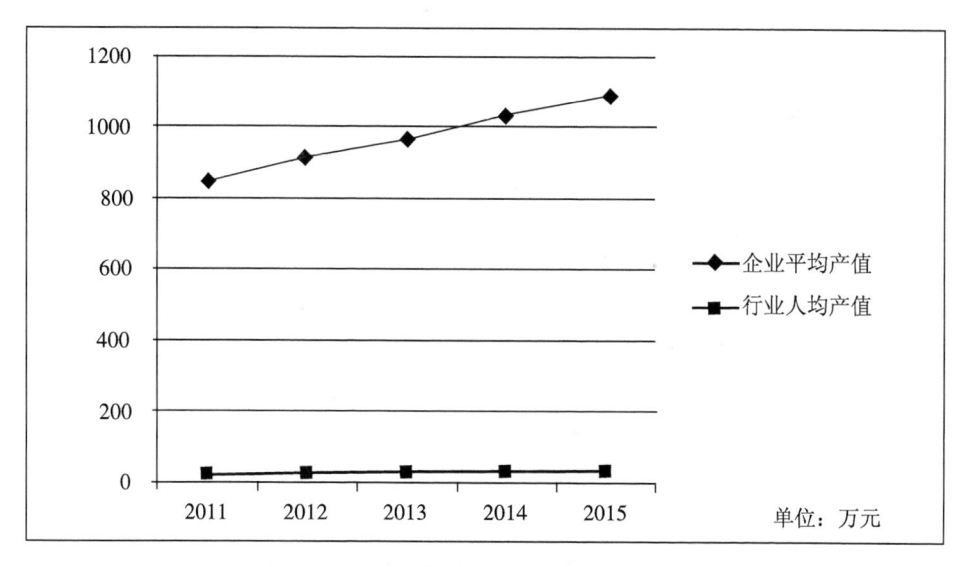

图2　"十二五"时期印刷业企业平均产值和行业人均产值变化情况

在利润指标方面，由于行业利润总额波动加大，"十二五"期间印刷企业平均利润呈整体向下走势。2015年，印刷企业平均实现利润67.52万元，比2011年减少了4.67万元，下降幅度为6.47%。在平均产值规模提升28.38%的情况下,平均利润不升反降,凸显了我国印刷企业盈利能力下滑的压力。与此同时,由于从业人员数量持续减少,我国印刷从业人员人均创利水平稳中有升。2015年,印刷从业人员平均实现利润2.20万元,比2011年提高了6.04%。从整体上看,增产不增收,盈利能力下降是当前很多实体行业面临的共同问题,而非为印刷业所独有。在挑战面前,行业企业应该增强信心,积极应对。(见表3、图3)

表3 "十二五"时期印刷业企业平均利润和行业人均利润

年份	印刷企业数量(家)	利润总额(亿元)	企业平均利润(万元)	企业平均利润增长率	行业从业人数(万人)	行业人均利润(万元)	行业人均利润增长率
2011	102484	739.87	72.19	—	356.67	2.07	—
2012	104367	724.98	69.46	-3.78%	344.13	2.11	1.56%
2013	105890	772.20	72.93	4.98%	341.46	2.26	7.35%
2014	104981	714.17	68.03	-6.71%	339.41	2.10	-6.96%
2015	103467	698.60	67.52	-0.75%	317.60	2.20	4.54%

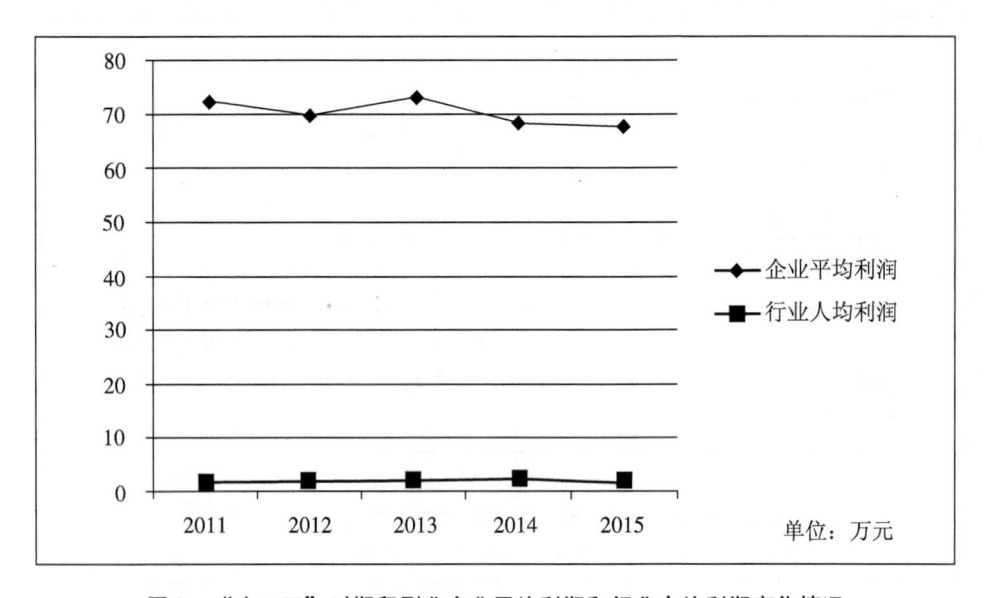

图3 "十二五"时期印刷业企业平均利润和行业人均利润变化情况

2008年国际金融危机爆发后,随着各主要经济体产业政策的调整,欧美国家一度出现期望制造业回流的呼声,加之我国人工及其他综合成本的上升,外资企业撤离中国一度成为媒体关注的焦点,近一两年印刷业确实也出现了少数外资企业关闭个别工厂和生产基地的情况。但关键数据指标显示,"十二五"时期外商对我国印刷业的投资热情不降反升。2015年,印刷业外商投资总额、外商注册资金额分别达到473.18亿美元、294.40亿美元,同比增长率分别达到17.05%、14.72%。无论是绝对值,还是同比增长率均处于"十二五"时期的高点。这表明,虽然我国印刷业在近年来遭遇了一定挑战,但在国际上相对竞争优势依然明显,对国际资本仍保持了较好的投资吸引力。在对外加工贸易方面,2015年我国印刷业对外加工贸易额为865.18亿元,比2014年微降0.11%,比2011年增长了27.22%,保持在"十二五"时期的相对高点。(见表4、图4)

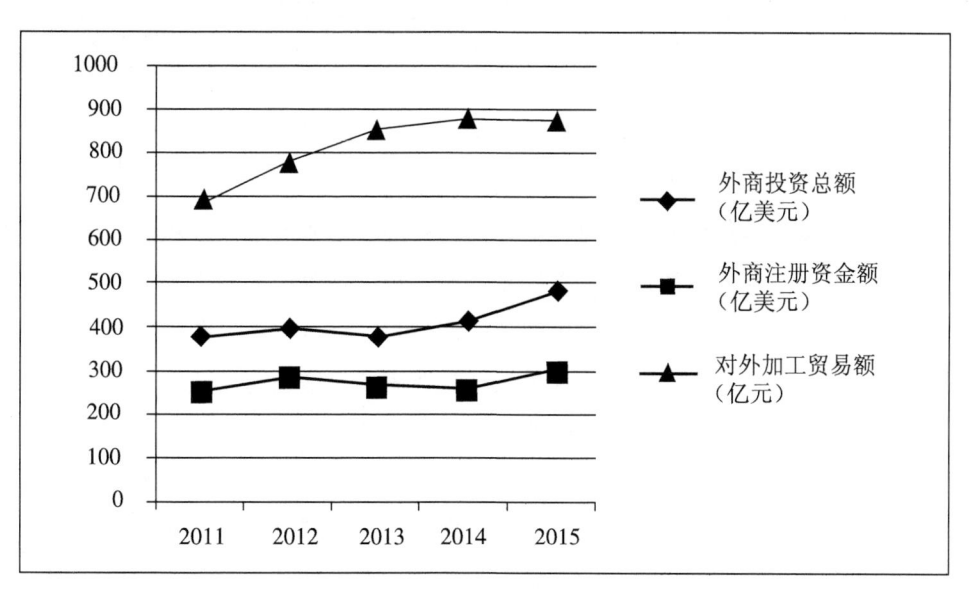

表4 "十二五"时期印刷业外商投资总额、外商注册资金额、对外加工贸易额

年份	外商投资总额(亿美元)	外商投资总额增长率	外商注册资金额(亿美元)	外商注册资金额增长率	对外加工贸易额(亿元)	对外加工贸易额增长率
2011	369.76	—	245.48	—	680.09	—
2012	389.33	5.29%	277.98	13.24%	772.04	13.52%
2013	373.49	-4.07%	259.42	-6.68%	841.48	9.00%
2014	404.24	8.23%	256.62	-1.08%	866.17	2.93%
2015	473.18	17.05%	294.40	14.72%	865.18	-0.11%

图4 "十二五"时期印刷业外商投资总额、外商注册资金额、对外加工贸易额变化情况

印刷业工业增加值在国内生产总值中的占比变化，反应了印刷业相对整个国民经济发展速度的高低。2015年，我国印刷业实现工业增加值2592.39亿元，约占当年我国国内生产总值的0.38%，比2011年的0.44%降低了0.06个百分点。"十二五"时期，在不考虑通胀因素的情况下，印刷业工业增加值呈现上行区间，但增长率相对较低，2015年与2011年相比增长了19.65%，而同期我国国内生产总值名义增长率达到40.10%。在"十二五"时期各个年份中，只有2014年印刷业工业增加值的同比增长率高于国内生产总值的名义增长率。这表明，随着经济结构的调整，印刷业创造财富的能力相对有所下降，未能跟上整个国民经济的发展速度。这需要引起业界注意。（见表5）

表5 "十二五"时期印刷业GDP（工业增加值）在我国GDP中的占比

年份	我国GDP（亿元）	我国GDP名义增长率	印刷业GDP（亿元）	印刷业GDP名义增长率	印刷业GDP在我国GDP中的占比
2011	489300.6	—	2166.65	—	0.44%
2012	540367.4	10.44%	2229.48	2.90%	0.41%
2013	595244.4	10.16%	2308.36	3.54%	0.39%
2014	643974.0	8.19%	2499.45	8.28%	0.39%
2015	685506.0	6.45%	2592.39	3.72%	0.38%

"十二五"时期无论对整个国民经济，还是对印刷业而言，都是改革开放30多年来非常重要的减档变速期。在这五年里，随着国内外经济环境的变化，党和政府主动调整经济发展思路，引导国民经济从主要追求速度和规模的高速发展期，进入更加注重质量和效益的新常态，积极培育经济内生动力，以应对错综复杂的国际经济形势。在国民经济的调整与升级过程中，印刷业与很多实体行业一道，遇到了一定的困难和挑战，具体表现为增长速度放缓，综合成本上升，盈利能力有所下降，部分企业生产经营困难。但从整体上看，"十二五"时期，我国印刷业的向上动能保持稳健，市场规模继续扩大，全员劳动生产率稳步提升，对国际资本的投资吸引力继续提升，这些都表明我国印刷业的基本面并未出现根本性逆转。当前，需要引起关注和重视的是，在整个国民经济由速度、规模型向质量、效益型转轨的过程中，广大印刷企业也亟待重新审视既

有发展模式，积极利用互联网、工业4.0等新型工具和理念，实现商业模式和管理体系的更新和再造，寻找新的增长动能，为未来的可持续发展打好基础。

（二）"十二五"时期我国印刷业区域发展的特点

改革开放30多年以来，我国印刷业的区域格局一直处于调整和变化之中。改革开放初期，随着广东，尤其是深圳印刷业的崛起，改革开放前以北京、上海为主导的双中心格局被打破，且广东印刷业的领先优势日渐明显，呈现一枝独秀态势；我国加入世贸组织后，原本在广东聚集的外资企业开始北上，加之沿海地区民营企业的发展，以上海为中心，涵盖江苏与浙江的长三角地区，以北京为中心，涵盖天津、河北、山东、辽宁的环渤海地区，印刷业开始加速发展，以珠三角、长三角、环渤海地区为引领的三大印刷产业带开始形成；近年来，随着产业转移速度的加快，涵盖山西、安徽、江西、河南、湖南、湖北的中部地区，逐步成为大型制造企业投资落户的热点，这直接带动了当地印刷业的发展，中部地区成为印刷业新的"增长极"。

"十二五"时期，珠三角、长三角、环渤海和中部地区四大产业带，以及四大产业带外的其他地区，印刷业产业规模都保持持续增长，这表明我国不同地区印刷需求都相对平稳，并未出现明显波动。但由于相对发展速度存在差异，四大产业带及其他地区在全国印刷业工业总产值中的占比此消彼长，这凸显了我国印刷业区域格局的不断调整。

数据显示，2015年，珠三角、长三角、环渤海和中部地区印刷业工业总产值分别为2001.11亿元、3397.27亿元、2282.64亿元、1764.89亿元，与2011年相比，分别增长了24.95%、14.37%、34.42%、60.40%。其中，中部地区增速显著高于其他三大产业带，这导致2015年中部地区印刷业工业总产值在全国总量中的占比，比2011年提高了3.01个百分点，达到15.69%；长三角在四大产业带中印刷业工业总产值规模最大，但增速最慢，在全国总量中的占比由2011年的34.23%下滑到30.21%，降低了4.02个百分点。珠三角、环渤海地区印刷业工业总产值在全国总量中的占比相对平稳，2015年与2011年相比，珠三角下降了0.66个百分点，为17.79%；环渤海提高了0.73个百分点，为20.30%。值得注意的是，以上说的是"十二五"时期的整体情况，单从

2015年的数据看，珠三角、长三角、环渤海在全国印刷业工业总产值中的占比均有所提升，而中部地区的占比却下降了0.70个百分点。这表明，2015年中部地区印刷业的发展态势不及其他三个地区。

从区间变化情况看，"十二五"时期，珠三角在全国印刷业工业总产值中的占比呈V字型走势，区间高点出现在2011年，为18.46%，2013年跌至区间低点17.51%，随后连续两年出现恢复性增长；长三角则下行明显，由2011年的34.23%一路跌至2014年的30.20%，只是在2015年出现了0.01个百分点的微弱回升；中部地区走势与长三角则正好相反，由2011年的12.68%一路提升到2014年的16.39%，2015年则意外出现回调；环渤海走势波动最为明显，区间低点和高点分别出现在2011年、2012年，分别为19.57%、21.06%，其他年份在低点与高点之间浮动。

虽然"十二五"时期我国印刷业的区域格局处于再平衡过程中，但四大产业带在全国印刷业中的位置仍保持稳定。按产值规模排序，长三角稳居第一位，环渤海次之，珠三角占据第三位，中部地区仍排在最后。这在一定程度上表明，印刷业区域格局的调整和再平衡是一个缓慢的过程，需要与关联产业的区域转移力度和步伐保持一致，而不能急于求成。（见表6、图5）。

表6 "十二五"时期珠三角、长三角、环渤海和中部地区印刷业工业总产值在全国总量的占比

区域	2011 印刷业工业总产值（亿元）	2011 在全国印刷业工业总产值中的占比	2012 印刷业工业总产值（亿元）	2012 在全国印刷业工业总产值中的占比	2013 印刷业工业总产值（亿元）	2013 在全国印刷业工业总产值中的占比	2014 印刷业工业总产值（亿元）	2014 在全国印刷业工业总产值中的占比	2015 印刷业工业总产值（亿元）	2015 在全国印刷业工业总产值中的占比
珠三角	1601.60	18.46%	1699.36	17.87%	1805.98	17.51%	1904.10	17.54%	2001.11	17.79%
长三角	2970.49	34.23%	3011.38	31.66%	3156.51	30.61%	3279.06	30.20%	3397.27	30.21%
环渤海	1698.09	19.57%	2003.21	21.06%	2107.07	20.43%	2180.39	20.08%	2282.64	20.30%

续表

区域	2011 印刷业工业总产值（亿元）	2011 在全国印刷业工业总产值中的占比	2012 印刷业工业总产值（亿元）	2012 在全国印刷业工业总产值中的占比	2013 印刷业工业总产值（亿元）	2013 在全国印刷业工业总产值中的占比	2014 印刷业工业总产值（亿元）	2014 在全国印刷业工业总产值中的占比	2015 印刷业工业总产值（亿元）	2015 在全国印刷业工业总产值中的占比
中部地区	1100.32	12.68%	1350.06	14.20%	1601.96	15.53%	1779.78	16.39%	1764.89	15.69%
其他地区	1306.63	15.06%	1446.12	15.21%	1640.93	15.91%	1712.93	15.78%	1800.33	16.01%

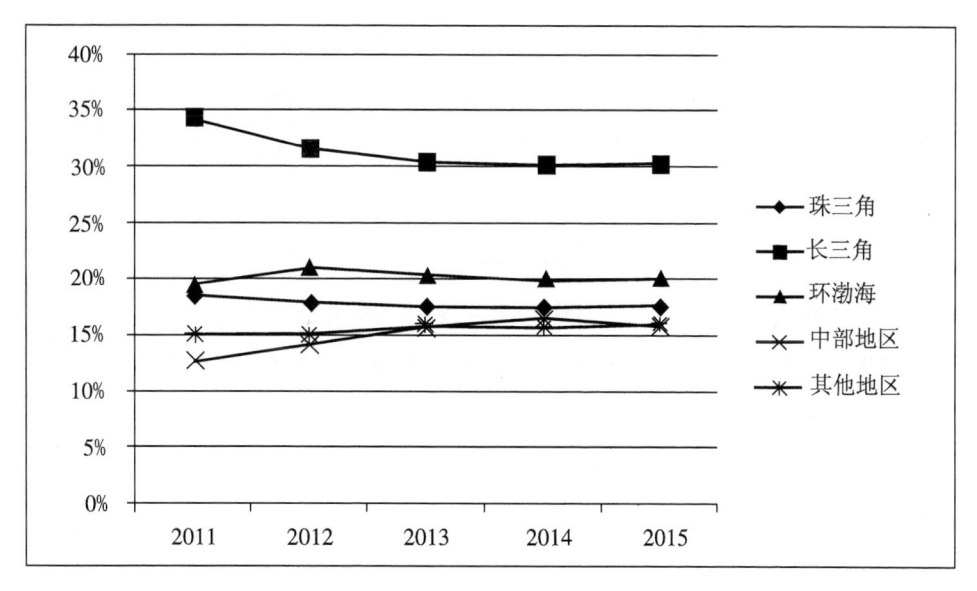

图5 "十二五"时期珠三角、长三角、环渤海和中部地区印刷业工业总产值在全国总量的占比变化

四大产业带是大的区域概念，其中除了珠三角之外，其他3个产业带均包含了多个省份。各产业带印刷业的产业规模反映的实际上是本区域内各个省份印刷业的发展水平。从"十二五"时期相关数据来看，四大产业带汇聚了我国印刷实力最强的部分省份。

以印刷业工业总产值作为排序指标，在"十二五"时期的五年间，先后有

13个省份进入全国印刷业前十强行列。其中,有11个出自四大印刷产业带,分别是:位于珠三角的广东省,位于长三角的浙江省、江苏省、上海市,位于环渤海的山东省、河北省、北京市,位于中部地区的江西省、湖南省、湖北省、安徽省。只有四川省和福建省来自四大产业带之外。(见表7)

表7 "十二五"时期我国印刷业十强省份

排名	2011 省份	印刷业工业总产值(亿元)	2012 省份	印刷业工业总产值(亿元)	2013 省份	印刷业工业总产值(亿元)	2014 省份	印刷业工业总产值(亿元)	2015 省份	印刷业工业总产值(亿元)
1	广东	1601.60	广东	1699.36	广东	1805.98	广东	1904.10	广东	2001.11
2	浙江	1279.68	浙江	1150.69	江苏	1175.02	江苏	1254.29	江苏	1301.59
3	江苏	1001.27	江苏	1087.58	浙江	1164.88	浙江	1195.52	浙江	1246.75
4	上海	689.53	上海	773.11	上海	816.61	上海	829.25	上海	848.93
5	山东	576.61	山东	741.84	山东	753.31	山东	758.70	山东	789.80
6	河北	480.29	河北	572.90	河北	627.40	河北	702.69	河北	735.72
7	福建	384.09	福建	400.77	福建	472.36	福建	544.84	福建	539.77
8	四川	262.16	四川	334.54	四川	370.96	四川	402.41	江西	409.37
9	北京	260.15	湖南	314.24	湖南	339.37	江西	398.93	四川	406.51
10	安徽	233.88	北京	271.23	江西	338.06	湖南	367.29	湖北	403.76
合计	—	6769.26	—	7346.27	—	7863.95	—	8358.01	—	8683.32
在全国印刷业工业总产值中的占比	—	78.01%	—	77.25%	—	76.26%	—	76.98%	—	77.21%

通观"十二五"时期历年印刷业十强省份排名，可以发现主要省份在全国印刷市场格局中的位置相当稳定。其中，广东省作为改革开放后崛起的印刷业高地，连续五年排名第一，且2015年其印刷业工业总产值首度突破2000亿元，在各省份中遥遥领先；来自长三角的江苏省、浙江省、上海市连续五年占据十强榜第二到第四位，只不过2011年和2012年，浙江省位居第二，江苏省位居第三，从2013年开始两者的位次出现了互换。来自环渤海的山东省、河北省位次同样十分稳定，分别连续五年占据第五位、第六位；第七位的位置连续五年属于福建省；四川省连续四年占据榜单第八位，但在2015年让位给了江西省。历年榜单第九位和第十位变化最大，湖南、北京、江西、四川、湖北、安徽均曾在不同年份出现在这两个位置上。

"十二五"时期，十强省份印刷业工业总产值由2011年的6769.26亿元增长至2015年的8683.32亿元，增长率为28.28%，略低于同期全国印刷业工业总产值29.61%的增长率。因此，十强省份印刷业工业总产值在全国总量中的占比有所下降，但幅度不大：2011年为78.01%，2015年为77.21%，减少了0.80个百分点。从连续上榜的省份来看，除了浙江省印刷业工业总产值在2012年出现了10.08%的下滑，其他省份历年均保持了正增长，只不过增长速度存在一定差异。十强省份的上榜门槛在"十二五"时期大幅提高，2011年为233.88亿元，2015年则为403.76亿元，提高了72.63%，远高于同期十强省份印刷业工业总产值的整体增长率。这表明，部分具有"后发"优势的省份印刷业增长动能更为强劲，正逐渐成为我国印刷业发展新的拉动力和"发动机"。

（三）"十二五"时期我国印刷业产业结构的变化

印刷业经常被称作国民经济的"晴雨表"，这主要是因为印刷业本身并不生产产品，而是为新闻出版及其他各行各业提供出版物、包装装潢印刷品、宣传用品的印制加工服务。各行各业对印刷品需求的增减不仅能够反映其自身景气度的高低，并且可以通过印刷业主要经济指标的涨跌对国民经济的发展情况进行"预警"。

按照我国印刷业的行政管理体系，印刷经营活动主要分为出版物印刷、包装装潢印刷品印刷、其他印刷品印刷三类，此外还有少量企业从事排版、制版、装订等专项业务的经营。从产业结构来看，出版物印刷和包装装潢印刷品印刷创造了九成以上的印刷业工业总产值，是我国印刷业的主体；从企业数量来看，其他印刷品印刷企业数量超过4万家，仅次于包装装潢印刷品印刷企业。这类企业虽然普遍规模不大，但量多面广，广泛服务于各行各业，是印刷业中不容忽视的一支力量。本报告主要以出版物印刷、包装装潢印刷品印刷和其他印刷品印刷为主体，对"十二五"时期我国印刷业产业结构的变化进行分析。

  1. "十二五"时期出版物印刷发展态势

  出版物印刷主要服务于图书、期刊、报纸出版工作，在印刷业中具有独特的地位。印刷业在大的国民经济分类体系中被归入新闻出版业，正是由于出版物印刷与图书、期刊、报纸出版工作紧密的联系，以及其在文化传承和知识传播中的特殊作用。

  从大的社会背景看，"十二五"时期是社会传播媒介与信息流通渠道发生大调整、大变革的五年。随着智能手机、平板电脑及移动互联网的发展及普及，人们获取信息与知识的渠道逐渐从线下向线上转移，图书、期刊、报纸等纸质出版物的发展均遇到了一定的挑战，尤其是以新闻、资讯传播为主要功能的报纸、期刊遭遇的挑战更为严峻，部分报刊由于在经营上难以为继出现停刊。这些都对"十二五"时期出版物印刷市场的走势产生了重要影响。

  作为行政主管部门，国家新闻出版广电总局（原国家新闻出版总署）每年定期发布的《全国新闻出版业基本情况》，对全国图书、期刊、报纸出版情况进行了全面、细致的统计与分析，其中多项数据与出版物印刷关系密切。

  通过梳理近年来《全国新闻出版业基本情况》中相关数据可以发现，"十二五"时期，我国图书、期刊、报纸的出版总量下滑明显，主要体现为总印张和折合用纸量两项指标持续下行，且跌幅逐年扩大。2015年，我国图书、期刊、报纸总印张为2467.03亿印张，折合用纸量570.75万吨，与2011年的3099.23亿印张、717.01万吨相比，下降幅度达到20.40%（用纸量系根据总印张数折合而成，因而两者增长率保持一致）。"十二五"时期，两项指标历年

的同比跌幅呈不断放大态势,2012年为0.79%,到2015年已经扩大为12.21%。(见表8、图6)

表8 "十二五"时期我国图书、期刊、报纸总印张和折合用纸量

年份	总印张(亿印张)	折合用纸量(万吨)	总印张、总用纸量增长率
2011	3099.23	717.01	—
2012	3074.01	711.36	-0.79%
2013	3005.12	695.24	-2.27%
2014	2810.13	650.13	-6.49%
2015	2467.03	570.75	-12.21%

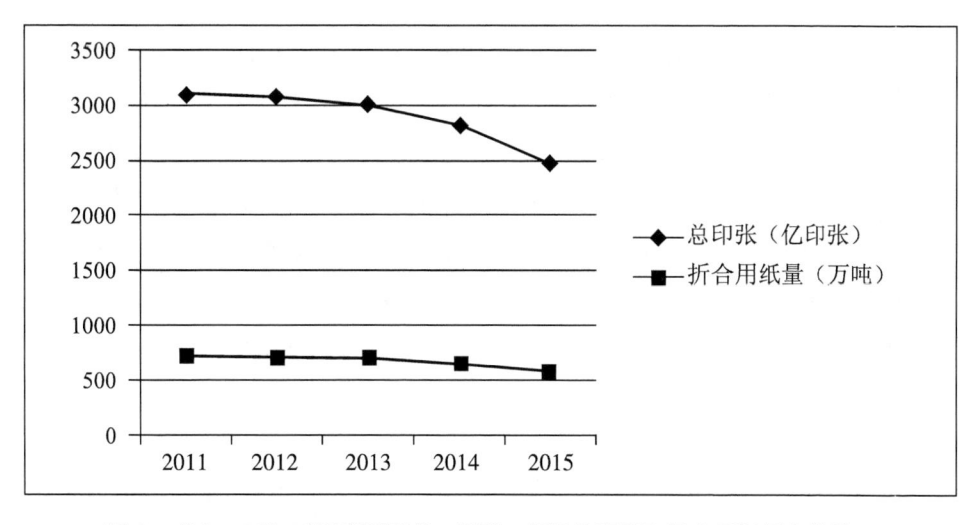

图6 "十二五"时期我国图书、期刊、报纸总印张和折合用纸量变化情况

从整体上看,"十二五"时期,图书、期刊、报纸出版走势严峻。不过,由于产品特点不同,三类出版物的走势也并不一致。

从出版物总印张数来看,在三类出版物中,报纸占比最大,其次为图书,最后为期刊。2015年,报纸、图书、期刊出版的总印张数依次为1554.93亿印张、743.19亿印张、167.78亿印张,在总印张数中的占比分别为63.06%、30.14%、6.80%。(见图7)

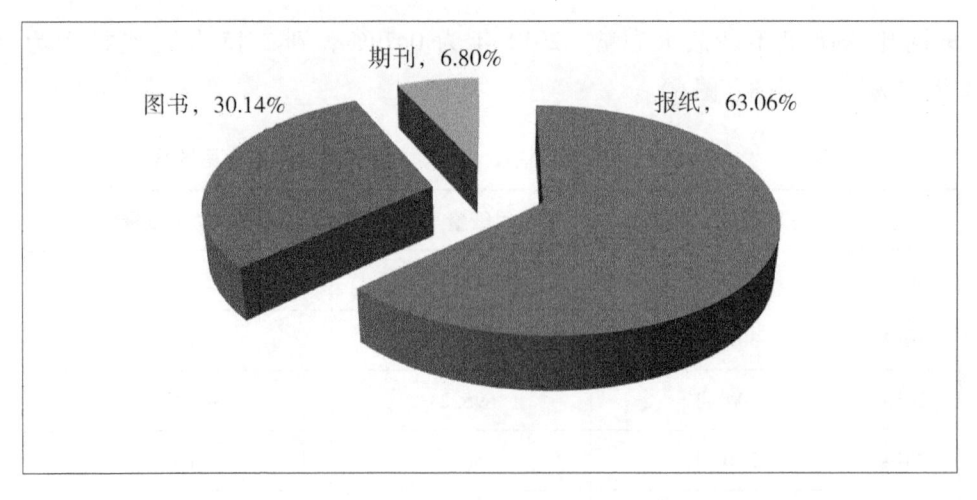

图7 2015年图书、期刊、报纸总印张在出版物总印张中的占比情况

在三类出版物中，原本以新闻、资讯传播为主要功能的报纸，由于在时效性方面受到新兴媒体的冲击，遭遇的挑战最大。尤其是自2014年随着纸媒广告市场的缩水，报纸缩版成为常态，停刊现象也不时出现，这直接导致了报纸出版总量的下滑。2015年，报纸出版的总印数、总印张数分别为430.09亿份、1554.93亿印张，与2011年相比分别下降7.99%、31.56%。

期刊也具有一定的信息、资讯传播功能，其受到新媒体的冲击较报纸略小，但同样下滑明显。2015年，期刊出版总印数和总印张数分别为28.78亿册、167.78亿印张，与2011年相比分别下降12.39%、12.95%。

可喜的是以知识积累与传承为主要功能的图书，在"十二五"时期所受冲击较小，出版总量除在2014年出现下滑之外，整体向上态势良好。2015年，图书出版总印数、总印张数分别为86.62亿册张、743.19亿印张，与2011年相比，分别增长了12.42%、17.13%。（见表9、图8）

表9 "十二五"时期图书、期刊、报纸的总印数和总印张

年份	图书 总印数（亿册、张）	图书 总印张（亿印张）	期刊 总印数（亿册）	期刊 总印张（亿印张）	报纸 总印数（亿份）	报纸 总印张（亿印张）
2011	77.05	634.51	32.85	192.73	467.43	2271.99
2012	79.25	666.99	33.48	196.01	482.26	2211.00

续表

年份	图书 总印数（亿册、张）	图书 总印张（亿印张）	期刊 总印数（亿册）	期刊 总印张（亿印张）	报纸 总印数（亿份）	报纸 总印张（亿印张）
2013	83.10	712.58	32.72	194.70	482.41	2097.84
2014	81.85	704.25	30.95	183.58	463.90	1922.30
2015	86.62	743.19	28.78	167.78	430.09	1554.93

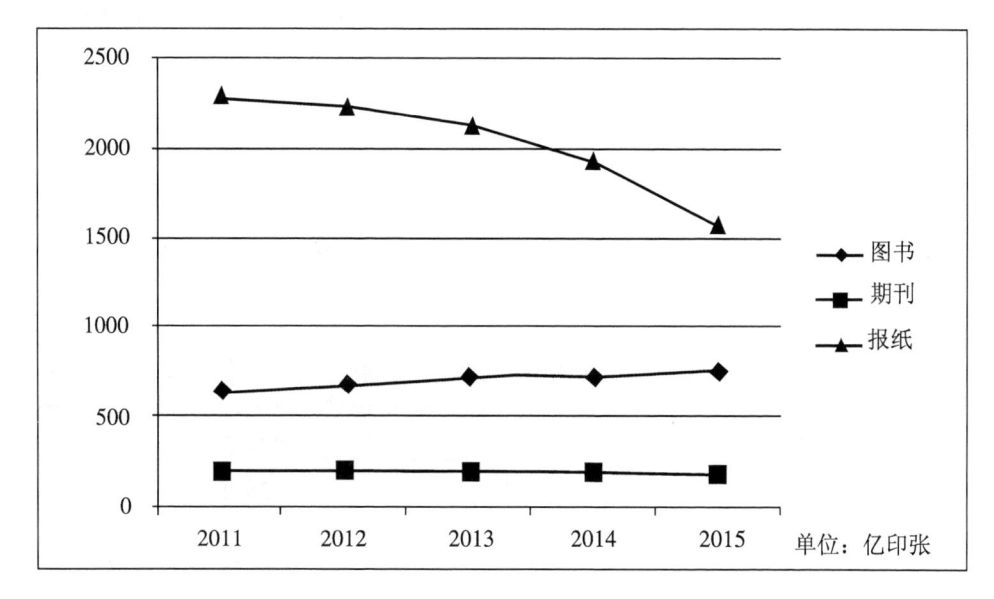

图8 "十二五"时期图书、期刊、报纸总印张变化情况

图书、期刊、报纸出版市场的下行不可避免会制约和影响出版物印刷的发展。"十二五"时期，受三类出版物总印数和总印张数双双下滑的影响，出版物印刷企业面临着比其他类型出版企业更大的转型升级、创新发展压力。部分企业由于转型迟缓，创收、创利能力下滑明显，但也有很多企业通过产品创新和多元化战略，克服了上游市场下行压力，保持了正常向好的发展态势。从整体上看，"十二五"时期我国出版物印刷市场克服了纸质出版物市场调整的压力，关键数据指标保持了上行走势，但增速逐年放缓。

数据显示，2015年我国共有出版物印刷企业7176家，比2011年增加5.20%；实现出版物印刷产值1738.01亿元，增加值444.81亿元，分别比2011年提高32.27%、36.25%，与同期图书、期刊、报纸出版总印数和总印张数负增长20.40%的发展态势形成了鲜明对比，且高于同期全国印刷业工业总产值、工业增加值的增长率，这是十分难能可贵的。"十二五"时期，出版物印刷产值在全国印刷业工业总产值中的占比，由2011年的15.14%提高到2015年的15.45%；出版物印刷实现工业增加值在全国印刷业工业增加值中的占比，由15.07%提高到17.16%。

值得注意的是，"十二五"时期出版物印刷产值的同比增长率呈逐年下降态势，2012年为11.89%，2013年和2014年都分别是8.42%、8.41%，2015年则骤降至0.57%。出版物印刷产值在印刷业工业总产值中的占比则在2014年达到区间高点15.92%后，下滑至2015年的15.45%，这一数值高于2011年，但不及2012年、2013年。这表明，出版物印刷在2015年遭遇了比其他印刷市场更大的挑战，未能跟上印刷业整体的发展速度。（见表10、图9、图10）

表10 "十二五"时期出版物印刷关键数据指标及增长情况

年份	企业数量（家）	企业数量增长率	产值（亿元）	产值增长率	增加值（亿元）	增加值增长率
2011	6821	—	1313.94	—	326.47	—
2012	7041	3.23%	1470.15	11.89%	372.97	14.24%
2013	7133	1.31%	1594.01	8.42%	412.32	10.55%
2014	7153	0.28%	1728.12	8.41%	443.05	7.45%
2015	7176	0.32%	1738.01	0.57%	444.81	0.40%

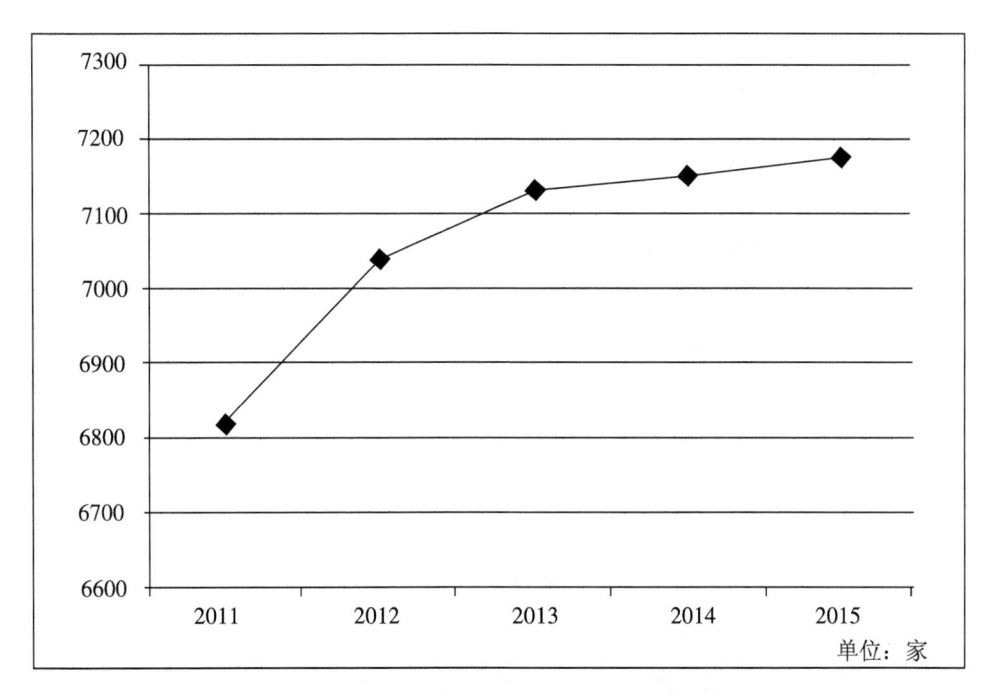

图9 "十二五"时期出版物印刷企业数量变化情况

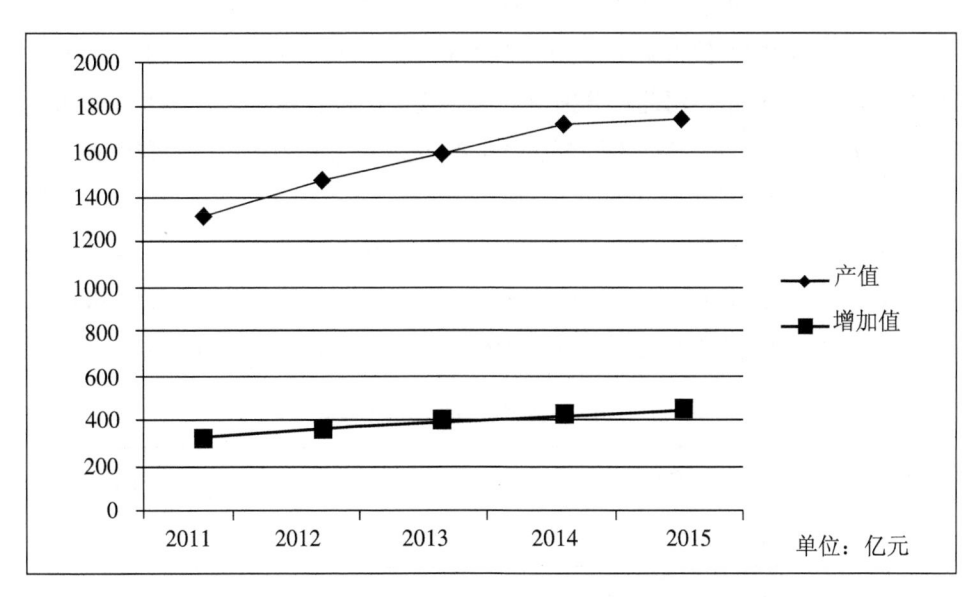

图10 "十二五"时期出版物印刷产值、增加值变化情况

在图书、期刊、报纸出版总量下滑超过20%的情况下，出版物印刷市场总量为何仍能继续保持增长？根据近年来印刷市场的走势，基本可以排除价格上

涨因素的影响，可能的原因有以下几点：一是对外加工贸易带来的增量。近年来随着国内市场的饱和，很多出版物印刷企业加快了开发海外市场的步伐，承接海外业务的企业从珠三角逐步扩展到其他地区。"十二五"期间，我国印刷业对外加工贸易额由2011年的680.09亿元增长至2015年的865.18亿元，其中图书一直是对外加工贸易的主力产品。二是出版物印刷产品结构的调整。"十二五"时期，在三类纸质出版物中，报纸总印张和折合用纸量下滑幅度最大，图书实现较大增长。由于质量要求及印后加工工艺的差别，同样印张数的图书对印刷产值的贡献一般要远高于报纸，因而出版物印刷的下滑幅度会小于三类出版物折合用纸量的下滑；三是内部资料性出版物的增加；四是不能排除统计误差的存在，即部分印刷企业将其他印刷产品产值误计入出版物印刷内。

从产业布局看，珠三角、长三角、环渤海和中部地区四大印刷产业带在出版物印刷方面同样具有较强实力。2015年，在以印刷产值排序的全国出版物印刷十强省份中，来自四大产业带的有9个，只有福建省是个例外。其中，位居第一位的是位于珠三角的广东省，2015年实现出版物印刷产值289.44亿元；位于长三角的上海市、浙江省、江苏省分别位居第三位、第四位和第九位，分别实现出版物印刷产值154.98亿元、149.83亿元、69.24亿元；位于环渤海地区的山东省、北京市、河北省分别位居第二位、第六五和第七位，出版物印刷产值各为158.37亿元、121.04亿元、90.81亿元；来自中部地区的湖南省、江西省分别位居第六位、第十位，出版物印刷产值各为113.17亿元、62.47亿元。福建省出版物印刷产值为85.77亿元，居于第八位。2015年，十强省份共有出版物印刷企业3804家，实现出版物印刷产值1295.11亿元，工业增加值331.37亿元，分别占全国总量的53.01%、74.52%、74.50%。（见表11）

表11　2015年我国出版物印刷十强省份

排名	省份	企业数量（家）	印刷产值（亿元）	增加值（亿元）
1	广东	684	289.44	84.16
2	山东	486	158.37	19.56
3	上海	205	154.98	43.52
4	浙江	479	149.83	37.93

续表

排名	省份	企业数量（家）	印刷产值（亿元）	增加值（亿元）
5	北京	652	121.04	51.14
6	湖南	395	113.17	24.41
7	河北	280	90.81	21.17
8	福建	204	85.77	15.61
9	江苏	286	69.24	13.15
10	江西	133	62.47	20.73
合计		3804	1295.11	331.37

从四大产业带出版物印刷实力的对比看，2015年，环渤海地区拥有的出版物印刷企业数量最多，达到1691家，占全国出版物印刷企业总量的23.56%，出版物印刷产值、工业增加值分别为423.38亿元、103.14亿元，各占全国总量的24.36%、23.16%，均位居四大产业带之首；长三角拥有出版物印刷企业970家，不及中部地区，在全国出版物印刷企业总量中的占比为13.52%，但其出版物印刷产值、工业增加值分别为374.05亿元、94.59亿元，各占全国总量的21.52%、21.24%，仅次于环渤海地区；中部地区拥有出版物印刷企业1620家，在全国出版物印刷企业总量中的占比为22.58%，出版物印刷产值、工业增加值分别为336.89亿元、84.95亿元，各占全国总量的19.38%、19.08%；珠三角拥有出版物印刷企业684家，在全国出版物印刷企业总量中的占比为9.53%，出版物印刷产值、工业增加值分别为289.44亿元、84.16亿元，各占全国总量的16.65%、18.90%；四大产业带出版物印刷实力的对比基本上反映了我国新闻出版业的区域格局。环渤海地区的北京市作为首都，拥有全国40%以上的出版社，报纸、期刊出版资源也得天独厚，同时区域内的山东省、河北省是全国人口和出版大省，这为出版物印刷的发展提供了良好的市场基础；以上海市为中心的长三角地区拥有良好的出版传统，且经济发达，新闻出版业发展良好；中部地区新闻出版业发展水平不及东部沿海，但由于包括的省份较多，因而市场总量并不小。相对而言，珠三角是个例外。作为经济大

省，广东省在新闻出版业方面的实力却并不突出，与京沪及部分沿海省份存在一定差距。它之所以能在全国出版物印刷十强省份中占据榜首，主要是凭借其强大的海外市场开发能力。同时，广东省出版物印刷工业增加值在产值中的比重达到29.08%，领先于其他地区，这说明广东省出版物印刷企业的经营状况要优于其他地区的同行。（见表12、图11、图12、图13）

表12　2015年珠三角、长三角、环渤海和中部地区出版物印刷企业数量、产值、增加值

区域	企业数量（家）	印刷产值（亿元）	增加值（亿元）	增加值在印刷产值中占比
珠三角	684	289.44	84.16	29.08%
长三角	970	374.05	94.59	25.29%
环渤海	1691	423.38	103.14	24.36%
中部地区	1620	336.89	84.95	25.22%
其他地区	2211	314.25	78.48	24.97%

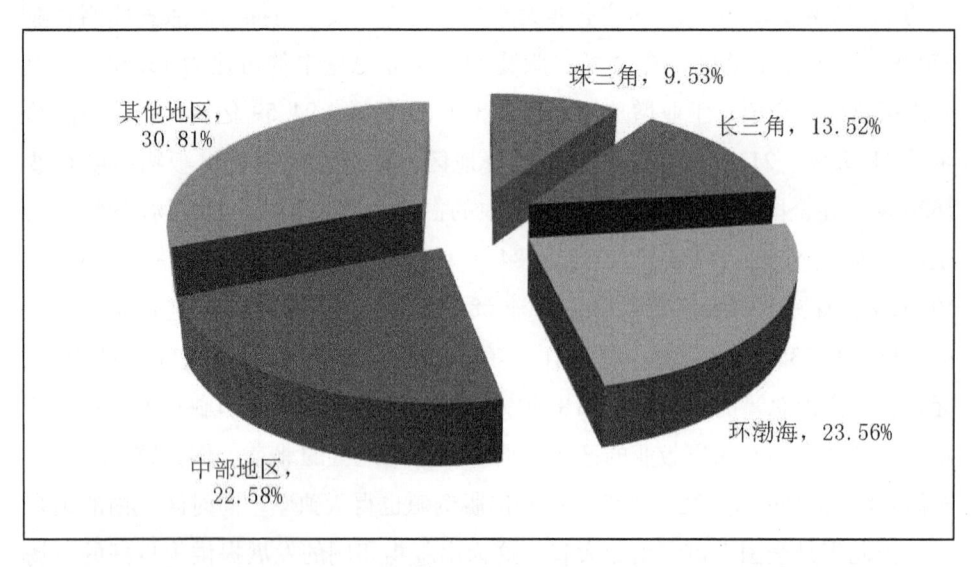

图11　2015年珠三角、长三角、环渤海和中部地区出版物印刷企业数量在全国总量的占比

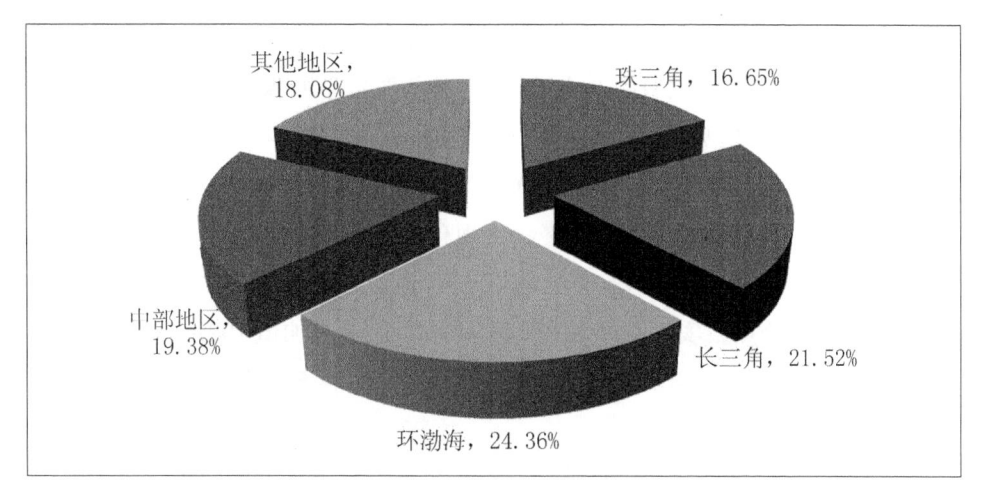

图12　2015年珠三角、长三角、环渤海和中部地区出版物印刷产值在全国总量的占比

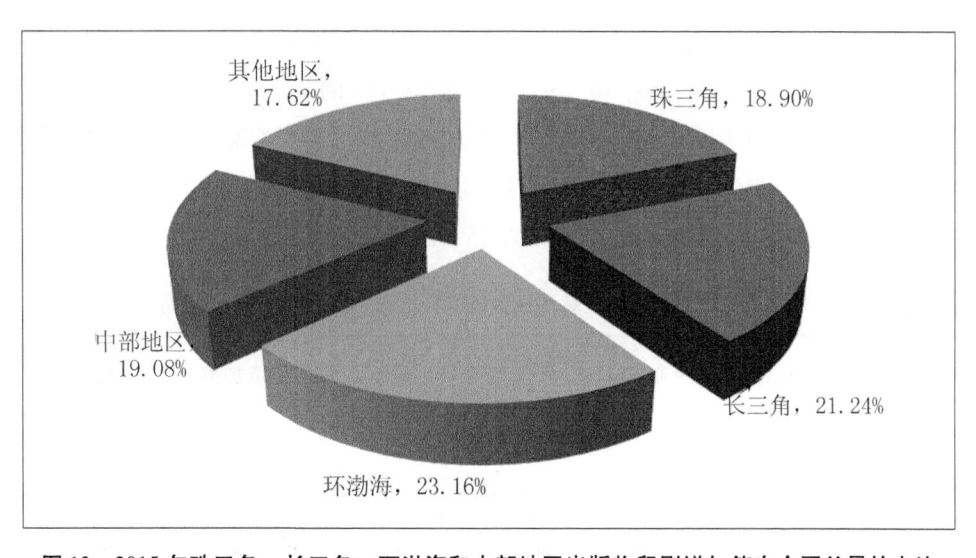

图13　2015年珠三角、长三角、环渤海和中部地区出版物印刷增加值在全国总量的占比

2."十二五"时期包装装潢印刷品印刷发展态势

包装装潢印刷品印刷的主要作用是为国民经济"穿衣戴帽",即为各行各业的产品,尤其是轻工业产品,提供外包装印刷和加工服务。包装装潢印刷品印刷服务的关联产品,如食品饮料、烟酒糖茶、医药用品、家用电器、手机电脑、纺织服装等,主要提供人们的日常消费品。"十二五"时期,由于宏观经济环境和居民消费习惯的变化,部分消费品行业发展出现波动,增速有所放

缓，这对包装装潢印刷品印刷的发展产生了一定影响。

从整体上看，"十二五"时期包装装潢印刷品印刷保持了上行态势，关键数据指标增速有所放缓，但优于印刷业整体表现。数据显示，2015年，我国共有包装装潢印刷品印刷企业51024家，比2011年增长7.70%，而同期我国印刷企业总量仅增长了0.96%；实现包装装潢印刷品印刷产值8406.20亿元，比2011年增长33.04%，比同期印刷业工业总产值29.61%的增长率高出3.43个百分点，实现包装装潢印刷品印刷工业增加值1929.19亿元，比2011年增长25.07%，比同期印刷业工业增加值19.65%的增长率高出5.42个百分点。

包装装潢印刷品印刷从市场总量上看是我国印刷业最大的门类。由于整体增速高于印刷业整体水平，"十二五"时期包装装潢印刷品印刷在印刷业主要关键指标中的占比均有所提升。其中，包装装潢印刷品印刷企业在全国印刷企业总量中的占比由2011年的46.23%提高到2015年的49.31%；包装装潢印刷品印刷产值在全国印刷业工业总产值中的占比由2011年的72.82%提高到2013年的74.75%；包装装潢印刷品印刷工业增加值在全国印刷业工业增加值中的占比由71.20%提高到74.42%。（见表13、图14、图15）

表13 "十二五"时期包装装潢印刷品印刷关键数据指标及增长情况

年份	企业数量（家）	企业数量增长率	产值（亿元）	产值增长率	增加值（亿元）	增加值增长率
2011	47377	—	6318.77	—	1542.52	—
2012	49707	4.92%	7119.08	12.67%	1665.76	7.99%
2013	50433	1.46%	7749.57	8.86%	1735.22	4.17%
2014	50871	0.87%	8068.42	4.11%	1835.44	5.78%
2015	51024	0.30%	8406.20	4.19%	1929.19	5.11%

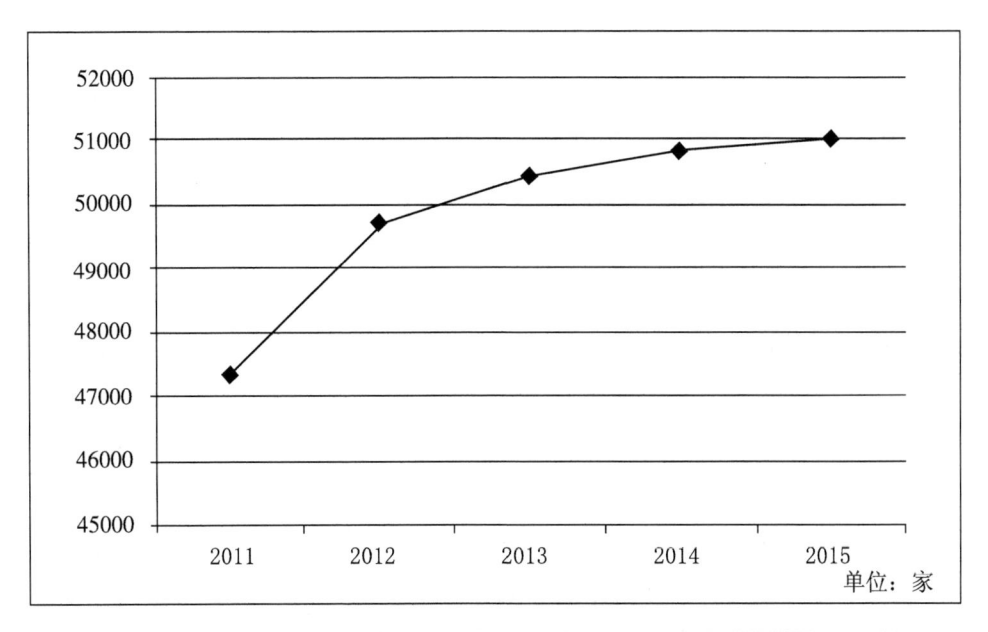

图14 "十二五"时期包装装潢印刷品印刷企业数量变化情况

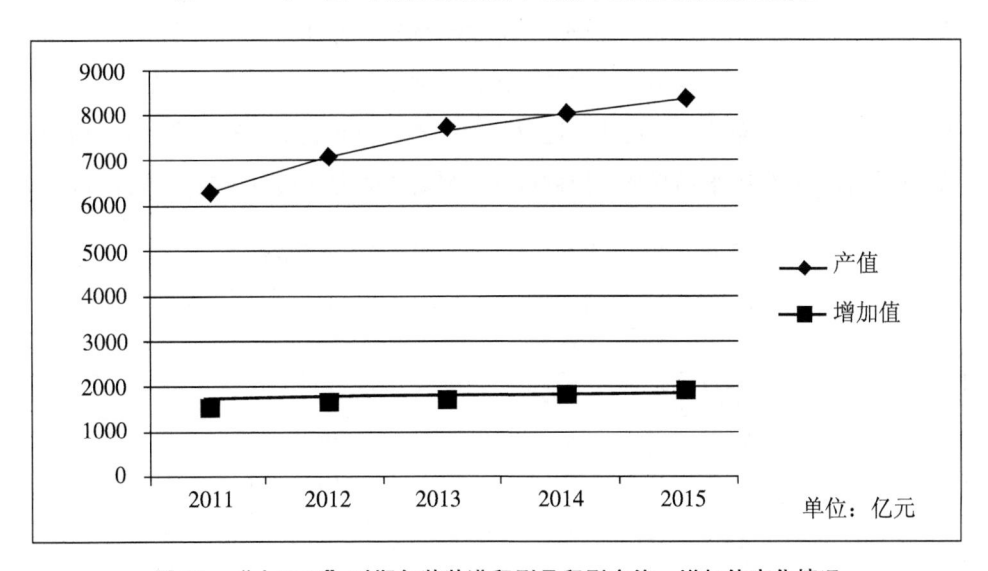

图15 "十二五"时期包装装潢印刷品印刷产值、增加值变化情况

包装装潢印刷品印刷作为印刷业的主要门类，是决定一个地区印刷业整体实力的基础力量，因而我国包装装潢印刷品印刷的区域格局与印刷业整体的产业布局基本一致：珠三角、长三角、环渤海和中部地区四大产业带包装装潢印刷品印刷实力突出，在全国居于领先位置。2015年，全国包装装潢印刷品印刷

产值规模位居全国十强的省份有八个来自四大产业带，只有位居第七位和第八位的福建省和四川省是例外。其中，位于珠三角的广东省以 1599.88 亿元的产值总量占据第一位。实际上，广东省已经连续多年蝉联印刷业工业总产值、出版物印刷产值、包装装潢印刷品印刷产值三个全国"第一"，这充分彰显了其印刷业雄厚的产业基础和竞争实力；位于珠三角的江苏、浙江、上海包装装潢印刷品印刷产值各为 1164.01 亿元、960.39 亿元、619.60 亿元，分别位居第二位、第三位、第四位。珠三角地区以上海为引领，三地经济各具特色，领跑全国，为印刷业的发展提供了良好的外部条件。位于环渤海的山东省、河北省包装装潢印刷品印刷产值各为 579.53 亿元、526.06 亿元，分居第五位、第六位；来自中部地区的安徽省、湖北省包装装潢印刷品印刷产值各为 289.75 亿元、287.80 亿元，分别位居第九位、第十位。

2015 年，十强省份共有包装装潢印刷品印刷企业 42112 家，实现包装装潢印刷品印刷产值 6797.04 亿元，工业增加值 1606.25 亿元，分别占全国总量的 82.53%、80.86%、83.26%。十强省份包装装潢印刷品印刷产值在全国总量中的占比略低于企业数量在全国总量中的占比，工业增加值在全国总量中的占比略高于企业数量在全国总量中的占比，这说明十强省份包装装潢印刷品印刷企业的平均规模没有达到全国平均水平，但创造新增财富的能力却相对较高。（见表14）。

表14　2015 年我国包装装潢印刷品印刷十强省份

排名	省份	企业数量（家）	印刷产值（亿元）	增加值（亿元）
1	广东	13066	1599.88	491.24
2	江苏	5931	1164.01	225.99
3	浙江	9367	960.39	197.67
4	上海	2498	619.60	190.66
5	山东	3956	579.53	77.13
6	河北	1968	526.06	112.35
7	福建	2008	431.60	114.41
8	四川	1157	338.42	70.89
9	安徽	1475	289.75	52.17
10	湖北	686	287.80	73.74
合计		42112	6797.04	1606.25

珠三角、长三角、环渤海和中部地区占据了全国包装装潢印刷品印刷80%以上的份额，优势明显。在四大产业带的对比中，长三角则领先一筹。2015年，长三角拥有包装装潢印刷品印刷企业17796家，占全国总量的34.88%；完成包装装潢印刷品印刷产值2744.00亿元，工业增加值614.33亿元，分别占全国总量的32.64%、31.84%，均位居四大产业带之首。珠三角拥有包装装潢印刷品印刷企业13066家，占全国总量的25.61%；完成包装装潢印刷品印刷产值1599.88亿元，工业增加值491.24亿元，分别占全国总量的19.03%、25.46%，均位居四大产业带第二位。环渤海地区拥有包装装潢印刷品印刷企业8526家，占全国总量的16.71%；完成包装装潢印刷品印刷产值1587.20亿元，工业增加值280.53亿元，分别占全国总量的18.88%、14.54%，均位居四大产业带第三位。值得注意的是，环渤海地区包装装潢印刷品印刷产值仅略低于珠三角，工业增加值却差距明显，这凸显了两地企业经营能力的差异。中部地区拥有包装装潢印刷品印刷企业4807家，占全国总量的9.42%；完成包装装潢印刷品印刷产值1179.31亿元，工业增加值242.88亿元，分别占全国总量的14.03%、12.59%，在四大产业带中排名最末。（见表15、图16、图17、图18）

表15　2015年珠三角、长三角、环渤海和中部地区包装装潢印刷品印刷企业数量、产值、增加值

区域	企业数量（家）	印刷产值（亿元）	增加值（亿元）
珠三角	13066	1599.88	491.24
长三角	17796	2744.00	614.33
环渤海	8526	1587.20	280.53
中部地区	4807	1179.31	242.88
其他地区	6829	1295.80	300.21

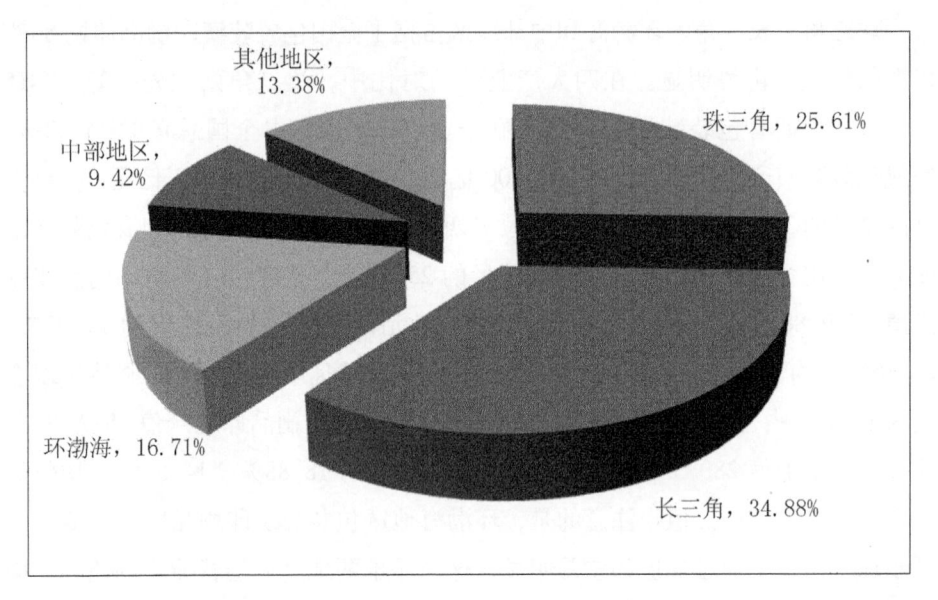

图16　2015年珠三角、长三角、环渤海和中部地区包装装潢印刷品印刷企业数量在全国总量的占比

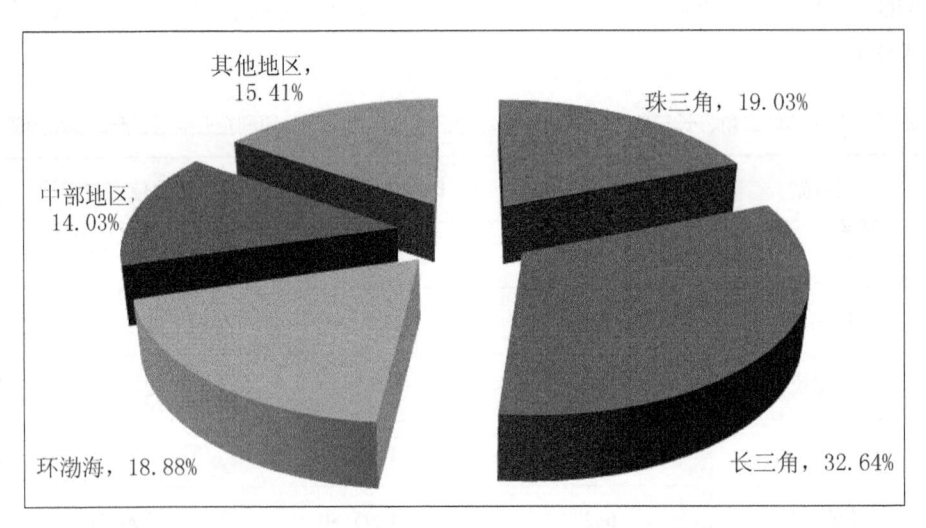

图17　2015年珠三角、长三角、环渤海和中部地区包装装潢印刷品印刷产值在全国总量的占比

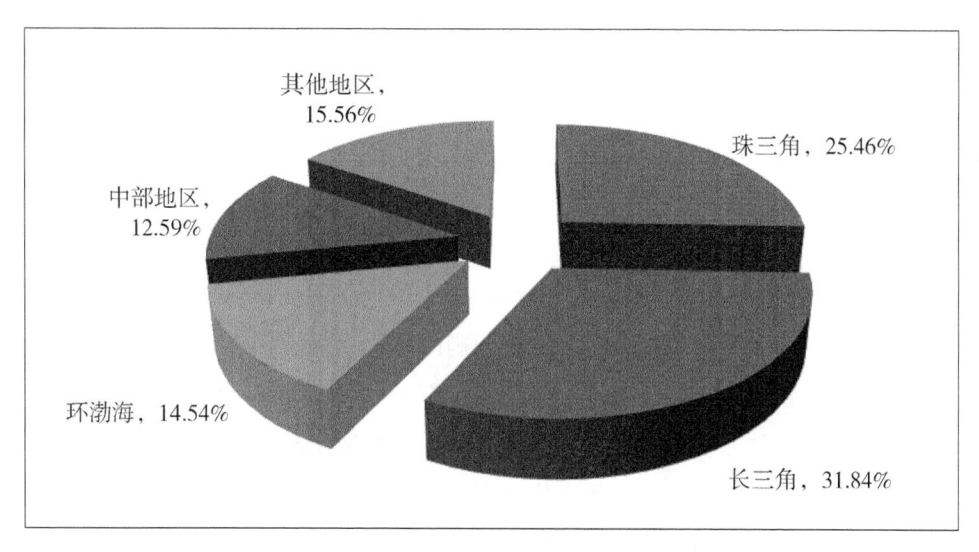

图18 2015年珠三角、长三角、环渤海和中部地区包装装潢印刷品印刷增加值在全国总量的占比

包装装潢印刷品印刷是我国印刷业产值规模最大的门类，其市场走势在相当程度上决定了整个行业的景气度高低。从整体上看，在国民经济换挡减速的情况下，包装装潢印刷品印刷表现出了较好的抗跌性，产值和增加值稳步提升，且增速高于印刷业的整体水平，是行业增长的主要带动力量。不过值得注意的是，前些年在国民经济维持高速增长的情况下，包装装潢印刷品印刷一度被认为拥有巨大的发展潜力和市场空间，加之宽松的货币政策，各路企业和资本纷纷加大对这一领域的投入，包装装潢印刷品印刷产能快速增加，在市场增速放缓之后，产能过剩的问题逐步凸显。尤其是在低端瓦楞纸箱、彩色纸盒印刷领域，由于市场竞争压力不断加大，产品毛利率逐步下滑，企业盈利空间不断被压缩，增产不增收的情况较为普遍。少数资金杠杆率过高的企业甚至由于订单萎缩、成本上升、盈利能力不足等问题陷入经营困境。在当前的经济和市场环境下，业界必须对包装装潢印刷品印刷市场保持清醒的认识，一方面要坚信随着我国经济结构的优化和调整，主要服务于日常消费品行业的包装装潢印刷品印刷仍有良好的发展前景和上升空间，另一方面也要积极转变发展方式，逐步实现由规模扩张型思维向更加注重质量、效益、创新能力的新型发展模式的过渡。

3. "十二五"时期其他印刷品印刷发展态势

其他印刷品印刷是我国印刷业的一个重要门类，泛指除了出版物、包装装潢印刷品之外各种印刷品的印刷。从历年印刷业统计数据来看，其他印刷品印刷的主要特点是企业数量众多，但平均产值规模不大，这主要是由其他印刷品印刷企业和产品的多样性决定的。例如，同样被划入其他印刷品印刷领域，部分票据、有价证券、安全防伪印刷企业技术装备水平很高，产值规模很大，丝毫不逊色于一些大型出版物或包装装潢印刷品印刷企业，而在这一领域占据主体地位的商务快印企业数量众多，却一般都生产空间相对有限，设备相对简单，主要提供文件、资料、图表、名片、标书、会展用品等相对简单的印刷品制作，产值规模普遍较小。虽然产值规模与出版物、包装装潢印刷品印刷无法相提并论，其他印刷品印刷却直接服务于社会商业活动，是整个国民经济顺畅运转不可缺少的重要组成部分。"十二五"时期，受整个国民经济增速放缓的影响，其他印刷品印刷市场出现一定波动，整体增速没有达到行业平均水平。但从走势上看，"十二五"五年间，其他印刷品印刷市场呈现 V 字型翻转，2015 年产值、增加值同比增速出现大幅回升，且高于同期印刷业工业总产值、工业增加值增速，有率先企稳回升迹象。

数据显示，"十二五"时期，我国其他印刷品印刷企业数量由 2011 年的 44868 家下降到到 2015 年的 42233 家，减少了 5.87%，在此期间除了 2012 年出现 1.25% 的微幅增长，其他年份均呈现下降趋势；其他印刷品印刷产值由 708.51 亿元增长到 873.96 亿元，增长率为 23.35%，比同期印刷业工业总产值 29.61% 的增长率低 6.26 个百分点；其他印刷品印刷工业增加值由 182.77 亿元增长到 198.49 亿元，增长率为 8.60%，比同期印刷业工业增加值 19.65% 的增长率低 11.05 个百分点，差距较大，不过 2015 年与 2014 年相比，其他印刷品印刷增加值增长了 8.74%，比同期印刷业工业增加值 3.72% 的增长率高出 5.02 个百分点。由于主要指标增长率均没有达到行业平均水平，"十二五"期间，其他印刷品印刷企业在全国印刷企业总量中的占比由 2011 年的 43.78% 下降到 2015 年的 40.82%；其他印刷品印刷产值在全国印刷业工业总产值中的占比由 8.17% 下降到 7.77%；其他印刷品印刷工业增加值在全国印刷业工业增加值中的占比由 8.44% 下降到 7.66%。（见表 16、图 19、图 20）

表 16 "十二五"时期其他印刷品印刷关键数据指标及增长情况

年份	企业数量（家）	企业数量增长率	产值（亿元）	产值增长率	增加值（亿元）	增加值增长率
2011	44868	—	708.51	—	182.77	—
2012	45431	1.25%	766.19	8.14%	196.19	7.34%
2013	45188	-0.53%	791.79	3.34%	175.46	-10.57%
2014	43445	-3.86%	810.56	2.37%	182.53	4.03%
2015	42233	-2.79%	873.96	7.82%	198.49	8.74%

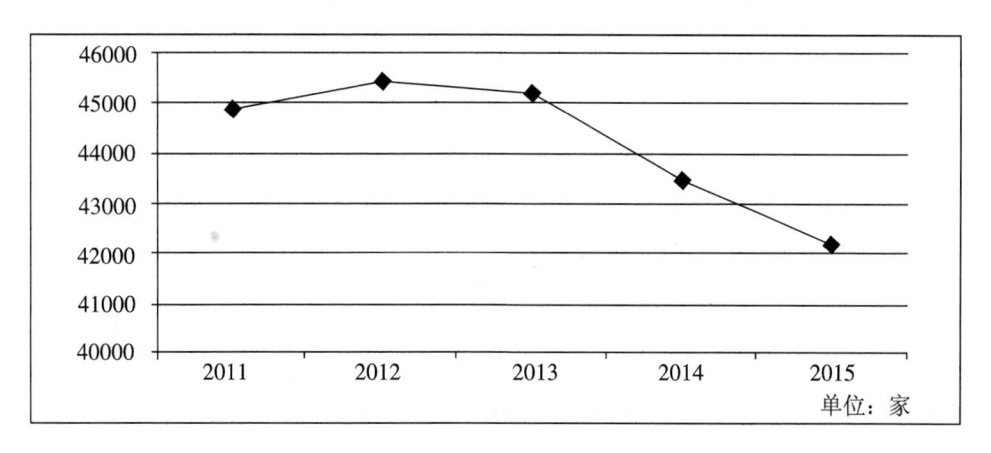

图 19 "十二五"时期其他印刷品印刷企业数量变化情况

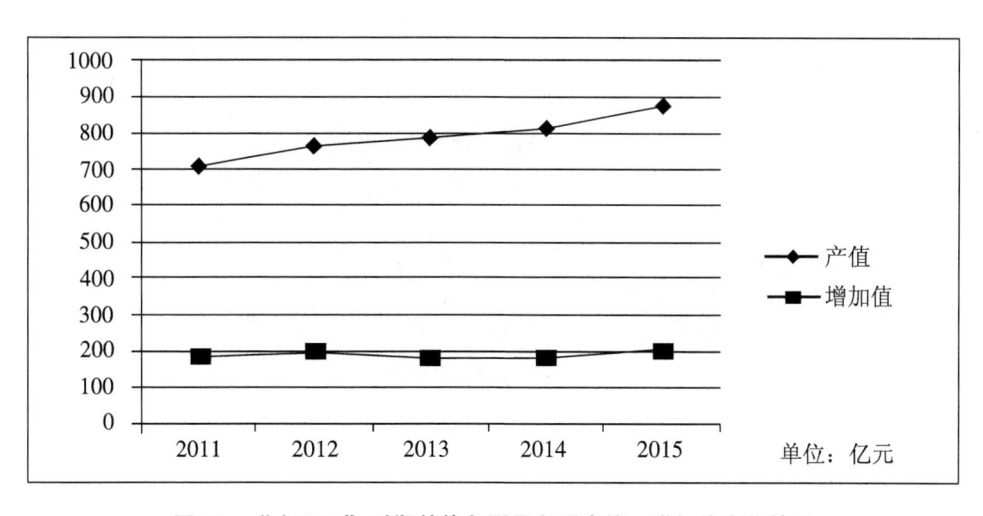

图 20 "十二五"时期其他印刷品印刷产值、增加值变化情况

出版物印刷、包装装潢印刷品印刷、其他印刷品印刷，无论从企业数量，还是产值规模看，都是我国印刷业的主体。2015年三类印刷企业合计为100433家，实现印刷业工业总产值11018.16亿元，工业增加值2572.49亿元，分别占印刷业总量的97.07%、97.97%、99.23%。由于主营业务各异，产品特色不同，三类印刷企业的平均产值规模和增加值规模差异较大。相对而言，出版物印刷和包装装潢印刷品印刷企业规模较大，其他印刷品印刷企业与两者相比存在明显差距。以2015年为例，当年全行业企业平均产值为1086.94万元，平均工业增加值为250.55万元。其中，出版物印刷企业以占行业总量6.94%的企业数量，创造了占行业总量15.45%的印刷产值和17.16%的工业增加值，平均产值和平均工业增加值分别为2421.97万元、619.86万元，分别是行业平均水平的2.23倍和2.47倍，位居三类印刷企业首位；包装装潢印刷品印刷企业，以占行业总量49.31%的企业数量，创造了占行业总量74.75%的印刷产值和74.42%的工业增加值，平均产值和平均工业增加值分别为1647.50万元、378.09万元，分别是行业平均水平的1.52倍和1.51倍；其他印刷品印刷企业企业数量占行业总量的40.82%，但创造的产值和增加值却分别只占行业总量的7.77%、7.66%，平均产值和平均工业增加值分别为206.94万元、47.00万元，分别相当于行业平均水平的19.04%、18.76%。(见图21、图22、图23、表17)

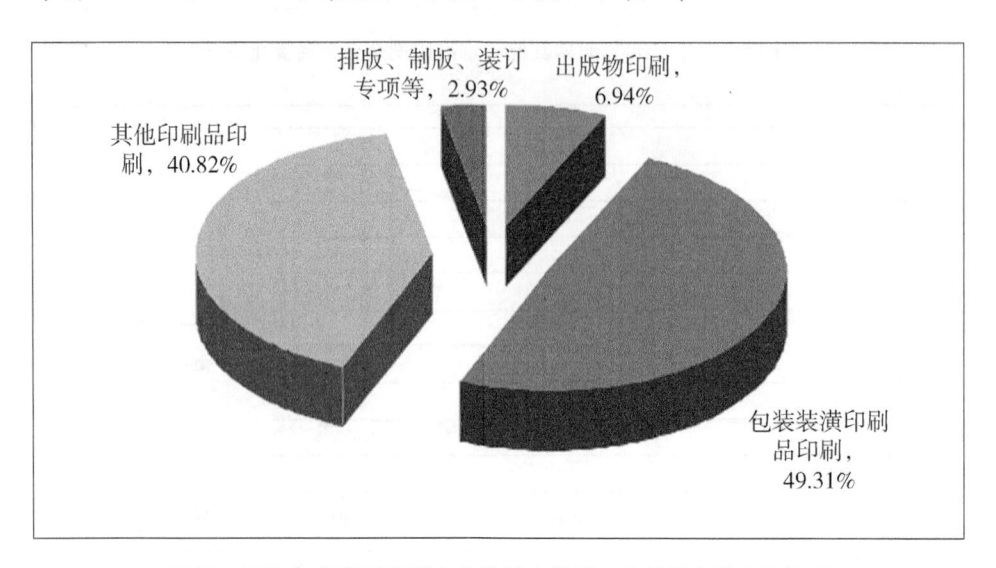

图21 2015年各类别印刷企业数量在印刷企业总量中的占比情况

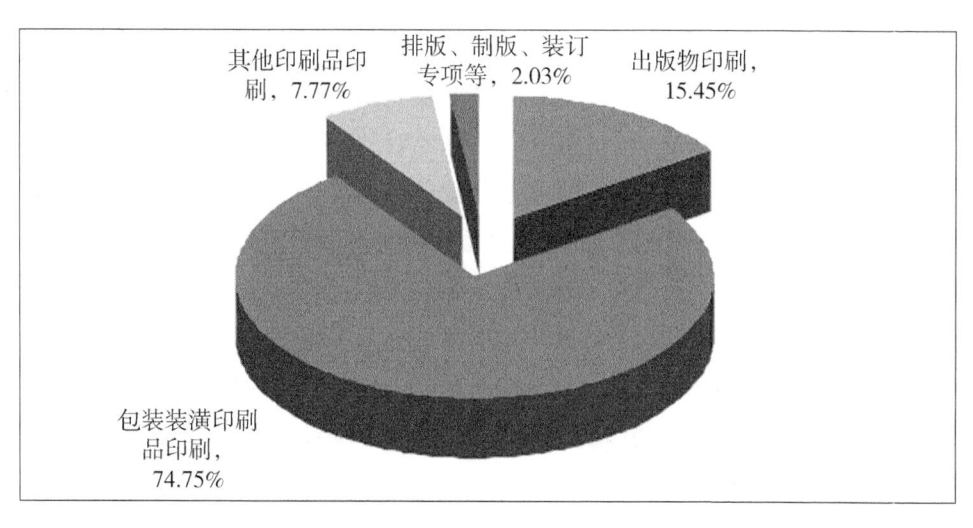

图 22　2015 年各类别印刷产值在印刷业工业总产值中的占比情况

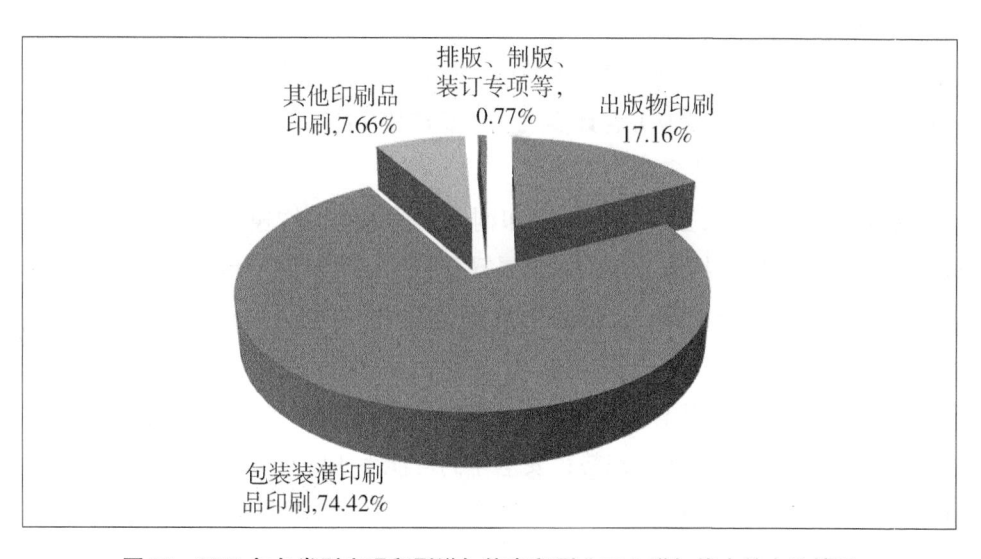

图 23　2015 年各类别实现印刷增加值在印刷业工业增加值中的占比情况

表 17　2015 年各类别印刷企业平均产值

类别	企业数量	产值（亿元）	企业平均产值（万元）	工业增加值（亿元）	企业平均工业增加值（万元）
出版物印刷	7176	1738.01	2421.97	444.81	619.86
包装装潢印刷品印刷	51024	8406.20	1647.50	1929.19	378.09
其他印刷品印刷	42233	873.96	206.94	198.49	47.00

(四)"十二五"时期我国印刷业部分主营业务发展情况

将印刷业划分为出版物印刷、包装装潢印刷品印刷、其他印刷品印刷是我国印刷业行政监管体系的一个重要特征。从监管的角度而言,这一分类体系有利于将复杂问题简单化,根据不同印刷企业的特点进行分类管理,制定有针对性的政策和管理措施。但从产业发展的角度而言,由于服务的行业千差万别,印刷企业能够提供的产品与服务也十分丰富多元。因此,在出版物印刷、包装装潢印刷品印刷、其他印刷品印刷三大行业门类下,还可以继续划分出更为细分的产品和服务类别。为了更好地反映不同印刷细分市场的发展态势,本报告采用国家新闻出版广电总局印刷企业年度核验数据的统计结果,将印刷企业的主营业务划分为书刊印刷、报纸印刷、纸包装印刷、金属罐包装印刷、塑料软包装印刷、普通票据印刷、安全印刷七类,并对各类业务在"十二五"时期的发展情况进行分析。需要说明是,虽然由于个别省份未按要求填报相关报表,导致本部分统计数据并未涵盖全国所有省份,但其参考意义仍不容忽视。以2015年为例,七类主营业务合计实现工业总产值7328.68亿元,在全国印刷业工业总产值中的占比达到65.17%。

数据显示,"十二五"时期,在印刷业整体向上、增速下滑的情况下,书刊印刷、报纸印刷、纸包装印刷、金属罐包装印刷、塑料软包装印刷、普通票据印刷、安全印刷七类业务走势分化明显。其中,纸包装印刷、金属罐包装印刷、塑料软包装印刷等包装装潢类印刷品印刷保持了良好的向上发展势头;书刊印刷、普通票据印刷走势有所起伏,但幅度均不是很大;报纸印刷除2013年外,基本上呈现单边下滑态势;安全印刷可能由于统计口径问题,波动幅度超出正常范围。(见表18)

表18 "十二五"时期印刷业七类主营业务工业总产值

主营业务类型	产值(亿元)				
	2011	2012	2013	2014	2015
书刊印刷	863.00	1049.48	1044.49	1034.87	1043.74
报纸印刷	193.81	182.85	187.21	181.92	170.40
纸包装印刷	2908.52	3256.24	3359.23	3669.52	3912.49
金属罐包装印刷	212.19	304.05	329.87	354.85	402.88

续表

主营业务类型	产值（亿元）				
	2011	2012	2013	2014	2015
塑料软包装印刷	593.53	902.27	1073.90	1342.04	1438.25
普通票据印刷	140.60	130.77	156.67	129.95	153.92
安全印刷	79.36	95.98	235.16	119.13	207.01

由于各自服务的上游行业在规模和对印刷品的需求上存在着客观差异，因而七类业务在产值规模上存在一定差距是正常的。这种差距基本上反映了不同印刷品在印刷业中所占比重的大小，是解读我国印刷业产业和产品结构的一个重要"入口"。

以2015年为例，当年国内涉足纸包装印刷业务的企业多达25636家，约占我国印刷企业总量的1/4，纸包装印刷实现产值3912.49亿元，工增加值801.30亿元，在印刷业工业总产值、工业增加值中的占比均分别为34.79%、30.91%，在七类业务中领先优势明显。位于纸包装印刷之后，处于第二梯队的是塑料软包装印刷和书刊印刷，2015年涉足这两类业务的企业分别有7026家、5468家，其中，塑料软包装印刷实现产值、增加值分别为1438.25亿元、481.99亿元，书刊印刷实现产值、增加值分别为1043.74亿元、304.54亿元。纸包装印刷、塑料软包装印刷、书刊印刷三类业务产值规模均超过千亿元，明显领先于其他四类业务，是我国印刷企业的主力业务类型。

其他四类业务中，2015年涉足普通票据印刷的企业数量达到5198家，与书刊印刷基本处于同一量级，但普通票据印刷产值、工业增加值分别只有153.92亿元、40.53亿元，在各类业务中排名最末，这主要是由于票据产品的特点决定的。涉足安全印刷、金属罐包装印刷、报纸印刷的企业数量均不到1000家，分别为789家、594家、713家，按产值、增加值规模计，金属罐包装印刷相对领先，分别为402.88亿元、95.60亿元；随后是安全印刷，分别为207.01亿元、85.87亿元；最后是报纸印刷，分别为170.40亿元、53.04亿元。（见表19）

表19 2015我国印刷业七类主流业务涉足企业数量、产值和增加值及排序

序号	业务类型	企业数量（家）	业务类型	产值（亿元）	业务类型	增加值（亿元）
1	纸包装印刷	25636	纸包装印刷	3912.49	纸包装印刷	801.30
2	塑料软包装印刷	7026	塑料软包装印刷	1438.25	塑料软包装印刷	481.99
3	书刊印刷	5468	书刊印刷	1043.74	书刊印刷	304.54
4	普通票据印刷	5198	金属罐包装印刷	402.88	金属罐包装印刷	95.60
5	安全印刷	789	安全印刷	207.01	安全印刷	85.87
6	金属罐包装印刷	594	报纸印刷	170.40	报纸印刷	53.04
7	报纸印刷	713	普通票据印刷	153.92	普通票据印刷	40.53

产值高低反映的是特定业务市场规模大小，而无法反映该业务领域企业的平均规模实力。实际上，由于产值规模较大的业务领域参与竞争的企业数量也多，小企业更容易获得生存空间，因而其平均企业规模不一定很大。相反，一些产值规模相对较小的业务领域，由于能够容纳的企业数量有限，小企业不易生存，平均企业规模却更为可观。这一点在印刷业七类主营业务中得到了鲜明体现。

仍以2015年为例，在七类业务中，按平均产值、增加值规模排序，排名靠前的分别是涉足金属罐包装印刷、安全印刷、报纸印刷三类业务的企业，这三类企业的数量均未超过1000家。其中，金属罐包装印刷对涉足该类业务企业的平均产值、增加值贡献分别为6782.53万元、1609.50万元，位居第一位；安全印刷对涉足该类业务企业的平均产值、增加值贡献分别为2623.72万元、1088.40万元，位居第二位；报纸印刷对涉足该类业务企业的平均产值、增加值贡献分别为2389.85万元、743.95万元，位居第三位。

相对而言，涉足塑料软包装印刷、书刊印刷、纸包装印刷、普通票据印刷四类业务的企业数量较多，四类业务对相关企业平均产值、增加值的贡献度较小。其中，塑料软包装印刷对涉足该类业务企业的平均产值、增加值贡献分别为2047.04万元、686.01万元，在七类业务中位居第四位；书刊印刷对涉足该

类业务企业的平均产值、增加值贡献分别为1908.81万元、556.96万元,位居第五位;纸包装印刷对涉足该类业务企业的平均产值、增加值贡献分别为1526.17万元、312.57万元,位居第六位;普通票据印刷对涉足该类业务企业的平均产值、增加值贡献分别只有296.11万元、77.98万元,位居第七位。(见表20、图24、图25)

表20　2015年不同业务对涉足该类业务印刷企业平均产值和增加值贡献度及排序

序号	业务类型	平均产值（万元）	业务类型	平均增加值（万元）
1	金属罐包装印刷	6782.53	金属罐包装印刷	1609.50
2	安全印刷	2623.72	安全印刷	1088.40
3	报纸印刷	2389.85	报纸印刷	743.95
4	塑料软包装印刷	2047.04	塑料软包装印刷	686.01
5	书刊印刷	1908.81	书刊印刷	556.96
6	纸包装印刷	1526.17	纸包装印刷	312.57
7	普通票据印刷	296.11	普通票据印刷	77.98

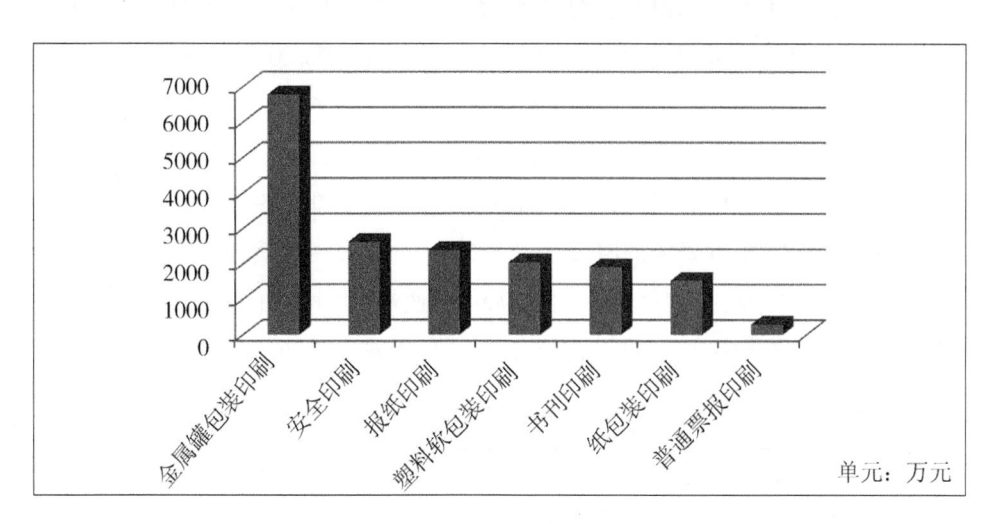

图24　2015年不同业务对涉足该类业务印刷企业平均产值贡献度情况

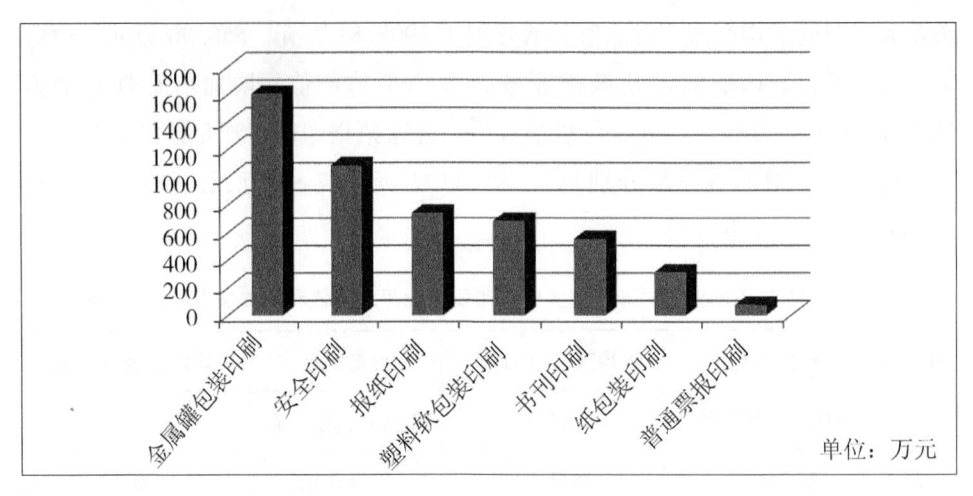

图 25　2015年不同业务对涉足该类业务印刷企业平均增加值贡献度情况

1."十二五"时期书刊印刷业务发展态势

书刊印刷在大的行业门类上属于出版物印刷，主要指面向图书、期刊的印刷业务。如前文所述，"十二五"期间，我国图书出版总印张数稳中有升，期刊出版总印张数有所下滑。受此影响，"十二五"时期各年份书刊印刷产值有所波动，但幅度不大。

在此期间，涉足书刊印刷的企业数量由2011年的4778家增长到2015年的5468家，增加了14.44%。这部分企业实现书刊印刷产值由863.00亿元增长到1043.74亿元，增长率为20.94%，低于同期印刷业工业总产值29.61%的增长率和同期出版物印刷产值32.27%的增长率；实现书刊印刷工业增加值由209.01亿元增长到304.54亿元，增长率为45.71%，高于同期印刷业工业增加值19.65%的增长率和出版物印刷工业增加值36.25%的增长率。"十二五"时期，书刊印刷业务产值增速显著放缓，且曾连续两年出现负增长，但增加值增速是产值增速的两倍多，这说明书刊印刷市场的发展忧中有喜，不应盲目悲观。（见表21、图26、图27）

表 21　"十二五"时期书刊印刷业务关键数据指标及增长情况

年份	企业数量（家）	企业数量增长率	产值（亿元）	产值增长率	增加值（亿元）	增加值增长率
2011	4778	—	863	—	209.01	—
2012	5565	16.47%	1049.48	21.61%	272.89	30.56%

续表

年份	企业数量（家）	企业数量增长率	产值（亿元）	产值增长率	增加值（亿元）	增加值增长率
2013	5443	-2.19%	1044.49	-0.48%	280.81	2.90%
2014	5460	0.31%	1034.87	-0.92%	281.52	0.25%
2015	5468	0.15%	1043.74	0.86%	304.54	8.18%

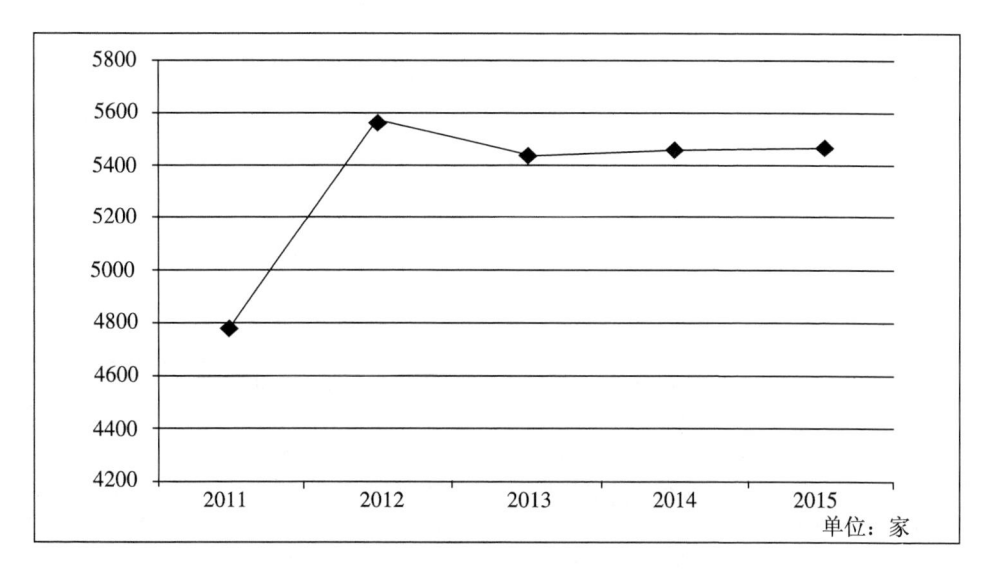

图26 "十二五"时期涉足书刊印刷业务的企业数量变化情况

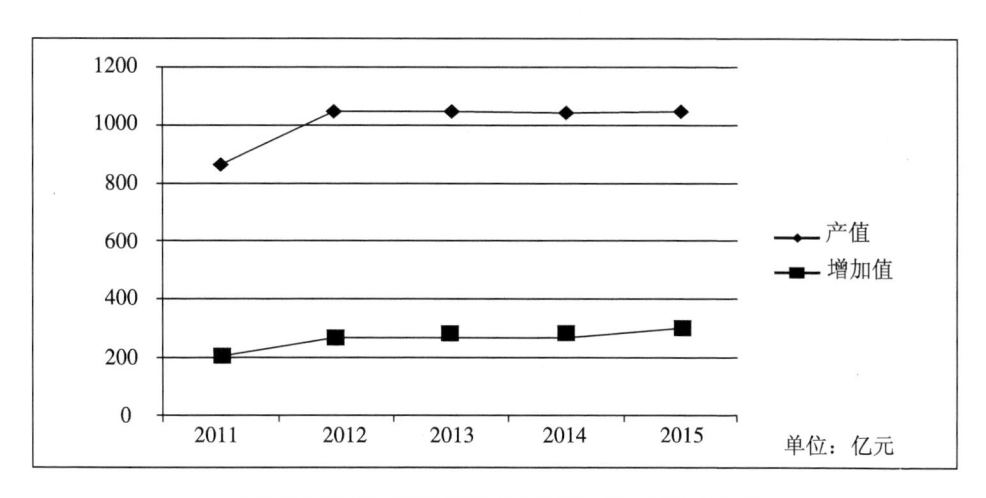

图27 "十二五"时期书刊印刷产值、增加值变化情况

2. "十二五"时期报纸印刷业务发展态势

"十二五"时期,受智能终端快速普及和新媒体快速崛起影响,报纸出版总量出现明显下滑,这对报纸印刷的发展带来了不可避免的负面影响。在此期间,涉足报纸印刷业务的企业数量由2011年的586家增长到2015年的713家,增加了21.67%。在企业数量实现可观增长的情况下,报纸印刷产值却出现12.08%的下滑,由2011年的193.81亿元降至2015年的170.40亿元,与同期印刷业工业总产值、出版物印刷产值、书刊印刷产值的正向增长形成了鲜明对比;报纸印刷增加值同样出现负增长,下降幅度为16.22%,由2011年的63.31亿元降至2015年的53.04亿元。在印刷业七类主要业务中,只有报纸印刷在"十二五"期间出现产值、增加值双双负增长,这充分表明了报纸印刷企业面临的市场压力。在当前媒体变革趋势继续深入,报纸出版总量持续下滑的情况下,报纸印刷企业如何转型求变需要业界认真思考。(见表22、图28、图29)

表22 "十二五"时期报纸印刷业务关键数据指标及增长情况

年份	企业数量(家)	企业数量增长率	产值(亿元)	产值增长率	增加值(亿元)	增加值增长率
2011	586	—	193.81	—	63.31	—
2012	617	5.29%	182.85	-5.66%	52.59	-16.93%
2013	603	-2.27%	187.21	2.38%	61.74	17.40%
2014	627	3.98%	181.92	-2.83%	56.81	-7.99%
2015	713	13.72%	170.40	-6.33%	53.04	-6.63%

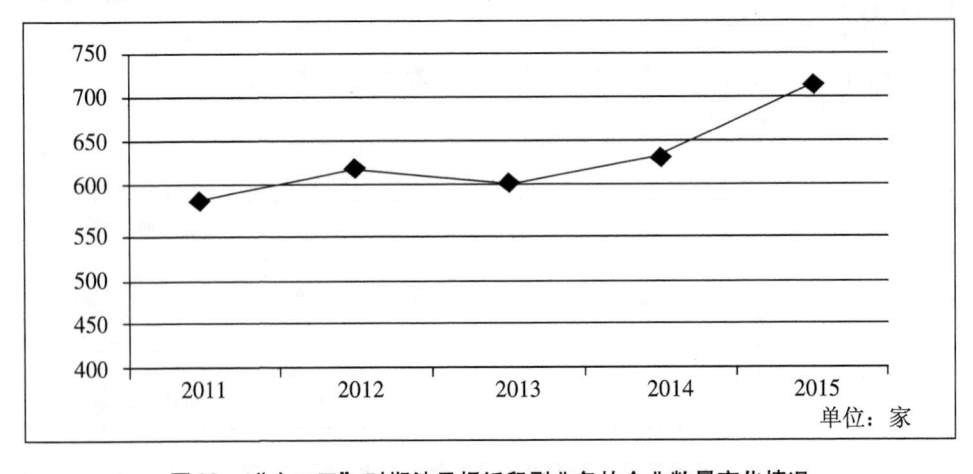

图28 "十二五"时期涉足报纸印刷业务的企业数量变化情况

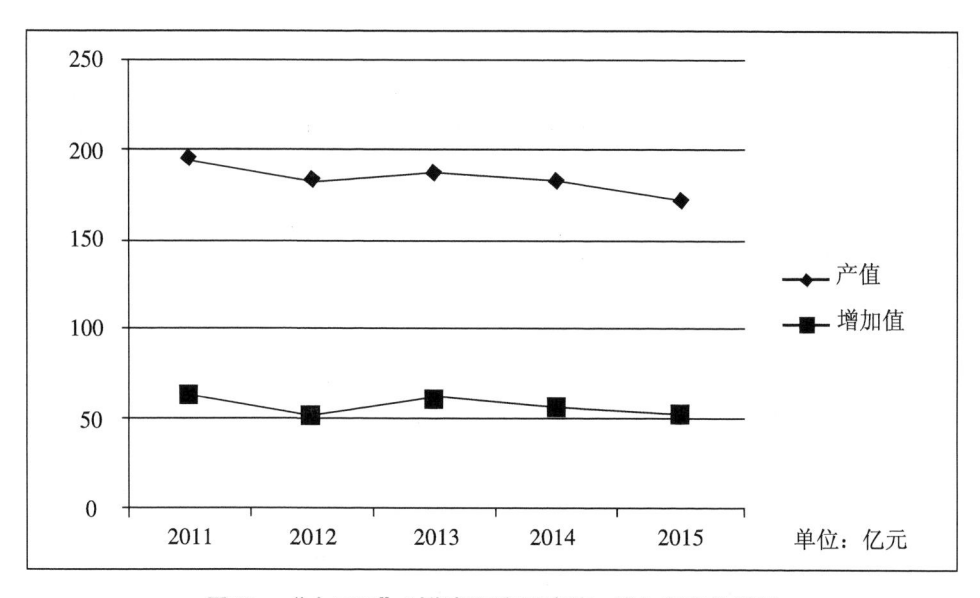

图29 "十二五"时期报纸印刷产值、增加值变化情况

3. "十二五"时期纸包装印刷业务发展态势

纸包装印刷在七类业务中涉足企业数量最多，产值规模最大，这主要是由于纸包装产品适应性强，广泛应用于各类产品的运输和销售包装决定的。"十二五"时期，受国民经济换挡减速影响，纸包装印刷的发展速度有所下降，但仍保持了向上态势，成为印刷业稳定发展的"基石"。在此期间，涉足纸包装印刷业务的企业数量由2011年的22609家增长到2015年的25636家，增加了13.39%。这部分企业实现的纸包装印刷产值由2908.52亿元增长到3912.49亿元，增长率为34.52%，比同期印刷业工业总产值29.61%的增长率高出4.91个百分点，比同期包装装潢印刷品印刷产值33.04%的增长率高出1.48个百分点；纸包装印刷增加值由693.87亿元增长到801.30亿元，增长率为15.48%，比同期印刷业工业增加值19.65%的增长率低了4.17个百分点，比同期包装装潢印刷品印刷增加值25.07%的增长率低了9.59个百分点，差距明显。纸包装印刷增加值增速低于纸包装印刷产值，一个可能的原因是纸包装印刷进入门槛相对较低，随着各路企业和资本的不断进入，产能供给快速放大，超出了市场的实际需求，因而产品议价能力下降，创造增加值的空间被压缩。（见表23、图30、图31）

表 23 "十二五"时期纸包装印刷业务关键数据指标及增长情况

年份	企业数量（家）	企业数量增长率	产值（亿元）	产值增长率	增加值（亿元）	增加值增长率
2011	22609	—	2908.52	—	693.87	—
2012	24503	8.38%	3256.24	11.96%	781.91	12.69%
2013	23153	-5.51%	3359.23	3.16%	759.92	-2.81%
2014	25186	8.78%	3669.52	9.24%	740.71	-2.53%
2015	25636	1.79%	3912.49	6.62%	801.30	8.18%

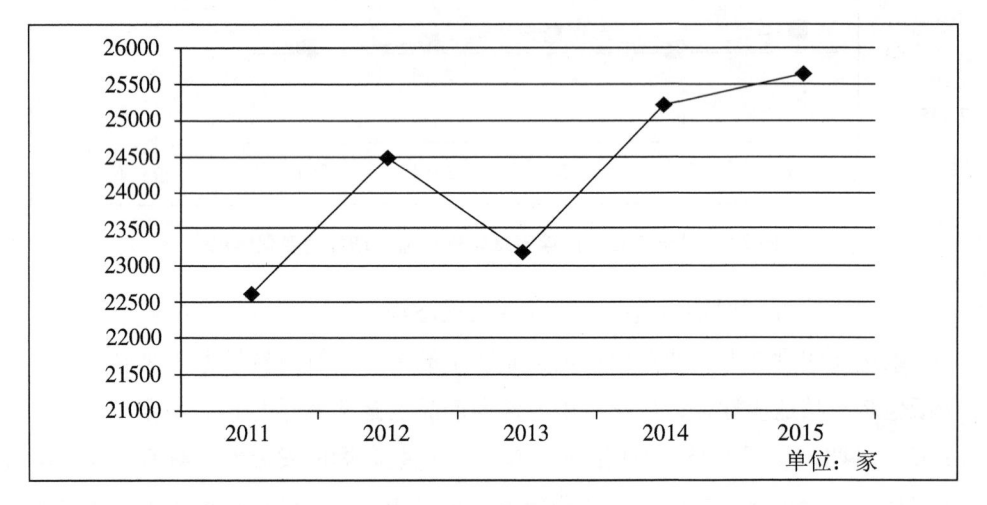

图 30 "十二五"时期涉足纸包装印刷业务的企业数量变化情况

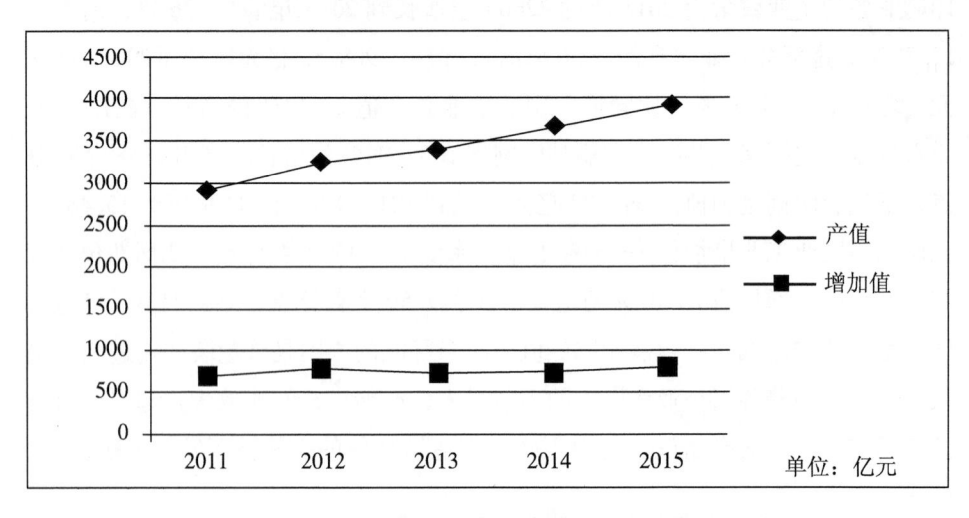

图 31 "十二五"时期纸包装印刷产值、增加值变化情况

4."十二五"时期金属罐包装印刷业务发展态势

金属罐包装印刷从产业规模看,在包装装潢印刷品印刷中只能算是一个小的细分门类。但就是这个整体规模不大的市场,却孕育出了一批大中型包装印刷企业,而且金属罐包装印刷企业的平均规模远高于印刷业的平均水平。"十二五"期间,在整个印刷市场增速放缓的情况下,金属罐包装印刷保持高速增长。在此期间,涉足金属罐包装印刷业务的企业数量由2011年的393家增长到2015年的594家,增加了51.15%。这部分企业实现的金属罐包装印刷产值由212.19亿元增长到402.88亿元,增长率达到89.87%;金属罐包装印刷工业增加值由54.00亿元增长到95.60亿元,增长率达到77.05%。从整个"十二五"时期来看,金属罐包装印刷的产值、增加值增长率约是同期印刷业工业总产值、增加值增长率的3—4倍,成长速度相当惊人。不过值得注意的是,2015年涉足金属罐包装印刷的企业数量比2014年下降了16.46%,且在产值增长13.54%的情况下,增加值出现了5.93%的负增长。这表明金属罐包装印刷的发展喜中有忧,同样面临着市场调整和转型升级的压力。(见表24、图32、图33)

表24 "十二五"时期金属罐包装印刷业务关键数据指标及增长情况

年份	企业数量（家）	企业数量增长率	产值（亿元）	产值增长率	增加值（亿元）	增加值增长率
2011	393	—	212.19	—	54.00	—
2012	589	49.87%	304.05	43.29%	71.02	31.52%
2013	499	-15.28%	329.87	8.49%	86.00	21.09%
2014	711	42.48%	354.85	7.57%	101.63	18.17%
2015	594	-16.46%	402.88	13.54%	95.60	-5.93%

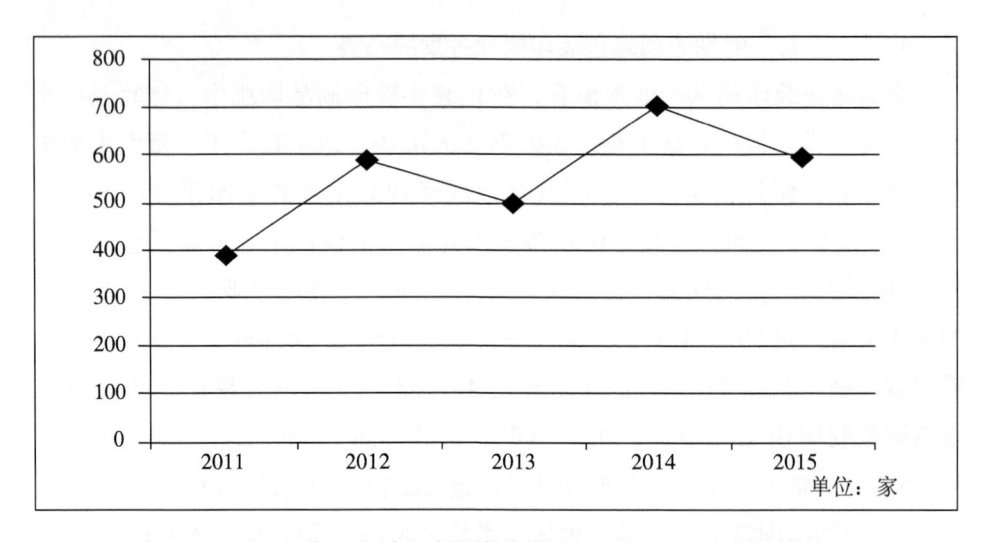

图 32 "十二五"时期涉足金属罐包装印刷业务的企业数量变化情况

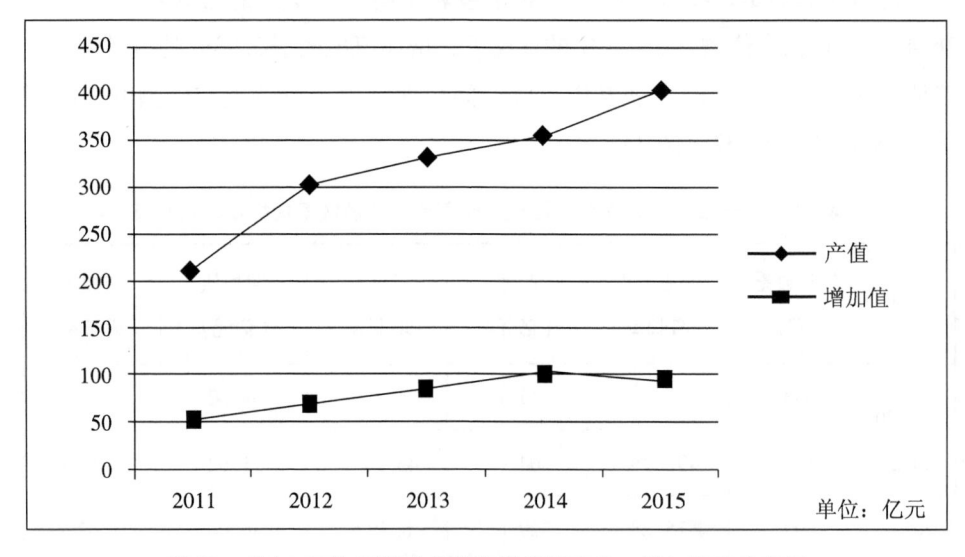

图 33 "十二五"时期金属罐包装印刷产值、增加值变化情况

5. "十二五"时期塑料软包装印刷业务发展态势

塑料软包装印刷是包装装潢印刷中仅次于纸包装印刷的一个细分门类,在食品饮料、日化用品、医药用品等诸多行业存在着广泛的市场需求。"十二五"时期,随着我国经济结构的优化调整,相关消费品行业快速发展,这直接带动了塑料软包装印刷市场规模的持续攀升。在此期间,涉足塑料软包装印刷业务的企业数量由2011年的4054家增长到7026家,增长率为73.31%。这部分企

业实现的塑料软包装印刷产值由593.53亿元增长到1438.25亿元，增长率高达142.32%，增速是同期印刷业工业总产值增速的4.81倍，包装装潢印刷品印刷产值增速的4.31倍；塑料软包装印刷工业增加值由139.86亿元增长到481.99亿元，增长率为244.62%，增速是同期印刷业工业增加值增速的12.45倍，包装装潢印刷品印刷增加值增速的9.76倍。值得注意的是，在经过连续大幅上涨之后，塑料软包装印刷市场在2015年出现一定波动，与2014年相比产值增长率仅为7.17%，为"十二五"时期历年最低，而增加值在2014年创出115.06%的同比增长率新高后，于2015年出现了1.92%的负增长。因此，业界对塑料软包装印刷市场的发展应该在乐观中保持谨慎，防范盲目进入或扩大再投资带来的经营风险。（见表25、图34、图35）

表25 "十二五"时期塑料软包装印刷业务关键数据指标及增长情况

年份	企业数量（家）	企业数量增长率	产值（亿元）	产值增长率	增加值（亿元）	增加值增长率
2011	4054	—	593.53	—	139.86	—
2012	5774	42.43%	902.27	52.02%	197.85	41.46%
2013	6252	8.28%	1073.90	19.02%	228.50	15.49%
2014	7056	12.86%	1342.04	24.97%	491.42	115.06%
2015	7026	-0.43%	1438.25	7.17%	481.99	-1.92%

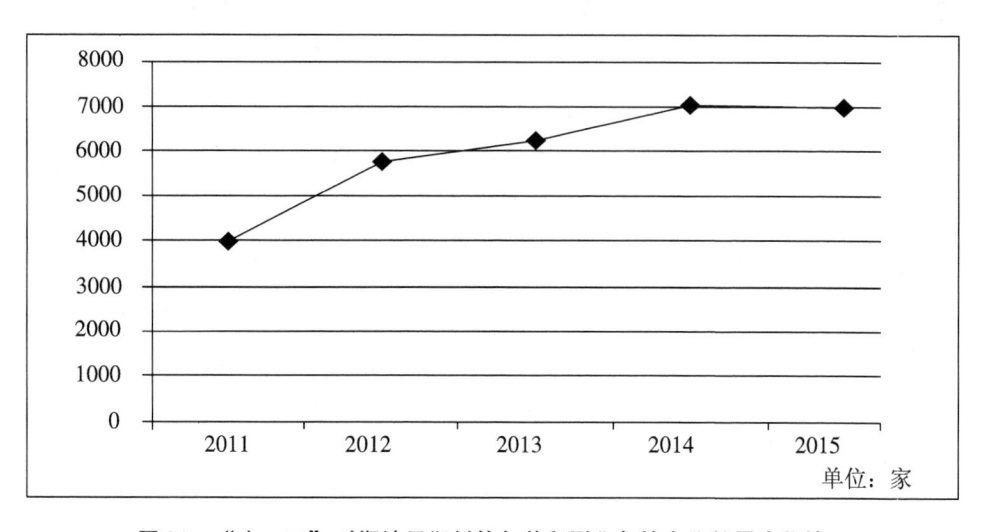

单位：家

图34 "十二五"时期涉足塑料软包装印刷业务的企业数量变化情况

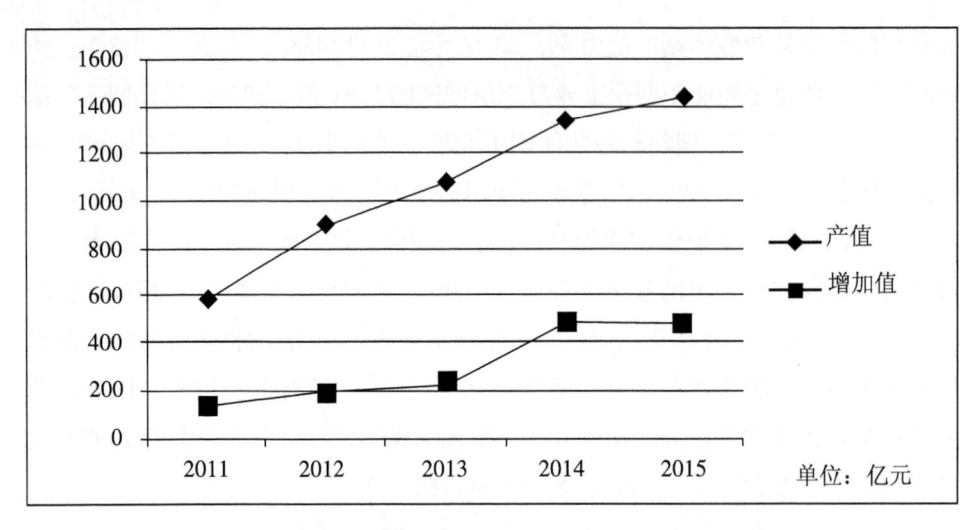

图35 "十二五"时期塑料软包装印刷产值、增加值变化情况

6. "十二五"时期普通票据印刷业务发展态势

普通票据印刷属于其他印刷品印刷的一个细分门类。这类业务具有其他印刷品印刷的鲜明特征：涉足企业数量众多，但普遍规模不大。"十二五"时期，普通票据印刷市场的波动性较大，尤其是2014年，涉足普通票据印刷的企业数量，普通票据印刷的产值、增加值均出现异常波动，下滑幅度偏离正常水平，这可能是由于统计口径的问题导致的。在"十二五"期间，涉足普通票据印刷业务的企业数量由2011年的3814家增长到2015年的5198家，增加了36.29%。这部分企业实现的普通票据印刷产值由140.60亿元增长到53.92亿元，增长率为9.47%，比同期印刷业工业总产值29.61%的增长率低了20.14个百分点，比同期其他印刷品印刷产值23.35%的增长率低了13.88个百分点；普通票据印刷工业增加值由31.82亿元增长到40.53亿元，增长率为27.38%，比同期印刷业工业增加值19.65%的增长率高出7.73个百分点，比同期其他印刷品印刷增加值8.60%的增长率高出18.78个百分点。2015年，普通票据印刷产值、增加值在其他印刷品印刷产值、增加值中的占比分别为17.61%、20.42%，这说明其在其他印刷品印刷企业的业务结构中占有重要位置。（见表26、图36、图37）

表26 "十二五"时期普通票据印刷业务关键数据指标及增长情况

年份	企业数量（家）	企业数量增长率	产值（亿元）	产值增长率	增加值（亿元）	增加值增长率
2011	3814	—	140.60	—	31.82	—
2012	4455	16.81%	130.77	-6.99%	38.46	20.87%
2013	5521	23.93%	156.67	19.81%	45.81	19.11%
2014	3996	-27.62%	129.95	-17.05%	35.72	-22.03%
2015	5198	30.08%	153.92	18.44%	40.53	13.47%

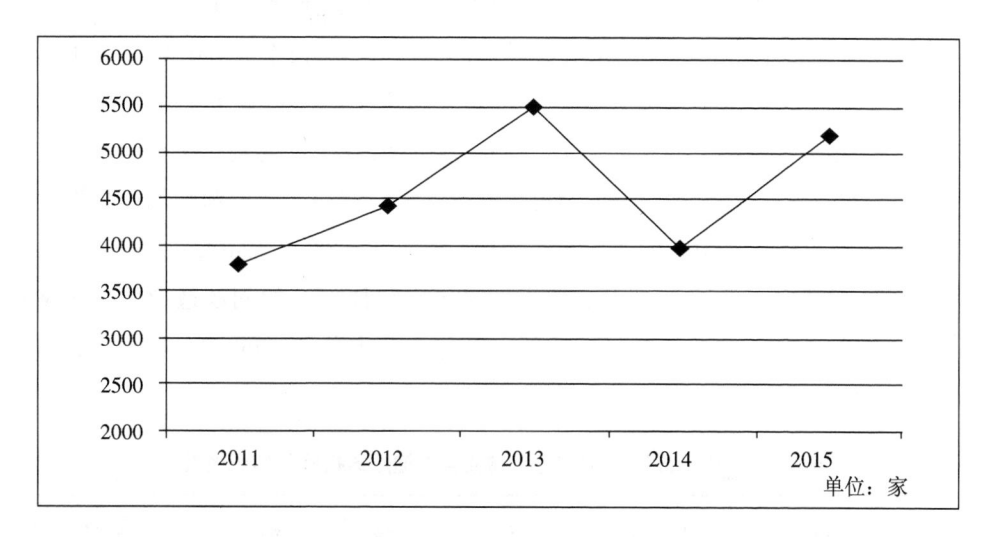

图36 "十二五"时期涉足普通票据印刷业务的企业数量变化情况

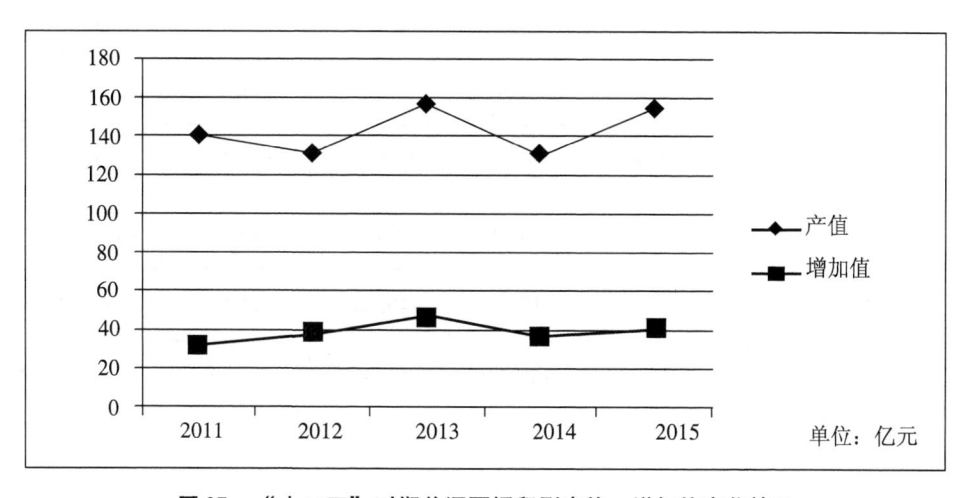

图37 "十二五"时期普通票据印刷产值、增加值变化情况

7. "十二五"时期安全印刷业务发展态势

安全印刷同样是其他印刷品印刷的一个细分门类,其主要服务对象是金融、证券、防伪等对产品安全性要求较高的行业和领域。相对普通票据印刷,安全印刷具有技术含量高,产品附加值大等鲜明特征,且从事安全印刷业务的企业一般都规模相对较大。"十二五"时期,我国金融、证券市场高速发展,进而带动了对安全印刷的市场需求。在此期间,涉足安全印刷的企业数量由2011年的517家增长到2015年的789家,增加了52.61%。这部分企业实现的安全印刷产值由79.36亿元增长到207.01亿元,增长率为160.85%;实现安全印刷工业增加值由28.47亿元增长到85.87亿元,增长率为201.63%。单纯从"十二五"时期的产值增长率来看,安全印刷位居印刷业七类主要业务之首,其增加值增长率也仅次于塑料软包装印刷。值得注意的是,安全印刷的主要数据指标在"十二五"后期连续出现非正常大幅波动,产值和增加值数据在2013年双双出现超过100%的增长后,于2014年又同时出现超过40%的下跌,随后又在2015年实现大幅回升,这可能是由于统计口径的问题造成的。从整体看,安全印刷在"十二五"时期的上升势头是十分清晰的。(见表27、图38、图39)

表27 "十二五"时期安全印刷业务关键数据指标及增长情况

年份	企业数量(家)	企业数量增长率	产值(亿元)	产值增长率	增加值(亿元)	增加值增长率
2011	517	—	79.36	—	28.47	—
2012	517	0.00%	95.98	20.94%	46.88	64.66%
2013	920	77.95%	235.16	145.01%	96.44	105.72%
2014	774	-15.87%	119.13	-49.34%	52.07	-46.01%
2015	789	1.94%	207.01	73.77%	85.87	64.92%

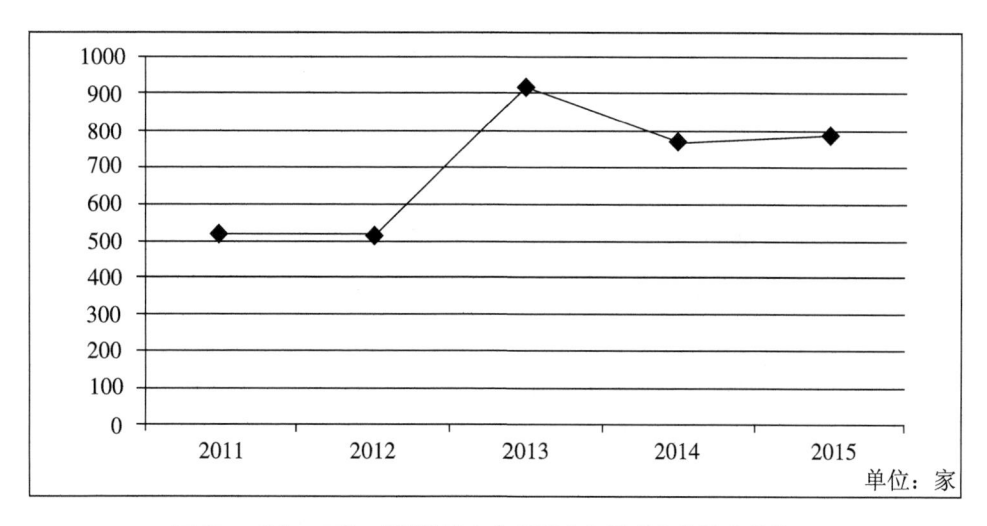

图38 "十二五"时期涉足安全印刷业务的企业数量变化情况

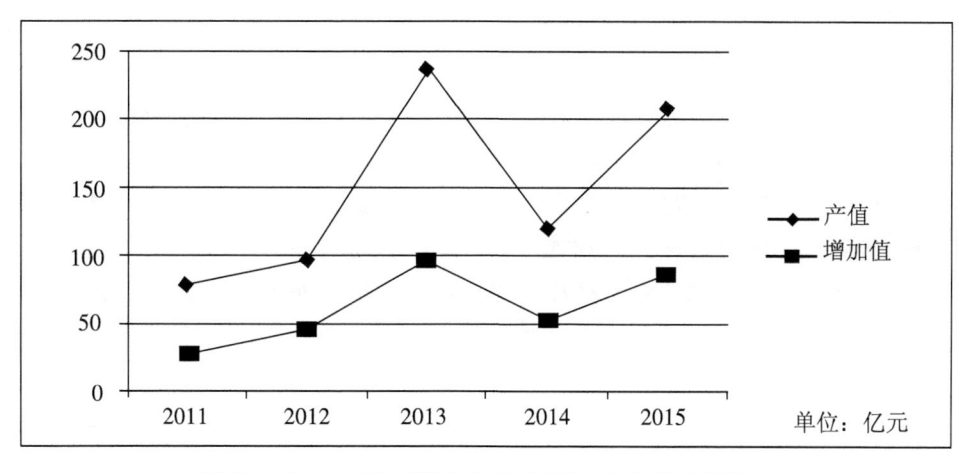

图39 "十二五"时期安全印刷产值、增加值变化情况

（五）"十二五"时期规模以上重点印刷企业发展态势

规模以上重点印刷企业（年产值在5000万元以上）是我国印刷业的支柱力量。这部分企业在行业企业总量中占比不大，但对印刷业工业总产值和利润总额的贡献却均超过了50%。"十二五"时期，随着国民经济的换挡减速，我国印刷业也步入转型调整期，各种不确定性因素的存在使广大印刷企业面临前所未有的困难和挑战。在复杂的行业形势下，规模以上重点印刷企业在整体上保持了稳健向上的发展态势，成为行业持续、健康发展的"稳定器"。

1. "十二五"时期规模以上重点印刷企业发展的基本情况

"十二五"时期,我国规模以上重点印刷企业关键数据指标保持稳定发展。2015年,我国规模以上重点印刷企业数量达到3247家,比2011年的2439家增长33.13%;规模以上重点印刷企业资产总额、工业总产值、工业增加值、利润总额分别为6822.81亿元、6085.64亿元、1583.99亿元、459.07亿元,与2011年的4699.26亿元、4396.89亿元、1189.17亿元、365.53亿元比分别增长45.19%、38.41%、33.20%、25.59%,而同期我国印刷业资产总额、工业总产值、工业增加值、利润总额增长率分别为33.49%,29.61%、19.65%、-5.58%,规模以上重点印刷企业各项指标的增长率均高于印刷业的整体水平,尤其是在行业利润总额出现负增长的情况下,规模以上重点印刷企业的利润总额逆势上涨,很不容易。而且,2015年规模以上重点印刷企业各项指标的同比增长率与2014年相比都有所提升,在行业中率先出现企稳态势,值得关注。(见表28、图40)

表28 "十二五"时期规模以上重点印刷企业资产总额、工业总产值、工业增加值和利润总额

年份	企业数量(家)	资产总额(亿元)	资产总额增长率	工业总产值(亿元)	工业总产值增长率	工业增加值(亿元)	工业增加值增长率	利润总额(亿元)	利润总额增长率
2011	2439	4699.26	—	4396.89	—	1189.17	—	365.53	—
2012	2839	5024.10	6.91%	5500.02	25.09%	1320.71	11.06%	418.48	14.49%
2013	3075	6247.53	24.35%	5816.38	5.75%	1483.36	12.32%	498.62	19.15%
2014	3125	6291.52	0.70%	5855.30	0.67%	1520.47	2.50%	442.81	-11.19%
2015	3247	6822.81	8.44%	6085.64	3.93%	1583.99	4.18%	459.07	3.67%

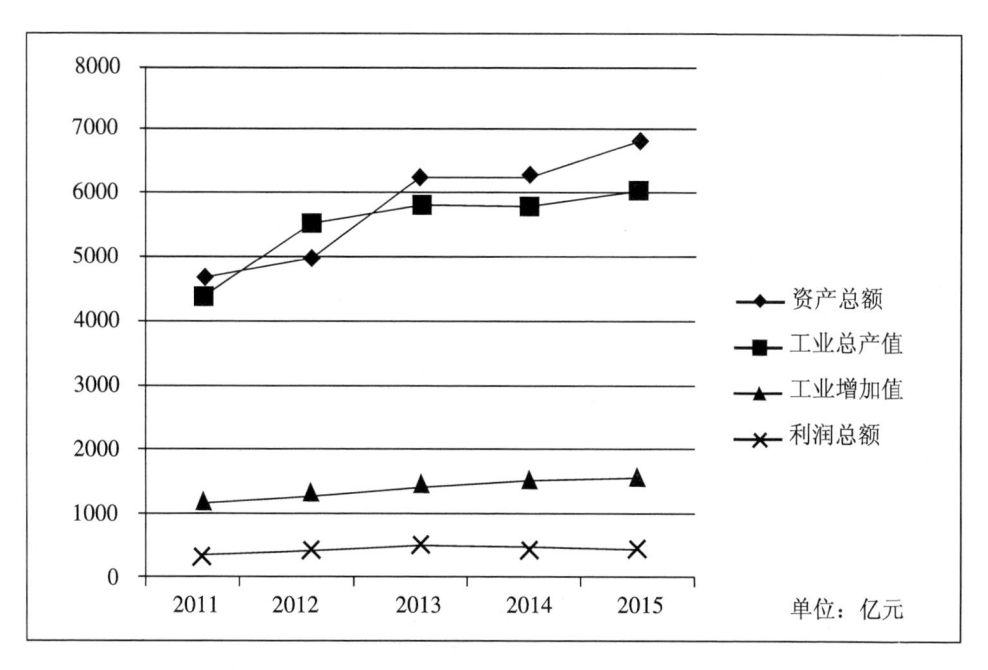

图40 "十二五"时期规模以上重点印刷企业资产总额、工业总产值、工业增加值和利润总额变化情况

"十二五"时期,规模以上重点印刷企业各项关键指标保持稳健增长,且增速高于行业整体水平,这意味着长期困扰我国印刷业发展的"小而散"的问题正在逐步得到化解,行业集约化程度有所提高。2015年,规模以上重点印刷企业数量约占全国印刷企业总量的3.14%,比2011年提高0.76个百分点;资产总额约占全国印刷业资产总额的55.21%,比2011年提高4.45个百分点;工业总产值约占全国印刷业工业总产值的54.11%,比2011年提高3.44个百分点;工业增加值约占全国印刷业工业增加值的61.10%,比2011年提高56.22个百分点;利润总额约占全国印刷业利润总额的65.71%,比2011年提高16.31个百分点。值得注意的是,"十二五"期间规模以上重点印刷企业各项关键指标在行业总量中的占比并非一路向上,而是在波动中前行。例如,规模以上重点印刷企业资产总额、工业增加值在行业总量中占比的高点均出现在2013年,分别为56.67%、64.26%;工业总产值在行业总量中占比的高点出现在2012年,为57.83%;利润总额在行业总量中占比的高点出现在2015年,但期间也曾在2014年出现小幅波动。(见表29、图41)

表29 "十二五"时期规模以上重点印刷企业关键指标在全国印刷业的占比

年份	企业数量	资产总额	工业总产值	工业增加值	利润总额
2011	2.38%	50.76%	50.67%	54.89%	49.40%
2012	2.72%	48.03%	57.83%	59.24%	57.72%
2013	2.90%	56.67%	56.40%	64.26%	64.57%
2014	2.98%	53.49%	53.93%	60.83%	62.00%
2015	3.14%	55.21%	54.11%	61.10%	65.71%

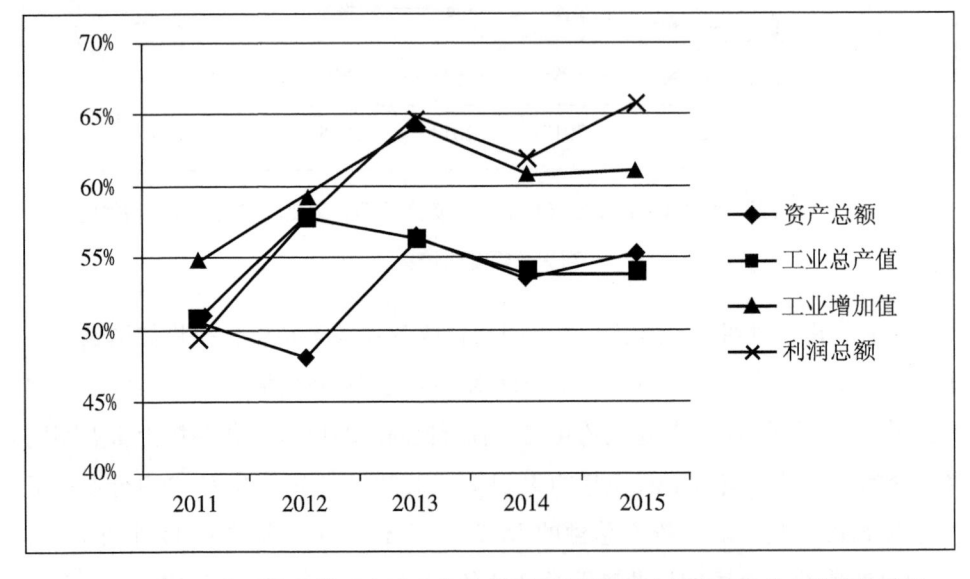

图41 "十二五"时期规模以上重点印刷企业关键指标在全国印刷业的占比变化情况

规模以上重点印刷企业的入门门槛是年产值5000万元以上，从"十二五"时期的情况来看，我国历年规模以上重点印刷企业的平均产值保持相对稳定。其中，2012年最高，为19373.09万元；2011年最低，为18027.43万元；2013年后波动幅度极小。2015年，规模以上重点印刷企业平均产值为18742.36万元，是行业企业平均产值规模的17.24倍，与2011年相比增长率为3.97%，比同期行业企业平均产值28.38%的增长率低了24.41个百分点。"十二五"时期，规模以上重点印刷企业人均产值稳步向上。2015年，规模以上重点印刷企业从业人员总数为91.47万人，占全国印刷业从业人员总量的28.80%；人均产值66.53万元，是行业人均产值的1.88倍，与2011年相比增长率为31.80%，比同期行业企业平均产值45.55%的增长率低了13.75个百分点。从整体上看，由于规模以上重点印刷企业的平均产值、人均产值基数较大，因而其增长率低于行业平均水平属于正常情况，并不令人意外。（见表30、图42、图43）

表30 "十二五"时期规模以上重点印刷业企业平均产值和人均产值

年份	企业数量（家）	工业总产值（亿元）	企业平均产值（万元）	企业平均产值增长率	从业人数（万人）	人均产值（万元）	人均产值增长率
2011	2439	4396.89	18027.43	—	87.10	50.48	—
2012	2839	5500.02	19373.09	7.46%	101.40	54.24	7.45%
2013	3075	5816.38	18915.06	-2.36%	102.36	56.82	4.76%
2014	3125	5855.30	18736.96	-0.94%	92.66	63.19	11.21%
2015	3247	6085.64	18742.36	0.03%	91.47	66.53	5.29%

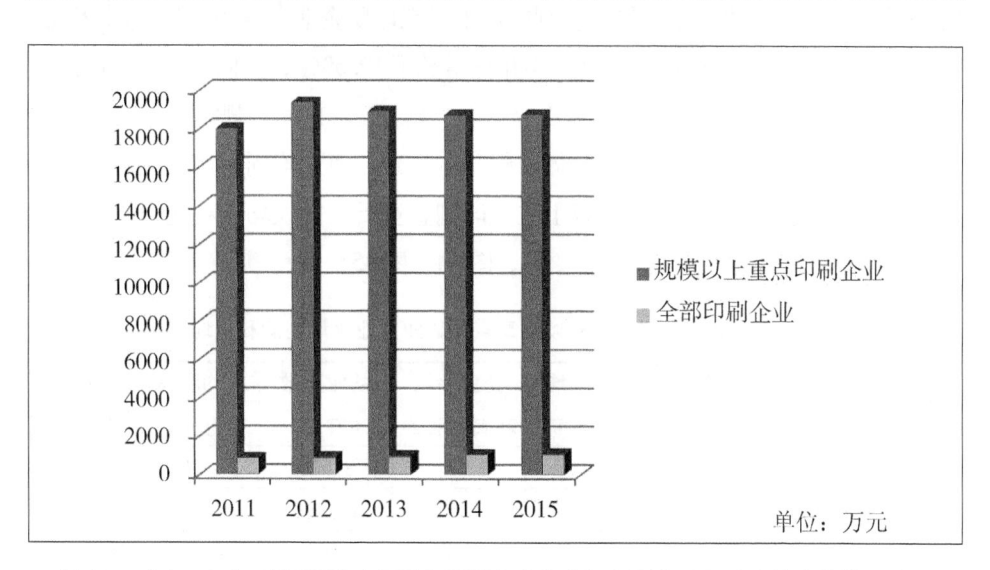

图42 "十二五"时期规模以上重点印刷企业和全部印刷企业平均产值变化情况对比

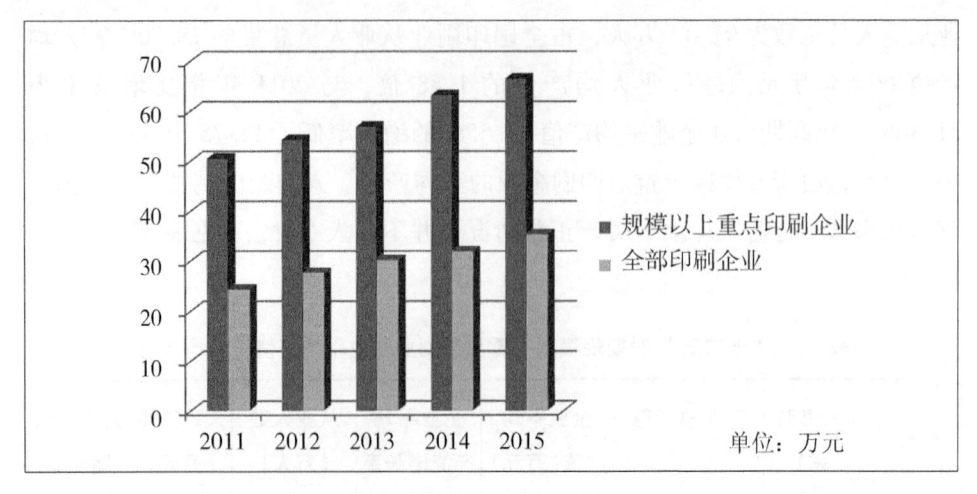

图43 "十二五"时期规模以上重点印刷企业和全行业人均产值变化情况对比

"十二五"时期,随着企业数量的增加,规模以上重点印刷企业的平均利润水平呈现稳中有降趋势,这一点与平均产值的走势基本一致,主要是受大部分新增企业年产值刚刚达到5000万元的规模以上重点印刷企业指标临界点因素影响。2015年,规模以上重点印刷企业平均利润为1413.83万元,是行业企业平均水平的20.94倍,与2011年相比下降了5.66%,比同期行业企业平均利润-6.47%的增长率高出0.81个百分点。同年,规模以上重点印刷企业人均利润为5.02万元,是行业人均利润的2.28倍,与2011年相比增长了19.59%,比同期行业企业人均利润6.04%的增长率高出13.56个百分点。"十二五"期间,规模以上重点印刷企业的平均利润走势与行业企业整体走势基本一致,而人均利润增长显著高于行业企业的整体水平,这表明规模以上重点印刷企业员工的人均创利能力相对一般中小印刷企业优势愈发明显。(见表31、图44、图45)

表31 "十二五"时期规模以上重点印刷业企业平均利润和人均利润

年份	企业数量(家)	利润总额(亿元)	企业平均利润(万元)	企业平均利润增长率	从业人数(万人)	人均利润(万元)	人均利润增长率
2011	2439	365.53	1498.69	—	87.10	4.20	—
2012	2839	418.48	1474.04	-1.64%	101.40	4.13	-1.66%
2013	3075	498.62	1621.53	10.01%	102.36	4.87	18.03%
2014	3125	442.81	1416.99	-12.61%	92.66	4.78	-1.90%
2015	3247	459.07	1413.83	-0.22%	91.47	5.02	5.02%

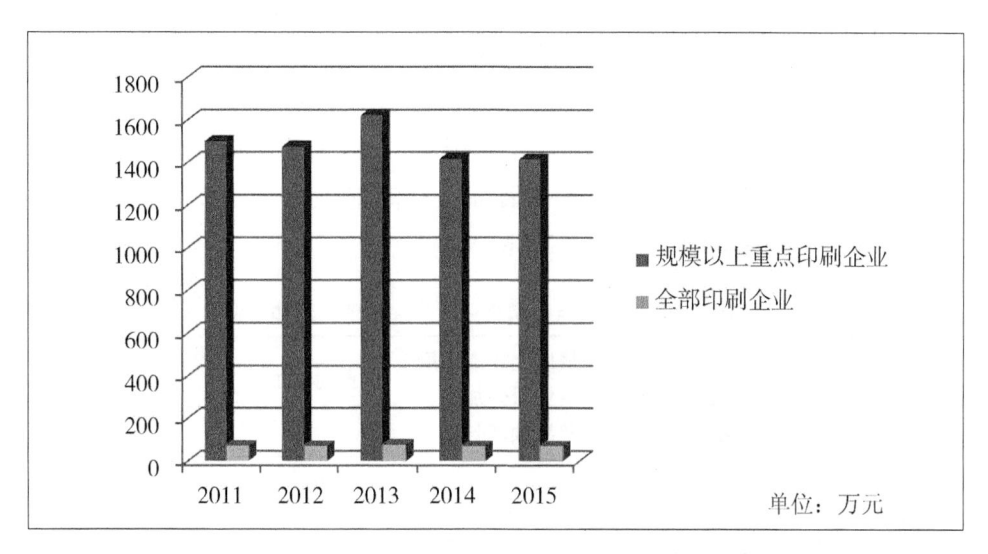

图44 "十二五"时期规模以上重点印刷企业和全部印刷企业平均利润变化情况对比

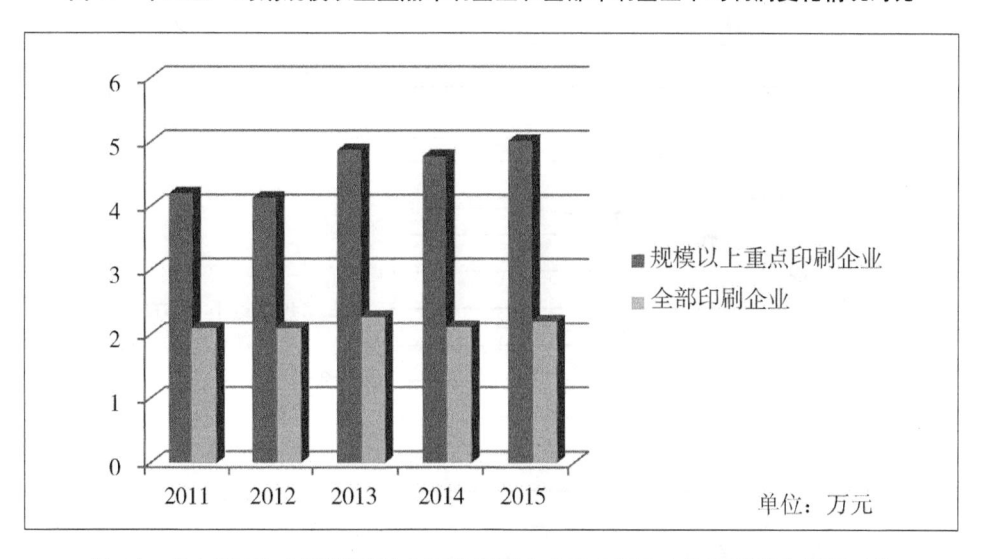

图45 "十二五"时期规模以上重点印刷企业和全行业人均利润变化情况对比

规模以上重点印刷企业是印刷业进行对外加工贸易的主力军。"十二五"期间,规模以上重点印刷企业对外加工贸易额保持稳步增长,且在印刷业对外加工贸易额中的占比始终维持在60%以上。2015年,规模以上重点印刷企业实现对外加工贸易额552.86亿元,比2011年的443.41亿元增长了24.68%。同期,印刷业对外加工贸易额由2011年的680.09亿元增长至2015年的865.18亿元,增长了27.22%。值得注意的是,2011—2014年,随着越来越多的中小印刷企业进入对外加工贸易市场，规模以上重点印刷企业对外加工贸易额在印刷业对外加工贸易额中的占比一路下滑，由2011年的65.20%降至2014年的61.79%；2015年在印刷业对外加工贸易额微降的情况下，规模以上重点印刷企业对外加工贸易额增长了3.30%，因而其在印刷业对外加工贸易额中的占比出现回升，达到63.90%。（见表32、图46）

表32 "十二五"时期规模以上重点印刷企业对外加工贸易额和行业对外加工贸易额

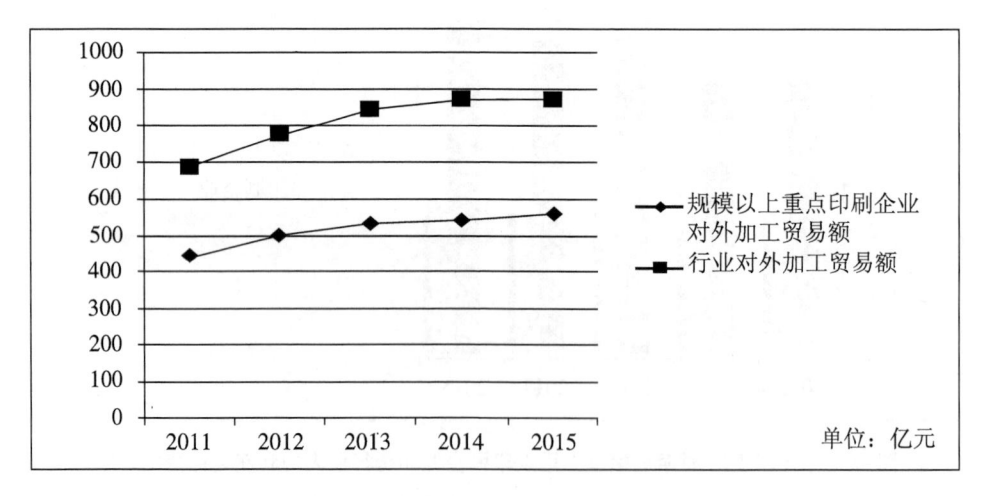

年份	规模以上重点印刷企业对外加工贸易额（亿元）	规模以上重点印刷企业对外加工贸易额增长率	行业对外加工贸易额（亿元）	行业对外加工贸易额增长率
2011	443.41	—	680.09	—
2012	495.59	11.77%	772.04	13.52%
2013	529.79	6.90%	841.48	9.00%
2014	535.18	1.02%	866.17	2.93%
2015	552.86	3.30%	865.18	-0.11%

图46 "十二五"时期规模以上重点印刷企业对外加工贸易额和行业对外加工贸易额变化情况对比

2. 规模以上重点印刷企业的区域分布

规模以上重点印刷企业的地域分布特点与我国印刷业的区域格局十分类似，珠三角、长三角、环渤海和中部地区四大印刷产业带内的省份汇聚了国内大部分规模以上重点印刷企业，其他省份规模以上重点印刷企业数量相对较少。本部分内容以2015年相关统计数据为基础分析我国规模以上重点印刷企业的区域分布情况。

国家新闻出版广电总局印刷企业年度核验数据显示，2015年，国内的31个省、自治区、直辖市均有规模以上重点印刷企业分布。其中，广东省拥有的规模以上重点印刷企业数量最多，达到627家；青海省、西藏自治区拥有的规模以上重点印刷企业数量最少，均只有一家。全国拥有规模以上重点印刷企业最多的十个省份中有八个属于四大印刷产业带，其中，来自珠三角的广东省位居第一位；来自长三角的江苏省、浙江省、上海市分居第二位、第三位、第四位，分别拥有403家、366家、268家规模以上重点印刷企业；来自环渤海的山东省、北京市分居第五位、第十位，分别拥有265家、99家规模以上重点印刷企业；来自中部地区的安徽省、湖北省分居第七位、第九位，分别拥有146家、111家规模以上重点印刷企业。位居第六位的福建省和位居第八位的四川省来自四大印刷产业带之外，分别拥有168家、125家规模以上重点印刷企业。

2015年，全国排名前十的省份共拥有规模以上重点印刷企业2578家，占全国规模以上重点印刷企业总量的79.40%。这些企业资产总额达5624.94亿元，占全国规模以上重点印刷企业资产总额的82.44%；实现工业总产值、工业增加值、利润总额分别达到5044.14亿元、1313.72亿元、348.33亿元，各占全国规模以上重点印刷企业相应指标的82.89%、82.94%、75.88%。由此可见，全国排名前十的省份在全国规模以上重点印刷企业各项指标中的占比均达到八成左右，汇聚了国内大部分规模领先的大型印刷企业。（见表33）

表33　2015年我国拥有规模以上重点印刷企业数量最多的十个省份

序号	省份	印企数量（家）	资产总额（亿元）	工业总产值（亿元）	工业增加值（亿元）	利润总额（亿元）
1	广东	627	1576.91	1460.98	429.77	61.29
2	江苏	403	569.01	759.63	187.65	54.82
3	浙江	366	690.85	581.16	114.95	32.06
4	上海	268	820.99	618.07	181.54	42.91
5	山东	265	504.60	385.60	65.29	24.15
6	福建	168	332.24	332.51	63.73	18.95
7	安徽	146	251.90	237.97	48.10	20.14

续表

序号	省份	印企数量（家）	资产总额（亿元）	工业总产值（亿元）	工业增加值（亿元）	利润总额（亿元）
8	四川	125	256.76	242.28	59.74	16.33
9	湖北	111	326.29	237.22	89.11	56.82
10	北京	99	295.39	188.72	73.84	20.87

作为国内印刷业的"高地"，珠三角、长三角、环渤海和中部地区四大产业带拥有的规模以上重点印刷企业数量都较为可观。2015年，长三角拥有规模以上重点印刷企业1037家，在全国规模以上重点印刷企业总量中的占比为31.94%，位居四大产业带之首；长三角规模以上重点印刷企业资产总额、工业总产值、工业增加值、利润总额分别为2080.85亿元、1958.86亿元、484.14亿元、129.79亿元，在全国规模以上重点印刷企业总量中的占比分别为30.50%、32.19%、30.56%、28.27%，在四大产业带中均处于领先位置。珠三角拥有规模以上重点印刷企业627家，在全国规模以上重点印刷企业总量中的占比为19.31%，仅次于长三角；珠三角规模以上重点印刷企业资产总额、工业总产值、工业增加值、利润总额分别为1576.91亿元、1460.98亿元、429.77亿元、61.29亿元，在全国规模以上重点印刷企业总量中的占比分别为23.11%、24.01%、27.13%、13.35%。环渤海拥有规模以上重点印刷企业583家，在全国规模以上重点印刷企业总量中的占比为17.96%，位居第三位；环渤海规模以上重点印刷企业资产总额、工业总产值、工业增加值、利润总额分别为1176.23亿元、903.21亿元、217.12亿元、68.91亿元，在全国规模以上重点印刷企业总量中的占比分别为17.24%、14.84%、13.71%、15.01%。中部地区拥有规模以上重点印刷企业466家，在全国规模以上重点印刷企业总量中的占比为14.35%，位居第四位；中部地区规模以上重点印刷企业资产总额、工业总产值、工业增加值、利润总额分别为897.15亿元、812.00亿元、222.33亿元、125.89亿元，在全国规模以上重点印刷企业总量中的占比分别为13.15%、13.34%、14.04%、27.42%。

2015年，四大印刷产业带共拥有规模以上重点印刷企业2713家，占全国规模以上重点印刷企业总量的83.55%。这些企业资产总额达5731.14亿元，占全国规模以上重点印刷企业资产总额的 84.00%；实现工业总产值、工业增加值、利润总额分别达到 5135.04 亿元、1353.36 亿元、385.87 亿元，各占全国规模以上重点印刷企业相应指标的 84.38%、85.44%、84.06%。四大印刷产业带之外的 16 个省份拥有的规模以上重点印刷企业合计为 534 家，其资产总额、工业总产值、工业增加值、利润总额四项指标在全国总量中的占比均在 15% 左右，这表明这些省份印刷业的发展与四大印刷产业带内各省份存在着较大差距。（见表 34、图 47、图 48、图 49、图 50、图 51）

表 34　2015 年珠三角、长三角、环渤海和中部地区规模以上重点印刷企业数量、资产总额、工业总产值、工业增加值和利润总额

区域	企业数量（家）	资产总额（亿元）	工业总产值（亿元）	工业增加值（亿元）	利润总额（亿元）
珠三角	627	1576.91	1460.98	429.77	61.29
长三角	1037	2080.85	1958.86	484.14	129.79
环渤海	583	1176.23	903.21	217.12	68.91
中部地区	466	897.15	812.00	222.33	125.89
其他地区	534	1091.67	950.60	230.64	73.20

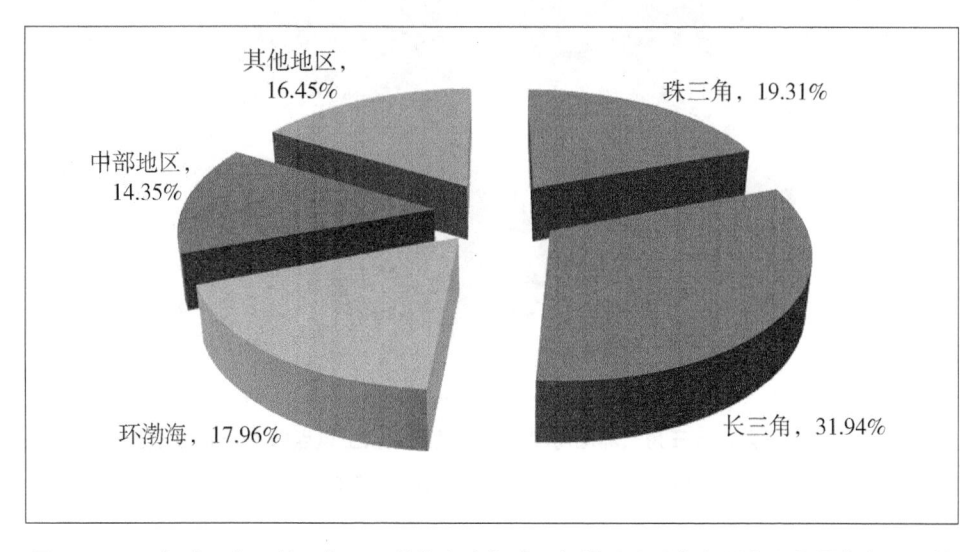

图 47　2015 年珠三角、长三角、环渤海和中部地区规模以上重点印刷企业数量在全国规模以上重点印刷企业总量的占比

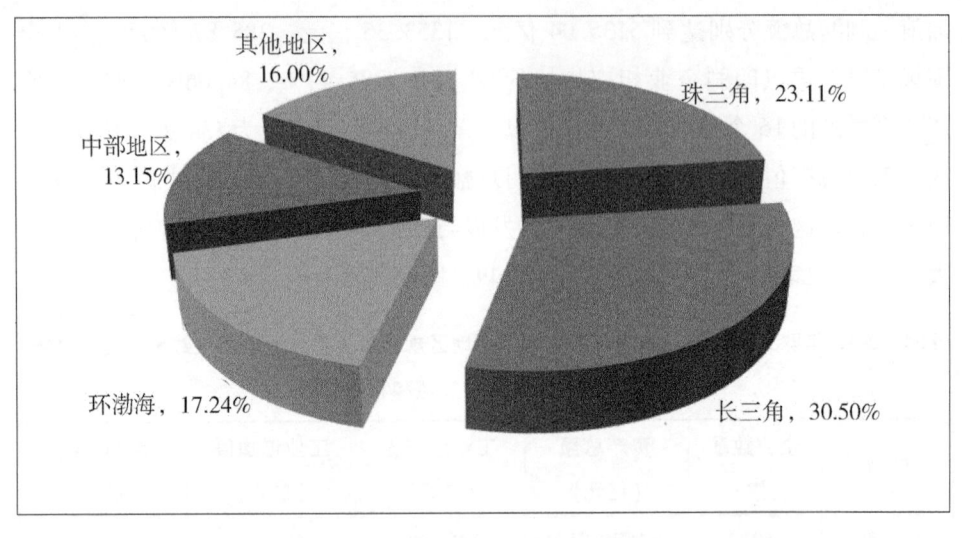

图48　2015年珠三角、长三角、环渤海和中部地区规模以上重点印刷企业资产总额在全国规模以上重点印刷企业资产总额的占比

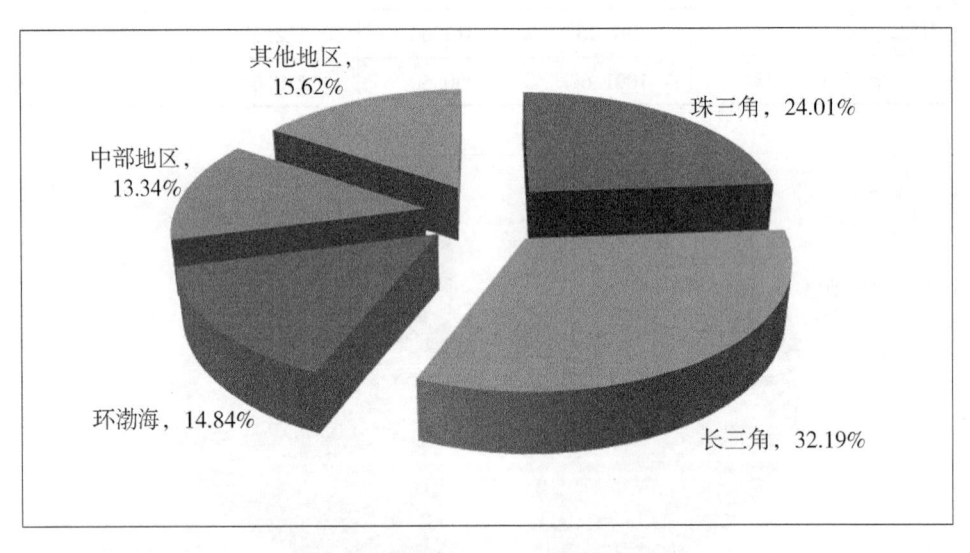

图49　2015年珠三角、长三角、环渤海和中部地区规模以上重点印刷企业工业总产值在全国规模以上重点印刷企业工业总产值的占比

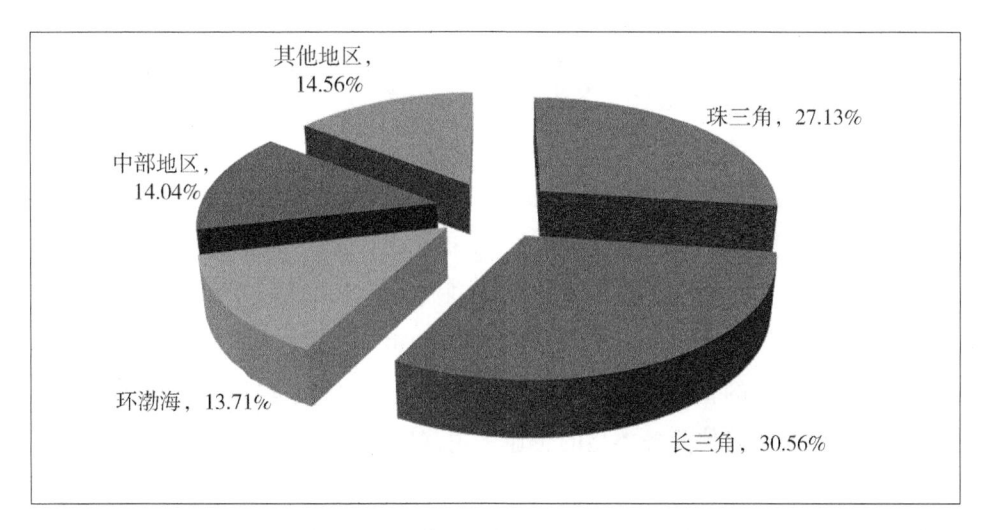

图50 2015年珠三角、长三角、环渤海和中部地区规模以上重点印刷企业工业增加值在全国规模以上重点印刷企业工业增加值的占比

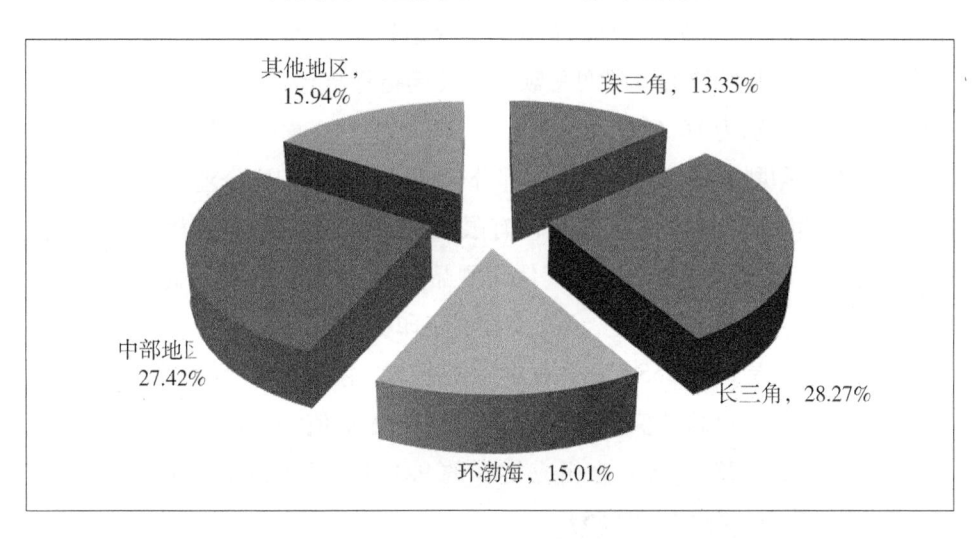

图51 2015年珠三角、长三角、环渤海和中部地区规模以上重点印刷企业利润总额在全国规模以上重点印刷企业利润总额的占比

3. 规模以上重点印刷企业的业务类型

从主营业务来看，规模以上重点印刷企业从事包装装潢印刷品印刷的最多，其次是出版物印刷，这与我国印刷业的产业结构相一致。在2015年3247家规模以上重点印刷企业中，有2554家在国家新闻出版广电总局印刷企业核验中填报了本企业主营业务类型，占全部规模以上重点印刷企业的78.66%。

2015年，这2554家企业实现工业总产值4593.42亿元，工业增加值1145.11亿元，利润总额383.34亿元，各占当年全部规模以上重点印刷企业相应指标的88.12%、89.65%、89.91%。

在2554家填报了主营业务类型的企业中，主营包装装潢印刷品印刷的企业为1853家，占2554家企业总量的72.55%。这部分企业实现工业总产值3300.08亿元，工业增加值820.75亿元，利润总额280.95亿元，各占2554家企业相应指标的71.84%、71.67%、73.29%。由以上数据不难看出，主营包装装潢印刷品印刷的企业在规模以上重点印刷企业中居于绝对主流位置，各项指标均大幅领先于其他业务类型的企业。主营出版物印刷的企业有387家，占2554家企业总量的15.15%。这部分企业实现工业总产值673.94亿元，工业增加值192.19亿元，利润总额59.37亿元，各占2554家企业相应指标的14.67%、16.78%、15.49%。主营包装装潢印刷品印刷和出版物印刷的企业在2554家填报了主营业务类型的企业中占比达到87.71%，两类企业合计实现工业总产值、工业增加值、利润总额三项关键指标合计值在2554家企业相应指标中的占比分别为86.52%、88.46%、88.78%。这意味着包装装潢印刷品印刷和出版物印刷领域孕育了我国大部分规模以上重点印刷企业，其他印刷品印刷企业虽然数量众多，但大都规模有限。在2554家填报了主营业务类型的规模以上重点印刷企业中，主营其他印刷品印刷的只有84家，此外，还有4家排版、制版、装订专项企业，3家专营数字印刷企业。

值得注意的是，在2554家企业中，还有223家兼营多类业务。2015年，这部分企业实现工业总产值420.52亿元，工业增加值78.78亿元，利润总额25.54亿元，各占2554家企业相应指标的9.15%、6.88%、6.66%。（见表35、图52、图53、图54、图55）

表35　2015年2554家填报了主营业务类型的规模以上重点印刷企业主营业务分布

主营业务	企业数量	工业总产值（亿元）	工业增加值（亿元）	利润总额（亿元）
包装装潢印刷品印刷	1853	3300.08	820.75	280.95
出版物印刷	387	673.94	192.19	59.37
其他印刷品印刷	84	179.52	47.65	15.35
排版、制版、装订专项	3	2.92	1.57	0.36

续表

主营业务	企业数量	工业总产值（亿元）	工业增加值（亿元）	利润总额（亿元）
专营数字印刷	4	16.45	4.16	1.77
兼营多类业务	223	420.52	78.78	25.54

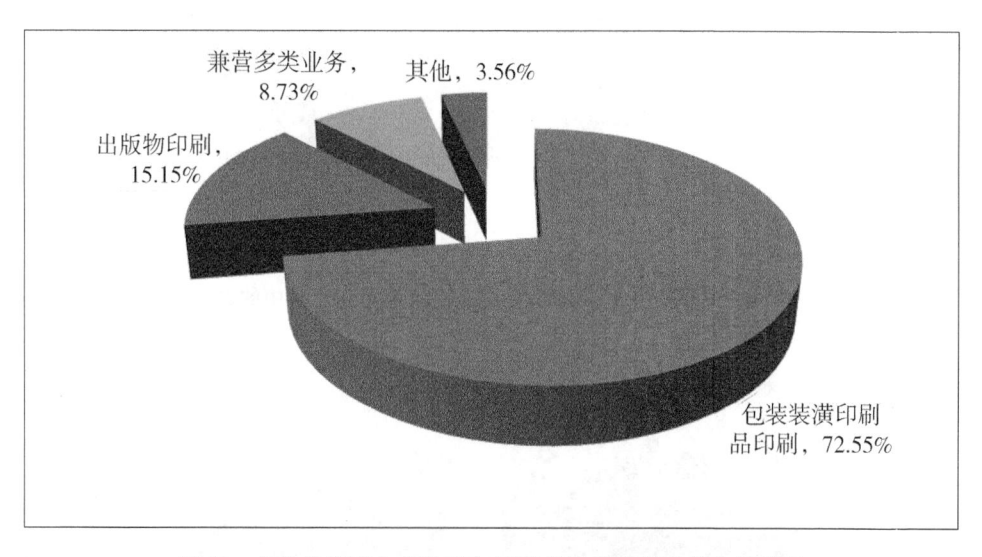

图52　各业务类型企业数量在2554家企业总量中的占比情况

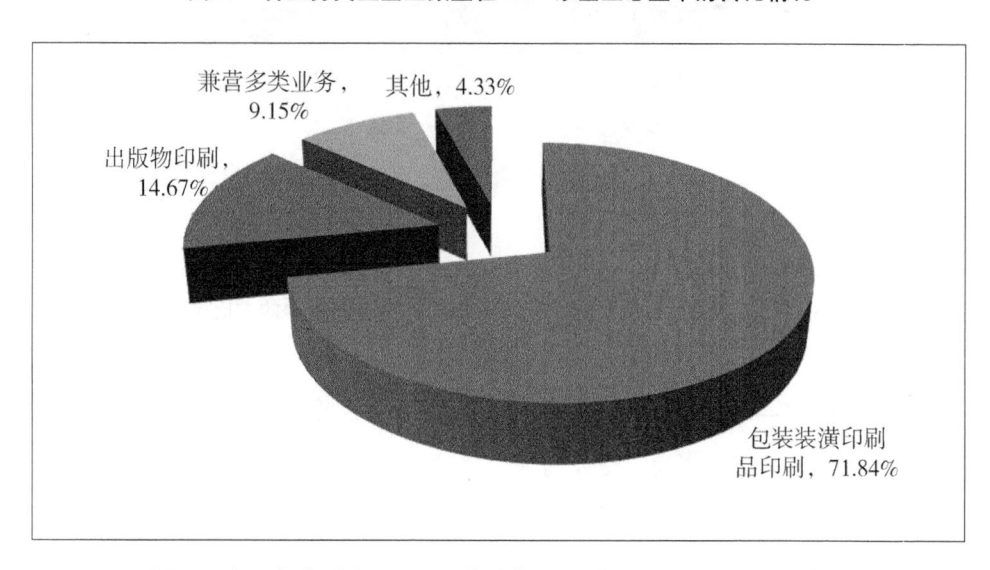

图53　各业务类型企业工业总产值在2554家企业总量中的占比情况

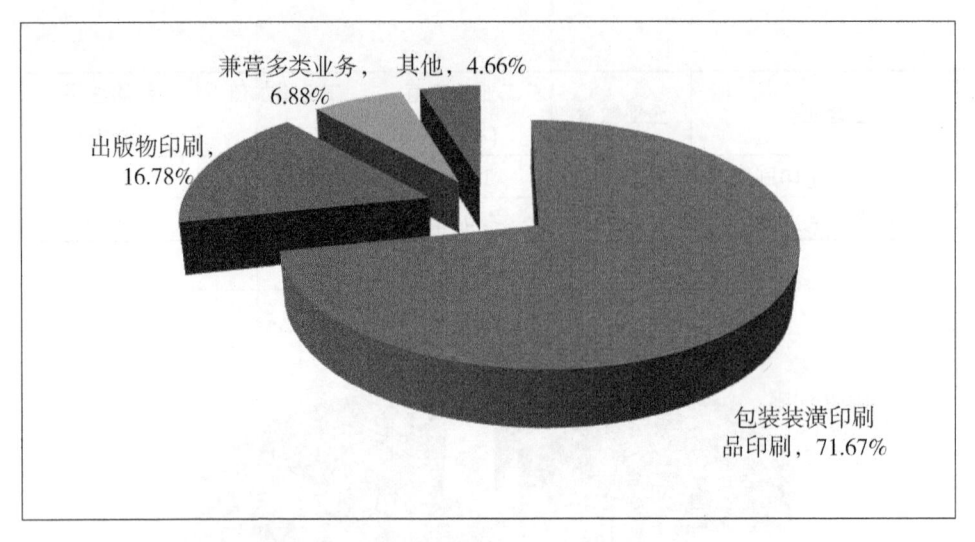

图54 各业务类型企业工业增加值在2554家企业总量中的占比情况

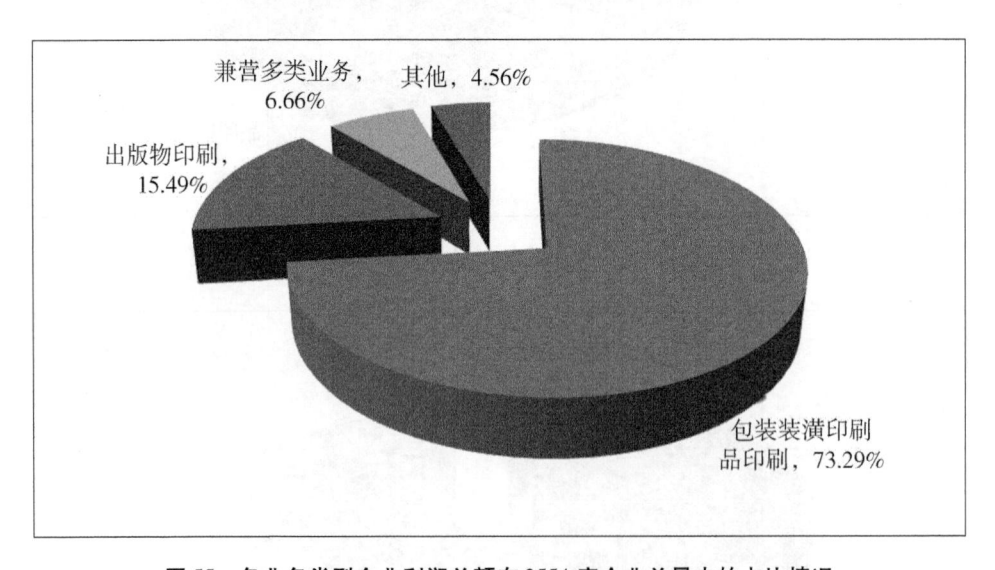

图55 各业务类型企业利润总额在2554家企业总量中的占比情况

（六）"十二五"时期我国数字印刷发展态势

"十二五"时期，作为广受业内人士关注的新兴技术形式和不同于传统印刷的商业形态，数字印刷在技术上不断取得突破，应用范围持续扩大，各项关键数据指标在整体上保持了快速增长态势。

数据显示，"十二五"时期，我国兼营和专营数字印刷企业数量由2011年的539家增长到2015年的2855家,增长率高达429.68%;数字印刷产值由34.64亿元增长到176.15亿元,增长率达到408.52%;数字印刷机累计装机量由1785台、套增长到10002台、套,增长率达到460.34%。从整体上看,数字印刷的这三项关键数据指标均呈现出超常规、跨越式发展态势,增长率远高于行业平均水平。这表明数字印刷在我国正处于快速普及期,发展潜能逐步得到释放。值得注意的是,"十二五"时期,数字印刷的发展并非一路向上,意外波动出现在2014年,当年数字印刷产值出现1.51%的负增长。不过,2015年数字印刷很快重回增长轨道,产值达到176.15亿元,创历史新高,比2014年增长73.04%。(见表36、图56、图57、图58)

表36 "十二五"时期数字印刷关键数据指标及增长情况

年份	企业数量(家)	企业数量增长率	产值(亿元)	产值增长率	数字印刷机装机量(台,套)	数字印刷机装机量增长率
2011	539	—	34.64	—	1785	—
2012	738	36.92%	62.86	81.47%	2354	31.88%
2013	2488	237.13%	103.36	64.43%	7715	227.74%
2014	2622	5.39%	101.80	-1.51%	8792	13.96%
2015	2855	8.89%	176.15	73.04%	10002	13.76%

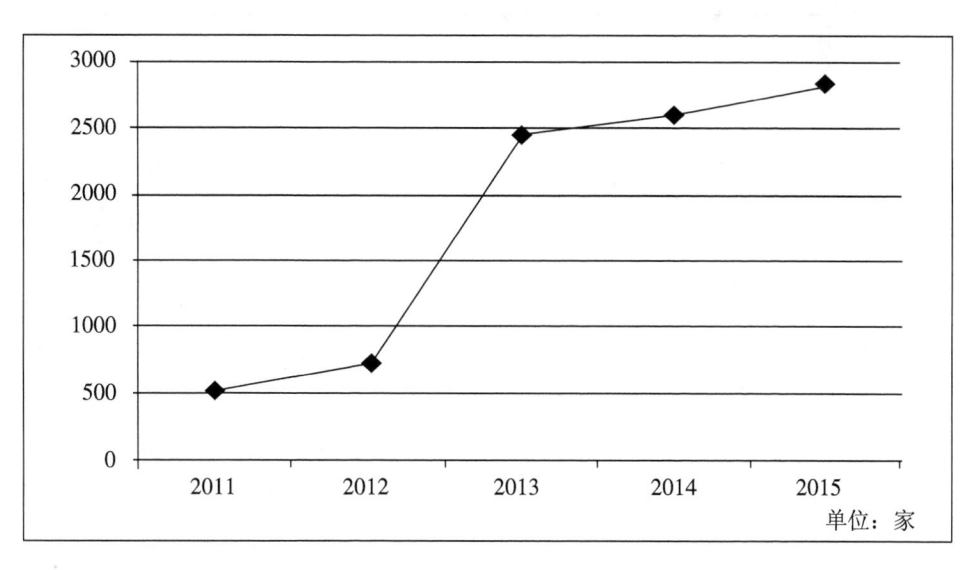

图56 "十二五"时期兼营和专营数字印刷企业数量变化情况

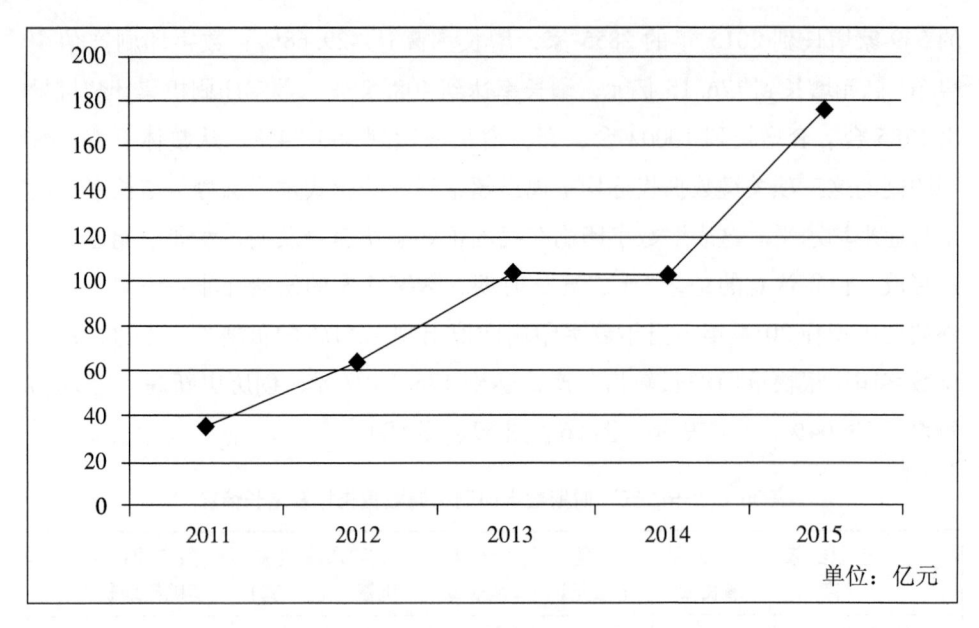

图 57 "十二五"时期数字印刷产值变化情况

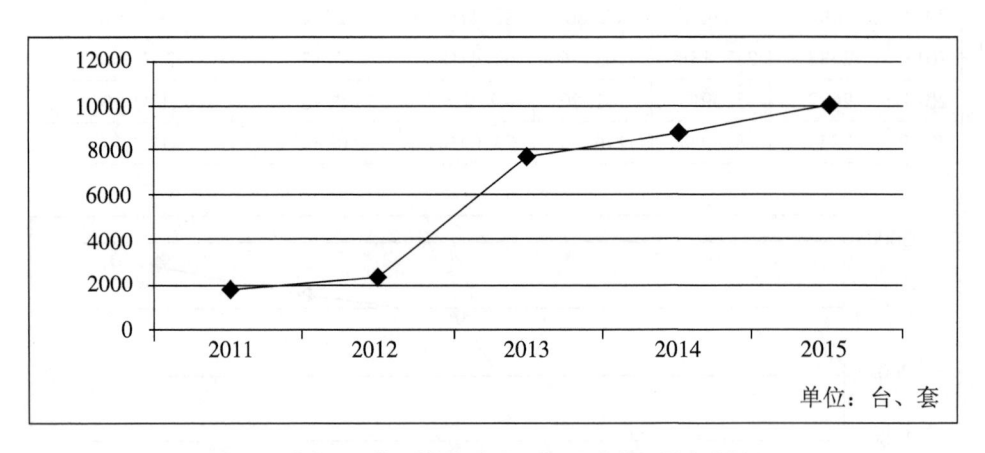

图 58 "十二五"时期数字印刷机累计装机量变化情况

从我国印刷业的产业实际看,从事数字印刷的企业可以分为两类,一类是兼营数字印刷的企业,另一类是专营数字印刷的企业。其中,前者在数量上占了多数,主要表现为传统印刷企业在既有业务的基础上拓展数字印刷业务;后者数量不多,但在商业模式构建上能更充分地发挥数字印刷的特点。2015 年,在从事数字印刷的企业中,专营数字印刷的企业 485 家,比 2011 年增长 236.81%,占兼营和专营数字印刷企业总量的 16.99%,实现产值

38.25亿元，比2011年增长232.32%，占数字印刷产值的21.71%。而兼营数字印刷的企业达到2370家，占兼营和专营数字印刷企业总量的83.01%，实现数字印刷产值137.90亿元，占数字印刷产值的78.29%。（见表37、图59、图60）

表37 "十二五"时期专营数字印刷企业数量及产值增长情况

年份	企业数量（家）	企业数量增长率	产值（亿元）	产值增长率
2011	144	—	11.51	—
2012	240	66.67%	15.06	30.84%
2013	329	37.08%	34.62	129.88%
2014	410	24.62%	34.46	-0.46%
2015	485	18.29%	38.25	11.00%

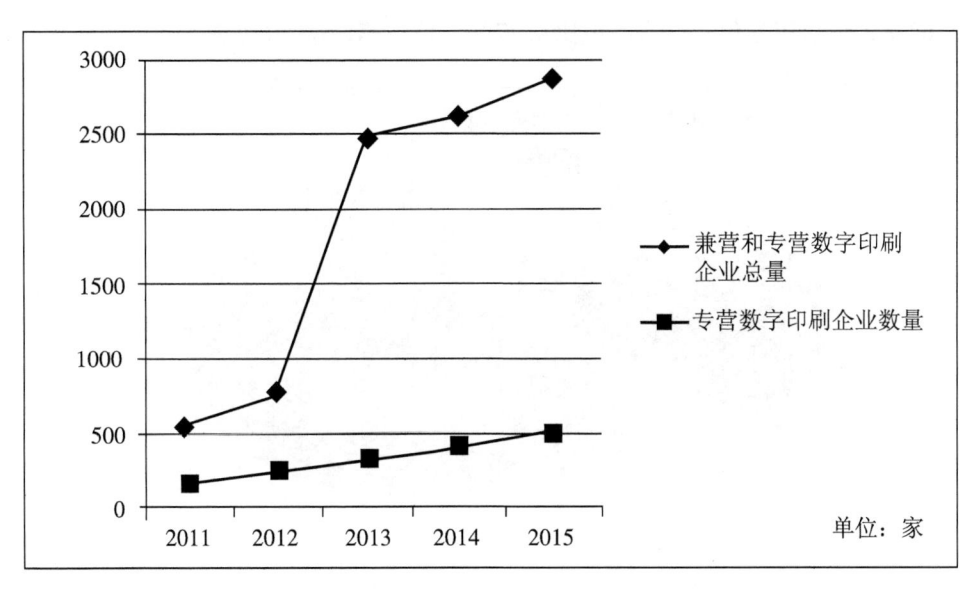

图59 "十二五"时期专营数字印刷企业数量、兼营和专营数字印刷企业总量增长情况对比

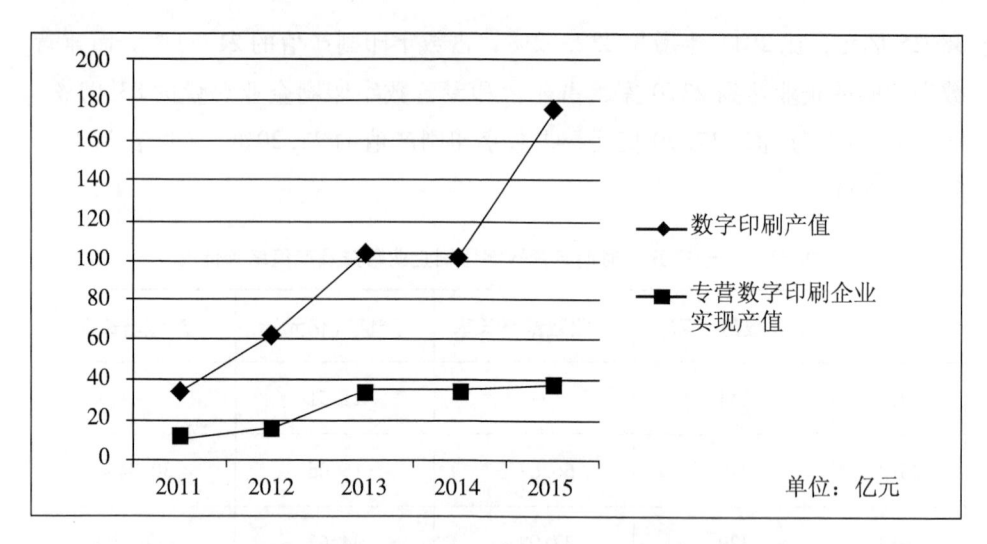

图60 "十二五"时期专营数字印刷企业实现产值、数字印刷产值总量增长情况对比

由于兼营数字印刷的企业在数量上占据主导地位，数字印刷的产品结构与印刷业的整体情况差别不大。在2015年176.15亿元的数字印刷产值中：包装品占比最大，为61.91%；书报刊占比27.65%，位居第二位；普通票据占比5.67%，位居第三位；广告品占比4.77%，位居第四位。（见图61）

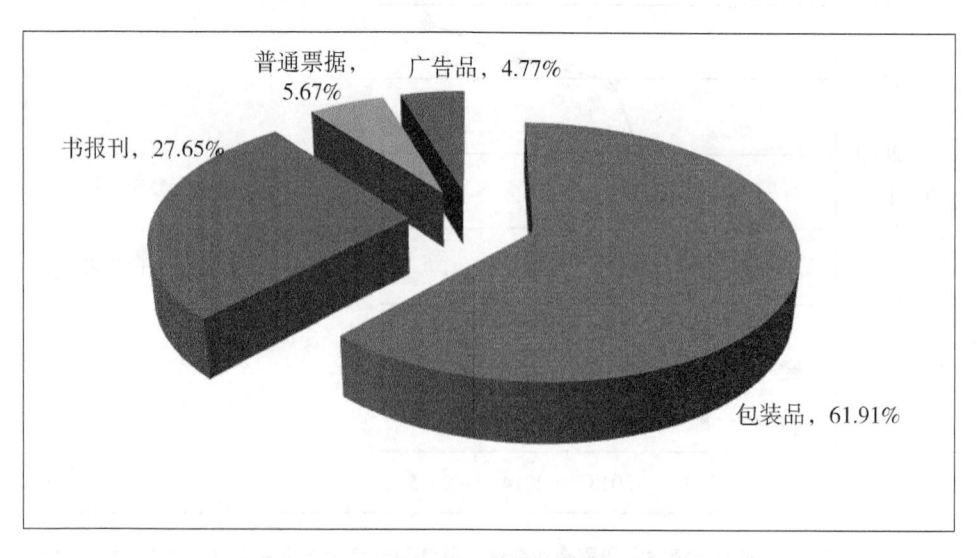

图61 2015年数字印刷产值的业务构成

从整体上看，数字印刷在"十二五"时期呈现出快速向上的发展态势，主

要关键数据指标增长速度大大优于行业整体水平，成为印刷业重要的市场增长点。概括而言，"十二五"时期，数字印刷的发展主要有以下几个特点。

一是数字印刷产值实现较快增长，在印刷业工业总产值中的比重稳步提升。2015年数字印刷产值在印刷业工业总产值中的占比约为1.56%，比2011年的0.40%提高了1.16个百分点。二是传统印刷与数字印刷相互促进、相互补充，融合发展。从我国从事数字印刷企业的类型看，传统印刷企业在既有业务基础上拓展兼营数字印刷业务是市场的主流，兼营数字印刷的企业实现的数字印刷产值也显著高于专营数字印刷的企业。尤其是"十二五"末期，随着大型工业化数字印刷设备的发展和成熟，传统印刷更是成为发展数字印刷的主力，广东虎彩集团、江苏凤凰新华印务有限公司等原本以传统印刷为主的企业正在成为工业化数字印刷的领跑者，传统印刷与数字印刷融合发展的态势日渐明显。三是数字印刷与数字、网络技术的结合催生了印刷业新的商业模式。"十二五"期间，网络印刷、按需出版印刷、个性化印刷等新型商业模式快速发展，并渐趋成熟，逐步为市场所接受。这些新型商业模式，一方面充分利用了大数据、移动互联网等数字、网络技术，另一方面也离不开数字印刷在生产环节提供的技术支撑。相对于传统印刷技术，数字印刷可以"一张起印、张张不同"的特点，使其在按需印刷、个性化定制方面具有先天优势。

"十二五"时期，数字印刷在整体上的表现可圈可点，但与业界的期望还是存在一定差距。比如，经过多年发展，数字印刷产值在印刷业工业总产值中的占比仍不足2%；在以数字印刷技术为基础探索新型商业模式的过程中，部分高起点、高投入的大型企业普遍面临叫好不叫座，业务不饱和，经营性亏损居高不下的问题，个别企业由于亏损额过大，甚至退出了数字印刷市场。此外，数字印刷企业在区域分布上仍主要集中于部分一二线城市，在产品类型上主要集中在包装品、书报刊及商务短版业务，都存在一定的局限性，亟待进一步的拓展和创新。未来，只有结合数字印刷的技术特点进行有针对性的产品和商业模式创新，才有可能迎来数字印刷的大范围应用和普及。

（七）"十二五"时期我国绿色印刷发展态势

"十二五"时期，加强环保工作，大力推进生态文明建设成为党和国家的大政方针。印刷业作为国民经济和新闻出版产业的重要组成部分，在国家新闻出版广电总局（原国家新闻出版总署）的积极引导和推动下，积极贯彻绿色、可持续发展理念，在各行各业中率先开展大规模的国家环境标志产品认证工作，在推进绿色印刷、清洁生产方面取得了巨大的成绩。

在"十二五"时期短短的五年时间里，绿色印刷在我国快速完成了由概念普及、标准制定、宣传引导，到企业参与、市场认同的过程，并在这一过程中取得了一系列阶段性、标志性成果。首先，绿色印刷标准从无到有，初步形成了较为完整的绿色印刷产品认证、检测标准体系。自2011年起，在国家新闻出版广电总局（原国家新闻出版总署）的推动下，我国先后颁布了《环境标志产品技术要求 印刷 第一部分：平版印刷》《环境标志产品技术要求 印刷 第二部分：商业票据印刷》《环境标志产品技术要求 印刷 第三部分：凹版印刷》等国家标准，以及《绿色印刷 术语》《绿色印刷 通用技术要求与评价方法第1部分：平版印刷》《绿色印刷 产品抽样方法及测试部位确定原则》《绿色印刷 产品合格判定准则第1部分：阅读类印刷品》等行业标准。这些标准覆盖了平版印刷、凹版印刷两大主流印刷方式以及出版物、票据、软包装等主流印刷产品，并且认证标准与检测评价标准相配套。此外，此外，《绿色印刷 通用技术要求与评价方法 第3部分：柔性版印刷》标准的制定工作也于2015年启动。这些都为绿色印刷的规范、稳步推进提供了基础性条件。

其次，各级政府为推进绿色印刷提供了积极的政策和资金支持。特别是针对印刷企业在推进绿色印刷，进行技术改造与升级中面临的投入资金不足的问题，国家新闻出版广电总局积极协调有关部门，为印刷企业争取国家财政资金和文化产业专项发展资金的支持，自2013年起，印刷企业累计获得的中央财政扶持资金达到5.5亿元。此外，各地的文化产业发展资金也对绿色印刷项目给予政策倾斜，有力地推动了绿色印刷的深入发展。

第三，通过认证的绿色印刷企业数量保持较快增长。"十二五"时期，在国家新闻出版广电总局和有关方面的大力推动下，我国的绿色印刷企业认证工作成效显著，通过认证的企业数量连年保持快速增长，由2011年11月的60家增长到2015年的925家，翻了近四番。（见表38、图62）

表38 "十二五"时期通过绿色印刷认证企业数量（截至各年度11月）

年份	通过绿色印刷认证企业数量	增长率
2011	60	—
2012	153	155.00%
2013	388	153.59%
2014	716	84.54%
2015	925	29.19%

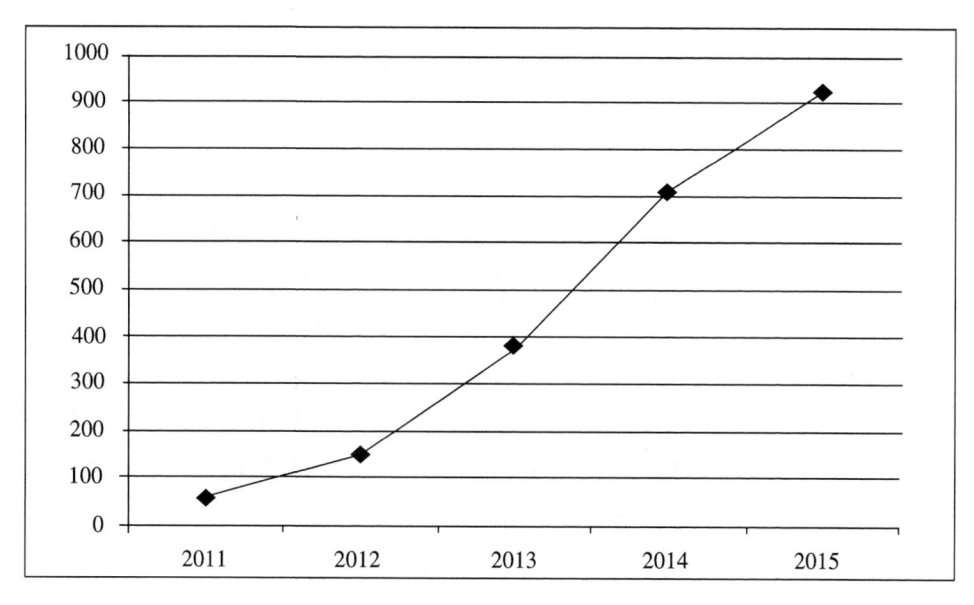

图62 "十二五"时期通过绿色印刷认证企业数量变化情况（截至各年度11月）

第四，绿色印刷理念得到了市场和社会的广泛认可。绿色印刷不仅得到印刷企业的广泛认同和积极参与，而且在国家新闻出版广电总局的积极宣传和引导下，得到了相关行业的认可和支持。在出版领域，全国各大出版社，尤其是教育出版社和少儿类出版社，积极采用绿色印刷方式。2015年，全国12亿册中小学秋季教科书全部实现了绿色印刷，北京、上海地区部分婴幼儿读物也主动选用绿色印刷；截至2015年9月，全国45%的票据采用绿色印刷方式；在食品、药品领域，绿色印刷的理念也在逐步得到相关企业的认可。

第五，绿色印刷的推进有效提升了印刷业的环保水平，向社会展示了印刷业的责任意识和行业担当。印刷业不是污染大户，但在各行各业中率先行动起来,大力推行绿色发展理念,环保水平不断提高,实现了良好的生态效益。据国家新闻出版广电总局联合北京印刷学院发布的《2015 绿色印刷实施成果分析报告》显示,截至 2015 年 11 月,获得绿色印刷认证的企业,数量只占全国的 1%,但产值已约占行业总量的 15%。根据抽样统计测算,环保油墨使用量占到全国油墨总使用量的 25%,较 2014 年提高了 5 个百分点;在胶印领域,已经有 30% 的企业安装了粉尘收集装置。这使得印刷行业近 50% 的从业人员的工作条件得到了改善。

党的十八大把生态文明建设纳入中国特色社会主义事业"五位一体"总体布局。"十二五"期间,我国就加快推进生态文明建设作出了一系列重大决策部署,这对各行各业的生态文明建设意识都提出了更高的要求。印刷业自 2010 年开始主动承担社会责任,大力推进绿色印刷,取得了一系列的成果,但新的形势下,必须进一步提高认识,以更加积极主动的姿态贯彻生态文明建设的要求,把绿色发展的理念贯穿到企业经营活动的始终。尤其是根据国家财政部、国家发展改革委、环境保护部联合发布的《挥发性有机物排污收费试点办法》,自 2015 年 10 月 1 日起,国家对包括包装印刷在内的重点行业开始征收 VOCs 排污费。目前,很多省份已经出台了针对印刷业 VOCs 排放收费的细则,绿色发展、节能减排对印刷业而言已经成为一种硬约束。尽管当前业内对印刷业的污染程度以及各地 VOCs 收费标准的科学性、合理性存在不同的意见,但必须认识到,积极贯彻实施绿色、可持续发展理念已经成为各行各业不能回避的社会责任,广大印刷企业只有从思想上充分意识到环保问题的重要性,并积极采取措施与国家生态文明建设的要求相对接,才有可能在新的市场和社会环境下保持健康、稳定地发展,顺利实现企业的转型升级。

二、2010—2014 年印刷业规模以上工业企业发展情况分析

作为印刷业的行政主管部门,国家新闻出版广电总局发布的印刷企业年度核验数据详尽、全面,为业界从各个角度了解、分析印刷业的发展情况提供了可靠的依据。在国家新闻出版广电总局的数据之外,国家统计局定期发布的规模以上工业企业主要经济指标及主要工业行业规模以上工业企业主要经济指标

运行情况，也包括了与印刷业相关的统计数据。

按照目前国家统计局执行的国民经济行业分类标准（GB/T 4754—2011），印刷业属于"制造业"中的"印刷和记录媒介复制业"，其包括的细分门类有：书、报刊印刷，本册印刷，包装装潢及其他印刷，装订及相关印刷服务，记录媒介复制。其中，除了"记录媒介复制"，其他门类都属于印刷业的范畴。由于我国从事记录媒介复制的企业数量较少，达到规模以上工业企业标准的更少，因此"印刷和记录媒介复制业"基本可以被视同为印刷业。

本部分内容即采用《中国统计年鉴》公布的国家统计局相关统计数据，分析 2010—2014 年间我国印刷和记录媒介复制业（以下简称为"印刷业"）规模以上工业企业企业单位数、资产总计、主营业务收入、利润总额等主要经济指标的运行情况。

通常情况下，规模以上工业企业都是各个行业发展的引领力量，其主要经济指标的变化既能反映这个群体自身的运营情况，也能从一个侧面表明一个行业的整体发展态势。通过对 2010—2014 年间印刷业规模以上工业企业主要经济指标运行情况的分析，可以帮助我们从另外一个角度了解、分析在此期间我国印刷业的发展态势。

需要说明的是，2011 年国家统计局对"规模以上工业企业"认定标准进行了调整，由"年主营业务收入 500 万元及以上"调整为"年主营业务收入 2000 万元及以上"。因此，自 2011 年开始规模以上工业企业，包括印刷业规模以上工业企业的数量比 2010 年有所减少。从整体上看，认定标准的调整及企业数量的减少对规模以上工业企业各项主要经济指标的影响不大，本部分内容未考虑统计范围变化对印刷业规模以上工业企业"企业单位数"之外其他主要经济指标的影响。

（一）2010—2014 年我国印刷业规模以上工业企业主要经济指标运行情况

1. 规模以上工业企业主要经济指标运行情况

2014 年，我国共有规模以上工业企业 377888 个，资产总计 956777.20 亿元，实现主营业务收入 1107032.52 亿元，利润总额 68154.89 亿元。与 2010 年相比，除了企业单位数指标受统计范围调整的影响出现 16.56% 的负增长外，其他三项主要指标均保持了稳步向上的发展态势。其中，资产总计增长了 61.38%，主营业务收入增长了 58.66%，利润总额增长了 28.47%。在此期间，各年度资产总计、主营业务收入、利润总额三项指标均保持了正向增长，上行趋势明显。不过值得注意的是，在三项指标中，利润总额的增速大幅低于资产总计和主营业务收入的增速，这表明规模以上工业企业的投资效率和利润率呈下行趋势。（见表 39）

表 39　2010—2014 我国规模以上工业企业主要经济指标

年份	企业单位数（个）	资产总计（亿元）	主营业务收入（亿元）	利润总额（亿元）
2010	452872	592881.89	697744.00	53049.66
2011	325609	675796.86	841830.24	61396.33
2012	343769	768421.20	929291.51	61910.06
2013	352546	850625.85	1029149.76	62831.02
2014	377888	956777.20	1107032.52	68154.89

2. 印刷业规模以上工业企业主要经济指标运行情况

（1）主要总量指标

2014 年，我国印刷业共有规模以上工业企业 5293 个，资产总计 5133.43 亿元，主营业务收入 6765.30 亿元，利润总额 550.58 亿元。与 2010 年相比，企业单位数指标下降了 22.73%，这同样主要是受统计范围调整影响导致的。除了企业单位数指标外，其他三项主要指标在此期间均实现了快速增长。其中，资产总计增长 59.60%，主营业务收入增长 95.06%，利润总额增长 78.07%。与同期规模以上工业企业的三项指标相比，除了资产总计增长率低了 1.78 个百分点之外，印刷业规模以上工业企业主营业务收入、利润总额的增长率，分别比规模以上工业企业相应指标高出 36.40 个百分点、49.59 个百分点。这表明在此期间，印刷业规模以上工业企业的运营情况要明显优于规模以上工业企业的整体水平。尤其是 2014 年，印刷业规模以上工业企业单位数、资产总计、主营业务收入、利润总额四项指标与2013年相比，分别增长了22.49%、19.20%、27.86%、31.07%，与当年印刷业各项指标的低增长，甚至负增长形成了鲜明对比。2014年，印刷业规模以上工业企业单位数、资产总计、主营业务收入、利润总额4项指标分别占当年规模以上工业企业相应指标的1.40%、0.54%、0.61%、0.81%。（见表40）

表40　2010—2014年我国印刷业规模以上工业企业主要总量指标

年份	企业单位数（个）	资产总计（亿元）	主营业务收入（亿元）	利润总额（亿元）
2010	6850	3216.39	3468.31	309.20
2011	3789	3147.31	3784.27	349.78
2012	4189	3780.74	4535.43	397.85
2013	4321	4306.46	5291.30	420.08
2014	5293	5133.43	6765.30	550.58

①企业单位数的变化。2010—2014年间，除了在2011年受规模以上工业企业认定标准调整影响出现下滑外，我国印刷业规模以上工业企业单位数在其他年份均保持正向增长。2010年，我国印刷业规模以上工业企业单位数为6850个，2011年大幅下滑至3789家，此后经过持续增长于2014年达到5293家。排除规模以上工业企业认定标准调整因素的影响，我国印刷业规模以上工业企业单位数在此期间逐年稳步增加，这表明印刷业的集约化程度有所提高。

从印刷业规模以上工业企业单位数在规模以上工业企业单位数中的占比情况看，2010年这一指标处于区间顶点，为1.51%；2011年受规模以上工业企业认定标准调整影响，该指标大幅下滑至1.16%；此后三年，随着印刷业规模以上工业企业单位数的稳步增长，且增长率高于同期规模以上工业企业的整体水平，这一指标逐年回升，2012年、2013年分别为1.22%、1.23%，2014年又大幅提升至1.40%。（见图63、图64）

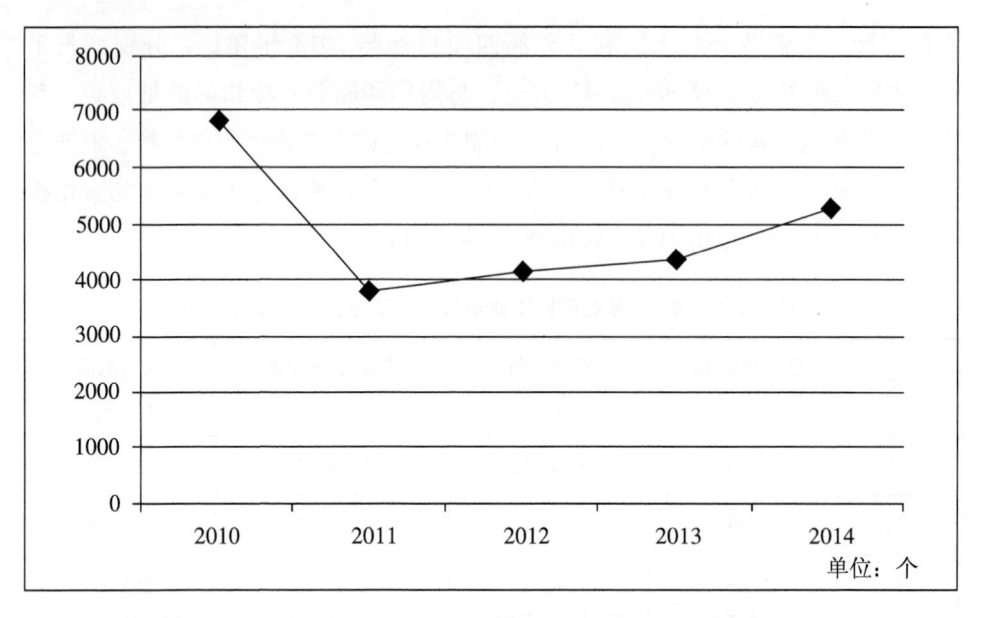

图63 2010—2014年我国印刷业规模以上工业企业单位数变化情况

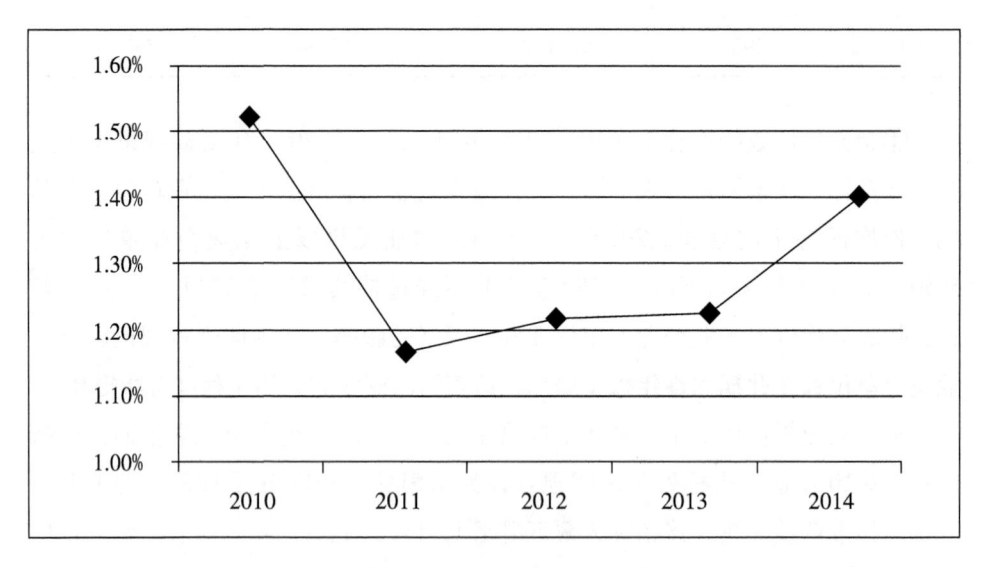

图64 2010—2014年印刷业规模以上工业企业单位数在规模以上工业企业单位数中的占比变化情况

②资产总计的变化。2010—2014年间，我国印刷业规模以上工业企业资产总计整体上呈现稳步增长态势，由2010年的3216.39亿元增长至2014年的5133.43亿元，增长率达到59.60%。期间除了2011年受企业单位数大幅减少

影响，出现2.15%的负增长外，其余年份资产总计指标均保持正向增长。这表明，印刷业规模以上工业企业的投资意愿和投资能力保持稳定向好。

从印刷业规模以上工业企业资产总计在规模以上工业企业资产总计中的占比情况看，这一指标同样在2011年出现波动：由2010年的0.54%降至2011年的0.47%。随后这一指标开始触底反弹，逐年回升，2012年为0.49%，2013年为0.51%，2014年已经基本恢复到2010年0.54%的水平。（见图65、图66）

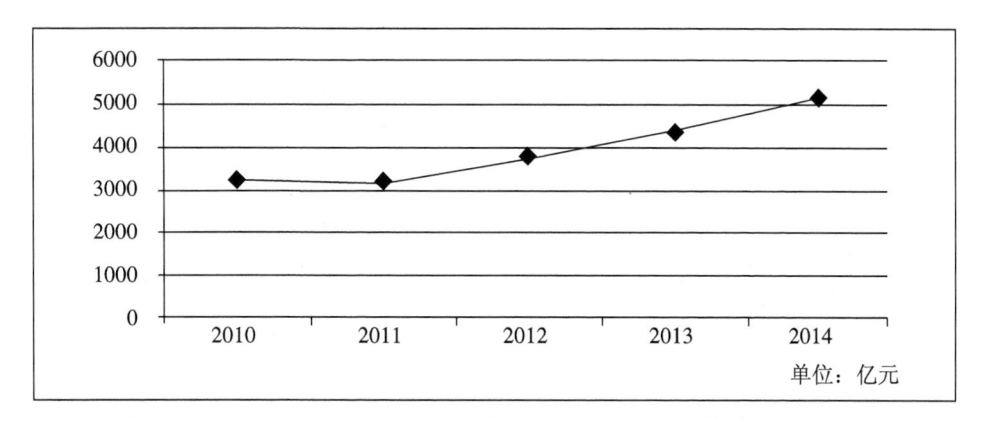

图65　2010—2014年我国印刷业规模以上工业企业资产总计变化情况

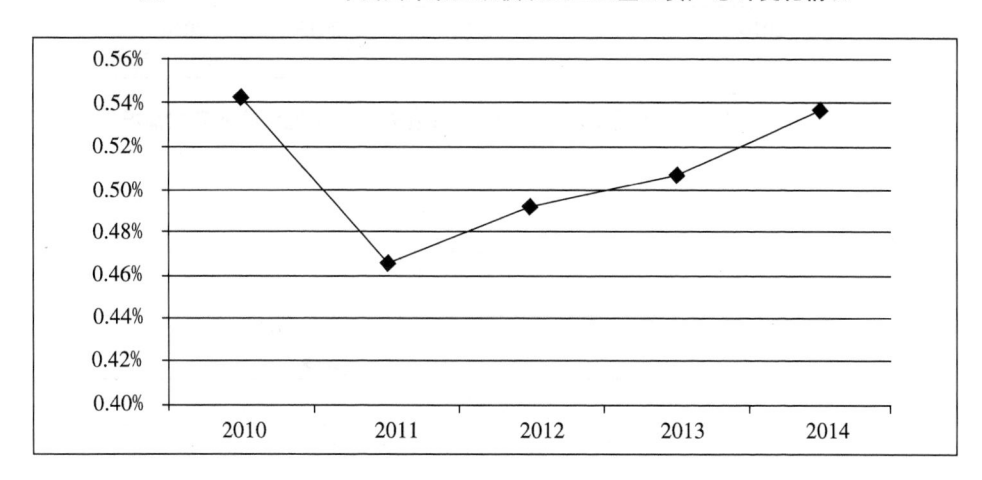

图66　2010—2014年印刷业规模以上工业企业资产总计在规模以上工业企业资产总计中的占比变化情况

③主营业务收入的变化。2010—2014年间，印刷业规模以上工业企业主营业务收入高速增长，走势良好。2014年达到6765.30亿元，比2010年增长了

95.06%，接近翻番。考虑到在此期间国内外经济形势的跌宕，能达到如此高的增速是很不容易的。且在此期间，除了 2011 年同比增长率为 9.11% 外，其他年份印刷业规模以上工业企业主营业务收入同比增速均超过 15%，2014 年与 2013 年相比增长率更是达到 27.86%。

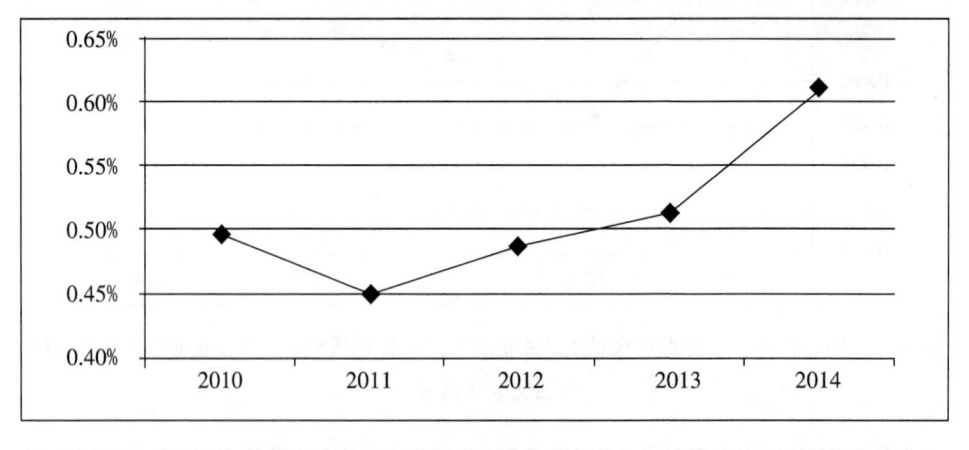

在此期间，印刷业规模以上工业企业主营业务收入在规模以上工业企业主营业务收入中的占比略有波动、整体向上。2010 年这一指标为 0.50%，2011 年降至区间低点 0.45%，随后逐年回升，于 2014 年达到区间高点 0.61%。（见图 67、图 68）

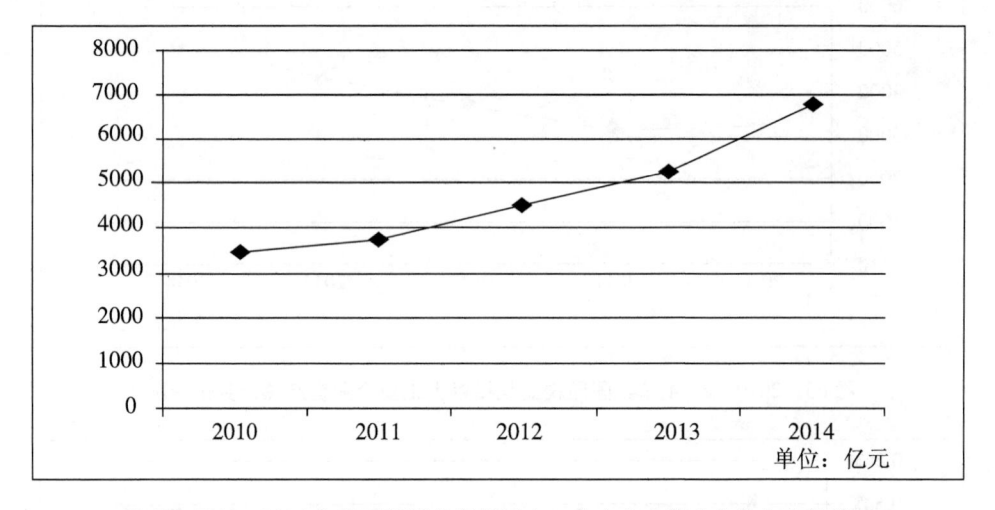

图 67　2010—2014 年我国印刷业规模以上工业企业主营业务收入变化情况

图 68　2010—2014 年印刷业规模以上工业企业主营业务收入在规模以上工业企业主营业务收入中的占比变化情况

④利润总额的变化。2010—2014年间，我国印刷业规模以上工业企业利润总额保持了持续较快增长，2014年达到550.58亿元，比2010年增长了78.07%，略低于主营业务收入的增长速度。在此期间，除了2013年与上年度比同比增长率为5.59%外，其他年份同比增长率均超过10%。其中，2011年、2013年分别为13.12%、13.74%，2014年则高达31.07%，超过了同年主营业务收入的同比增速。

从印刷业规模以上工业企业利润总额在规模以上工业企业利润总额中的占比情况看，这一指标同样呈现略有波动，整体向上的态势：2010年为0.58%，2011年微降至0.57%，2012年、2013年连续反弹至0.64%、0.67%，2014年达到区间高点0.81%。印刷业规模以上工业企业利润总额在规模以上工业企业利润总额中的占比，高于其主营业务收入在规模以上工业企业相应指标中的占比，在一定程度上表明印刷业的利润率高于工业行业的整体水平。（见图69、图70）

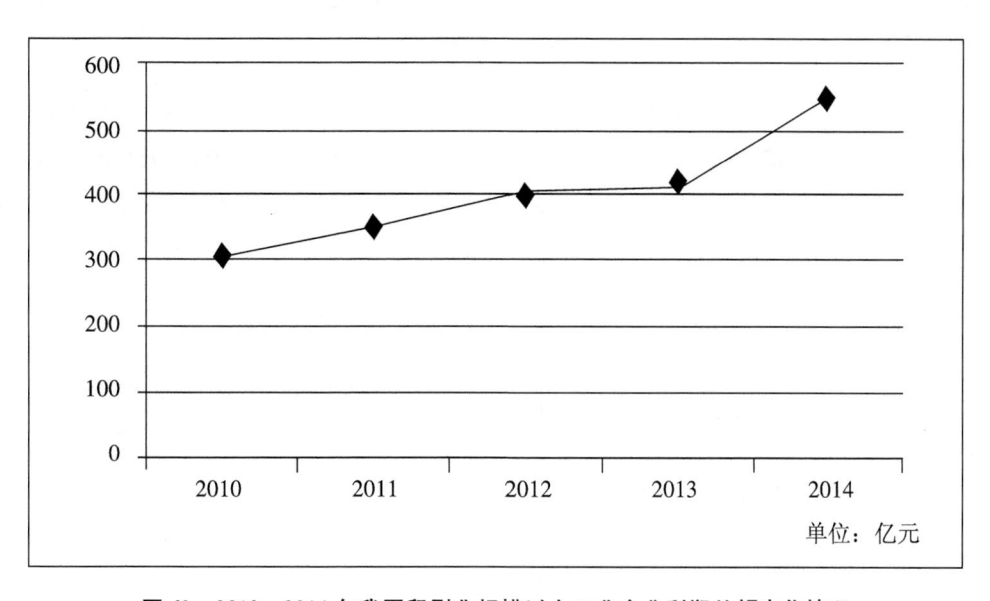

图69　2010—2014年我国印刷业规模以上工业企业利润总额变化情况

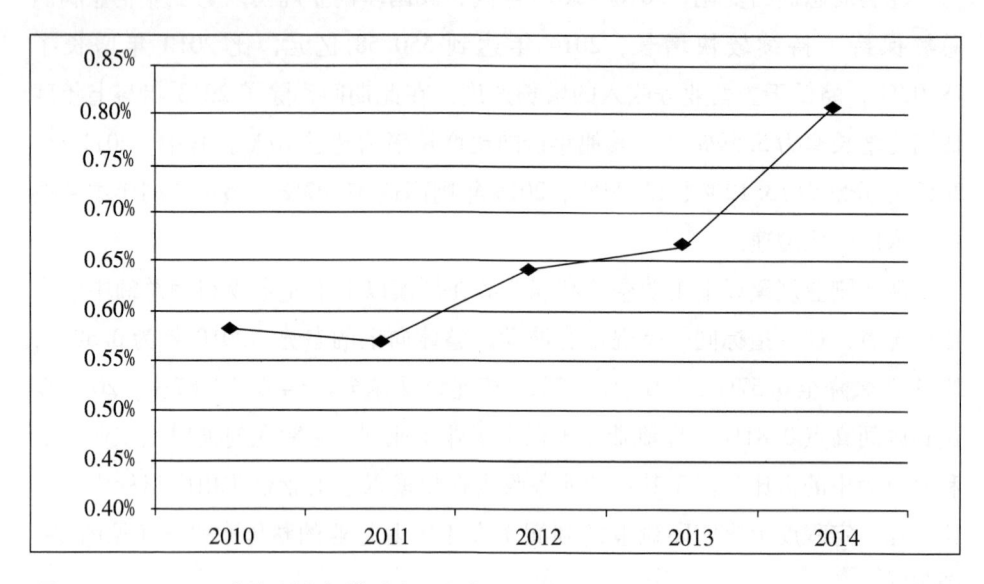

图70　2010—2014年印刷业规模以上工业企业利润总额在规模以上工业企业利润总额中的占比变化情况

（2）主要经济效益指标。本部分内容主要选取总资产贡献率、资产负债率、流动资产周转次数、工业成本费用利润率等指标衡量2010—2014年间我国印刷业规模以上工业企业经济效益的变化情况，并以同期我国规模以上工业企业主要经济效益指标作为参照对象。（见表41、表42）

表41　2010—2014年我国规模以上工业企业主要经济效益指标

年份	总资产贡献率	资产负债率	流动资产周转次数（次/年）	工业成本费用利润率
2010	15.68%	57.41%	2.50	8.31%
2011	16.09%	58.10%	2.62	7.71%
2012	15.11%	57.96%	2.57	7.11%
2013	15.00%	57.81%	2.67	6.60%
2014	13.69%	57.17%	2.53	6.52%

表42 2010—2014年我国印刷业规模以上工业企业主要经济效益指标

年份	总资产贡献率	资产负债率	流动资产周转次数（次/年）	工业成本费用利润率
2010	14.67%	47.77%	2.10	9.78%
2011	16.78%	47.65%	2.29	10.11%
2012	16.26%	48.05%	2.30	9.53%
2013	16.87%	47.24%	2.51	8.68%
2014	17.12%	45.61%	2.59	8.76%

①总资产贡献率的变化。2010—2014年间，我国印刷业规模以上工业企业总资产贡献率波动不大，除了2012年比2011年下降了0.52个百分点外，其他年份均保持正向增长。区间高点出现在2014年，为17.12%，比2010年的区间低点高出2.45个百分点，比同期规模以上工业企业总资产贡献率13.69%高出3.43个百分点。在此期间，我国印刷业规模以上工业企业总资产贡献率平均值为16.34%，比同期规模以上工业企业总资产贡献率平均值15.11%高出1.23个百分点。（见图71）

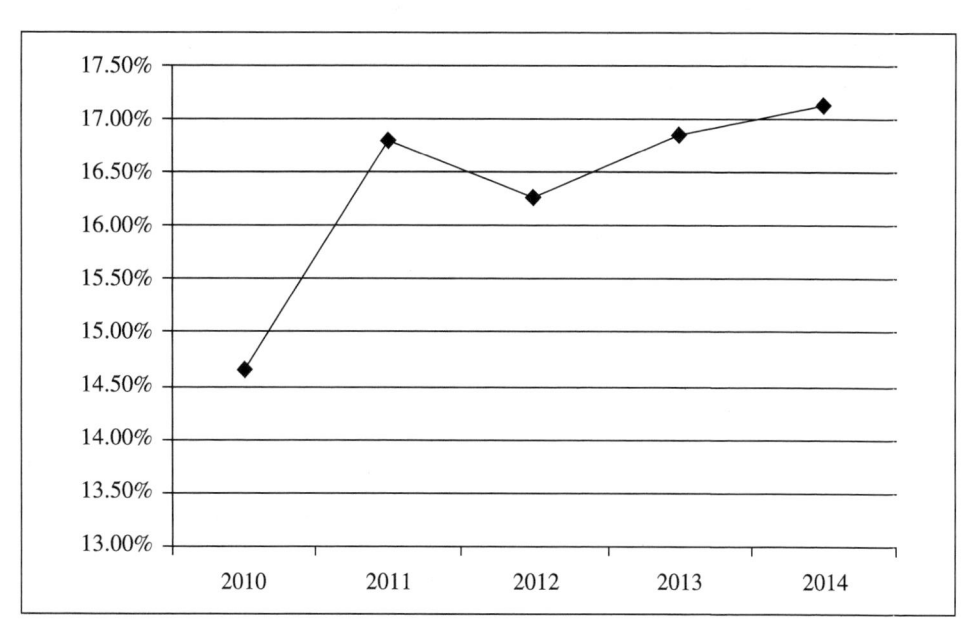

图71 2010—2014年我国印刷业规模以上工业企业总资产贡献率的变化情况

②资产负债率的变化。2010—2014 年间，我国印刷业规模以上工业企业资产负债率稳中有降：2010 年为 47.77%，2011 年微降至 47.65%，2012 年达到区间高点 48.05%，此后连续两年下滑，2014 年达到区间低点为 45.61%。这表明，印刷业规模以上工业企业资产情况稳步改善，资金杠杆率有所降低。在此期间，我国印刷业规模以上工业企业资产负债率平均值为 47.26%，比同期规模以上工业企业资产负债率平均值 57.69% 低 10.43 个百分点。（见图 72）

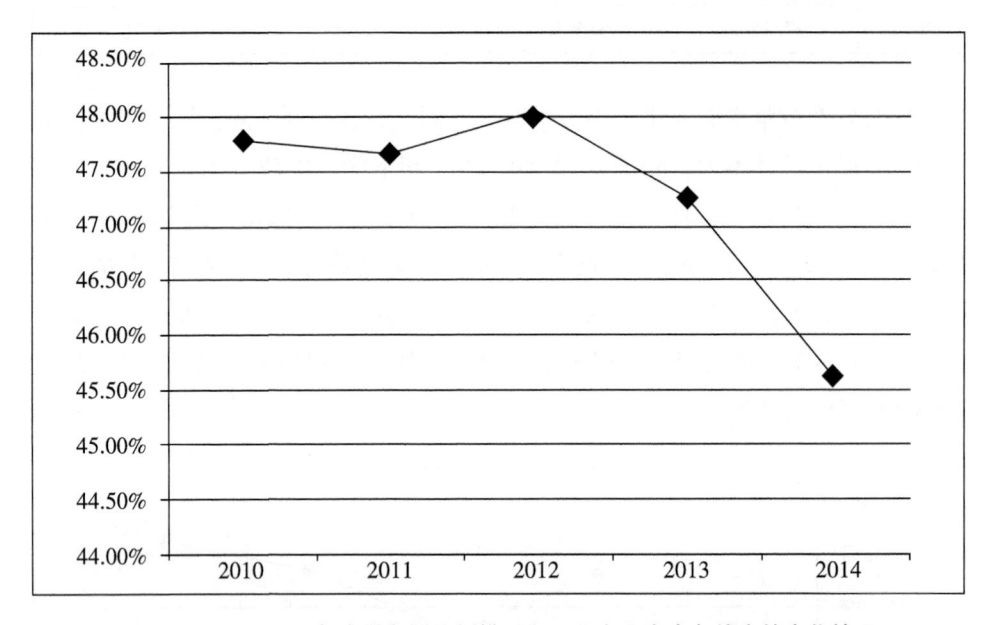

图 72 2010—2014 年我国印刷业规模以上工业企业资产负债率的变化情况

③流动资产周转次数的变化。2010—2014 年间，我国印刷业规模以上工业企业流动资产周转次数稳步提升，表现良好：2010 年为 2.10 次/年，此后逐年提升，到 2014 年达到区间高点，为 2.59 次/年，比同期规模以上工业企业流动资产周转次数 2.53 次/年高 0.06 次/年，基本相当。在此期间，我国印刷业规模以上工业企业流动资产周转次数平均值为 2.36 次/年，比同期规模以上工业企业流动资产周转次数平均值 2.58 次/年低 0.22 次/年。（见图 73）

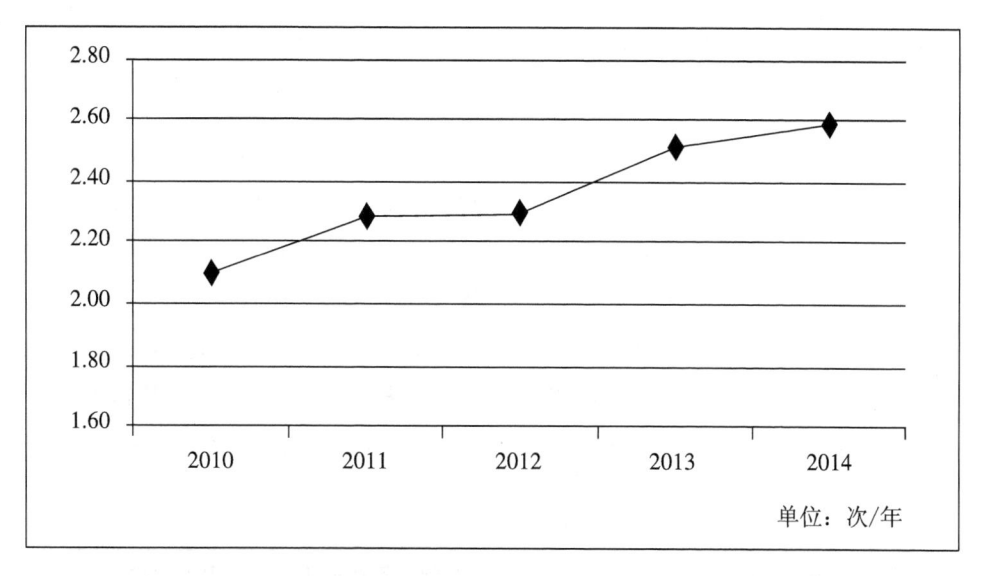

图73 2010—2014年我国印刷业规模以上工业企业流动资产周转次数的变化情况

④工业成本费用利润率的变化。2010—2014年间,我国印刷业规模以上工业企业工业成本费用利润率下降趋势明显:2010年为9.78%,2011年升至区间高点10.11%,此后两年连续下滑,2013年降至区间低点8.68%,2014年又小幅反弹至8.76%。在此期间,我国印刷业规模以上工业企业工业成本费用利润率平均值为9.37%,比同期规模以上工业企业工业成本费用利润率平均值7.25%高2.12个百分点。(见图74)

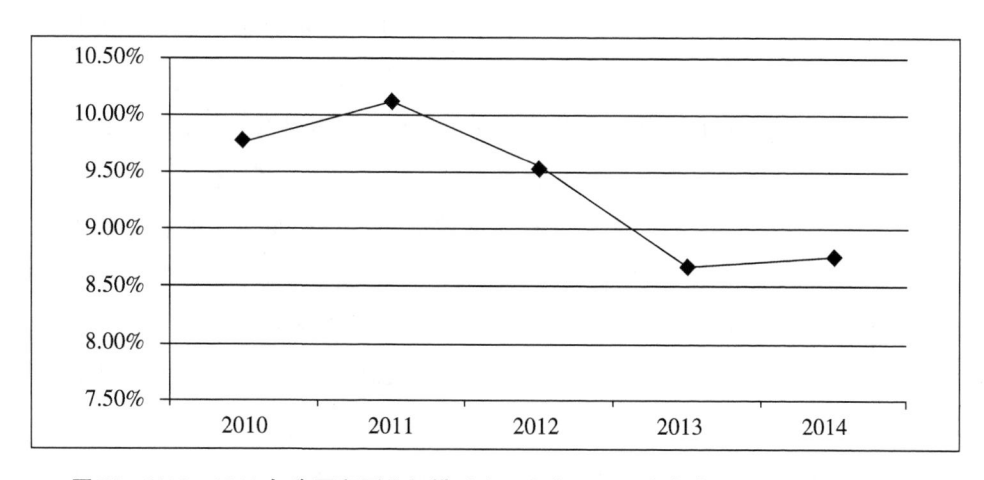

图74 2010—2014年我国印刷业规模以上工业企业工业成本费用利润率的变化情况

（二）2010—2014年我国印刷业规模以上国有及国有控股工业企业主要经济指标运行情况

1. 规模以上国有及国有控股工业企业主要经济指标运行情况

2014年，我国共有规模以上国有及国有控股工业企业18808个，资产总计371308.84亿元，主营业务收入262692.28亿元，利润总额14508.02亿元。四项指标中，企业单位数比2010年下降了7.13%，资产总计增长了49.87%，主营业务收入增长了35.17%，利润总额下降了1.56%，在资产总计和主营业务收入保持较快增长的同时，利润总额却出现负增长。这表明，在此期间，规模以上国有及国有控股工业企业利润率下滑明显，在经营上面临较大压力。（见表43）

表43 2010—2014年我国规模以上国有及国有控股工业企业主要经济指标

年份	企业单位数（个）	资产总计（亿元）	主营业务收入（亿元）	利润总额（亿元）
2010	20253	247759.86	194339.68	14737.65
2011	17052	281673.87	228900.13	16457.57
2012	17851	312094.37	245075.97	15175.99
2013	18197	342689.19	258242.59	15194.05
2014	18808	371308.84	262692.28	14508.02

2. 印刷业规模以上国有及国有控股工业企业主要经济指标运行情况

（1）主要总量指标。2014年，我国印刷业共有规模以上国有及国有控股工业企业310个，资产总计709.19亿元，主营业务收入504.61亿元，利润总额61.28亿元。与2010年相比，除了企业单位数指标受统计范围调整影响出现40.95%的大幅下降外，其他三项指标均保持了正向增长，但增幅都不是很大。其中，资产总计增长18.03%，主营业务收入增长13.96%，利润总额增长15.93%。相对而言，印刷业规模以上国有及国有控股工业企业的资产总计、主营业务收入增长率未达到规模以上国有及国有控股工业企业的整体水平，但利润总额表现优于整体水平，利润率相对平稳。2014年，印刷业规模以上国有及国有控股工业企业单位数、资产总计、主营业务收入、利润总额四项指标分别占当年规模以上国有及国有控股工业企业相应指标的1.65%、0.19%、0.19%、0.42%。（见表44）

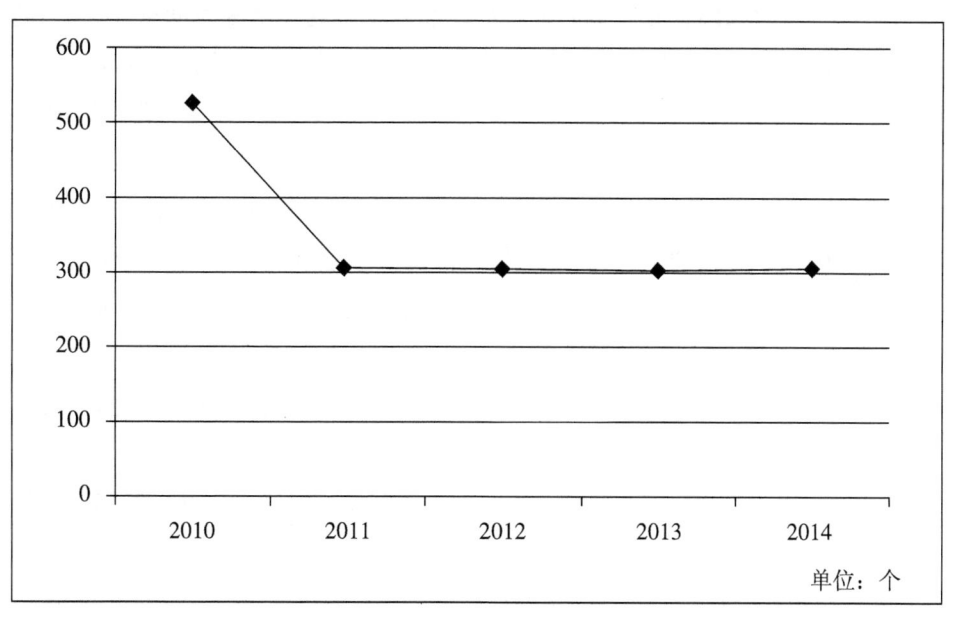

表44 2010—2014年我国印刷业规模以上国有及国有控股工业企业主要经济指标

年份	企业单位数（个）	资产总计（亿元）	主营业务收入（亿元）	利润总额（亿元）
2010	525	600.87	442.80	52.86
2011	305	573.82	452.37	55.90
2012	304	622.40	486.43	59.77
2013	307	766.09	511.95	62.91
2014	310	709.19	504.61	61.28

①企业单位数的变化。2010—2014年间，在规模以上工业企业认定标准调整后，我国印刷业规模以上国有及国有控股工业企业单位数基本保持稳定，无明显增减。2010年，印刷业规模以上国有及国有控股工业企业单位数为525家，2011年认定标准调整后下降至305家，此后三年分别是304家、307家、310家。在此期间，印刷业规模以上国有及国有控股工业企业单位数在规模以上国有及国有控股工业企业单位数中的占比稳中有降：2010年为2.59%，2011年大幅下降至1.79%，此后三年连续小幅下滑，至2014年到达区间低点1.65%。（见图75、图76）

图75 2010—2014年我国印刷业规模以上国有及国有控股工业企业单位数变化情况

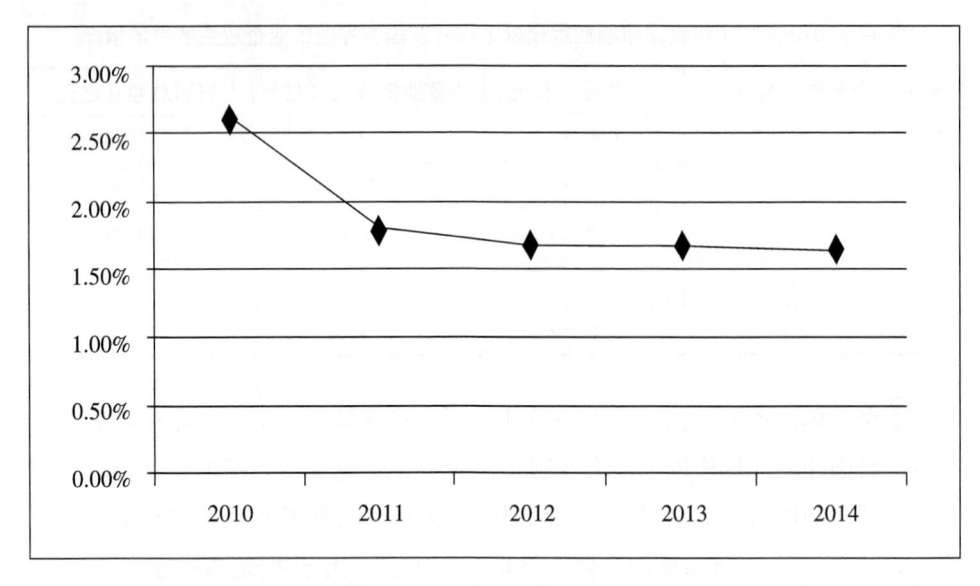

图76 2010—2014年印刷业规模以上国有及国有控股工业企业单位数在规模以上国有及国有控股工业企业单位数中的占比变化情况

②资产总计的变化。2010—2014年间，印刷业规模以上国有及国有控股工业企业在单位数显著减少的情况下，资产总计在波动中上行：2010年为600.87亿元，2011年受规模以上工业企业认定标准调整影响降至区间低点573.82亿元，降幅为4.50%，随后连续两年正增长，2013年达到区间高点766.09亿元，但2014年又同比出现7.43%的负增长，降至709.19亿元；2014年与2010年相比增长了18.03%。在此期间，印刷业规模以上国有及国有控股工业企业资产总计在规模以上国有及国有控股工业企业资产总计中的占比，由2010年的区间高点0.24%降至2014年的区间低点0.19%。这表明，印刷业规模以上国有及国有控股工业企业的资产扩张速度低于国有及国有控股工业企业的整体水平。（见图77、图78）

③主营业务收入的变化。2010—2014年间，我国印刷业规模以上国有及国有控股工业企业主营业务收入整体上保持了上行形态，由2010年的442.80亿元增长至2014年的504.61亿元，增长了13.96%。其中，2010—2013年间，该指标持续增长，于2013年达到区间高点511.95亿元，随后于2014年出现1.43%的负增长。在此期间，印刷业规模以上国有及国有控股工业企业主营业务收入在规模以上国有及国有控股工业企业主营业务收入中的占比稳中有降：

2010年为0.23%，随后三年保持在0.20%的水平，2014年微降至0.19%。（见图79、图80）

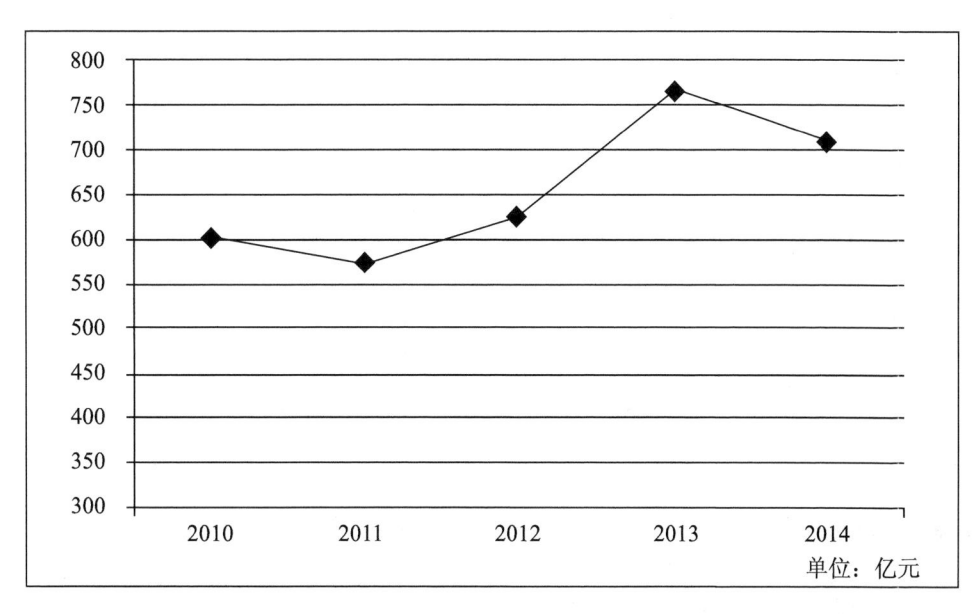

图77　2010—2014年我国印刷业规模以上国有及国有控股工业企业资产总计变化情况

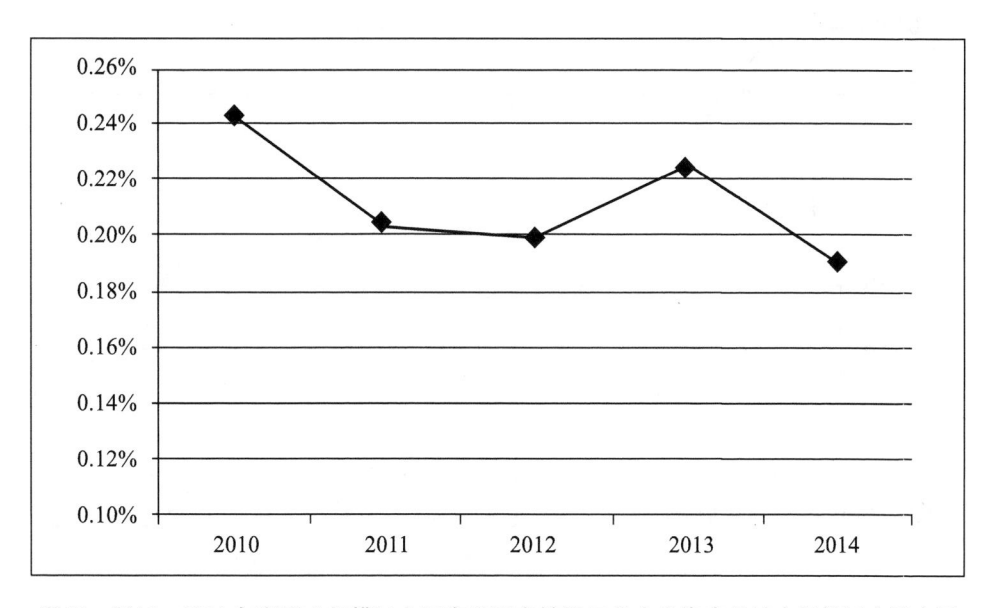

图78　2010—2014年印刷业规模以上国有及国有控股工业企业资产总计在规模以上国有及国有控股工业企业资产总计中的占比变化情况

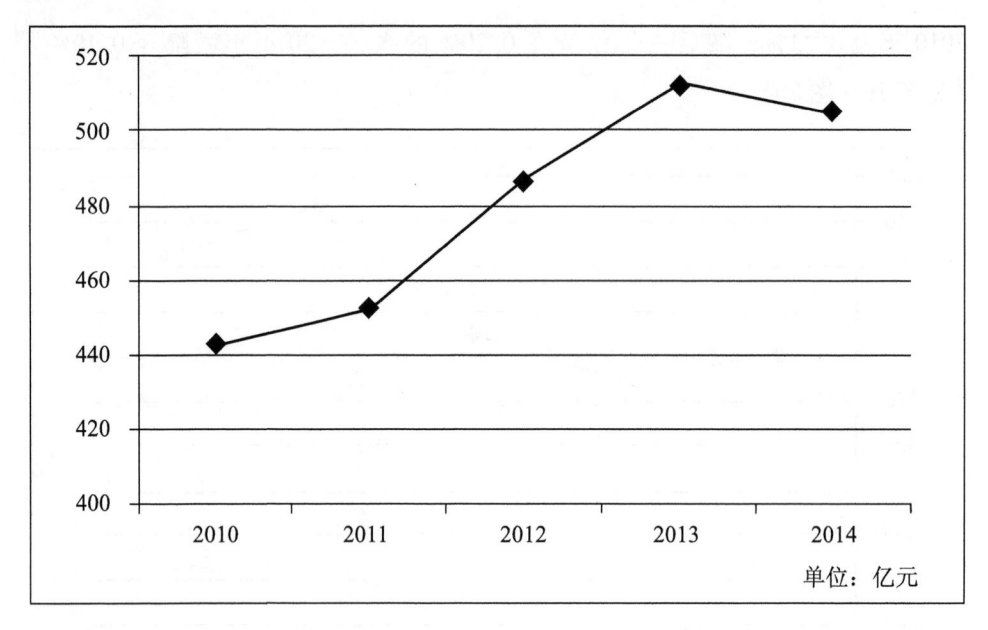

图79　2010—2014年我国印刷业规模以上国有及国有控股工业企业主营业务收入变化情况

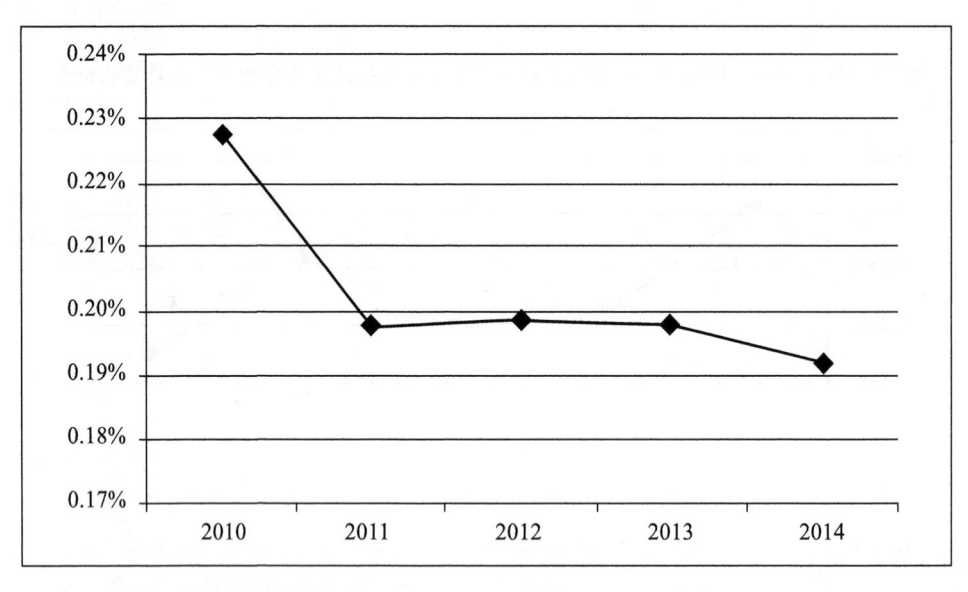

图80　2010—2014年印刷业规模以上国有及国有控股工业企业主营业务收入在规模以上国有及国有控股工业企业主营业务收入中的占比变化情况

④利润总额的变化。2010—2014年间，我国印刷业规模以上国有及国有控股工业企业利润总额与主营业务收入的走势基本一致：在2010—2013年间持

续上行，由2010年的52.86亿元增长至2013年的62.91亿元，达到区间高点，然后在2014年出现2.59%的负增长，跌至61.28亿元。在此期间，印刷业规模以上国有及国有控股工业企业利润总额在规模以上国有及国有控股工业企业利润总额中的占比呈现上升态势，2010年为0.36%，2011年降至区间低点0.34%，此后逐年回升，2014年达到区间高点0.42%。（见图81、图82）

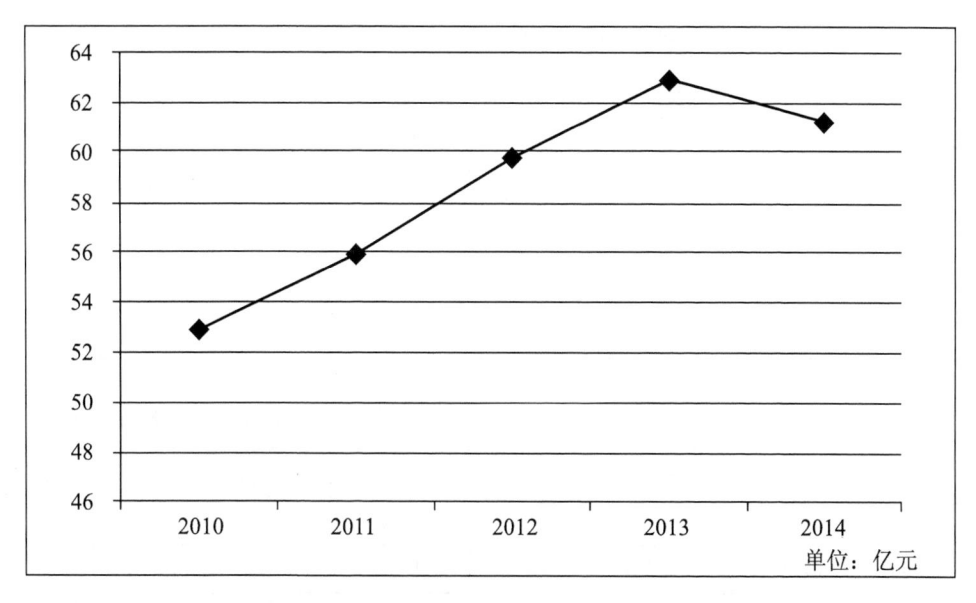

单位：亿元

图81 2010—2014年我国印刷业规模以上国有及国有控股工业企业利润总额变化情况

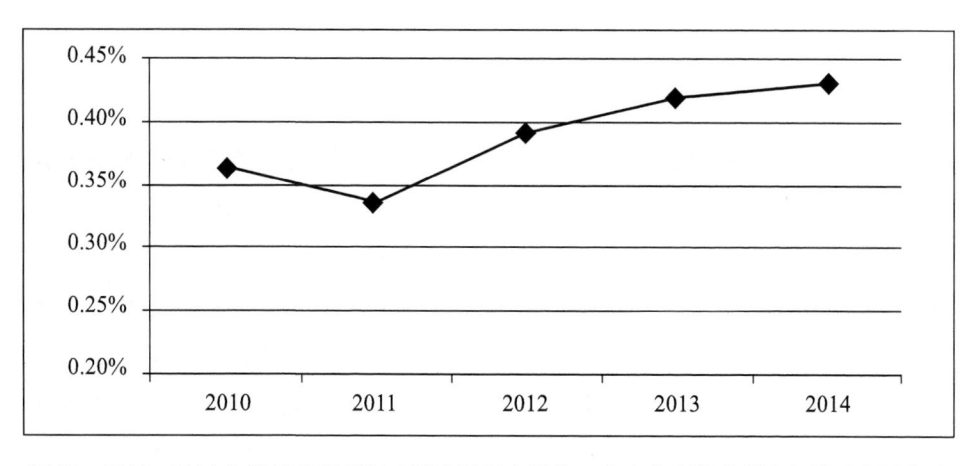

图82 2010—2014年印刷业规模以上国有及国有控股工业企业利润总额在规模以上国有及国有控股工业企业利润总额中的占比变化情况

（2）主要经济效益指标。本部分内容沿用总资产贡献率、资产负债率、流动资产周转次数、工业成本费用利润率等指标衡量2010—2014年间我国印刷业规模以上国有及国有控股工业企业经济效益的变化情况，并以同期我国规模以上国有及国有控股工业企业主要经济效益指标作为参照对象。（见表45、表46）

表45　2010—2014年我国规模以上国有及国有控股工业企业主要经济效益指标

年份	总资产贡献率	资产负债率	流动资产周转次数（次/年）	工业成本费用利润率
2010	13.63%	60.31%	2.14	8.43%
2011	13.69%	61.17%	2.23	7.66%
2012	12.77%	61.31%	2.21	6.52%
2013	11.93%	61.91%	2.06	6.46%
2014	11.32%	61.98%	2.07	5.82%

表46　2010—2014年我国印刷业规模以上国有及国有控股工业企业主要经济效益指标

年份	总资产贡献率	资产负债率	流动资产周转次数（次/年）	工业成本费用利润率
2010	13.12%	39.22%	1.57	13.21%
2011	14.24%	38.85%	1.67	13.51%
2012	14.03%	37.99%	1.64	13.22%
2013	12.16%	34.99%	1.27	13.75%
2014	12.99%	34.20%	1.40	12.99%

①总资产贡献率的变化。2010—2014年间，我国印刷业规模以上国有及国有控股工业企业总资产贡献率在波动中下行：2010年为13.12%，2011年达到区间高点14.24%，随后连续两年下滑，于2013年降至区间低点12.16%，2014年回弹至12.99%，比同期规模以上国有及国有控股工业企业总资产贡献率11.32%高出1.67个百分点。2010—2014年间，我国印刷业规模以上国有及国有控股工业企业总资产贡献率平均值为13.31%，比同期规模以上国有及国有控股工业企业总资产贡献率平均值12.67%高0.64个百分点。（见图83）

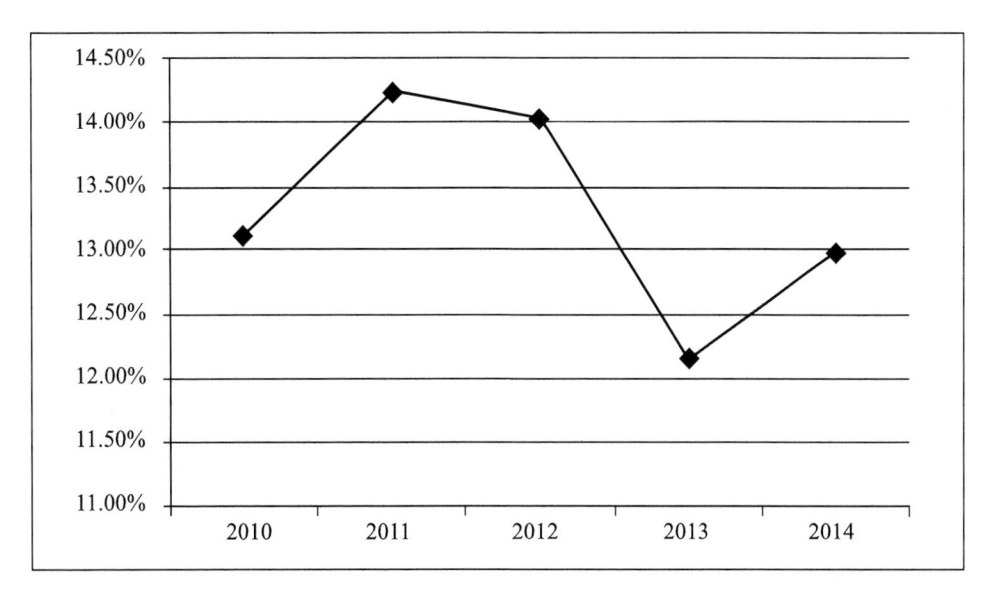

图83 2010—2014年我国印刷业规模以上国有及国有控股工业企业总资产贡献率的变化情况

②资产负债率的变化。2010—2014年间，我国印刷业规模以上国有及国有控股工业企业资产负债率逐年走低，由2010年的区间高点39.22%，稳步下行至2014年的区间低点34.20%，下降了5.02个百分点，比同期规模以上国有及国有控股工业企业资产负债率61.98%低27.78个百分点，比同期印刷业规模以上工业企业资产负债率45.61%低11.41个百分点。2010—2014年间，我国印刷业规模以上国有及国有控股工业企业资产负债率平均值为37.05%，比同期规模以上国有及国有控股工业企业资产负债率平均值61.34%低24.29个百分点，比同期印刷业规模以上工业企业资产负债率平均值47.26%低10.21个百分点。（见图84）

③流动资产周转次数的变化。2010—2014年间，我国印刷业规模以上国有及国有控股工业企业流动资产周转次数整体上呈下行走势，由2010年的1.57次/年降至2014年的1.40次/年。其中，区间高点出现在2011年，为1.67次/年；区间低点出现在2013年，为1.27次/年。在此期间，我国印刷业规模以上国有及国有控股工业企业流动资产周转次数平均值为1.51次/年，比同期规模以上国有及国有控股工业企业流动资产周转次数平均值2.14次/年低0.63次/年，比同期印刷业规模以上工业企业流动资产周转次数平均值2.36次/年低0.85次/年。这表明，印刷业规模以上国有及国有控股工业企业的资产流动性

没有达到规模以上国有及国有控股工业企业和印刷业规模以上工业企业的整体水平。（见图85）

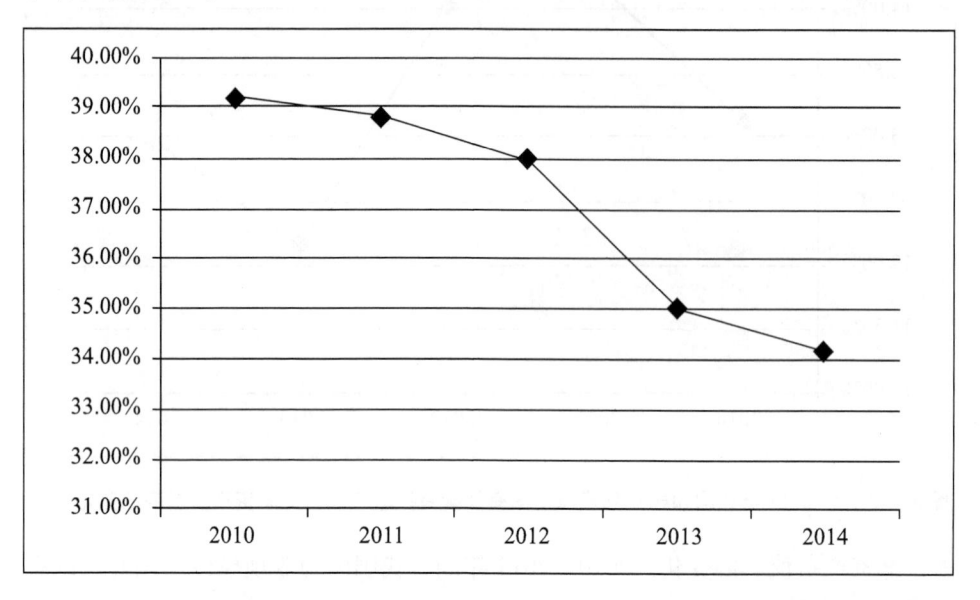

图 84　2010—2014 年我国印刷业规模以上国有及国有控股工业企业资产负债率的变化情况

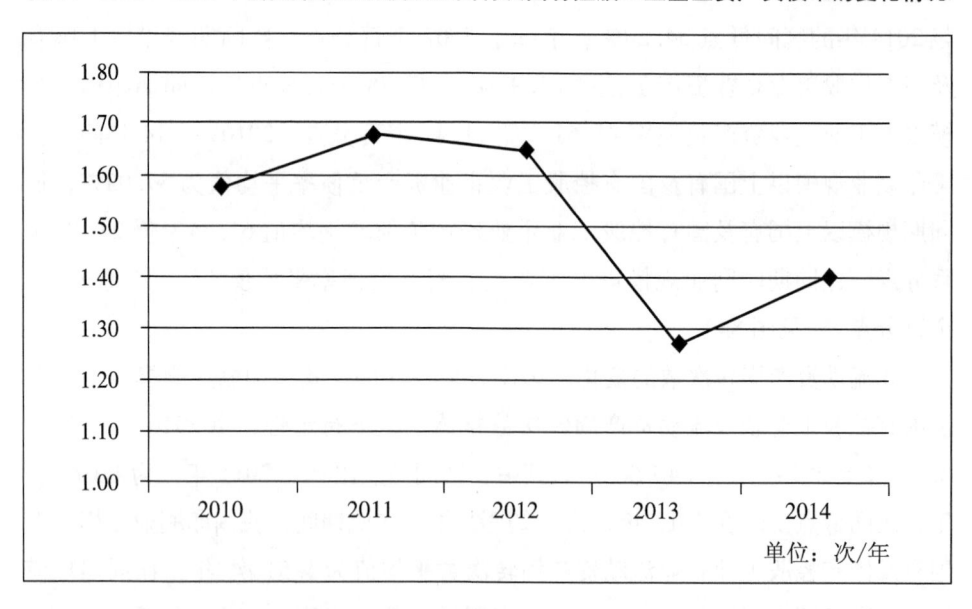

图 85　2010—2014 年我国印刷业规模以上国有及国有控股工业企业流动资产周转次数的变化情况

④工业成本费用利润率的变化。2010—2014年间,我国印刷业规模以上国有及国有控股工业企业工业成本费用利润率呈现M型走势,在波动中下行。其中,2010年为13.21%,2011年、2012年分别为13.51%、13.22%,2013年达到区间高点13.75%,2014年又骤降至区间低点12.99%,比同期规模以上国有及国有控股工业企业工业成本费用利润率5.82%高7.17个百分点。2010—2014年间,我国印刷业规模以上国有及国有控股工业企业工业成本费用利润率平均值为13.34%,比同期规模以上国有及国有控股工业企业工业成本费用利润率平均值6.98%高6.36个百分点,比同期印刷业规模以上工业企业工业成本费用利润率平均值9.37%高3.97个百分点。这表明,在此期间,我国印刷业规模以上国有及国有控股工业企业的成本费用表现优于同期规模以上国有及国有控股工业企业和印刷业规模以上工业企业的整体表现。(见图86)

图86 2010—2014年我国印刷业规模以上国有及国有控股工业企业工业成本费用利润率的变化情况

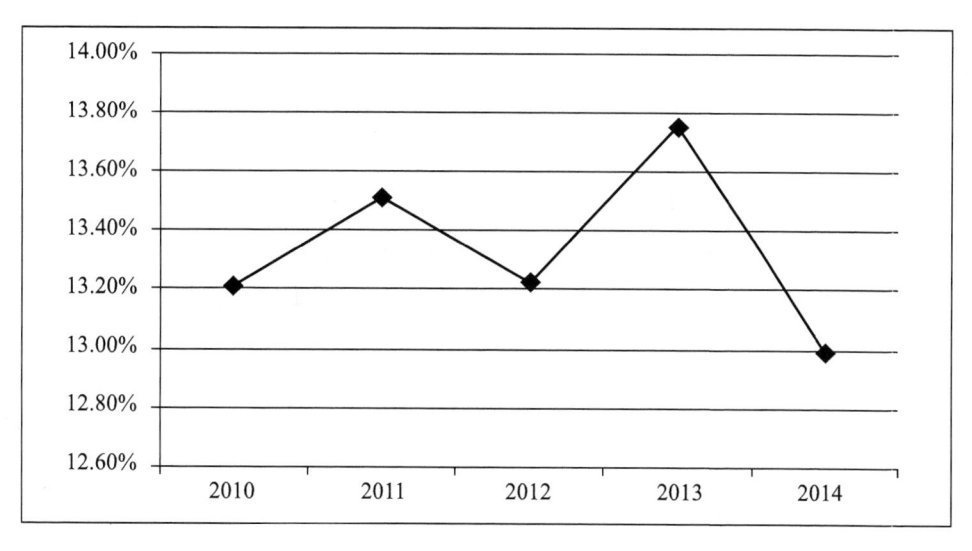

(三)2010—2014年我国印刷业规模以上私营工业企业主要经济指标运行情况

1. 规模以上私营工业企业主要经济指标运行情况

2014年,我国共有规模以上私营工业企业213789个,资产总计213114.42

亿元，实现主营业务收入 372175.70 亿元，利润总额 23550.42 亿元。其中，除了企业单位数指标受规模以上工业企业认定标准调整影响比 2010 年下降 21.76% 外，其他三项主要指标在 2010—2014 年间均保持了较快增长势头，2014 年与 2010 年相比，资产总计增长 82.36%，主营业务收入增长 79.07%，利润总额增长 55.94%，增长率均大幅高于同期规模以上国有及国有控股工业企业的相应指标。（见表 47）

表 47 2010—2014 年我国规模以上私营工业企业主要经济指标

年份	企业单位数（个）	资产总计（亿元）	主营业务收入（亿元）	利润总额（亿元）
2010	273259	116867.83	207838.22	15102.50
2011	180612	127749.86	247277.89	18155.52
2012	189289	152548.13	285621.48	20191.90
2013	194945	174771.08	329694.32	20876.17
2014	213789	213114.42	372175.70	23550.42

2. 印刷业规模以上私营工业企业主要经济指标运行情况

（1）主要总量指标。2014 年，我国印刷业共有规模以上私营工业企业 3001 个，资产总计 1944.01 亿元，主营业务收入 3340.75 亿元，利润总额 235.59 亿元。与 2010 年相比，除了企业单位数指标受规模以上工业企业认定标准调整的影响出现 26.50% 的下降外，资产总计增长 75.07%，主营业务收入增长 122.35%，利润总额增长 113.18%。其中，资产总计增速是同期印刷业规模以上国有及国有控股工业企业的 4 倍多，主营业务收入增速是后者的近 9 倍，利润总额增速是后者的 7 倍多。这表明，在此期间印刷业规模以上私营工业企业的发展速度，遥遥领先于同期印刷业规模以上国有及国有控股工业企业的表现。相对于国有及国有控股工业企业，私营工业企业各项指标均在印刷业规模以上工业企业中占据主导地位，且在日趋激烈的市场竞争中，印刷业规模以上私营工业企业表现出比国有及国有控股工业企业更高的成长韧性。2014 年，印刷业规模以上私营工业企业单位数、资产总计、主营业务收入、利润总额四项指标分别占当年规模以上私营工业企业相应指标的 1.40%、0.91%、0.90%、1.00%。（见表 48）

表 48 2010—2014 年我国印刷业规模以上私营工业企业主要经济指标

年份	企业单位数（个）	资产总计（亿元）	主营业务收入（亿元）	利润总额（亿元）
2010	4083	1110.45	1502.50	110.51
2011	1978	1028.50	1612.80	125.53
2012	2243	1282.85	2036.72	153.17
2013	2321	1465.69	2427.09	163.55
2014	3001	1944.01	3340.75	235.59

①企业单位数的变化。2010—2014 年间，我国印刷业规模以上私营工业企业单位数受规模以上工业企业认定标准调整影响，在 2011 年出现了大幅下滑，由 2010 年的 4083 家下滑至 1978 家，此后进入稳步增长区间，2012 年达到 2243 家，2013 年达到 2321 家，2014 年则大幅增加至 3001 家，比 2013 年增长了 29.30%。在此期间，印刷业规模以上私营工业企业单位数在规模以上私营工业企业单位数中的占比除了 2011 年出现大幅下滑外，其余年份均保持稳步提升态势，由 2011 年的区间低点 1.10% 逐步回升至 2014 年的 1.40%。（见图 87、图 88）

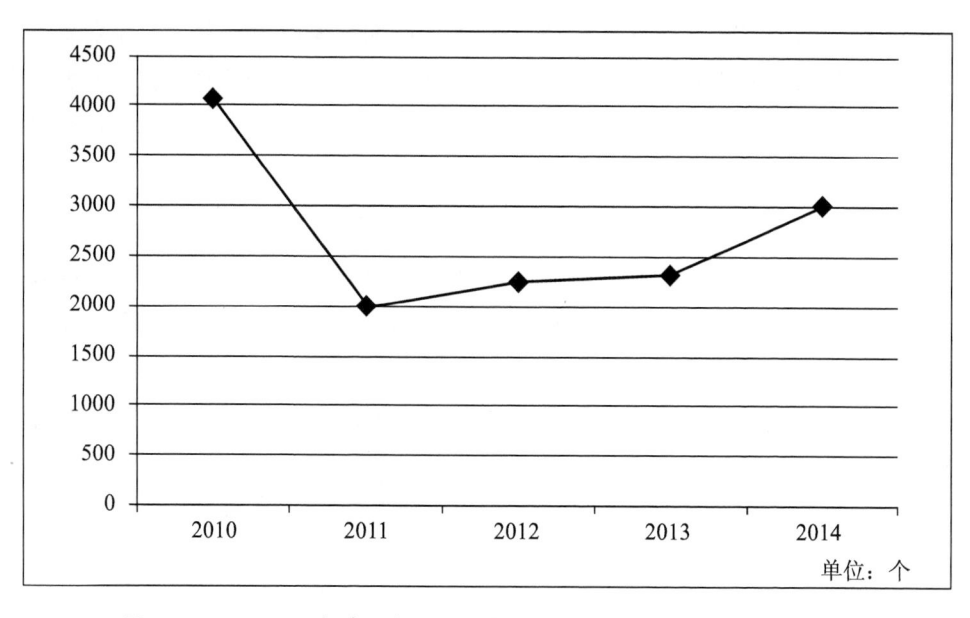

图 87 2010—2014 年我国印刷业规模以上私营工业企业单位数变化情况

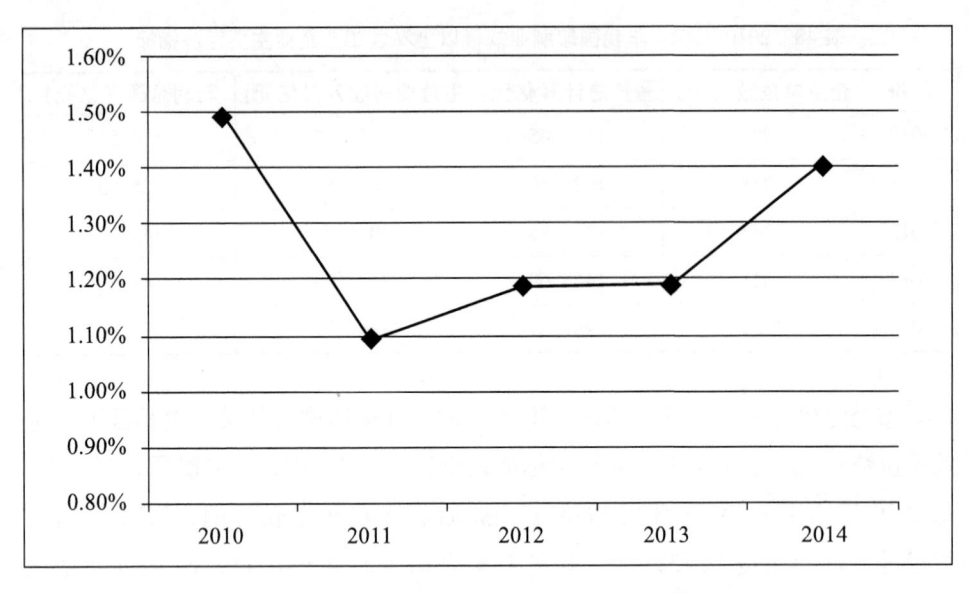

图88 2010—2014年印刷业规模以上私营工业企业单位数在规模以上私营工业企业单位数中的占比变化情况

②资产总计的变化。2010—2014年间，印刷业规模以上私营工业企业资产总计除了在2011年出现下小幅滑外，其余年份均实现高速增长，2014年达到1944.01亿元，比2010年增长了75.07%，比同期规模以上私营工业企业资产总计82.36%的增长率低了7.29个百分点。在此期间，印刷业规模以上私营工业企业资产总计在规模以上私营工业企业资产总计中的占比，由2010年的0.95%下滑至2011年的0.81%，此后三年虽然连续增长，但到2014年仍未恢复到2010年的水平，为0.91%。（见图89、图90）

③主营业务收入的变化。2010—2014年间，我国印刷业规模以上私营工业企业主营业务收入实现了翻番，由2010年的1502.50亿元增长至2014年的3340.75亿元，增长率达到122.35%，比同期规模以上私营工业企业主营业务收入79.07%的增长率高出43.28个百分点，领先优势明显。其中，2011年在企业单位数下降了51.56%的情况下，印刷业规模以上私营工业企业主营业务收入仍实现7.34%的同比正增长，随后三年这一指标的年度同比增长率分别达到26.28%、19.17%、37.64%，呈现强劲上扬态势。在此期间，印刷业规模以上私营工业企业主营业务收入在规模以上私营工业企业主营业务收入中的占比仅在2011年出现下滑，由2010年的0.72%跌至区间低点0.65%，随后逐年

回升，至 2014 年达到区间高点 0.90%。（见图 91、图 92）

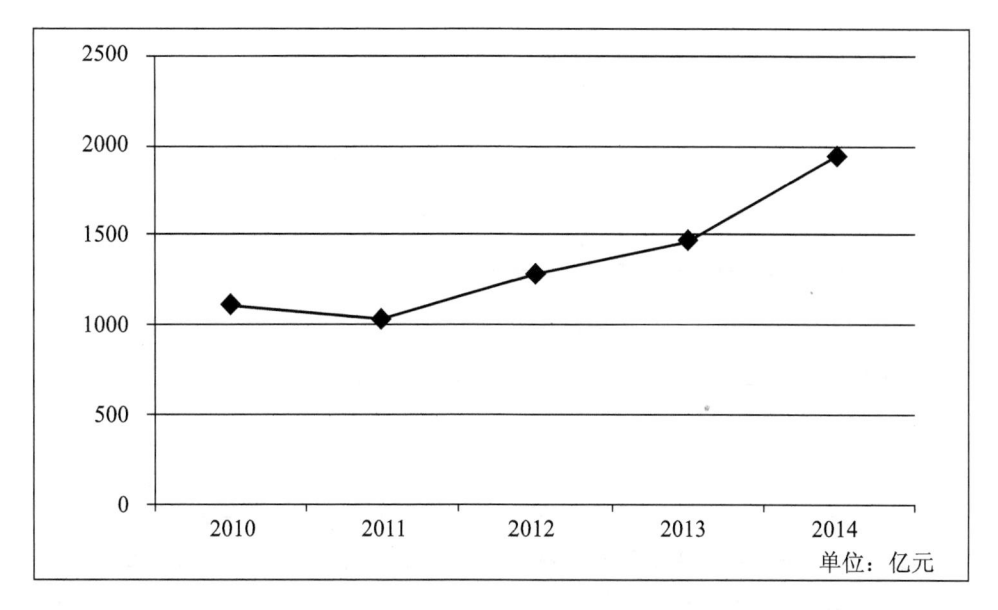

图 89　2010—2014 年我国印刷业规模以上私营工业企业资产总计变化情况

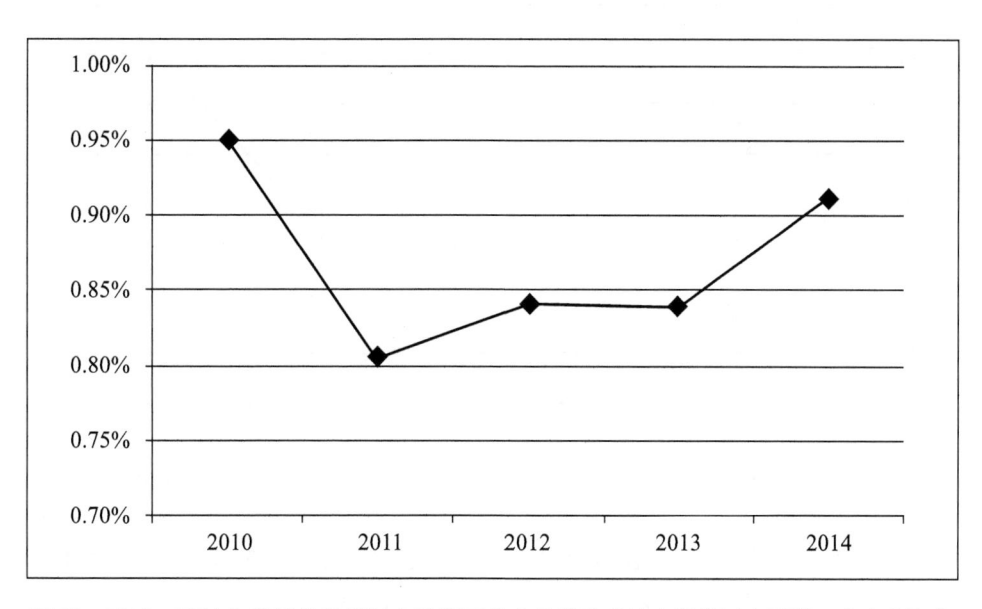

图 90　2010—2014 年印刷业规模以上私营工业企业资产总计在规模以上私营工业企业资产总计中的占比变化情况

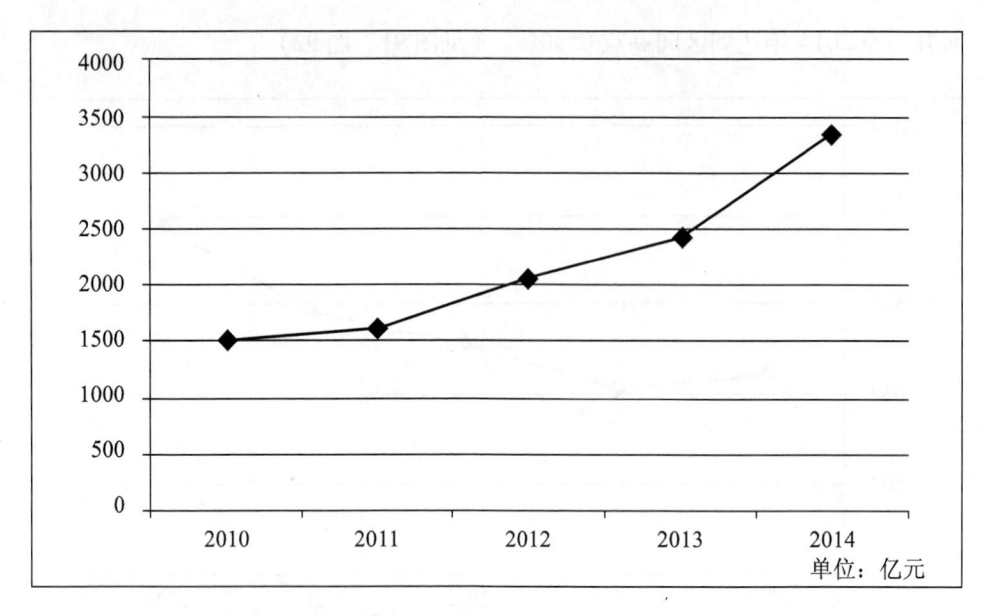

图91 2010—2014年我国印刷业规模以上私营工业企业主营业务收入变化情况

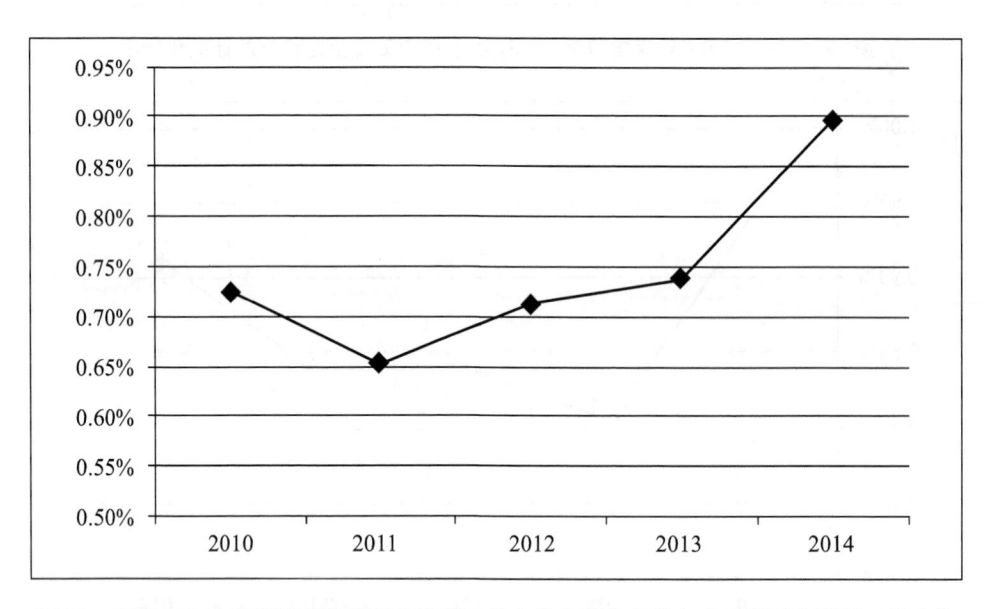

图92 2010—2014年印刷业规模以上私营工业企业主营业务收入在规模以上私营工业企业主营业务收入中的占比变化情况

④利润总额的变化。2010—2014年间,我国印刷业规模以上私营工业企业利润总额同样实现了翻番,2014年与2010年相比增长幅度达到113.18%。这

一增幅略低于同期其主营业务收入的增幅,说明印刷业规模以上私营工业企业的利润率同样有所下滑。但与同期规模以上私营工业企业利润总额 55.94% 的增长率相比,印刷业规模以上私营工业企业的领先优势明显,增速是规模以上私营工业企业整体水平的 2 倍多。在此期间各个年份,印刷业规模以上私营工业企业利润总额均保持正向增长,尤其是 2014 年与 2013 年相比同比增长率达到 44.05%,增速惊人。2010—2014 年间,印刷业规模以上私营工业企业利润总额在规模以上私营工业企业利润总额中的占比呈现整体向上走势:2010 年为 0.73%,2011 年降至区间低点 0.69%,随后逐年回升,2014 年达到区间高点 1.00%。(见图 93、图 94)

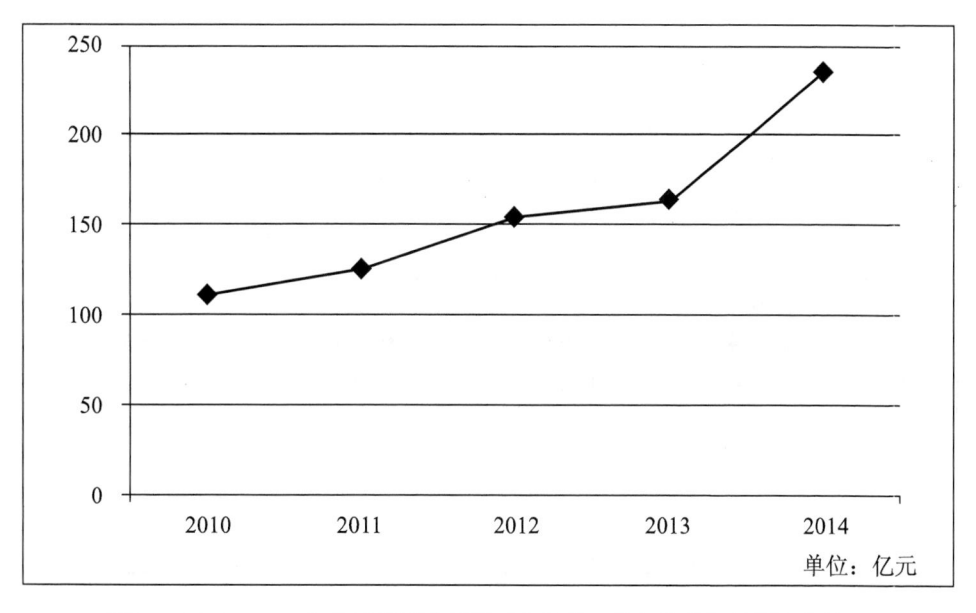

图 93 2010—2014 年我国印刷业规模以上私营工业企业利润总额变化情况

(2) 主要经济效益指标。本部分内容沿用总资产贡献率、资产负债率、流动资产周转次数、工业成本费用利润率等指标衡量 2010—2014 年间我国印刷业规模以上私营工业企业经济效益的变化情况,并以同期我国规模以上私营工业企业主要经济效益指标作为参照对象。(见表 49、表 50)

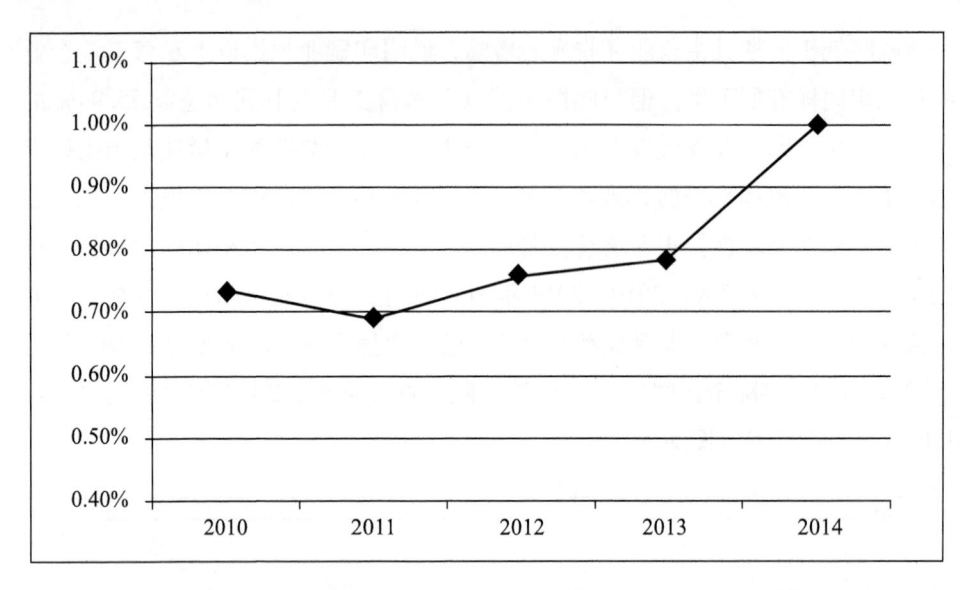

图94 2010—2014年印刷业规模以上私营工业企业利润总额在规模以上私营工业企业利润总额中的占比变化情况

表49 2010—2014年我国规模以上私营工业企业主要经济效益指标

年份	总资产贡献率	资产负债率	流动资产周转次数（次/年）	工业成本费用利润率
2010	20.82%	54.82%	3.36	7.92%
2011	22.45%	54.59%	3.60	7.99%
2012	21.45%	54.21%	3.55	7.69%
2013	19.86%	53.43%	3.52	6.87%
2014	18.50%	52.15%	3.46	6.77%

表50 2010—2014年我国印刷业规模以上私营工业企业主要经济效益指标

年份	总资产贡献率	资产负债率	流动资产周转次数（次/年）	工业成本费用利润率
2010	16.21%	56.32%	2.69	8.01%
2011	19.33%	54.97%	3.12	8.48%
2012	19.13%	54.89%	3.17	8.16%
2013	18.03%	53.49%	3.27	7.33%
2014	19.85%	50.29%	3.60	7.62%

①总资产贡献率的变化。2010—2014 年间，我国印刷业规模以上私营工业企业总资产贡献率在波动中上行，区间低点出现在 2010 年，为 16.21%；2011 年大幅升至 19.33%；随后两年连续下滑，分别为 19.13%、18.03%；2014 年再度上行，达到区间高点 19.85%，比同期规模以上私营工业企业总资产贡献率 18.50% 高 1.35 个百分点。在此期间，我国印刷业规模以上私营工业企业总资产贡献率平均值为 18.51%，比同期印刷业规模以上工业企业总资产贡献率平均值 16.34% 高 2.17 个百分点，比同期规模以上私营工业企业总资产贡献率平均值 20.62% 低 2.11 个百分点。（见图 95）

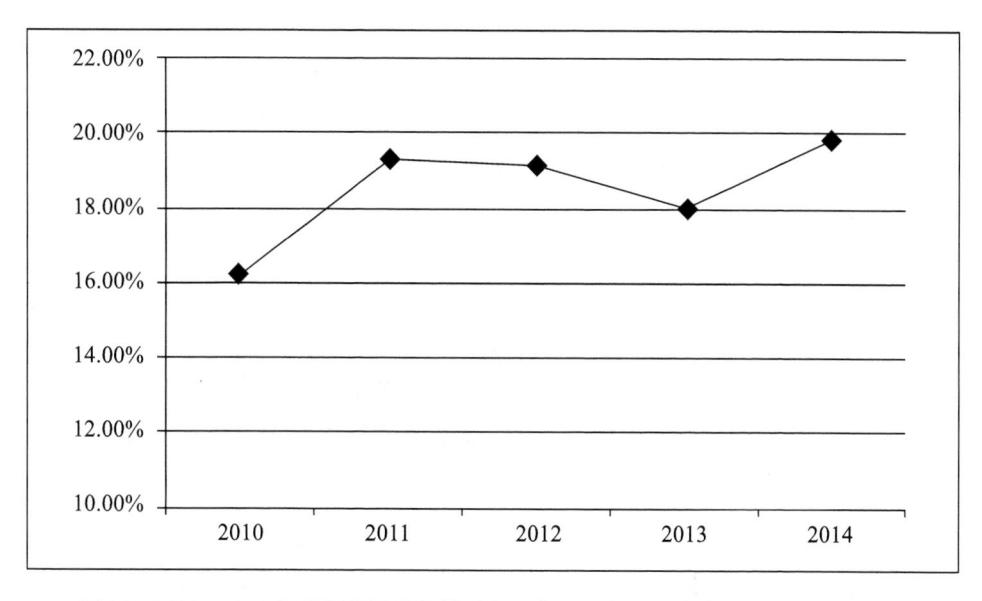

图 95　2010—2014 年我国印刷业规模以上私营工业企业总资产贡献率的变化情况

②资产负债率的变化。2010—2014 年间，我国印刷业规模以上私营工业企业资产负债率平稳下行，由 2010 年的区间高点 56.32%，逐年降至 2014 年的区间低点 50.29%，下降了 6.03 个百分点，比同年印刷业规模以上工业企业资产负债率 45.61% 高 10.71 个百分点，比同年规模以上私营工业企业资产负债率 52.15% 高 4.17 个百分点。在此期间，我国印刷业规模以上私营工业企业资产负债率平均值为 53.99%，比同期印刷业规模以上工业企业资产负债率平均值 47.26% 高 6.73 个百分点，与同期规模以上私营工业企业资产负债率平均值 53.84% 基本一致。（见图 96）

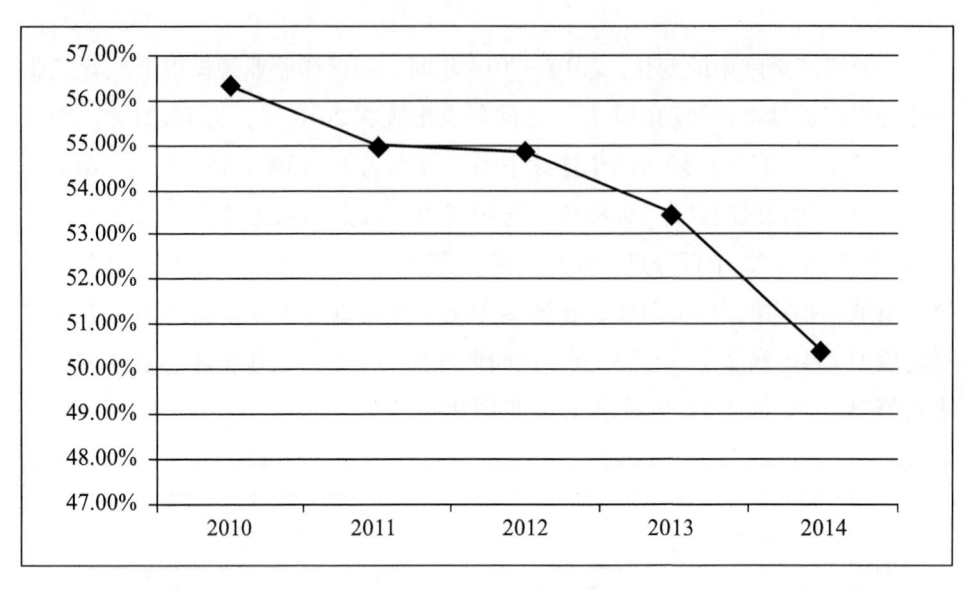

图96　2010—2014年我国印刷业规模以上私营工业企业资产负债率的变化情况

③流动资产周转次数的变化。2010—2014年间，我国印刷业规模以上私营工业企业流动资产周转次数逐年提高。其中，2010年处于区间低点，为2.69次/年，随后逐年攀升，于2014年达到区间高点3.60次/年，提高了0.91次/年。在此期间，我国印刷业规模以上私营工业企业流动资产周转次数平均值为3.17次/年，比同期印刷业规模以上工业企业流动资产周转次数平均值2.36次/年高0.81次/年，比同期规模以上私营工业企业流动资产周转次数平均值3.50次/年低0.33次/年。（见图97）

④工业成本费用利润率的变化。2010—2014年间，我国印刷业规模以上私营工业企业工业成本费用利润率在波动中下行，2010年为8.01%，2011年升至区间高点8.48%，随后两年连续下滑，2013年达到区间低点7.33%，2014年出现小幅回升，为7.62%。在此期间，我国印刷业规模以上私营工业企业工业成本费用利润率平均值为7.92%，比同期印刷业规模以上工业企业工业成本费用利润率平均值9.37%低1.45个百分点，比同期规模以上私营工业企业工业成本费用利润率平均值7.45%高0.47个百分点。（见图98）

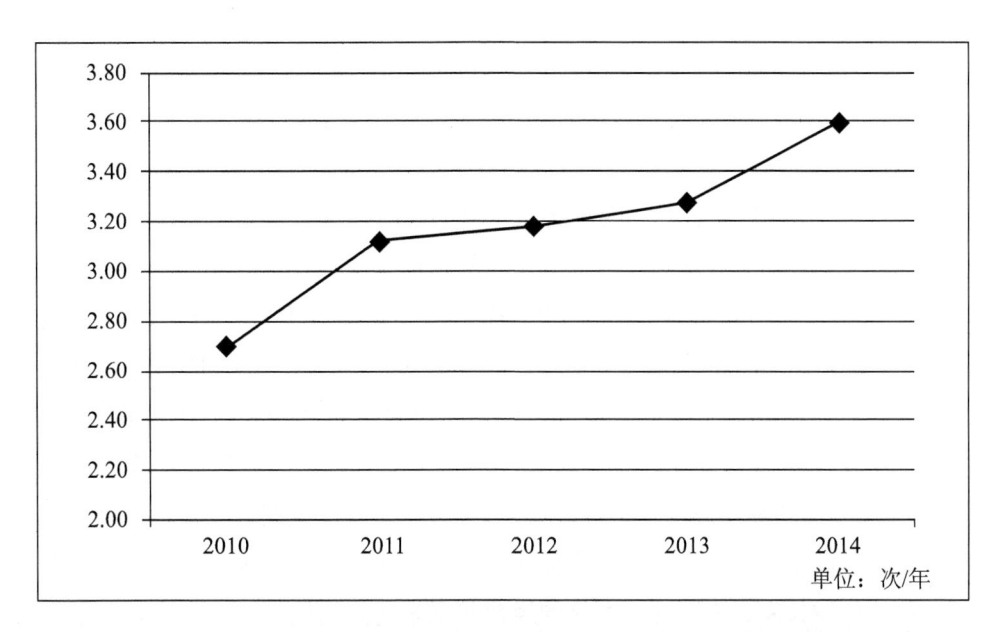

图 97　2010—2014 年我国印刷业规模以上私营工业企业流动资产周转次数的变化情况

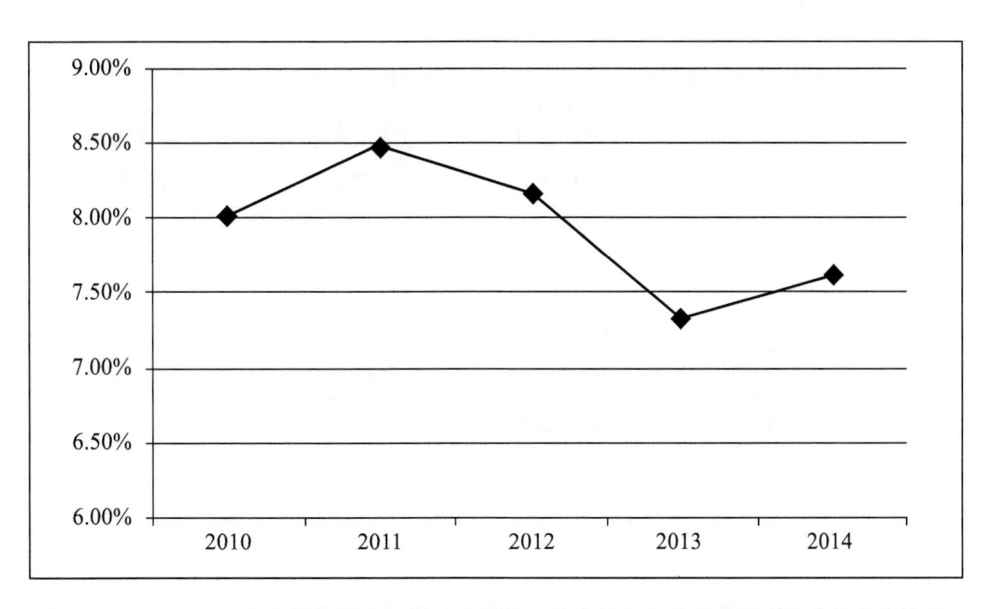

图 98　2010—2014 年我国印刷业规模以上私营工业企业工业成本费用利润率的变化情况

（四）2010—2014 年我国印刷业规模以上外商投资和港澳台商投资工业企业主要经济指标运行情况

1. 规模以上外商投资和港澳台商投资工业企业主要经济指标运行情况

2014 年，我国共有规模以上外商投资和港澳台商投资工业企业 55172 个，资产总计 198162.05 亿元，主营业务收入 252630.07 亿元，利润总额 16577.31 亿元。四项指标中，企业单位数和利润总额指标均出现一定波动，资产总计和主营业务收入两项指标保持了持续、稳定增长，向好态势明显。2014 年与 2010 年相比，企业单位数减少了 25.49%，其中除了 2011 年受到规模以上工业企业认定标准调整影响出现下滑外，其他年份表现也不稳定，2012 年、2014 年与上年度比均出现同比减少；资产总计增长 33.40%；主营业务收入增长 33.86%；利润总额在波动中上行，增长 10.37%。在此期间，规模以上外商投资和港澳台商投资工业企业各项指标的增长率，均低于同期规模以上工业企业相应指标的增长率，表明这一群体的经营状况未达到同期规模以上工业企业的整体水平。（见表 51）

表 51 2010—2014 年我国规模以上外商投资和港澳台商投资工业企业主要经济指标

年份	企业单位数（个）	资产总计（亿元）	主营业务收入（亿元）	利润总额（亿元）
2010	74045	148552.32	188729.41	15019.55
2011	57216	161987.74	216304.29	15494.22
2012	56908	172320.28	221948.78	13965.94
2013	57402	185611.05	241387.75	14599.20
2014	55172	198162.05	252630.07	16577.31

2. 印刷业规模以上外商投资和港澳台商投资工业企业主要经济指标运行情况

（1）主要总量指标。2014 年，我国印刷业共有规模以上外商投资和港澳台商投资工业企业 665 个，资产总计 1209.88 亿元，主营业务收入 1247.20 亿元，利润总额 126.94 亿元。与 2010 年相比，企业单位数减少了 10.62%，这主要是受到规模以上工业企业认定标准影响；资产总计增长 33.20%，主营业务收入增长55.36%，利润总额增长40.03%。其中，印刷业规模以上外商投资和港澳台商投资工业企业资产总计增速与规模以上外商投资和港澳台商投资工业企业基本一致，主营业务收入和利润总额增速则明显高于后者。这表明，在此期间，印刷业规模以上外商投资和港澳台商投资工业企业的发展态势，要好于外商投资和港澳台商投资工业企业的整体水平。但与同期印刷业规模以上工业企业比，印刷业规模以上外商投资和港澳台商投资工业企业的各项指标又存在显著差距，这意味着这一群体的发展速度没有达到印刷业规模以上工业企业的整体水平。2014年，印刷业规模以上外商投资和港澳台商投资工业企业单位数、资产总计、主营业务收入、利润总额四项指标分别占当年规模以上外商投资和港澳台商投资工业企业相应指标的1.21%、0.61%、0.49%、0.77%。（见表52）

表52　2010—2014年我国印刷业规模以上外商投资和港澳台商投资工业企业主要经济指标

年份	企业单位数（个）	资产总计（亿元）	主营业务收入（亿元）	利润总额（亿元）
2010	744	908.31	802.80	90.65
2011	589	924.12	880.41	104.87
2012	618	1072.01	990.44	100.62
2013	641	1149.89	1121.06	107.80
2014	665	1209.88	1247.20	126.94

①企业单位数的变化。2010—2014年间，我国印刷业规模以上外商投资和港澳台商投资工业企业单位数走势良好，除了2011年受规模以上工业企业认定标准影响，由2010年的744个下滑至589个外，其余年份均保持上行态势，2014年达到665个，比2011年增加了76个，增长了12.90%。在此期间，印刷业规模以上外商投资和港澳台商投资工业企业单位数，在规模以上外商投资和港澳台商投资工业企业单位数中的占比稳步提升：2010年处于区间低点1.00%，随后逐年提升，至2014年达到区间高点1.21%。2012—2014年期间，印刷业规模以上外商投资和港澳台商投资工业企业各年份的主营业务收入、利润总额同比增速，均明显高于规模以上外商投资和港澳台商投资工业企业相应

指标，这表明其经营态势优于后者的整体水平。（见图99、图100）

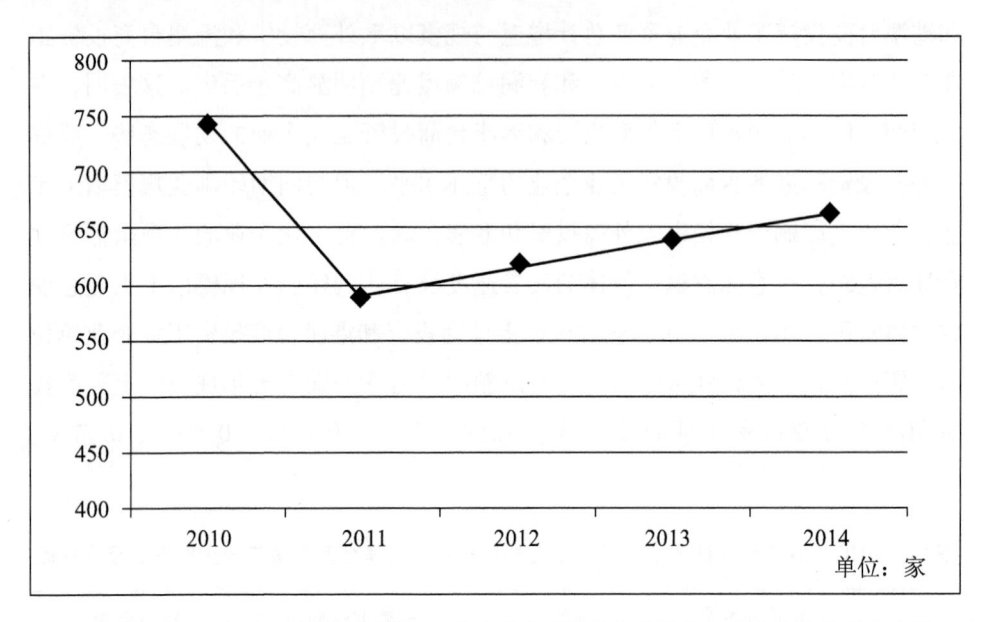

图99　2010—2014年我国印刷业规模以上外商投资和港澳台商投资工业企业单位数变化情况

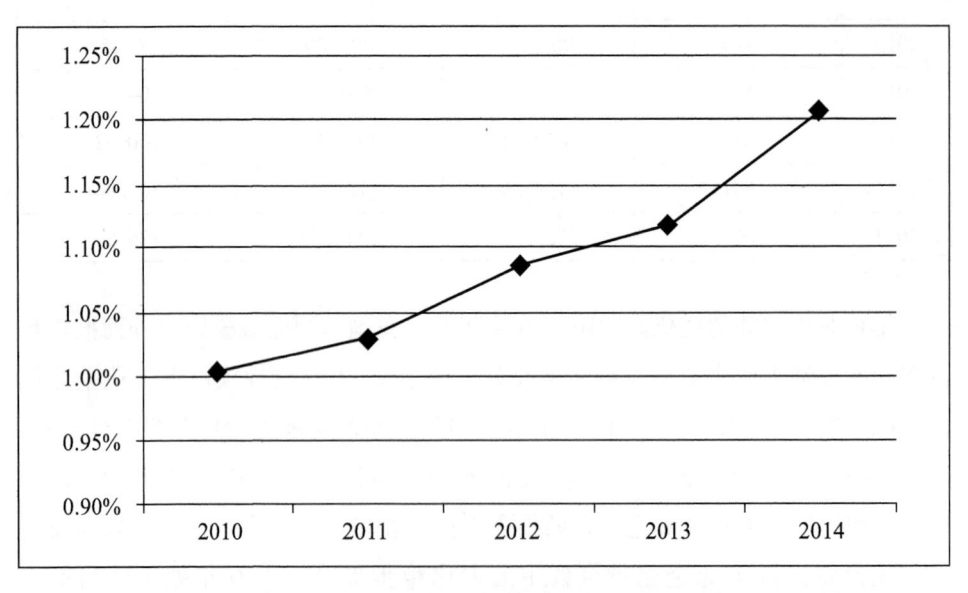

图100　2010—2014年印刷业规模以上外商投资和港澳台商投资工业企业单位数
在规模以上外商投资和港澳台商投资工业企业单位数中的占比变化情况

②资产总计的变化。2010—2014年间，印刷业规模以上外商投资和港澳台

商投资工业企业资产总计保持稳健上行。其中，2010年为908.31亿元，2011年微增1.74%至924.12亿元；2012年大幅增长16.00%至1072.01亿元；随后两年增长率均在10%以下，2014年达到1209.88亿元。在此期间，印刷业规模以上外商投资和港澳台商投资工业企业资产总计，在规模以上外商投资和港澳台商投资工业企业资产总计中的占比有一定波动，但基本保持稳定：2010年和2014年均为0.61%；2012年和2013年均为0.62%；只有2011年波动较大，为0.57%，处于区间低点。（见图101、图102）

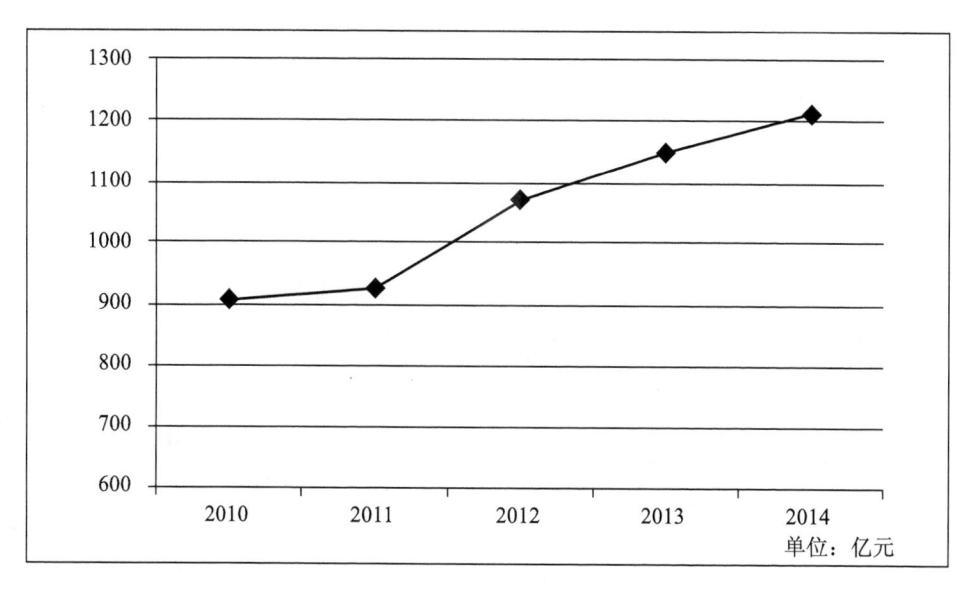

图101　2010—2014年我国印刷业规模以上外商投资和港澳台商投资工业企业资产总计变化情况

③主营业务收入的变化。2010—2014年间，我国印刷业规模以上外商投资和港澳台商投资工业企业主营业务收入稳定上行。其中，除了2011年与上年比增长率为9.67%外，2012—2014年同比增长率均超过了10%，分别为12.50%、13.19%、11.25%。2014年与2010年相比，印刷业规模以上外商投资和港澳台商投资工业企业主营业务收入增长55.36%，比同期规模以上外商投资和港澳台商投资工业企业主营业务收入增速33.86%高出21.50个百分点，比同期印刷业规模以上工业企业主营业务收入增速95.06%低了39.70个百分点。在此期间，印刷业规模以上外商投资和港澳台商投资工业企业主营业务收入，在规模以上外商投资和港澳台商投资工业企业主营业务收入中的占比，整体保持上行态势，由2010年的0.43%提升至2014年的0.49%，期间只是在

2011年出现小幅下行，跌至区间低点0.41%。（见图103、图104）

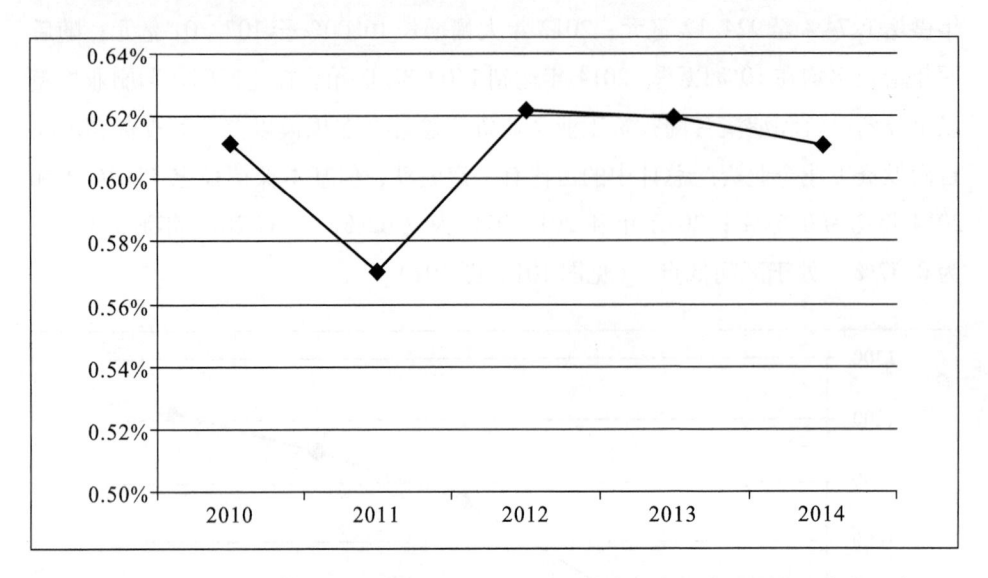

图102 2010—2014年印刷业规模以上外商投资和港澳台商投资工业企业资产总计在规模以上外商投资和港澳台商投资工业企业资产总计中的占比变化情况

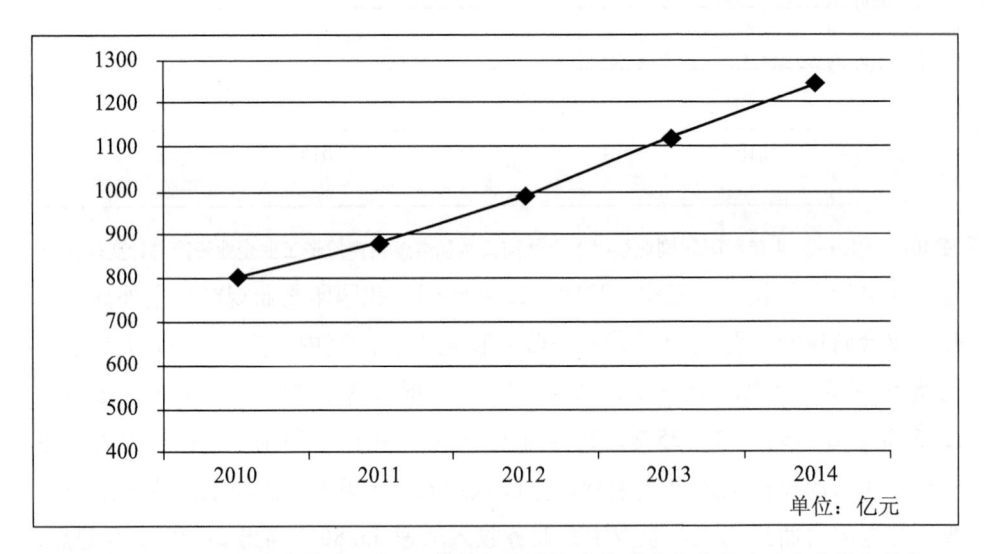

图103 2010—2014年我国印刷业规模以上外商投资和港澳台商投资工业企业主营业务收入变化情况

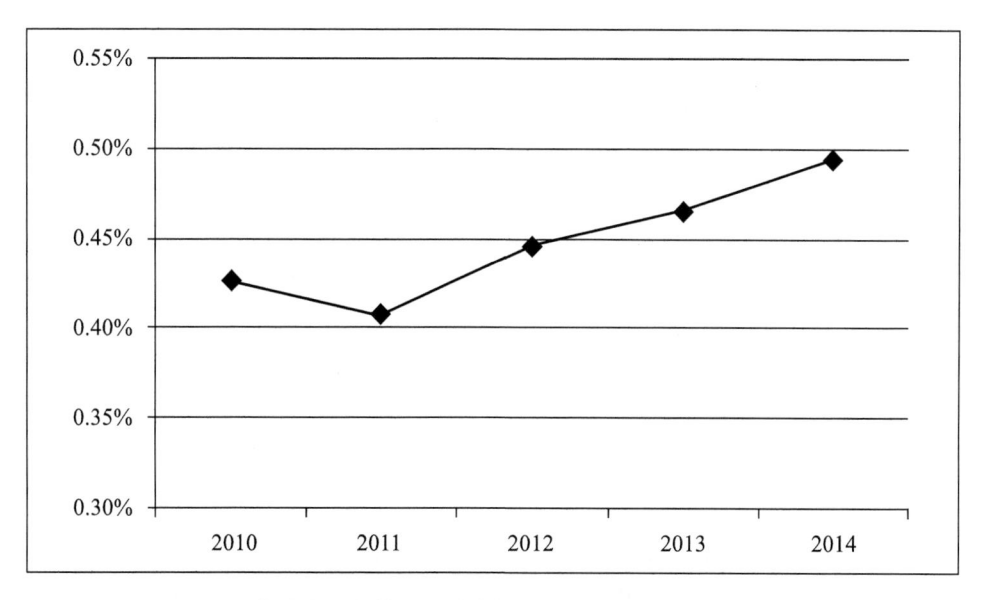

图104　2010—2014年印刷业规模以上外商投资和港澳台商投资工业企业主营业务收入在规模以上外商投资和港澳台商投资工业企业主营业务收入中的占比变化情况

④利润总额的变化。2010—2014年间，我国印刷业规模以上外商投资和港澳台商投资工业企业利润总额的走势同样呈现略有波动、整体上行的特点，由2010年的90.65亿元提升至2014年的126.94亿元，增长了40.03%，比同期规模以上外商投资和港澳台商投资工业企业利润总额10.37%的增长率高出29.66个百分点，比同期印刷业规模以上工业企业利润总额78.07%的增长率低了38.04个百分点。在此期间，印刷业规模以上外商投资和港澳台商投资工业企业利润总额，在规模以上外商投资和港澳台商投资工业企业利润总额中的占比逐年提升，由2010年的区间低点0.60%一路上行至2014年的区间高点0.77%，提高了0.17个百分点。（见图105、图106）

（2）主要经济效益指标。本部分内容沿用总资产贡献率、资产负债率、流动资产周转次数、工业成本费用利润率等指标衡量2010—2014年间我国印刷业规模以上外商投资和港澳台商投资工业企业经济效益的变化情况，并以同期我国规模以上外商投资和港澳台商投资工业企业主要经济效益指标作为参照对象。（见表53、表54）

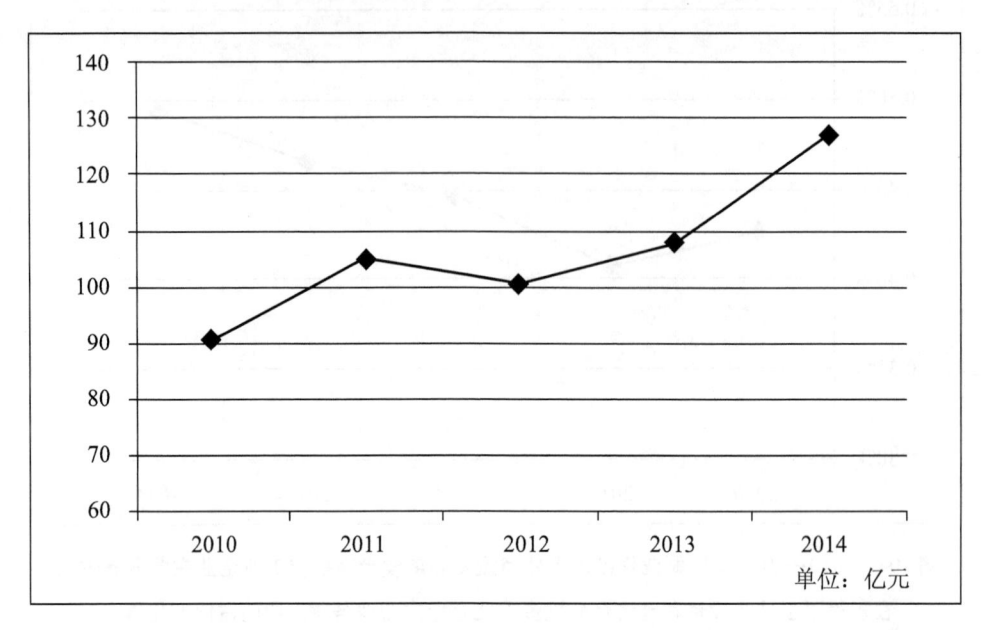

图105 2010—2014年我国印刷业规模以上外商投资和港澳台商投资工业企业利润总额变化情况

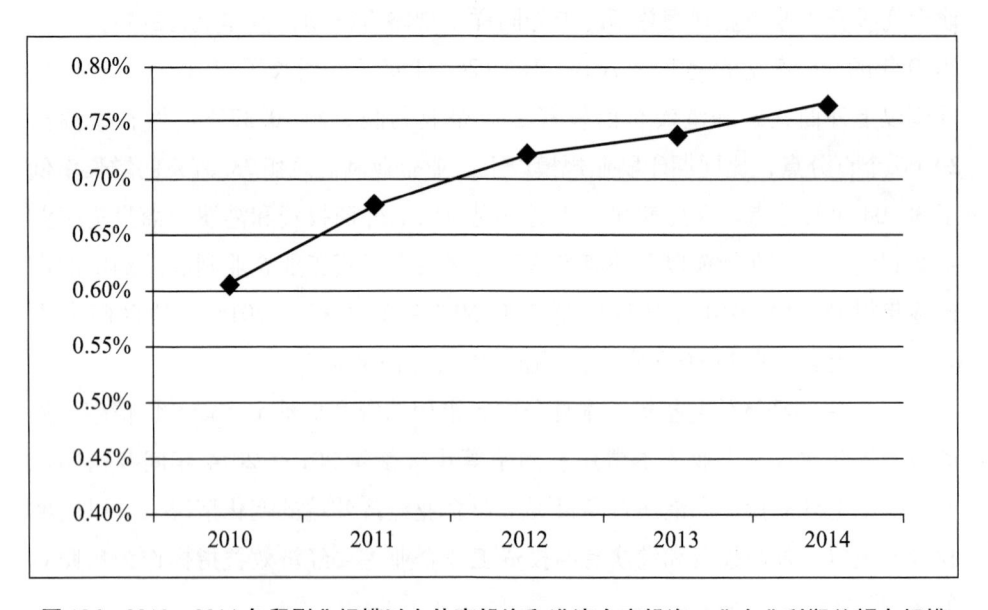

图106 2010—2014年印刷业规模以上外商投资和港澳台商投资工业企业利润总额在规模以上外商投资和港澳台商投资工业企业利润总额中的占比变化情况

表53 2010—2014年我国规模以上外商投资和港澳台商投资工业企业主要经济效益指标

年份	总资产贡献率	资产负债率	流动资产周转次数（次/年）	工业成本费用利润率
2010	15.25%	55.23%	2.24	8.64%
2011	14.98%	56.88%	2.31	7.59%
2012	13.68%	56.53%	2.25	6.62%
2013	13.13%	56.06%	2.22	6.48%
2014	13.69%	55.47%	2.26	6.93%

表54 2010—2014年我国印刷业规模以上外商投资和港澳台商投资工业企业主要经济效益指标

年份	总资产贡献率	资产负债率	流动资产周转次数（次/年）	工业成本费用利润率
2010	13.73%	41.92%	1.56	12.63%
2011	15.80%	43.25%	1.56	13.34%
2012	13.92%	44.19%	1.56	11.15%
2013	14.07%	44.99%	1.58	10.61%
2014	15.98%	43.05%	1.76	10.93%

①总资产贡献率的变化。2010—2014年间，我国印刷业规模以上外商投资和港澳台商投资工业企业总资产贡献率持续波动：2010年处于区间低点，为13.73%；2011年大幅提升至15.80%，但2012年又跌至13.92%；随后两年出现连续增长，2014年达到区间高点15.98%。在此期间，我国印刷业规模以上外商投资和港澳台商投资工业企业总资产贡献率平均值为14.70%，比同期印刷业规模以上工业企业总资产贡献率平均值16.34%低1.64个百分点，比同期规模以上外商投资和港澳台商投资工业企业总资产贡献率平均值14.15%高0.55个百分点。（见图107）

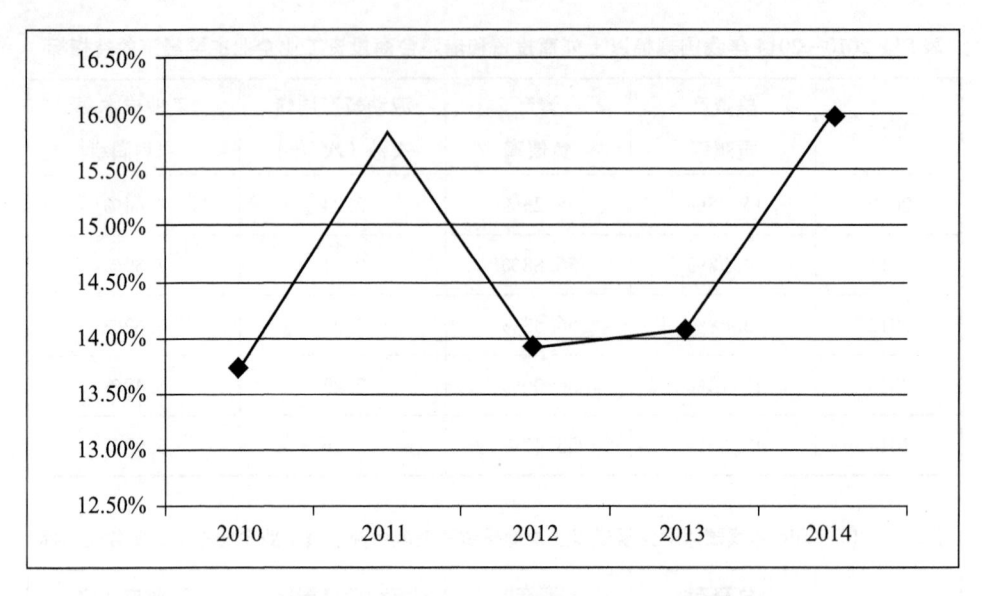

图107　2010—2014年我国印刷业规模以上外商投资和港澳台商投资工业企业总资产贡献率的变化情况

②资产负债率的变化。2010—2014年间，我国印刷业规模以上外商投资和港澳台商投资工业企业资产负债率先升后降：在2013年之前持续攀升，由2010年的41.92%持续增长至2013年的44.99%，随后于2014年出现回调，降至43.05%。在此期间，我国印刷业规模以上外商投资和港澳台商投资工业企业资产负债率平均值为43.48%，比同期规模以上外商投资和港澳台商投资工业企业资产负债率平均值56.03%低12.55个百分点，比同期印刷业规模以上工业企业资产负债率平均值47.26%低3.78个百分点，这说明印刷业规模以上外商投资和港澳台商投资工业企业的资产负债率相对处于较低水平。（见图108）

③流动资产周转次数的变化。2010—2014年间，我国印刷业规模以上外商投资和港澳台商投资工业企业流动资产周转次数稳中向上，2010年、2011年、2012年连续三年保持在同一水平，都为1.56次/年，2013年小幅增长至1.58次/年，随后于2014年出现较大幅度的提升，达到1.76次/年。在此期间，我国印刷业规模以上外商投资和港澳台商投资工业企业流动资产周转次数平均值为1.60次/年，比同期规模以上外商投资和港澳台商投资工业企业流动资产周转次数平均值2.26次/年低0.66次/年，比同期印刷业规模以上工业企业流动

资产周转次数平均值 2.36 次/年低 0.76 次/年。这表明，我国印刷业规模以上外商投资和港澳台商投资工业企业流动资产周转速度，不及规模以上外商投资和港澳台商投资工业企业和印刷业规模以上工业企业，相对较慢。（见图 109）

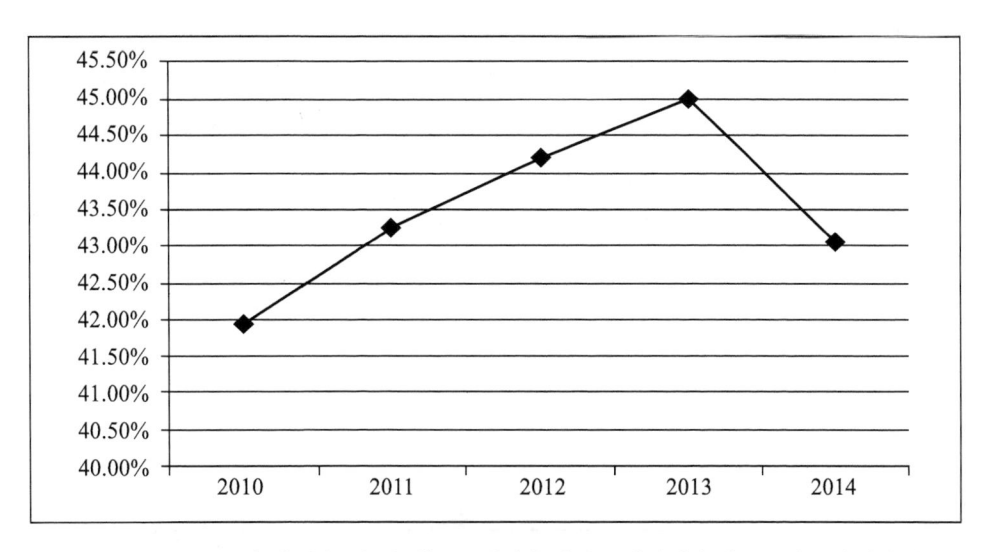

图 108　2010—2014 年我国印刷业规模以上外商投资和港澳台商投资工业企业资产负债率的变化情况

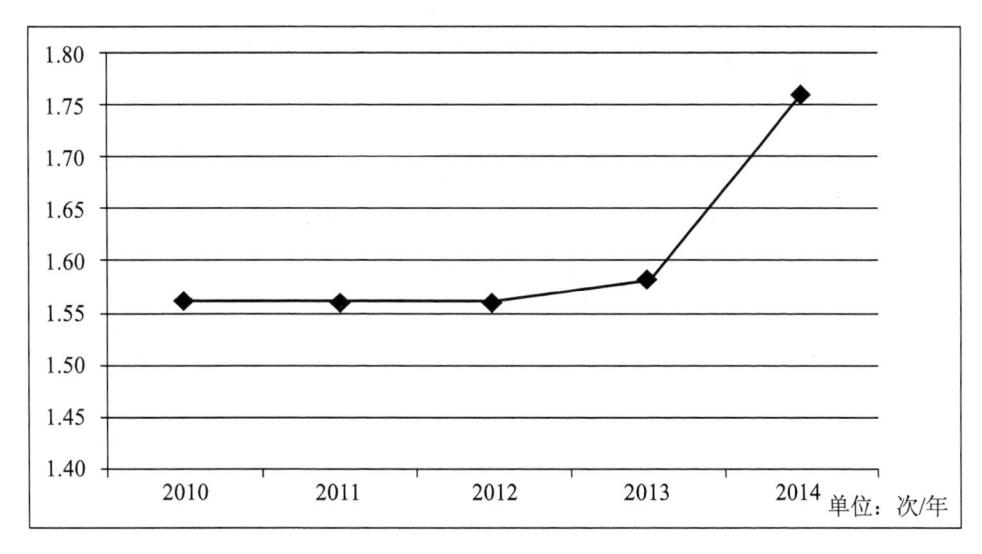

图 109　2010—2014 年我国印刷业规模以上外商投资和港澳台商投资工业企业流动资产周转次数的变化情况

④工业成本费用利润率的变化。2010—2014年间,我国印刷业规模以上外商投资和港澳台商投资工业企业工业成本费用利润率整体上呈现下行态势,由2010年的12.63%降至2014年的10.93%,降低了1.70个百分点。其中,区间高点出现在2011年,为13.34%;区间低点出现在2013年,为10.61%。在此期间,我国印刷业规模以上外商投资和港澳台商投资工业企业工业成本费用利润率平均值为11.73%,比同期规模以上外商投资和港澳台商投资工业企业工业成本费用利润率平均值7.25%高4.48个百分点,比同期印刷业规模以上工业企业工业成本费用利润率平均值9.37%高2.36个百分点。(见图110)

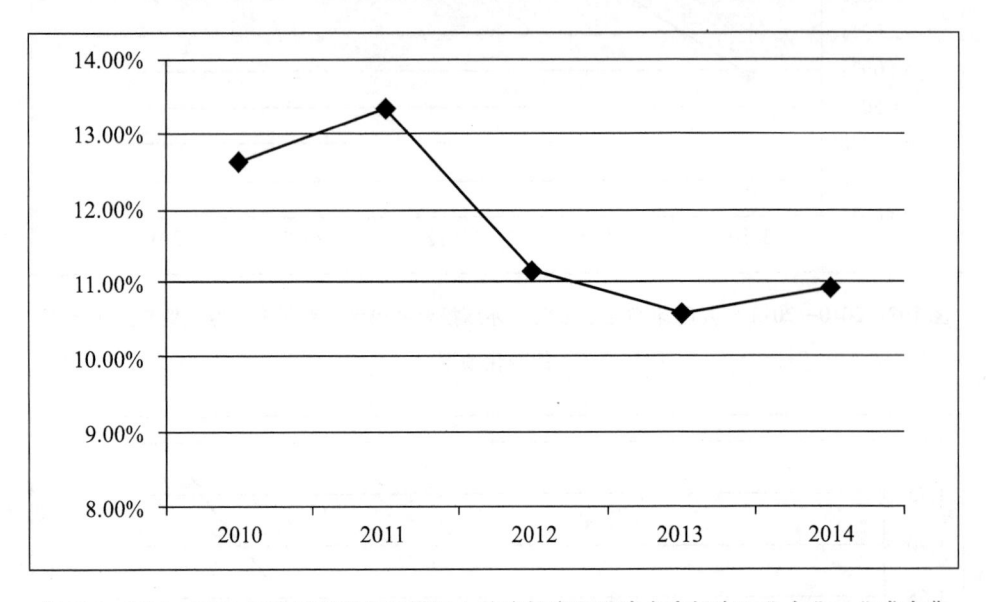

图110 2010—2014年我国印刷业规模以上外商投资和港澳台商投资工业企业工业成本费用利润率的变化情况

(五) 2010—2014年我国印刷业大中型工业企业主要经济指标运行情况

1. 规模以上大中型工业企业主要经济指标运行情况

按照国家统计局于2011年发布的《统计上大中小微型企业划分办法》,大中型工业企业系指从业人员300人及以上并且主营业务收入在2000万元及以上的工业企业。2011年执行的《统计上大中小型企业划分办法(暂行)》认定标准为从业人员数 300 人及以上，销售额 3000 万元及以上并且资产总额 4000 万元以上。这意味着从 2011 年开始大中型工业企业的认定标准比以前更为宽松，因此 2011 年大中型工业企业数量比 2010 年有大幅增长，特此说明。

2014 年，我国共有大中型工业企业 65301 个，资产总计 679436.74 亿元，主营业务收入 705027.12 亿元，利润总额 44152.91 亿元。2010—2014 年间，这四项指标在整体上都保持了上行态势，但增速差距明显。2014 年与 2010 年相比，企业单位数增长 39.99%，资产总计增长 58.95%，主营业务收入增长 60.59%，利润总额增长 26.23%。其中，资产总计和主营业务收入保持持续、稳步增长；企业单位数在 2013 年出现下滑，但幅度不大；利润总额波动明显，2012 年、2013 年曾连续下行。（见表 55）

表 55　2010—2014 年我国大中型工业企业主要经济指标

年份	企业单位数（个）	资产总计（亿元）	主营业务收入（亿元）	利润总额（亿元）
2010	46648	427451.55	439013.72	34977.19
2011	61347	505940.96	554055.83	41743.78
2012	63314	564360.36	603021.39	40570.17
2013	63228	609109.31	649176.49	39881.16
2014	65301	679436.74	705027.12	44152.91

2. 印刷业大中型工业企业主要经济指标运行情况

（1）主要总量指标。2014 年，我国印刷业共有大中型工业企业 685 个，资产总计 2205.33 亿元，主营业务收入 2477.78 亿元，利润总额 240.09 亿元。与 2010 年相比，各项指标均呈现持续、稳定增长，表现出比大中型工业企业更高的发展稳定性。其中，企业单位数增长 58.20%，资产总计增长 68.46%，主营业务收入增长 121.90%，利润总额增长 77.66%，增速均高于同期大中型工业企业的相应指标。2014 年，印刷业大中型工业企业单位数、资产总计、主营业务收入、利润总额四项指标分别占当年大中型工业企业相应指标的 1.05%、0.32%、0.35%、0.54%。（见表 56）

表56 2010—2014年我国印刷业大中型工业企业主要经济指标

年份	企业单位数（个）	资产总计（亿元）	主营业务收入（亿元）	利润总额（亿元）
2010	433	1309.08	1116.62	135.14
2011	546	1552.57	1484.60	170.85
2012	586	1806.85	1744.41	179.97
2013	600	2083.30	1937.16	188.96
2014	685	2205.33	2477.78	240.09

①企业单位数的变化。2010—2014年间，我国印刷业大中型工业企业单位数逐年增加。2010年我国大中型工业企业单位数为433个，处于区间低点；2011年认定标准调整后，大幅增加到546个，增长了26.10%；随后持续攀升，2014年达到区间高点685个。在此期间，印刷业大中型工业企业单位数在大中型工业企业单位数中的占比由2010年的0.93%提升至2014年的1.05%。其中，除了2011年出现下滑，跌至0.89%的区间低点外，其他年份均保持正增长，2012年、2013年分别增长0.93%、0.95%。（见图111、图112）

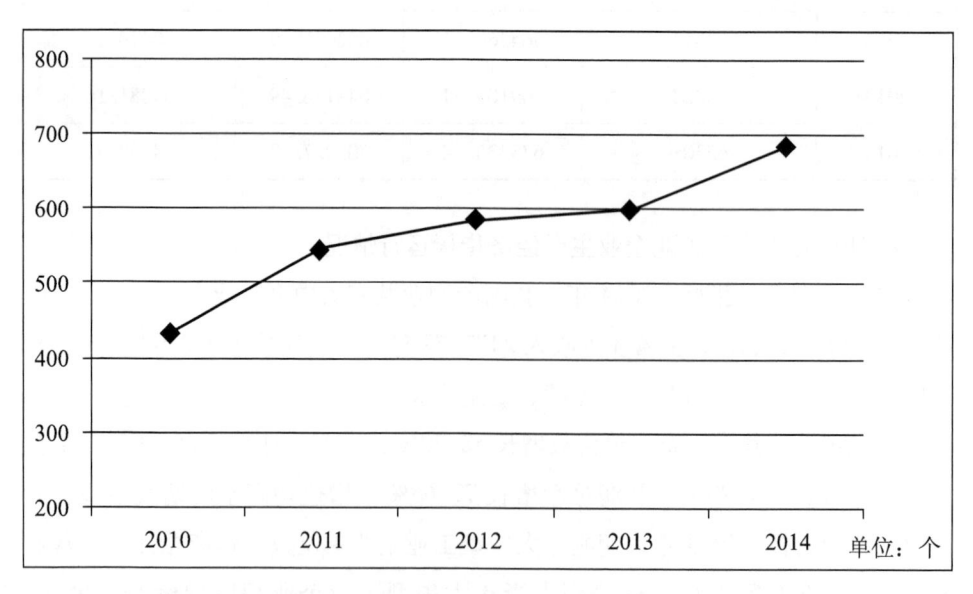

图111 2010—2014年我国印刷业大中型工业企业单位数变化情况

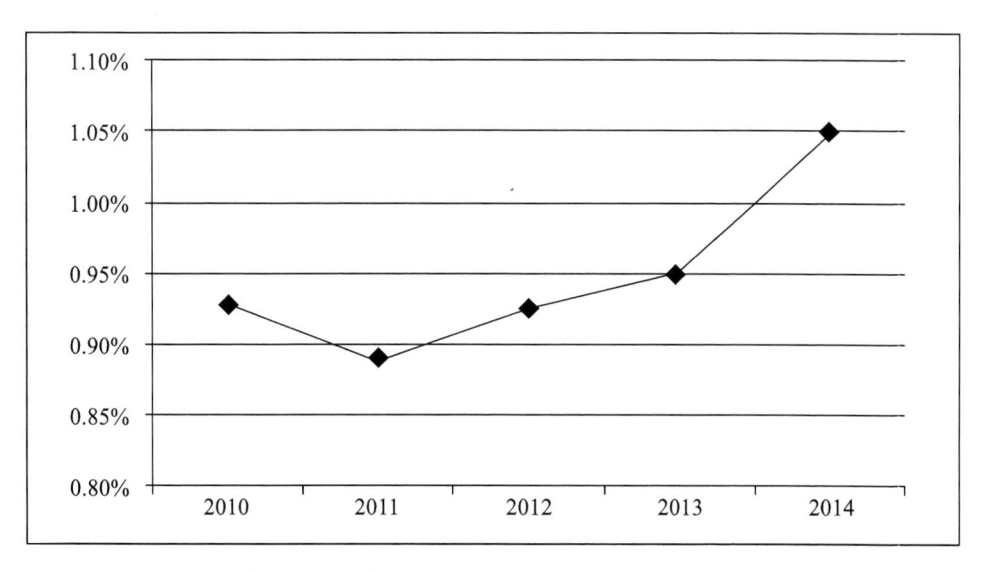

图 112 2010—2014 年印刷业大中型工业企业单位数在大中型工业企业单位数中的占比变化情况

②资产总计的变化。2010—2014 年间，印刷业大中型工业企业资产总计持续向上，增长势头良好，由 2010 年的 1309.08 亿元增长至 2014 年的 2205.33 亿元，增长率为 68.46%。不过，随着基数的扩大，印刷业大中型工业企业资产总计的年度同比增长率逐年下滑，2011—2014 年分别为 18.60%、16.38%、15.30%、5.86%。在此期间，印刷业大中型工业企业资产总计在大中型工业企业资产总计中的占比有所波动，但起伏不大，2010 年和 2011 年均为 0.31%，2012 年微升至 0.32%，2013 年达到区间高点 0.34%，但 2014 年再度跌回 0.32%。（见图 113、图 114）

③主营业务收入的变化。2010—2014 年间，我国印刷业大中型工业企业主营业务收入实现了翻番，由 2010 年的 1116.62 亿元增长至 2014 年的 2477.78 亿元，增长率达到 121.90%。在此期间的各个年份，印刷业大中型工业企业主营业务收入的年度同比增长率均超过 10%。其中，2011 年最高，为 32.95%；2014 年为 27.91%；2012 年、2013 年分别为 17.50%、11.05%。在此期间，印刷业大中型工业企业主营业务收入，在大中型工业企业主营业务收入中的占比持续攀升，由 2010 年的区间低点 0.25% 逐年提升至 2014 年的区间高点 0.35%。（见图 115、图 116）

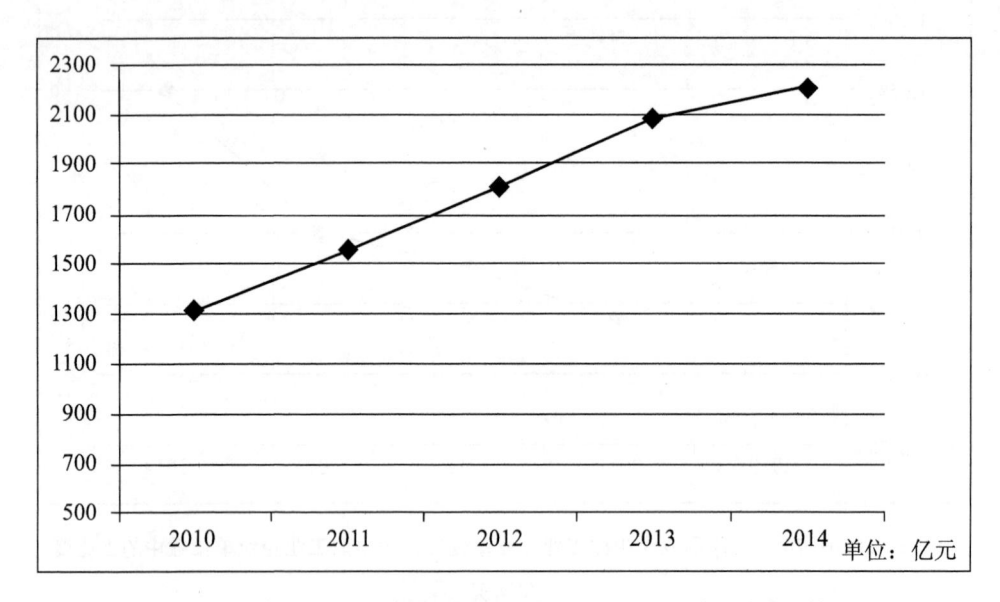

图113 2010—2014年我国印刷业大中型工业企业资产总计变化情况

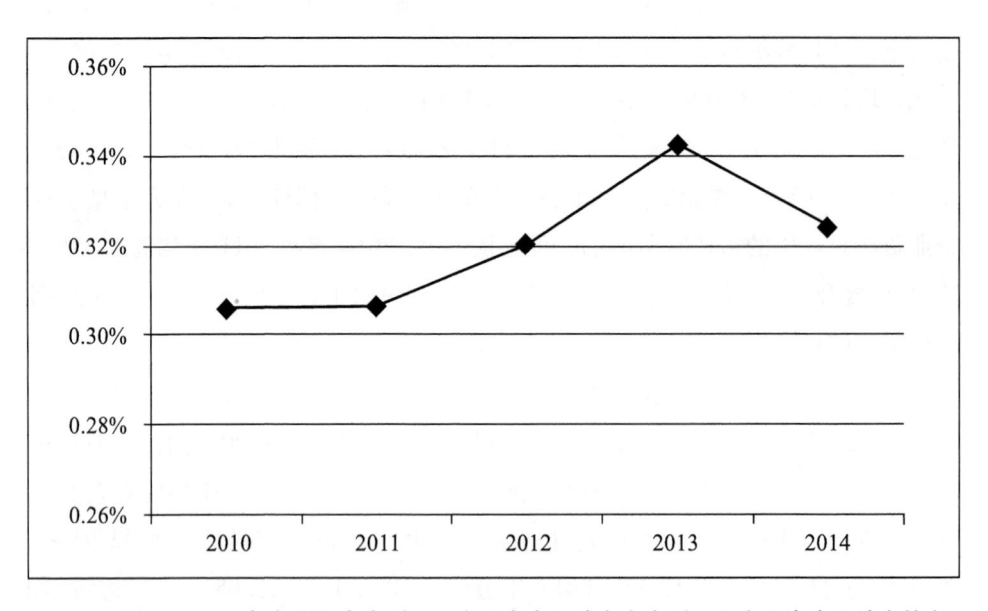

图114 2010—2014年印刷业大中型工业企业资产总计在大中型工业企业资产总计中的占比变化情况

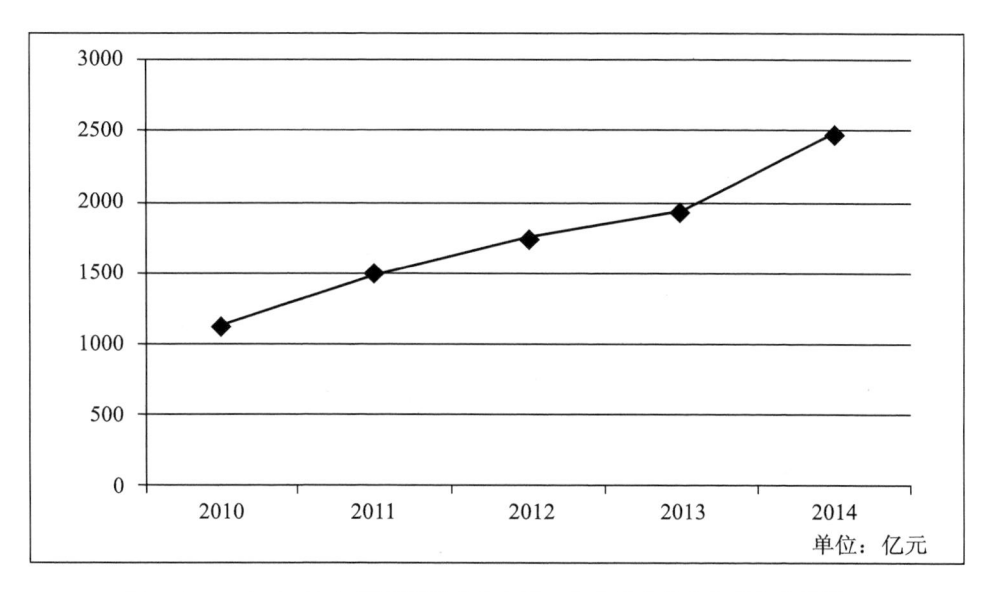

图 115 2010—2014 年我国印刷业大中型工业企业主营业务收入变化情况

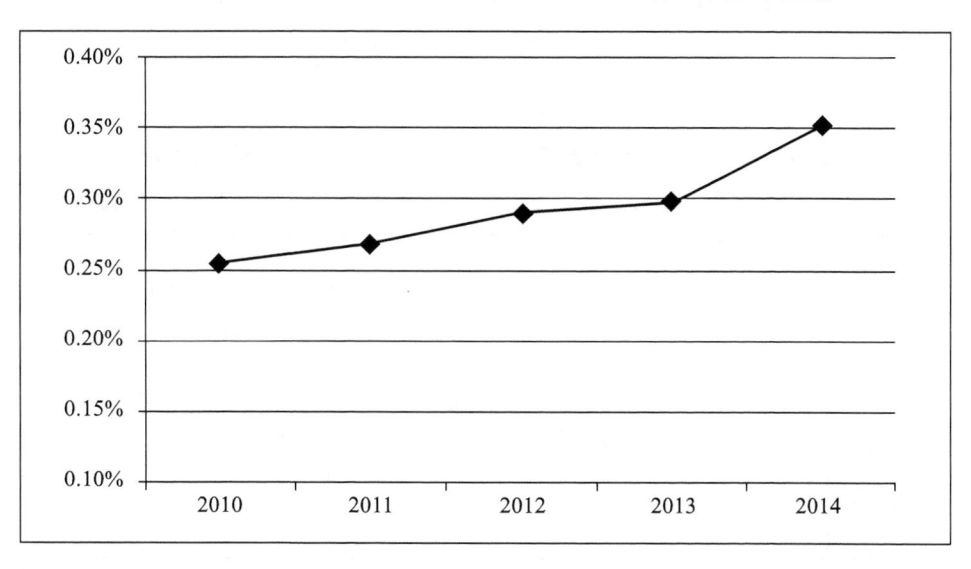

图 116 2010—2014 年印刷业大中型工业企业主营业务收入在大中型工业企业主营业务收入中的占比变化情况

④利润总额的变化。2010—2014 年间，我国印刷业大中型工业企业利润总额同样持续上行，由 2010 年的 135.14 亿元增长至 2014 年的 240.09 亿元，增长率为 77.66%。从各年份的同比增长率来看，呈现两头高、中间低的走势，2011 年、2014 年与各自上年度相比，同比增长率分别为 26.42%、27.06%；2012

年、2013年的同比增长率则分别只有5.34%、5.00%。在此期间，印刷业大中型工业企业利润总额在大中型工业企业利润总额中的占比逐年攀升，由2010年的区间低点0.39%提高到2014年的区间高点0.54%。（见图117、图118）

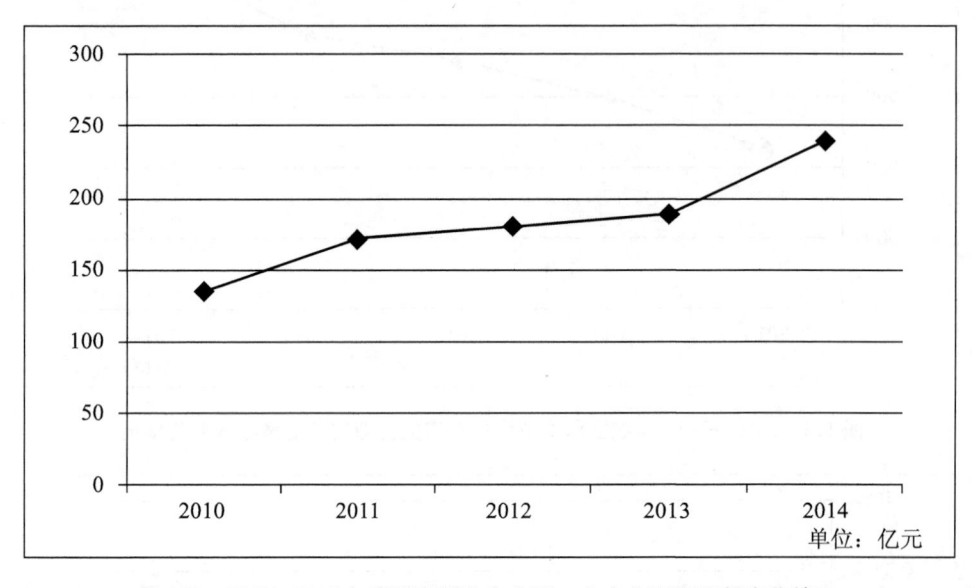

图117 2010—2014年我国印刷业大中型工业企业利润总额变化情况

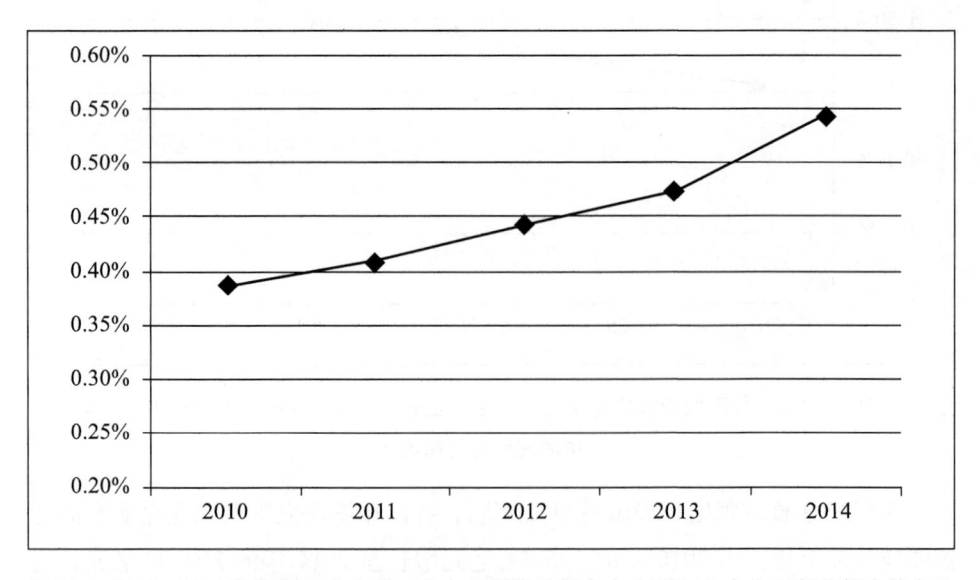

图118 2010—2014年印刷业大中型工业企业利润总额在大中型工业企业利润总额中的占比变化情况

（2）主要经济效益指标。本部分内容沿用总资产贡献率、资产负债率、流动资产周转次数、工业成本费用利润率等指标衡量2010—2014年间我国印刷业大中型工业企业经济效益的变化情况，并以同期我国大中型工业企业主要经济效益指标作为参照对象。（见表57、表58）

表57　2010—2014年我国大中型工业企业主要经济效益指标

年份	总资产贡献率	资产负债率	流动资产周转次数（次/年）	工业成本费用利润率
2010	14.91%	58.45%	2.24	8.73%
2011	15.22%	59.12%	2.36	8.05%
2012	14.25%	59.14%	2.34	7.13%
2013	13.27%	59.05%	2.26	6.65%
2014	13.16%	58.55%	2.32	6.62%

表58　2010—2014年我国印刷业大中型工业企业主要经济效益指标

年份	总资产贡献率	资产负债率	流动资产周转次数（次/年）	工业成本费用利润率
2010	14.62%	42.55%	1.66	13.59%
2011	15.93%	44.04%	1.82	12.65%
2012	14.66%	44.32%	1.90	11.15%
2013	13.67%	43.65%	1.73	10.73%
2014	16.40%	39.99%	2.26	10.51%

①总资产贡献率的变化。2010—2014年间，我国印刷业大中型工业企业总资产贡献率波动明显，略有提升：2010年处于区间低点，为14.62%；2011年提升至15.93%；2012年、2013年又连续下滑，分别为14.66%、13.67%；2014年达到区间高点16.40%。在此期间，我国印刷业大中型工业企业总资产贡献率平均值为15.06%，比同期印刷业规模以上工业企业总资产贡献率平均值16.34%低1.28个百分点，比同期大中型工业企业总资产贡献率平均值14.16%高0.90个百分点。（见图119）

②资产负债率的变化。2010—2014年间，我国印刷业大中型工业企业资产负债率先升后降，在整体上有所降低。其中，2010年为42.55%，随后两年持续走高，于2013年达到区间高点44.32%，然后又连续两年下调，2014年达到

区间低点 39.99%。在此期间，我国印刷业大中型工业企业资产负债率平均值为 42.91%，比同期大中型工业企业资产负债率平均值 58.86% 低 15.95 个百分点，比同期印刷业规模以上工业企业资产负债率平均值 47.26% 低 4.35 个百分点。（见图 120）

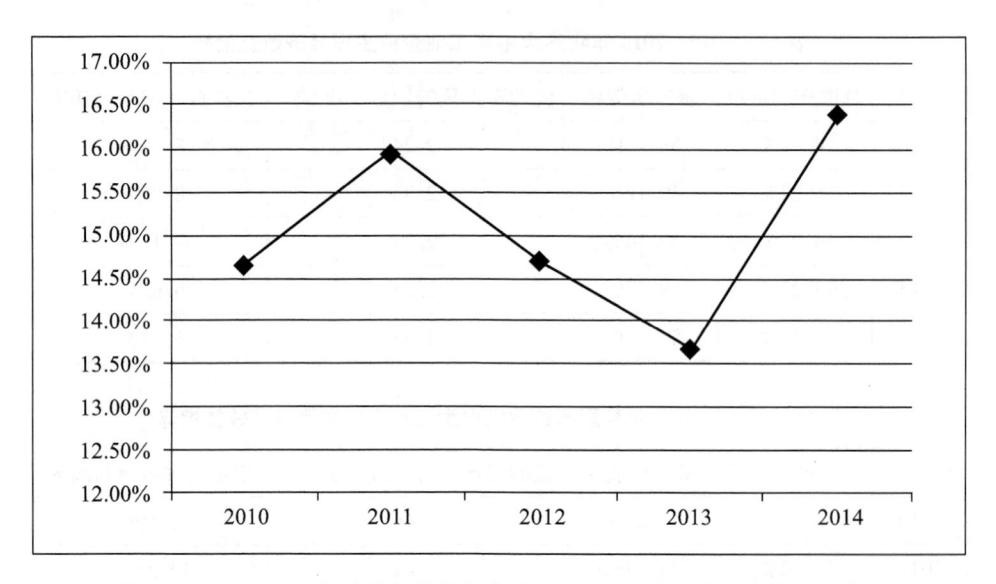

图 119　2010—2014 年我国印刷业大中型工业企业总资产贡献率的变化情况

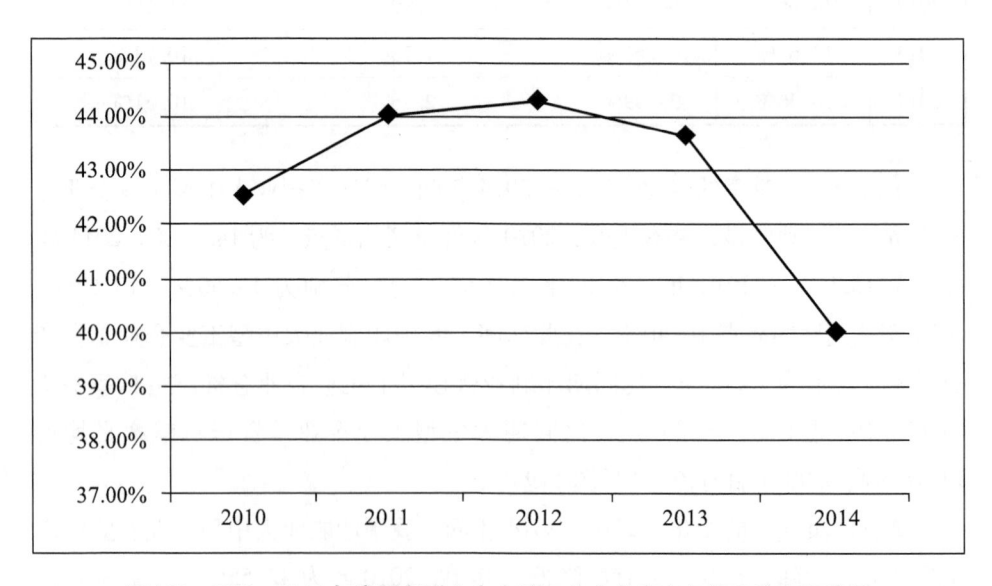

图 120　2010—2014 年我国印刷业大中型工业企业资产负债率的变化情况

③流动资产周转次数的变化。2010—2014 年间，我国印刷业大中型工业企业流动资产周转次数整体向上，由 2010 年的区间低点 1.66 次/年增长至 2014 年的区间高点 2.26 次/年，提高了 0.60 个百分点。其中，除了 2013 年与上年度相比有所下滑外，其余年份均实现正增长。在此期间，我国印刷业大中型工业企业流动资产周转次数平均值为 1.87 次/年，比同期大中型工业企业流动资产周转次数平均值 2.30 次/年低 0.43 次/年，比同期印刷业规模以上工业企业流动资产周转次数平均值 2.36 次/年低 0.49 次/年。（见图 121）

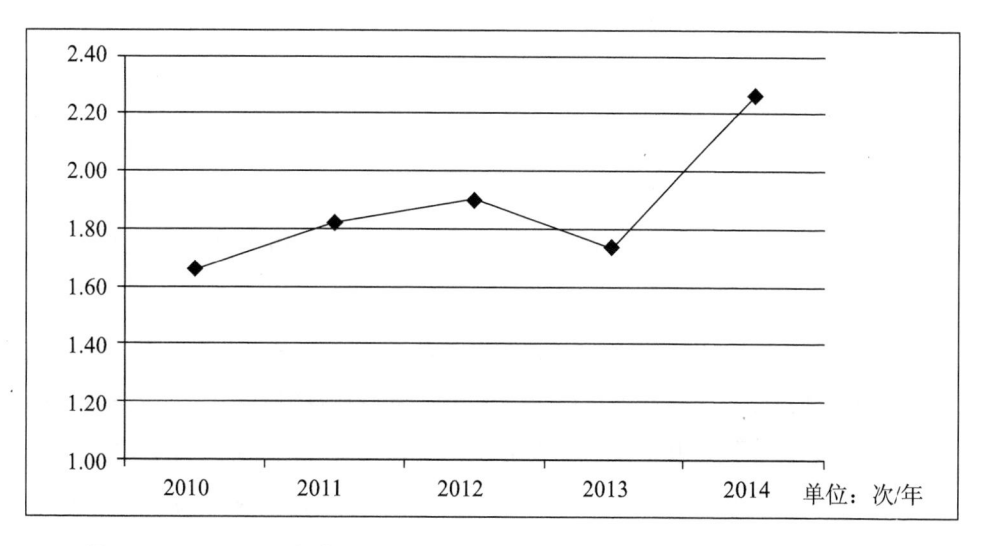

图 121　2010—2014 年我国印刷业大中型工业企业流动资产周转次数的变化情况

④工业成本费用利润率的变化。2010—2014 年间，我国印刷业大中型工业企业工业成本费用利润率一路走低，由 2010 年的区间高点 13.59% 逐年下滑至 2014 年的区间低点 10.51%，减少了 3.08 个百分点。在此期间，我国印刷业大中型工业企业工业成本费用利润率平均值为 11.73%，比同期大中型工业企业工业成本费用利润率平均值 7.44% 高 4.29 个百分点，比同期印刷业规模以上工业企业工业成本费用利润率平均值 9.37% 高 2.36 个百分点。（见图 122）

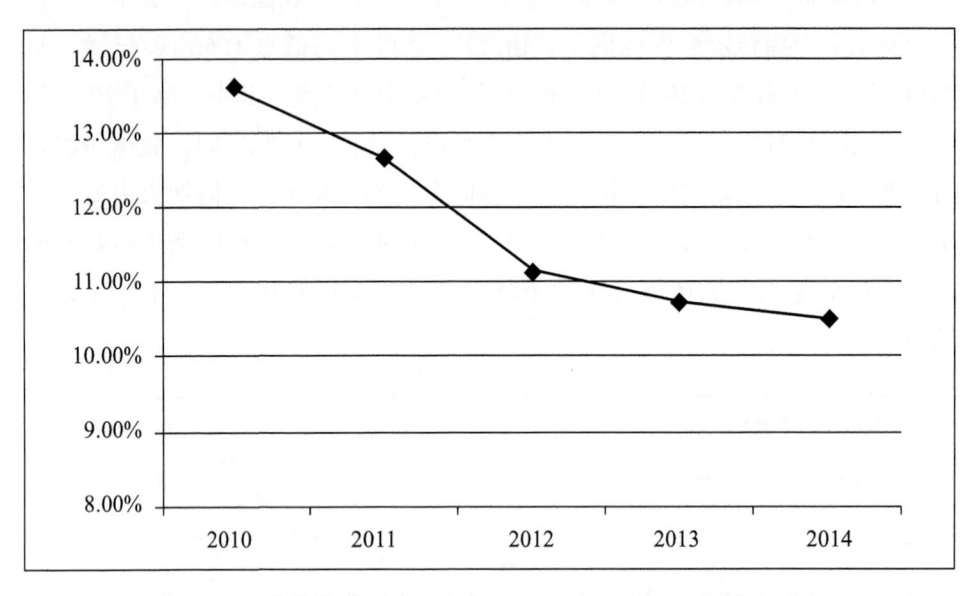

图122 2010—2014年我国印刷业大中型工业企业工业成本费用利润率的变化情况

（六）2014年印刷业各类规模以上工业企业主要经济指标对比

印刷业规模以上工业企业按所有制形式分为国有及国有控股工业企业、私营工业企业、外商投资和港澳台商投资工业企业三类。三类企业在印刷业规模以上工业企业单位数中的占比存在较大差距，其中，私营工业企业居于绝对主导地位，随后是外商投资和港澳台商投资工业企业，最后是国有及国有控股工业企业。这三类企业以及印刷业规模以上工业企业中的大中型工业企业，由于自身基础资源条件的不同，在同样的外部环境下，主要经济指标表现并不一致，本部分内容主要通过对主要经济指标的对比分析各类印刷企业的发展态势。

1. 主要总量指标平均值的对比

本部分内容主要对比的是2014年印刷业规模以上工业企业及其四大分类国有及国有控股工业企业、私营工业企业、外商投资及港澳台商投资工业企业、大中型工业企业平均资产、平均主营业务收入和平均利润三项指标。（见表59）

表59 2014年各种类型印刷业规模以上工业企业平均资产、平均主营业务收入、平均利润

单位：万元

企业类型	平均资产	平均主营业务收入	平均利润
规模以上工业企业	9698.53	12781.60	1040.20
国有及国有控股工业企业	22877.10	16277.74	1976.77
私营工业企业	6477.87	11132.12	785.04
外商投资及港澳台商投资工业企业	18193.68	18754.89	1908.87
大中型工业企业	32194.60	36171.97	3504.96

（1）平均资产对比。2014年，我国印刷业规模以上工业企业平均资产为9698.53万元，其中，大中型工业企业平均资产为32194.60万元，位居四类企业之首；国有及国有控股工业企业为22877.10万元，位居第二位；外商投资及港澳台商投资工业企业为18193.68万元，位居第三位；私营工业企业为6477.87万元，排名最后。四类企业中，排在前三位的三类企业平均资产均超过了印刷业规模以上工业企业的平均值，只有企业单位数最多的私营工业企业的平均资产未达到平均水平。这主要是因为，私营工业企业主要依靠自我积累实现发展壮大，在资本实力方面存在先天不足。2014年，印刷业规模以上私营工业企业平均资产相当于印刷业规模以上工业企业平均水平的66.79%，国有及国有控股工业企业的28.32%，外商投资及港澳台商投资工业企业的35.61%，大中型工业企业的20.12%。（见图123）

（2）平均主营业务收入对比。2014年，我国印刷业规模以上工业企业平均主营业务收入为12781.60万元，其中，大中型工业企业平均主营业务收入为36171.97万元，位居第一位；外商投资及港澳台商投资工业企业为18754.89万元，位居第二位；国有及国有控股工业企业为16277.74万元，位居第三位；私营工业企业为11132.12万元。与平均资产情况类似，排在前三位的三类企业平均主营业务收入均超过了印刷业规模以上工业企业的平均值，只有私营工业企业的平均主营业务收入未达到平均水平。不过，与平均资产比，印刷业规模以上私营工业企业的平均主营业务收入与其他三类企业的差距要小很多，2014年其平均主营业务收入是印刷业规模以上工业企业平均水平的87.09%，国有及国有控股工业企业的68.39%，外商投资及港澳台商投资工业企业的59.36%，大中型工业企业

的30.78%。资产总量与主营业务收入并不完全成正比,说明不同类型企业资产运营效率有高低之分,私营工业企业在这一点上与其他三类企业比有明显优势。而国有及国有控股工业企业平均资产高于外商投资及港澳台商投资工业企业,平均主营业务收入却不及后者,说明其资产运营效率较低。(见图124)

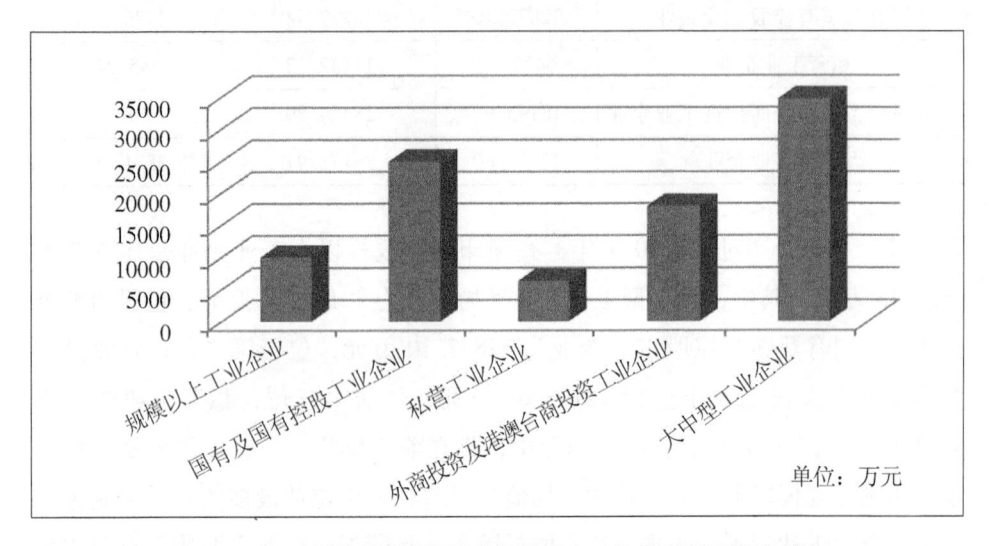

图 123　2014 年各种类型印刷业规模以上工业企业平均资产对比

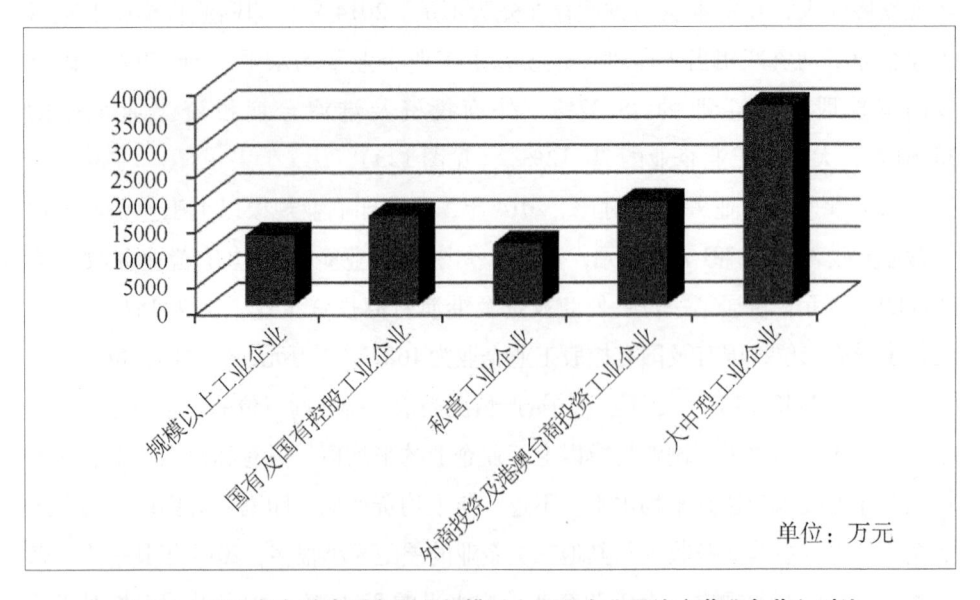

图 124　2014 年各种类型印刷业规模以上工业企业平均主营业务收入对比

(3)平均利润对比。2014年,我国印刷业规模以上工业企业平均利润为1040.20万元,其中,大中型工业企业平均利润为3504.96万元,位居第一位;国有及国有控股工业企业为1976.77万元,位居第二位;外商投资及港澳台商投资工业企业为1908.87万元,排名第三位;私营工业企业为785.04万元,依然垫底。经过对比可以发现,这一排序与平均资产的排序完全一致。私营工业企业平均利润是印刷业规模以上工业企业平均水平的75.47%,国有及国有控股工业企业的39.71%,外商投资及港澳台商投资工业企业的41.13%,大中型工业企业的22.40%。这表明,私营工业企业的盈利与其他三类差距较大。(见图125)

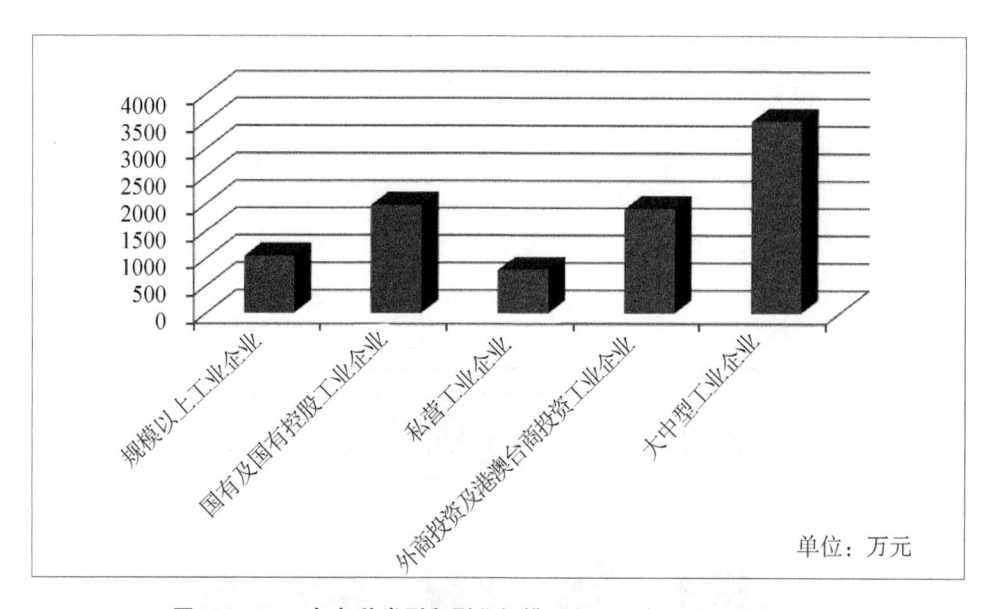

图125 2014年各种类型印刷业规模以上工业企业平均利润对比

2. 主要经济效益指标对比

本部分内容对比的是2010—2014年间印刷业规模以上工业企业及其四大分类国有及国有控股工业企业、私营工业企业、外商投资及港澳台商投资工业企业、大中型工业企业总资产贡献率、资产负债率、流动资产周转次数、工业成本费用利润率四项指标的平均值。(见表60)

表 60 2010—2014 年各种类型印刷业规模以上工业企业主要经济效益指标平均值对比

企业类型	总资产贡献率平均值	资产负债率平均值	流动资产周转次数平均值（次/年）	工业成本费用利润率平均值
规模以上工业企业	16.34%	47.26%	2.36	9.37%
国有及国有控股工业企业	13.31%	37.05%	1.51	13.34%
私营工业企业	18.51%	53.99%	3.17	7.92%
外商投资及港澳台商投资工业企业	14.70%	43.48%	1.60	11.73%
大中型工业企业	15.06%	42.91%	1.87	11.73%

（1）总资产贡献率平均值对比。2010—2014 年间，我国印刷业规模以上工业企业总资产贡献率平均值为 16.34%。其中，私营工业企业最高，为 18.51%；大中型工业企业次之，为 15.06%；外商投资和港澳台商投资工业企业位居第三位，为 14.70%；国有及国有控股工业企业最低，为 13.31%。与主要总量指标平均值的情况相反，四类企业中只有私营工业企业总资产贡献率平均值超过印刷业规模以上工业企业的平均水平，其他三类企业均在平均水平以下。（见图 126）

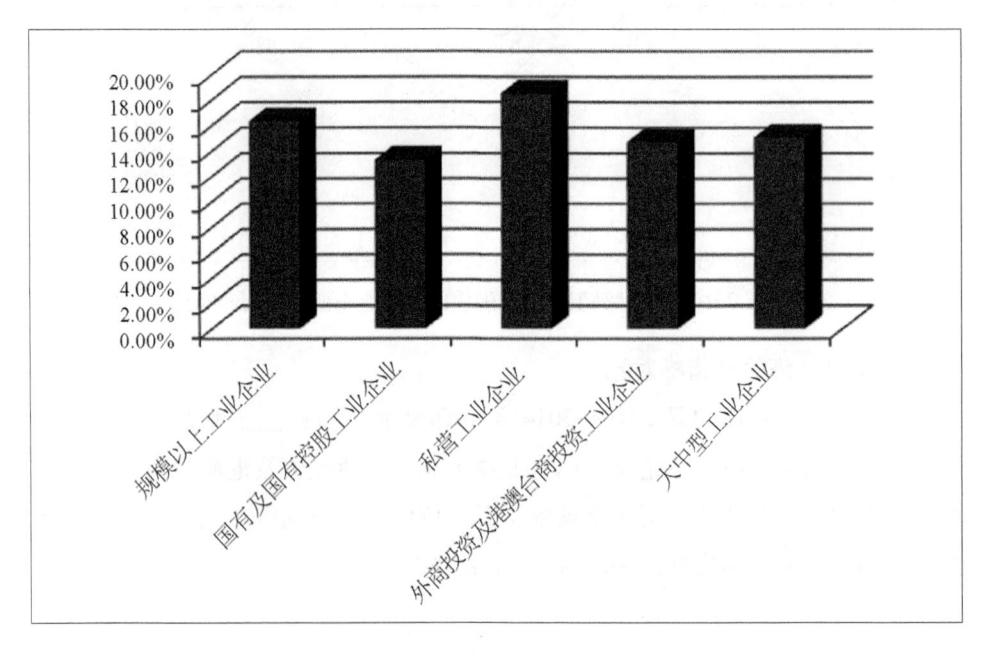

图 126 2010—2014 年各种类型印刷业规模以上工业企业总资产贡献率平均值对比

(2) 资产负债率平均值对比。2010—2014年间，我国印刷业规模以上工业企业资产负债率平均值为47.26%。其中，私营工业企业最高，为53.99%；外商投资和港澳台商投资工业企业次之，为43.48%；大中型工业企业位居第三位，为42.91%；国有及国有控股工业企业最低，为37.05%。同样只有私营工业企业资产负债率平均值高于印刷业规模以上工业企业资产负债率的平均水平，其他三类企业均在平均水平之下。这说明，自有资本相对有限的私营工业企业负债水平相对较高，更多依靠贷款、借款等金融杠杆。（见图127）

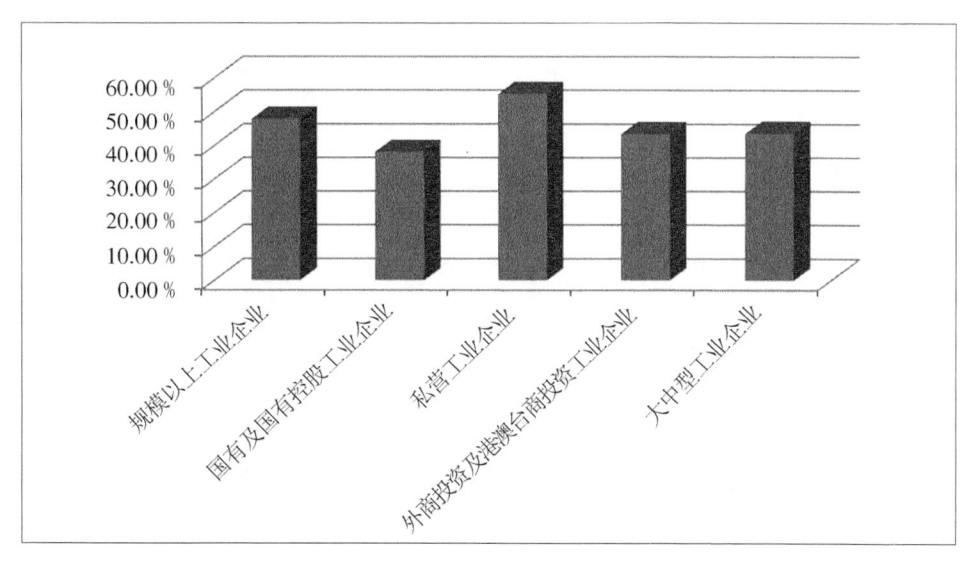

图127 2010—2014年各种类型印刷业规模以上工业企业资产负债率平均值对比

(3) 流动资产周转次数平均值对比。2010—2014年间，我国印刷业规模以上工业企业流动资产周转次数平均值为2.36次/年。其中，私营工业企业最高，达到3.17次/年；其次是大中型工业企业，为1.87次/年；外商投资和港澳台商投资工业企业位居第三位，为1.60次/年；国有及国有控股工业企业排名最末，为1.51次/年。流动资产周转次数越多说明企业的资产运营效率越高，从上述数据可见，私营工业企业的资产运营效率最高，而国有及国有控股工业企业的运营效率最低。（见图128）

(4) 工业成本费用利润率平均值对比。2010—2014年间，我国印刷业规模以上工业企业工业成本费用利润率平均值为9.37%。其中，国有及国有控股工业企业最高，为13.34%；外商投资和港澳台商投资工业企业、大中型工业企业持平，均为11.73%；私营工业企业最低，为7.92%。工业成本费用利润率是衡量工业生产成本及费用投入的经济效益指标，这一指标越高，反映企业在相同利润水平下成本费用控制得越好。由上述数据可以发现，国有及国有控股工业企业的成本费用控制能力要明显优于其他三类企业，而私营工业企业的成本费用控制能力与其他三类企业有明显差距。（见图129）

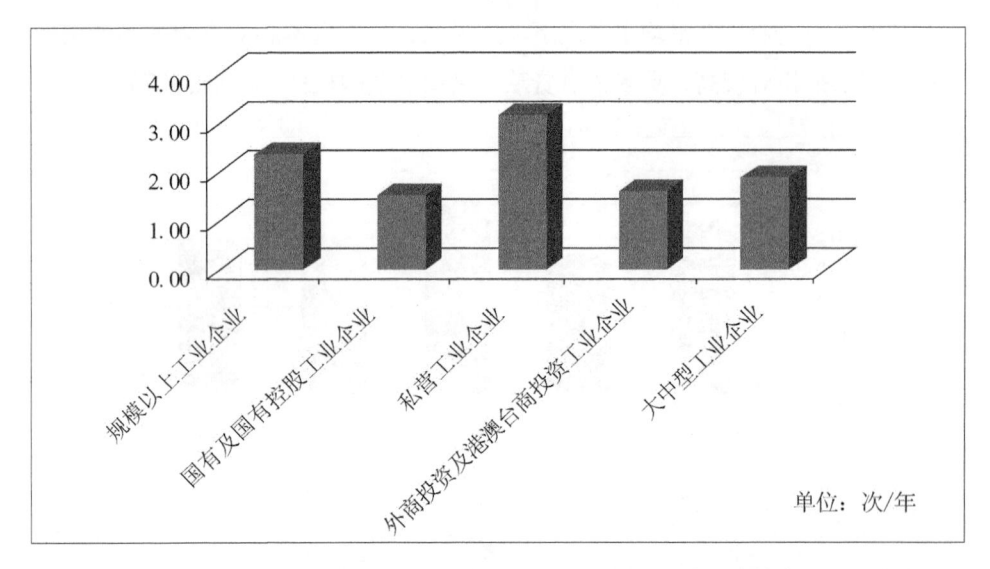

图128 2010—2014年各种类型印刷业规模以上工业企业流动资产周转次数平均值对比

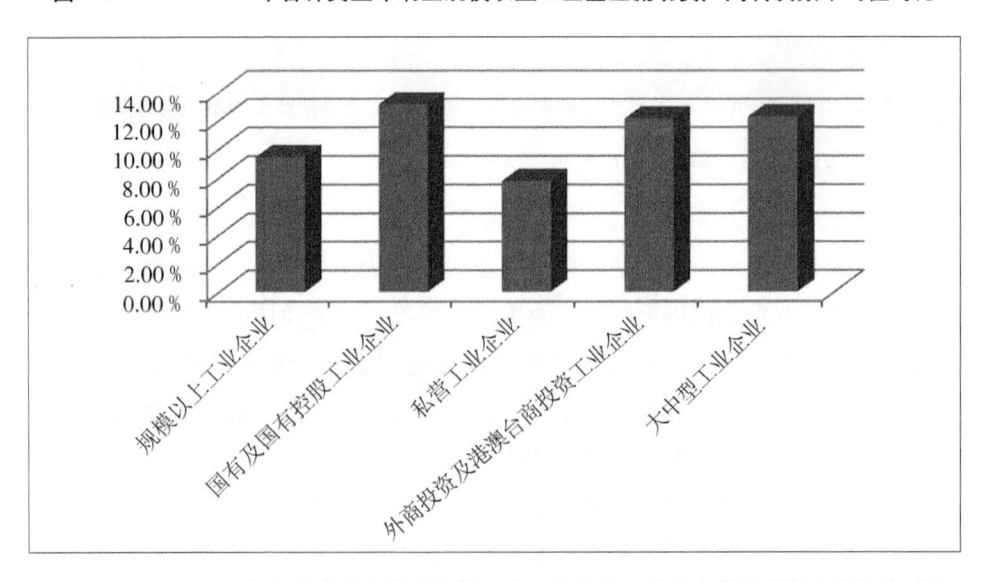

图129 2010—2014年各种类型印刷业规模以上工业企业工业成本费用利润率平均值对比

专题报告

文艺理论

中国绿色印刷企业年度调查报告

《中国印刷》杂志社

  2015年6月5日，在世界环境日到来之际，中国印刷技术协会与中国印刷杂志社启动了"第三次中国绿色印刷企业调查"。中国绿色印刷企业调查工作自2013年开展以来，获得了众多绿色印刷企业以及行业供应商的关注与支持，这是中国印刷技术协会、中国印刷杂志社为推动绿色印刷战略实施，全面、及时、准确了解我国绿色印刷企业生产经营情况与实际需求，为行业发展以及行业主管部门政策制订提供可靠依据与参考的一项意义重大的常规性工作。截止到2014年年底，绿色印刷获证企业数量已经超过700家。中国绿色印刷企业调查工作也伴随着我国绿色印刷进程的发展不断向更广阔的领域与地域推进，从2013年到2015年，调查工作所涉及的企业已经从最初的100多家扩展到700余家，累积了越来越丰富的来自绿色印刷企业一线的关键数据。

  第三次绿色印刷调查活动主要围绕"绿色印刷技术的应用以及市场需求"这一核心展开，截止到9月1日，共发出调查问卷700份，收回有效问卷491份。此次调查除了常规的绿色印刷企业基本情况摸底之外，重点围绕绿色印刷技术在企业中的应用现状、技术需求与采购倾向、绿色印刷技术对企业的影响、技术应用过程中的问题以及企业对于绿色技术的认知等几个方向展开，选取了目前业内较为常见的有利于节能环保的先进印刷技术进行专项调查，旨在以新的切入点全面了解绿色印刷相关领域的发展与应用情况，为印刷行业技术供应商的发展提供更为明晰的方向与途径，同时反映印刷企业的现实需求，进一步实现上下游产业链的信息沟通。

一、绿色印刷企业调查数据统计

(一) 绿色印刷产品的业务量与赢利水平

与上一年度相比,此次受访的绿色印刷企业在绿色印刷产品业务量及赢利水平的变化情况如表1、表2所示。

表1 绿色印刷企业绿色印刷业务量变化情况

业务量描述	企业数量(家)	占受访企业比例(%)
上升	180	37
下降	22	4
基本持平	289	59

表2 绿色印刷业务赢利水平的变化情况

赢利变化描述	企业数量(家)	占受访企业比例(%)
上升	121	25
下降	66	13
基本持平	304	62

(二) 绿色印刷技术在企业中的应用情况

本次调查列举了12项与绿色印刷相关的常见技术、设施以及软件,调查结果表明其在绿色印刷企业中的使用情况如表3所示。

表3　绿色印刷技术的使用情况

技术名称	正在使用的企业（家）	没有使用，但有兴趣了解的企业（家）
计算机配色系统	268	223
柔性版印刷系统	93	398
图文自动检测控制系统	191	292
污水集中处理和循环系统	310	174
粉尘收集装置	398	90
润版液循环过滤系统	380	110
纳米绿色喷墨制版系统	70	421
VOC_s收集处理系统	154	337
无水胶印系统	75	416
数字印刷系统	235	256
显影冲版废水和显影废液处理系统	338	153
计算机直接制版系统（CTP）	402	89

（三）企业的信息管理系统中是否包含绿色印刷的控制环节

在企业的信息化管理系统（ERP或MIS等）中，绿色印刷（FSC）的控制环节应用情况如表4所示。

表4　绿色印刷的信息化管理状况

现状描述	企业数量（家）	占受访企业比例（%）
是，正在应用	262	53
否，有兴趣了解	146	30
无管理信息系统	83	17

（四）绿色印刷技术推广普及的关键因素

关于环保型印刷技术在市场上的推广，印刷企业认为关键因素如表5所示。

表5 绿色印刷技术普及的关键因素

选择描述	企业数量（家）	占受访企业比例（%）
公众对环保的重视程度	336	68
企业自身重视	363	74
绿印理念在行业的普及	303	62
绿色印刷技术的进步	328	67
政府补助及政策扶持	394	80
技术成本的降低	352	72

（五）采购绿色装备或技术的考虑因素

目前绿色印刷企业在考虑投资绿色装备或技术时重点考虑的因素如表6所示。

表6 影响绿色装备或技术采购的重点因素

条件描述	企业数量（家）	占受访企业比例（%）
对环境有益	379	77
了解其他企业应用情况	160	33
服务能力	185	38
有无权威部门的认定或鉴定	256	52
能否给企业带来实际收益	426	87
专业媒体报道	32	6
供应商的品牌及技术实力	274	56
性价比	395	80
专业化	178	36
在行业内的推广应用情况	210	43
能否给一线员工营造良好的工作环境	385	78

（六）企业对于采购绿色装备或技术的投入与价格的看法

相比于传统装备或技术，绿色节能的环保装备或技术需要企业投入更高的费用，企业是否能接受？对此，企业的态度调查如表7所示。

表7　企业对于采购费用的态度

态度描述	企业数量（家）	占受访企业比例（％）
能接受	95	19
不能接受	42	9
视情况而定	354	72

（七）绿色印刷技术的应用给企业带来的影响

对于绿色印刷技术的应用可能带来的有利影响，我们列出了五个选项供企业进行多项选择。具体调查所得如表8所示。

表8　绿色印刷技术对企业的影响

影响描述	企业数量（家）	占受访企业比例（％）
提升企业形象	458	93
加强企业竞争力	407	83
提升经济效益	210	43
改善员工工作环境	436	89
节能降耗	356	73

（八）绿色印刷企业的客户对于绿色印刷技术应用的关注

在生产过程中，绿色印刷企业对于节能装备、技术、工艺等的使用是否同样得到客户的关注？具体调查情况如表9所示。

表9 印刷企业客户对绿色技术使用的关注

态度描述	企业数量（家）	占受访企业比例（%）
在意	167	34
不在意	36	7
部分在意	288	59

（九）绿色印刷技术的应用对于企业承揽业务的帮助

使用绿色印刷技术是否有利于印刷企业承揽更多业务？我们列举了四个选项供企业进行选择。具体调查情况如表10所示。

表10 绿色印刷技术应用对于承揽业务的作用

状态描述	企业数量（家）	占受访企业比例（%）
有很大的作用	110	22
作用不明显	61	12
有一定的作用	208	43
看好长远效应	112	23

（十）绿色印刷技术对员工及生产环境的改善

在生产一线，绿色印刷技术的使用是否在保护员工身体健康以及改善生产环境中发挥了应有的作用？调查统计如表11所示。

表11 绿色印刷技术对于改善生产环境的效果

状态描述	企业数量（家）	占受访企业比例（%）
效果明显	244	50
效果一般	237	48
没有效果	1	0.2

(十一) 绿色印刷技术的应用需要加强的方面

对于印刷企业自身而言,如何加速推进绿色印刷技术在企业中的应用,企业的看法如表12所示。此项可多项选择。

表12 绿色印刷技术的应用需要加强的方面

需要首先加强的方面	企业数量(家)	占受访企业比例(%)
加大投入,引进先进技术	282	57
做好市场及客户的宣传	265	54
加强培训,提升员工的操作能力和水平	374	76
做好对传统技术(装备)的绿色化改造	436	89

(十二) 绿色印刷技术普及的主要障碍

关于目前绿色印刷技术在企业及市场中的普及应用,其主要障碍列有六个选项,可进行多项选择。印刷企业的看法如表13所示。

表13 绿色印刷技术普及的主要障碍

主要障碍描述	企业数量(家)	占受访企业比例(%)
投入大,企业负担重	446	91
收益不明显	363	74
相关信息渠道狭窄	113	23
缺乏相应的鼓励政策	437	89
技术发展跟不上企业需求	95	19
缺乏相应的监测与检测手段	108	22

（十三）绿色印刷技术或装备存在的问题

对于目前市场上或企业正在使用的绿色印刷装备或技术，主要存在的问题列出了六个选项，可进行多项选择，企业的看法如表14所示。

表14 绿色印刷技术或装备存在的问题

问题描述	企业数量（家）	占受访企业比例（%）
技术不成熟，不稳定	157	32
新技术（装备）成本过高	465	95
信息缺乏，企业难以界定产品的环保属性	257	52
运营成本高	405	82
员工缺乏操作技能	82	17
没有大问题，基本符合环保要求	65	13

二、企业绿色印刷技术应用现状分析

绿色印刷体系的建设是一项系统工程，涵盖印刷产业链的上下游以及印刷生产的全过程，而作为典型的加工制造产业，印刷生产过程始终是决定绿色印刷成效的关键，生产过程涉及众多环节，是原材料、产品、工艺、技术、管理等多方面因素共同作用的复杂过程。在2014年进行的绿色原辅材料调查的基础之上，此次调查重点选取了绿色印刷生产过程的另一决定性环节——绿色印刷技术的应用及需求。

本次调查收集了491家绿色印刷企业在2014年度的绿色业务的发展数据以及绿色印刷企业对环保型印刷技术的使用情况，也反映了印刷企业对绿色印刷技术本身及其市场发展的一些看法，主要表现为以下几个方面。

（一）绿色印刷业务整体持平

与2013年相比，2014年绿色印刷获证企业已有大幅增长，此次受访企业也比上年度增加了165家。具体到2014年度企业绿色印刷业务量的变化，继续表现为两种态势，即上升与基本持平。其中，业务量明确上升的有180家企业，基本持平的有289家企业，二者所占比例拉开了一定距离，持平企业占比达到59%，包含了一半以上的绿色印刷企业；另有22家企业表示业务量有所下降，占比约4%。由上述数据来看，目前绿色印刷企业在绿色业务上的增长并不显著，相比2013年的数据，在2014年实现绿色业务增长的企业数量仅增加了18家，参照新增的获证企业数量，这一增长稍显弱势；另一方面，业务量下降的企业数量比上年度仅增加了6家，参照新增企业基数，这一数据表现则较为乐观。

2014年企业在绿色印刷产品的赢利水平上表现基本与业务量情况相符，总体增长速度不快，大多数也保持在持平状态。在"绿色印刷业务的赢利水平"调查中，121家企业明确为上升，304家企业表示赢利能力与上年同期持平，二者的比例分别占到了25%和62%，二者总数占据了绿色企业的主流；值得注意的是，此次仅有66家企业选择了赢利能力下降，占比仅13%，相比2013年的数量，赢利能力下降企业减少了2家，而且总体占比也从21%降到了13%，如图1所示，表现出较大幅度的下降，这是此项调查中最为积极的一面。

进一步对比分析可以发现，同时来看单个企业的绿色印刷业务量与赢利水平这两个指标，保持业务量与赢利水平双持平的企业数量继续占据最多数；其次为业务量与赢利水平双上升的企业；再次为业务量上升，但赢利水平持平的企业。这三类情况占据了受访企业的大多数。2014年仍有少量企业反映，尽管业务量上升，但赢利水平却下降。

从业务量与赢利水平的组合数据来看，2014年绿色印刷业务整体表现较为平稳，特别值得关注的是企业在绿色业务上的赢利能力开始出现了明显的改善，可视为一大进步，同时说明企业在绿色印刷市场的经营或开拓上日趋稳健；同时，企业虽然仍有保守的趋向，也可视为过渡期的正常表现，对于正处于转型期的印刷业而言仍然表现出了前景乐观的一面。

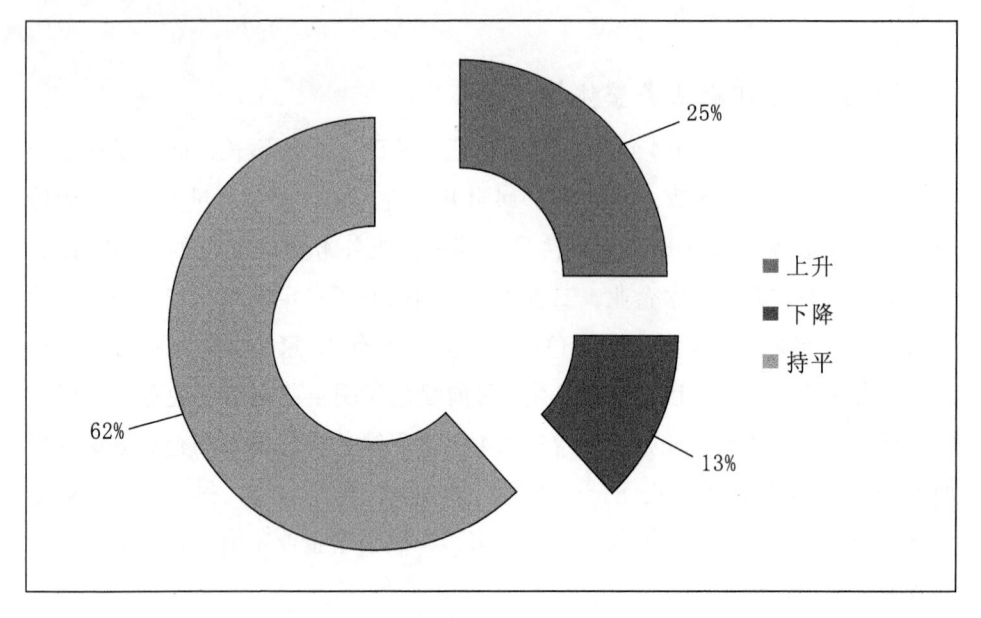

图1 同比上年绿色印刷产品的赢利情况

（二）绿色印刷技术的应用分析

随着绿色印刷战略的加快推进，我国绿色印刷体系的建设日趋完善，其中一个重要的表现就是专门致力于推动绿色环保生产的印刷工艺、配套设施、新型印刷技术的研发以及市场应用均在加速发展，新技术、新工艺的数量以及质量均有大幅提升，对全面推动绿色印刷的深入发展起到了重要的作用；反过来看，绿色印刷工程的强势推进也为新兴印刷技术市场的发展带来了动力，促进了各种新型环保技术与配套工艺的应用，二者可以说是相辅相成。

目前印刷市场上涉及到绿色生产的环保技术、工艺种类众多，此次调查选取了市场上最为常见，而且相对较为成熟的12项技术，根据这12项技术的具体应用环境可再分为四大类别：一是环保型印刷技术，包括柔性版印刷、无水胶印、数字印刷；二是绿色制版技术，包括CTP直接制版、纳米绿色喷墨制版系统；三是生产工艺中的辅助性技术，包括计算机配色系统、图文自动检测控制系统；四是清洁生产技术，包括污水集中处理和循环系统、粉尘收集装置、润版液循环过滤系统、VOC_s收集处理系统、显影冲版废水和显影废液处理系统。

1. 环保型印刷技术的应用

此次调查中所涉及的环保型印刷技术主要针对柔性版印刷、无水胶印以及数字印刷的企业应用。这三种印刷技术已经过多年的发展，但是在绿色印刷战略实施以前其环保属性并未得到充分重视，绿色印刷的发展在很大程度上带动了这些技术的应用，特别是技术的成熟度有了很大的进步。

具体来看这三项技术目前在绿色印刷企业中的应用。柔性版印刷，93家企业表示正在使用，占比仅有19%；无水胶印，75家企业表示正在使用，占比仅15%；数字印刷，235家企业表示正使用，占比达到48%。由此数据来看，柔性版印刷与无水胶印在绿色印刷企业中的使用率明显偏低，而数字印刷近年来的普及应用实现了较大的增长，接近半数的绿色印刷企业都引入了数字印刷系统。从数字印刷系统本身的特点来说，这一技术符合当前印刷市场短版业务大量增长的趋势，而且省去了传统印刷中胶片、拼版及晒版等烦琐的工序，节省了材料、人工与时间，同样符合环保印刷的宗旨。再加之近年来数字印刷技术的快速发展以及供应商的大力推广，数字印刷系统在很多传统印刷企业中实现了相对快速的普及，在绿色印刷企业中也有较为突出的表现。

2. 绿色制版技术的应用

目前市场上最常见的绿色制版技术主要有计算机直接制版（CTP）和纳米绿色喷墨制版系统，其在绿色印刷企业中的应用情况分别统计如下：正在使用CTP直接制版的有402家企业，占比达到82%；正使用纳米绿色喷墨制版系统的仅70家企业，占比14%。从技术的发展角度来说，CTP技术相对成熟，而且近几年已进入全面普及阶段，纳米喷墨制版技术相对而言是一种创新型技术，发展时间相对较短，在市场上还处于起步阶段。

从环保生产的角度而言，CTP技术相对于过去使用的激光照排技术来说是很大的进步，它采用数字化工作流程，直接将文字、图像转变为数字，直接生成印版，省去了胶片材料、人工拼版的过程、半自动或全自动晒版工序。但是CTP技术仍然要使用感光材料，存在感光、显影、定影、冲洗等复杂过程，还存在化学品污染问题，从这个意义上讲，CTP仅可视为相对环保的制版技术。同时我们应该看到，环保技术的发展同样有逐步提升的过程，结合我国印刷业的发展历程来看这一数据，CTP在绿色印刷企业中的大幅度普及应该视为一个显著的进步。

纳米绿色喷墨制版系统从技术层面讲是一种更加环保的直接制版技术，因为省去了感光预涂层及化学品冲洗步骤，有望彻底消除制版环节可能产生的化学品污染问题。但是现实问题是，每一种新技术的成熟与推广都需要一个过程，不论是技术本身的发展还是用户的认可，都需要较长时间实践的考验。因此，目前已经开始使用纳米喷墨制版系统的绿色印刷企业还只是少数，这一数据同样符合市场发展规律。

3. 生产工艺中的辅助性技术的应用情况

随着印刷数字化的发展，国内很多印刷企业已经开始尝试建立数字化工作流程，试图将印刷生产过程中的多种控制信息纳入计算机管理，通过数字化技术控制信息流，以有效提升生产效率。数字化工作流程本身包含了非常丰富的内容，此次调查所涉及到的计算机配色系统、图文自动检测控制系统仅仅是其中的一小部分，主要是考虑到有助于环保生产工艺的特殊需求。

计算机配色系统是集测色仪、计算机及配色软件系统于一体的现代化设备。其基本作用是将配色所用油墨的颜色数据预先储存在电脑中，然后计算出用这些油墨配得样稿颜色的混合比例，以达到预定配方的目的。这一系统的主要作用在于减轻配色人员的负担，提高印刷产品的颜色质量、配色速度、精度，有利于提升工作效率，直接减少原材料的浪费。图文自动检测控制系统的意义同样在于利用数字技术提升效率、减少差错以达到节约、节能的目的。作为数字化技术在印刷生产中的典型应用，它们都具有长效的辅助性环保作用。

绿色印刷企业在这两种技术上的应用情况统计如下：正在使用计算机配色系统的企业有 268 家，占比达到 55%；正在使用图文自动检测控制系统的企业有 191 家，占比达到 39%。由此判断，这两种辅助性技术的应用在绿色印刷企业中已有一定的普及性，整体使用率居中，计算机配色系统的应用率稍高，超过一半以上的绿色印刷企业已经习惯于这种减少油墨损耗的方式。

4. 清洁生产技术的应用情况

由于传统印刷生产过程中涉及多种污染物的排放，因而对绿色印刷企业来说，在生产过程中需要重点处理或净化这些污染物，以实现绿色生产的目标，在已经颁布的绿色印刷的有关标准中也明确了相关的条款。针对印刷生产所产生的污染物类型，目前在印刷企业中常用的绿色技术（设施）包括污水集中处理和循环系统、粉尘收集装置、润版液循环过滤系统、VOC_s 收集处理系统、显影冲版废水和显影废液处理系统等。这些技术或设施都直接作用于印刷生产过程中所排放的固体、液体、气体污染源。

具体应用情况统计如下：正在使用污水集中处理和循环系统的企业有310家，占比63%；正在使用粉尘收集装置的企业有398家，数量最多，占比高达81%；正在使用润版液循环过滤系统的企业有380家，占比77%；正在使用VOC_s收集处理系统的企业有154家，占比31%；正在使用显影冲版废水和显影废液处理系统的企业有338家，占比69%，如图2所示。

从上述数据来看，印刷污染物的处理技术与设施的使用率在绿色印刷企业中明显较高，除了VOC_s处理系统外，其他三种技术及相关设施的使用率都达到了很高的比例，一方面反映出这三种污染物处理技术的成熟性，在印刷企业中的应用基本形成了共识，另一方面也说明印刷企业对于印刷生产过程的环保要求有了较为深入的认识，而且对绿色生产过程的控制也达到了一定的水平。

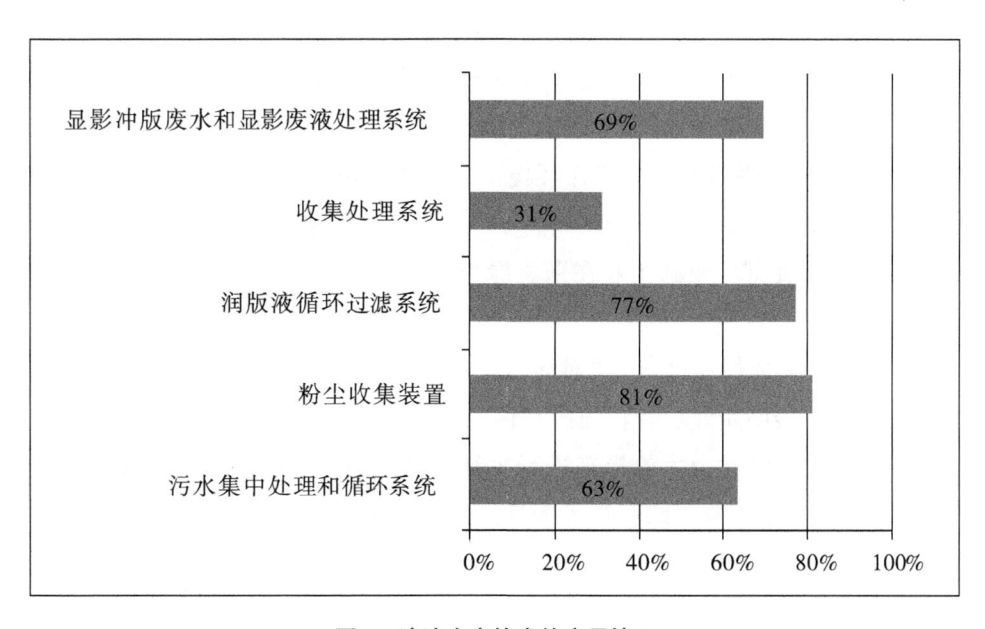

图2 清洁生产技术的应用情况

（三）印刷企业进行采购决策时的影响因素

鉴于绿色印刷体系的建设仍处于发展阶段，面对国家越来越严格的环保要求，印刷行业的环保水平也有待持续提升，相应的，绿色印刷新技术的研发也将加快速度，新型的环保技术、工艺将越来越多，相对企业现有的装备或技术来说，多数绿色技术或设施还属于新增的投入，而非简单的技术升级或改造。对当下仍处于微利状态的印刷企业来说，新的投资会显得更加谨慎。

一般情况下，在企业进行采购决策时主要考虑的因素首先仍然是成本。假设绿色节能装备或技术的投入高于传统装备与技术，明确表示能够接受更高费用的企业仅95家，仅占19%；"视情况而定"的企业数量最多，有354家，占比达72%；另有9家企业明确表态不能接受高于传统技术的投入。从调查数据来看，印刷企业对于绿色技术的投入高于传统技术这一现状都有明确的认知，但是对于成本增长的幅度企业都有所保留，"视情况而定"这一选项意味着企业在正式采购时能够接受一定幅度的成本上升，这一幅度的大小可能取决于更多因素的考虑。

为了详细了解企业采购的诉求，本次调查另外设计了"在采购绿色装备或技术时重点考虑哪些因素"一题，列举了11项内外部因素供企业选择，根据各项因素的统计结果，"对环境有益""能否给企业带来实际收益""性价比""能否给一线员工营造良好的工作环境"四个选项获得了最多企业的关注，占比分别达到了77%、87%、80%、78%，说明这四个方面因素是大多数绿色印刷企业关注的重点。印刷企业在采购绿色技术时的考虑因素调查结果如图3所示。

从选项的具体性质来看，"对环境有益"以及"能否给一线员工营造良好的工作环境"表明企业均有较强的环保意识，环保理念已经扎根于企业内部，企业能够主动地以此为大前提来进行决策。"能否给企业带来实际收益"与"性价比"则直接着眼于绿色技术本身，希望新技术的引入不仅能够有助于环保，而且可以带来可观的产出，或者说企业希望在短期内就能够看到投资回报。

除了以上四个选项之外，"有无权威部门的认定或鉴定""供应商的品牌及技术实力"两个选项的关注度也超过了50%，说明绿色印刷企业对于目前市场上出现的各类绿色技术的了解还不够充分，希望借助第三方来确认新技术的环保特性；在实际决策中，企业仍然倾向于选择品牌信誉度较高的供应商，主要还是基于对新技术可靠性的考量，对新品牌还有所保留。

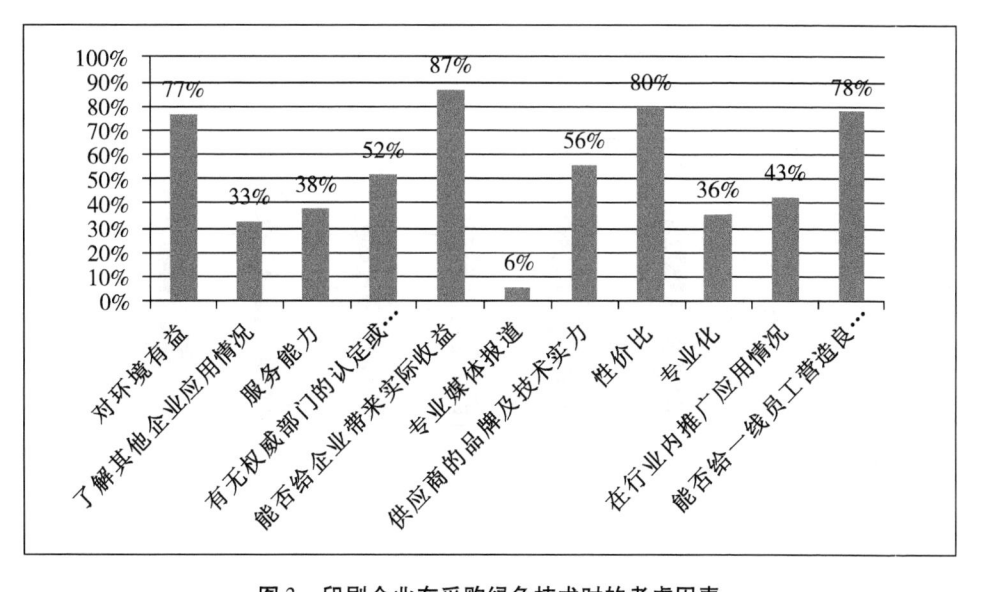

图3 印刷企业在采购绿色技术时的考虑因素

（四）绿色印刷技术推广及普及中的影响要素与对策

绿色印刷相关新技术的推广与普及涉及到诸多方面，从有关调查的数据来看，作为绿色印刷技术的直接使用者，印刷企业认为影响因素基本囊括了从技术本身到印刷产品的生产方与消费方，以及从技术供应商到外部环境的变化等多个方面。绿色印刷技术推广及普及中的影响要素调查结果如图4所示。

"公众对环保的重视程度""企业自身的重视""绿色印刷理念的普及"等三项主要着眼于消费者、生产者对于绿色环保理念的认可与接受度，这是绿色技术应用的重要动力，因为只有市场需求的启动、用户绿色理念的形成，才能真正解决绿色印刷技术的市场普及问题。作为对这一问题的延伸，我们对企业客户的态度也进行了调查，由数据来看，有167家印刷企业认为其客户在意他们是否使用了绿色节能的装备与技术，有288家印刷企业认为只有部分客户关注他们所使用的绿色装备或技术，仅有36家印刷企业认为其客户并不在意企业使用什么样的装备或技术进行生产。印刷企业客户对于绿色技术应用的关注度调查如图5所示。由此项调查来看，目前已有较多的印刷企业客户主动关注绿色生产过程，客户会关心他们所获得的产品是否是真正的绿色产品，也从一个侧面反映了公众对环保的重视程度正在不断提高。这对于绿色印刷技术的普及将是很重要的推动力。

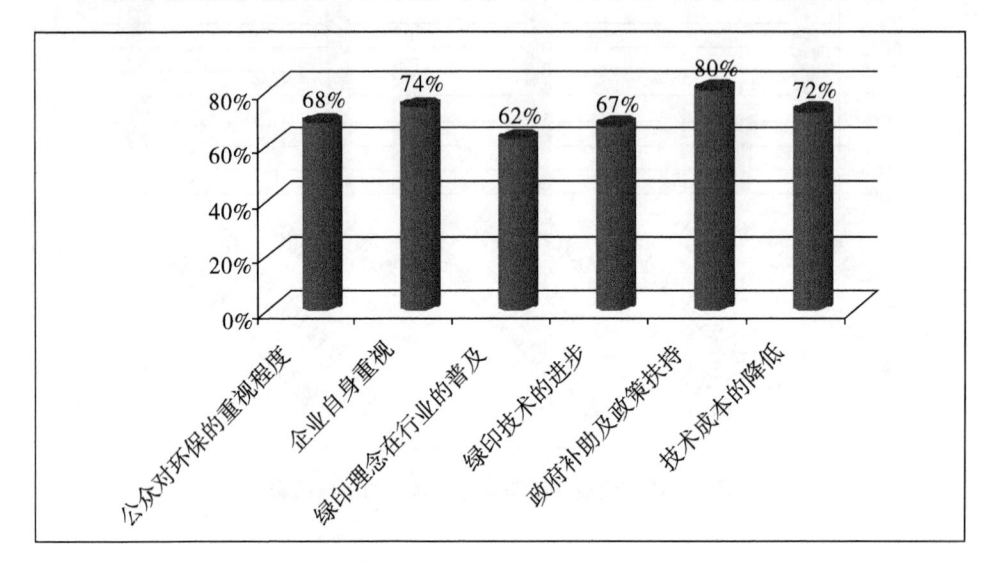

图4 绿色印刷技术推广及普及中的影响要素

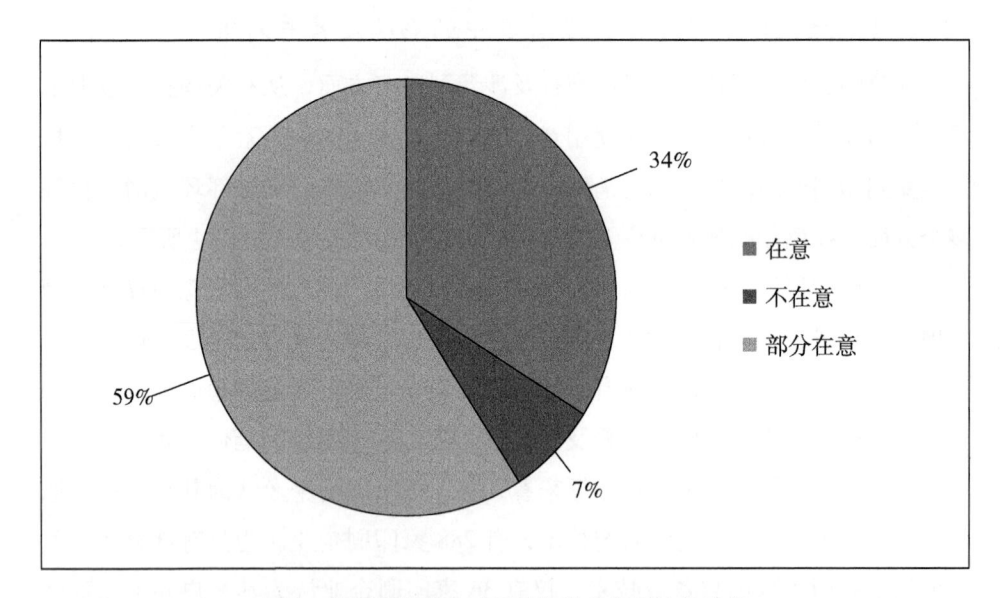

图5 印刷企业客户对于绿色技术应用的关注度

"绿印技术的进步"与"技术成本的降低"着眼于新技术本身的环保性能与性价比,这是新技术应用的现实基础;"政府补助及政策支持"则是着眼于行业外部环境,从具体数据来看,这一选项获得了最多企业的重视,数量达到394家,占比高达80%,反映出印刷企业在获得政策支持方面仍然有较为强烈的诉求。其他几项数据基本持平,占比均达到60%以上。由此可见,对绿色印刷企业来说,以上因素对绿色技术的推广普及均有比较重要的影响。结合以上对绿色印刷技术普及过程中影响因素的调查,印刷企业对于如何克服这些影响因素,加强绿色印刷技术的应用也发表了相应的看法。在"加强绿印技术在企业的应用,您认为应该首先在哪些方面努力?"的调查中,282家企业选择了"加大投入,引进先进技术(装备)";265家企业选择了"做好市场及客户的宣传";374家企业选择了"加强培训,提升员工操作能力和水平";436家企业选择了"做好对传统技术(装备)的绿色化改造"。加强绿印技术在企业应用的对策调查结果如图6所示。

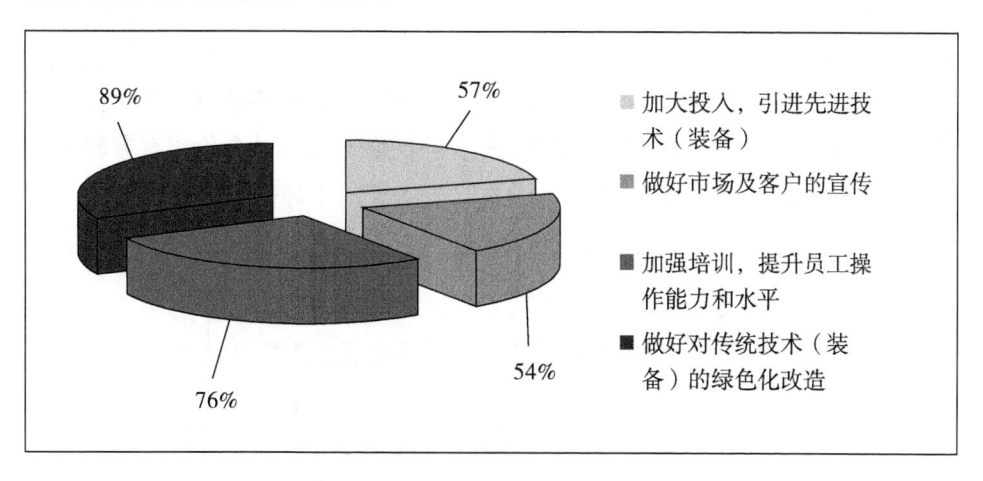

图6 加强绿印技术在企业应用的对策

从整体来看,以上四个选项的关注度都较高,从占比来看,企业数量均超过了50%。进一步分析来看,"做好对传统技术(装备)的绿色化改造"几乎是所有绿色印刷企业的主要对策,究其原因,主要是基于降低成本的考虑;其次是"加强员工的培训",反映出员工对于新技术应用不够熟练,影响了新技术的使用效率,因而提升员工的操作技能也是企业当下的紧迫要求。加大技术引进力度反映了印刷企业对绿色印刷技术的确有较强的需求,而做好客户宣传的目的在于进一步获得上游客户对绿色印刷的支持,从根本上拓展绿色市场需求,推动绿色技术的加速落地。

(五) 绿色印刷技术的应用为企业带来了积极影响

绿色印刷战略实施以来,相关产业链供应商积极响应国家号召,大力加强绿色印刷技术与装备的研发,以满足日益增加的绿色印刷企业的环保生产需要,调查显示,绿色印刷技术的应用的确为印刷企业带来了有利的影响,而且已经从多个方面反映出来。

本次调查总结了五项主要利好:提升企业形象、加强企业竞争力、提升经济效益、改善员工工作环境以及节能降耗。从数据中可以看出,印刷企业对这些利好是非常认可的。458家企业选择了"提升企业形象",占比高达93%;407家企业选择了"加强企业竞争力",占比达83%;210家企业选择了"提升经济效益",占比43%;436家企业选择了改善员工工作环境,占比达89%;356家企业选择了"节能降耗",占比达73%。如图7所示。由上述数据可以看出,除了"提升经济效益"一项外,其他选项可以说基本达成一致看法,突出反映出绿色印刷技术的应用对提升印刷企业的软实力与社会价值有着较为直接的促进作用,而且在很大程度上增强了印刷企业对于环保的社会责任感。

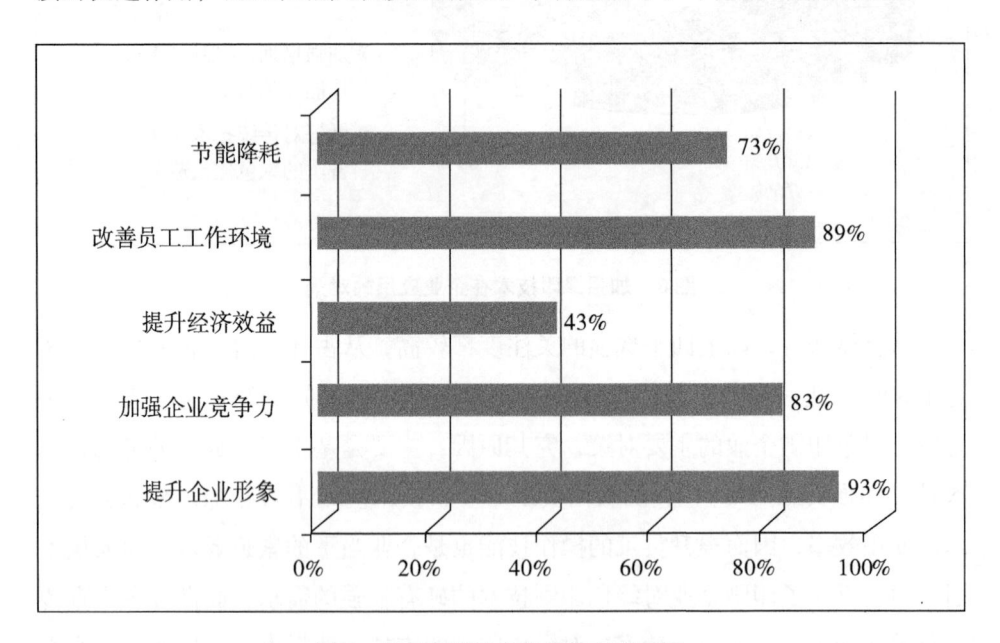

图7 绿色印刷技术应用带来的利好

在上述统计的基础上，针对绿色印刷技术对员工身体健康以及改善生产环境的影响，本次调查进行了延伸，对绿色技术的具体成效进行了更细致地了解。数据显示，244家企业认为绿色技术在保护员工身体健康与改善生产环境方面效果显著，237家企业认为效果一般，仅一家企业表示没有效果。也就是说，绝大多数企业看到了绿色印刷技术在生产中的环保效果，但是从作用程度上看还有一定的差距，在近一半的企业中绿色印刷技术的环保功效还没有充分发挥出来。

针对企业最关心的经济效益问题，本次调查也进行了延伸，特别调查了绿色印刷技术应用对于企业承揽相关业务的直接影响。数据显示，110家企业认为"有很大的作用"；61家企业认为"作用不明显"；208家企业认为"有一定的作用"；112家企业表示"看好长远效应"。从调查所得来看，印刷企业对于绿色技术在开拓业务中的看法有较大的分歧，完全认可其作用的企业仅占22%，而一半以上的企业认为其作用很有限，占据了多数，23%的企业只是看好其前景，也意味着目前绿色印刷技术的应用还没有发挥出理想的作用。绿色印刷技术应用对于承揽业务的帮助调查结果如图8所示。

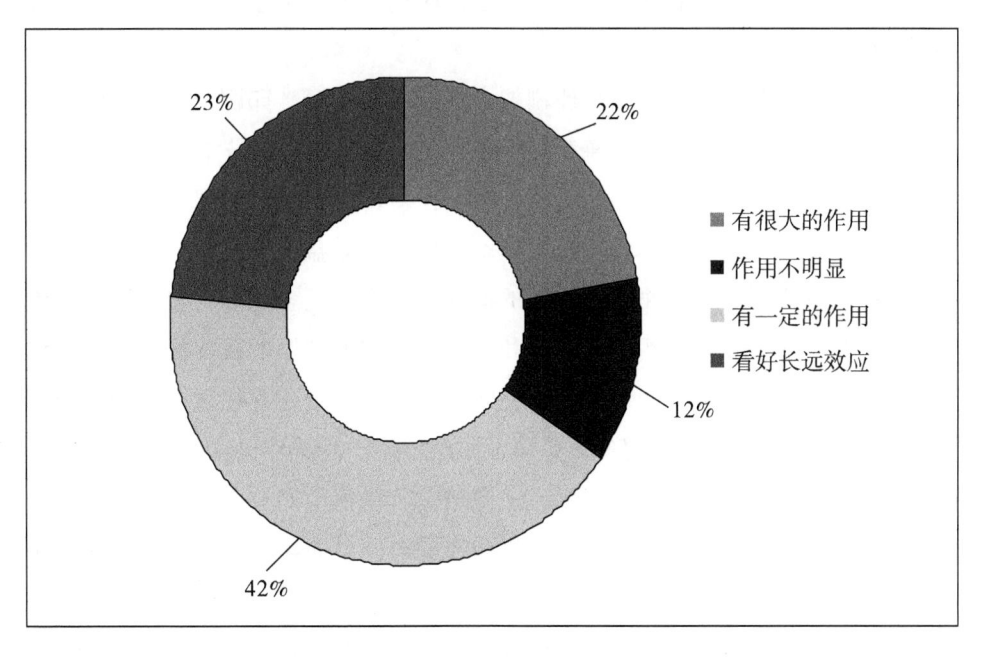

图8 绿色印刷技术应用对于承揽业务的帮助

(六) 当前绿色印刷技术普及面临的主要问题

综合上述调查来看，目前绿色印刷技术在绿色印刷企业中的应用已经较为普遍，而且对提升绿色印刷企业整体素质起到了很好的影响，但是不能忽视的是，绿色印刷技术从应用的种类、成效来看还有很多不足，说明绿色印刷技术在绿色印刷企业中还远没有实现真正的普及应用。

针对当前绿色印刷技术普及应用可能面对的主要障碍，本次调查的统计显示，"投入大，企业负担重"以及"缺乏相应的鼓励政策"这两项获得了最多绿色印刷企业的关注，分别达到446家和437家，占比达到90%。这两个选项归根到底仍是以企业投资为落脚点，突出反映了当下绿色印刷企业的经营压力还没有得到根本的改善，因而对于投资绿色新技术，虽然有需求，但是仍受限于经济能力。其次，认为"收益不明显"是主要障碍的企业有363家，占比也达74%，这一结果与前面的调查基本相符，再一次说明绿色印刷企业对目前的绿色印刷技术所带来的直接成效并不满意，投入的回报率不高，也在很大程度上影响了企业应用绿色技术的积极性。绿色印刷技术在行业中普及的障碍调查结果如图9所示。

针对目前市场上常用的绿色印刷技术（装备）本身，印刷企业也集中反映了一些问题，基本上与上述调查结果一致，主要表现在"新技术（装备）成本过高"以及"运营成本高"，占比分别达到了95%和82%。对绿色印刷企业而言，当下投资绿色印刷技术的主要问题就是成本与效益的不相符。相比技术本身的成本，运营成本是一个相对深入的概念，包含了更多内涵，包括了与绿色印刷技术应用相关的各项组织、实施和管理工作中所涉及的成本投入。绿色印刷企业的选择从另一侧面反映出，绿色印刷技术的应用还存在很多配套方面的问题有待探索。其次，"信息缺乏，企业很难界定产品的环保属性"也得了257家印刷企业的关注，比例超过一半，主要是由于绿色印刷技术在我国的发展还处于起步阶段，有关配套体系的建立仍然需要时间，而印刷企业本身也缺乏对绿色技术的判断与识别能力，对于这一新兴市场来说，这一问题具有普遍性，很容易造成印刷企业的选择障碍。此外，认为"技术不成熟，不稳定"是主要问题的企业有157家，占比超过三分之一，这反映了绿色印刷技术在企业实际应用中的问题,但是从占比来看并不占大多数,说明绿色印刷企业对现有绿色技术本身的品质也有一定的认可度,也是对我国现阶段绿色印刷技术应用与发展状况的相对肯定。绿色印刷技术本身存在的问题调查结果如图10所示。

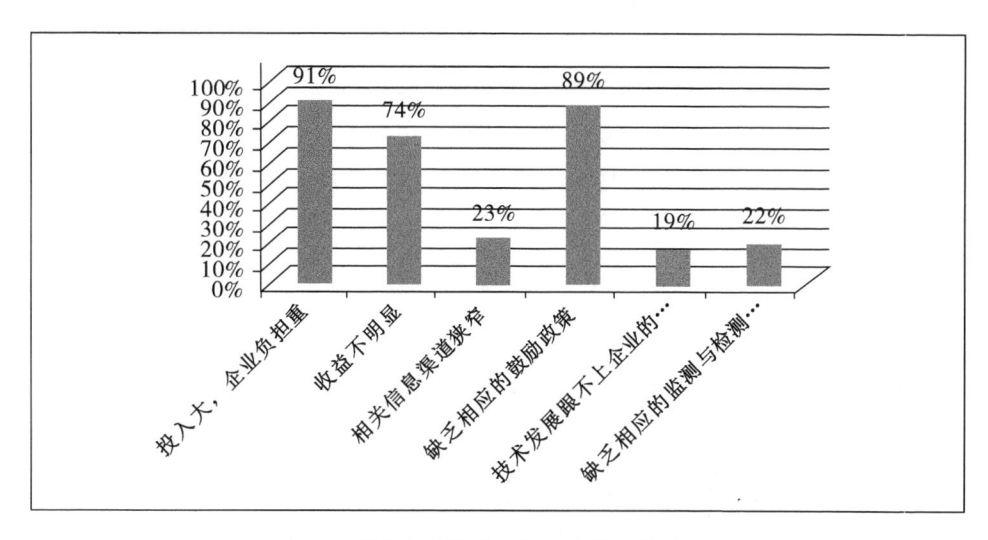

图9 绿色印刷技术在行业中普及的障碍

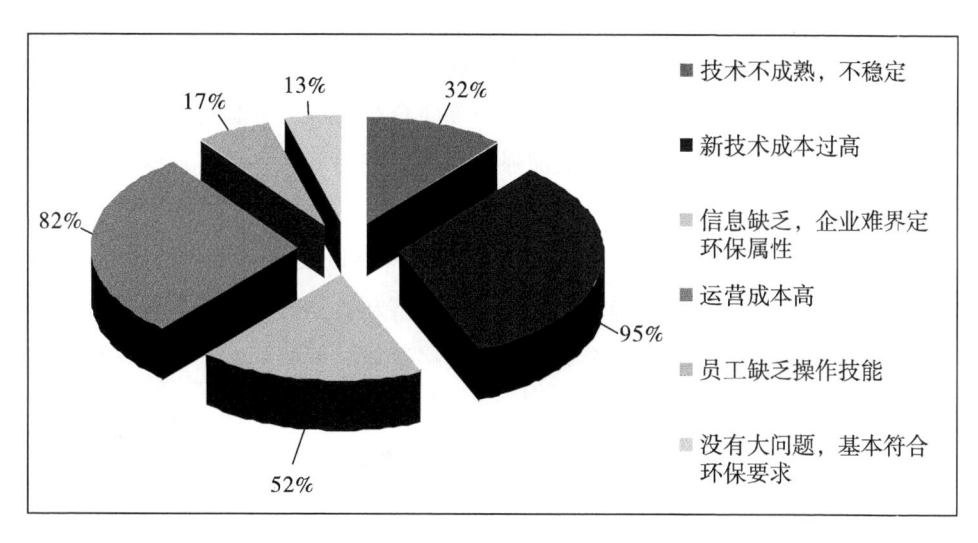

图10 绿色印刷技术本身存在的问题

三、企业绿色印刷技术需求分析

为了更加全面地了解印刷企业对绿色印刷技术的实际需求，本次调查特别设置一道有关绿色印刷技术市场需求方面的开放式问题，希望借此能对企业意见进行汇总，并真实全面地反映出企业诉求。在接受调查的491份问卷中，有406家企业表达了对绿色印刷技术市场需求的相关看法，主要归纳为以下几个方面。

（一）希望得到更多国家有关部门的政策扶持

在本次调查中，绿色印刷企业继续强调政府及有关主管部门应该出台更加有针对性的鼓励或扶持举措，一方面支持供应商加快技术研发速度，另一方面也帮助印刷企业淘汰落后的印刷技术或装备，现总结如下：

1. 为绿色印刷企业提供经济或政策支持

企业较为有代表性的意见表述如下：

目前大部分印刷企业效益不好，生存较为困难，靠企业的自身力量和现有政策完成绿色印刷技术应用远远不够。一方面企业要真正负起自身责任；另一方面国家也应从政策、资金上切实加强、加大扶持力度，才能实现绿色印刷技术的全面应用。

对于使用绿色印刷生产方式生产中小学教科书以及专业书籍的印刷企业，给予一定的国家政策补贴，确保此类企业的经济利益，形成企业标杆，进而影响同行业内的发展趋势，助力企业从红海战略逐步向更加良性竞争的科技型蓝海战略转型。

强化绿印标识的权威性，施行严格的准印制度。对于绿色印刷企业认证，减少年审次数和费用，减轻企业负担。

政府主管部门切实规范印刷市场，尽快淘汰小、散、乱企业，净化市场环境，对于不符合环境需求的印刷企业应该加强整顿，杜绝非绿色产品。

希望政府加大对绿色印刷企业的政策扶持力度，使开展绿色印刷的企业真正得到实惠，促使更多的印刷企业（特别是小微型企业）加入到绿色印刷的行列，步入良性发展轨道。

实施绿色印刷是一项系统工程，生产环境的改造、设备的改造、生产管理系统改造投入更大，建议向中央各部门广泛呼吁，多提供优惠扶持政策，给企业减负，持续深入地推动绿色印刷生产。

对于通过中国环境标志产品认证的绿色企业，国家应给予持续的优惠政策。在减负、资金、设备、税收、市场给予扶持，确实推动绿色印刷产业发展。

加强对市场环保设备（例如烟气处理设备）的监管力度，保证环保设备的质量。对于企业在绿色印刷方面新技术、新装备的投入，政府应该有免税政策及资金扶持。

希望政府能够充分发挥政策调控和引导作用，对获证企业给予相应的政策优惠和财政补贴，最好能按绿色印刷产品的品种数、印刷总量或产值，直接补贴到企业，以调动印刷企业实施绿色印刷的积极性。

国家相关部门应对带绿标的产品适当提价，尤其对考试用书、课本，至于提价部分由谁承担，应根据实际产品的受众区别对待。

希望政府有关部门从任务总量上（特别是教材、教辅产品），不断增加绿色印刷企业的印量，对绿色印刷企业，在结算工价和原材料、设备采购方面给予一定的补贴。

建议由政府做起，在政府采购方面设置准入门槛，为绿色印刷企业创造公平环境；在绿色印刷的采购上逐步向婴幼儿用品、少儿读物、食品、医药包装等延伸。以提高印刷准入门槛，以此淘汰低效、污染印刷企业，提高印刷企业的行业形象。

2. 推动行业供应商的技术研发

企业有代表性的意见表述如下：

绿色印刷的普及关键在于对环保设备的投入，国家应加强对研发这种环保处理设备的厂商的奖励，但在奖励的过程中须严格把关，奖励那些货真价实的高性能绿色印刷技术设备供应商。

国家应进一步调整印刷产业结构，加大资金扶持力度和降低原辅材料价格，降低生产成本，促进和加快绿色印刷技术发展，加快相关技术的研发和材料推广应用，增强覆盖面。

加快实施"数字印刷与印刷数字化工程"和"绿色印刷环保体系工程",大力支持数字印刷、CTP技术、水性油墨、柔性版印刷设备等绿色印刷新材料、工艺、装备的研发与普及,进一步促进印刷产业结构调整。

加强鼓励和支持绿色印刷技术、工艺、材料及装备的科研投入和自主创新,深入推广价格合适、符合印刷适性的材料、工艺或设备,切实降低印刷企业生产成本。

国家支持并加大绿色技术的研发力度,出台具体举措降低整个产业链的技术成本;从政策上规范相关产业的发展,充分发挥计划与市场的良性互动作用。

3. 加快绿色印刷技术、工艺的标准化体系建设

企业有代表性的意见表述如下:

对于绿色印刷设备实行权威部门的认定或鉴定机制,确立专属于绿色印刷设备的国家标准,使得绿色印刷应用企业有明确的生产权威性,更加利于企业对外的环保意识宣传。

完善绿色印刷技术标准体系建设,建议制定适用于各类企业的绿色生产分类标准。要考虑印刷工艺、设备及产品的多样性,使现有标准更有利于绿色印刷在全行业的推广。

建议相关机构尽快完善绿色印刷体系,加快建设绿色印刷覆盖产品类别要求。

另一方面对印刷企业要从宣传引导、教育培训、监督检查等方面全面做好绿色印刷标准的推广工作。

绿色印刷标准体系和实施框架有待完善。要加强原辅材料的绿色标准化体系和认证制度,在政府网站、行业网站发布符合要求的绿色原辅材料清单及相关检测报告,完善绿色原辅材料信息共享平台,以便企业甄别、选择合适的产品。

在产业链上加强规范,制定相关标准逐步实施,并辅以政策法规来约束,印刷设备和原材料都要符合绿色印刷技术标准要求才能进入市场,不能实施标准的企业要逐步淘汰出市场,相应的,印刷产品的供应商(例如出版商)要向消费者提供符合环保标准的产品,从而形成上下联动的市场体系。

建议相关部门加强原辅材料的管控,确保产品批次一致性。在各质量监督

检测中心建立和宣传一套完善的环保检测方法和标准，避免不同的检测站检测数据不一致，给企业造成困惑。

4. 继续加强绿色理念的宣传与推广

企业有代表性意见表述如下：

绿色印刷技术的应用应引起全社会、各方面的重视，现在印刷招标时，招标公司并不重视应标企业是否有绿色认证，因而没能凸显出绿印企业的环保优越性，希望加大绿色印刷理念的普及，提升公众环保意识，尽快实现绿印技术的长远效应。

建议行业主管部门在各地区（最好以省为单位），建立更多的绿印示范企业，适当降低评选门槛，突出评选重点（切实能起到环保示范作用），积极推广绿色印刷工作。

加大对绿色印刷的普及力度，通过多渠道广泛宣传绿色印刷的优点及好处，让印刷企业客户真正认识到绿色印刷的重要性，从而帮助印刷企业增加效益。

建议政府及相关主管部门加强绿色印刷的宣传力度，提高公众和社会的环保意识，拓展绿色印刷产品的覆盖面，引导大众认知和甄别绿色印刷产品，促进绿色印刷市场健康有序发展。

政府应多宣传绿色环保给大众生活带来的益处，建立长效绿色印刷管理机制和牵制管理机制，绿色生活需要大家的共同参与，只有大家的环保意识增强了，绿色印刷才真正有意义。

建议政府实行重点扶持制度，建设一批绿色印刷的标杆企业，使其成为行业的绿色先锋。加大环境保护守法宣传力度，引导企业知法守法，主动实施清洁生产、开展清洁生产审核，达到国家有关节能降耗、VOC减排等要求，创建一批真正合格的清洁生产、绿色印刷企业。

通过多种形式与平台，加强绿色印刷实际操作技术知识的宣传和相关节能减排经验的交流和推广。定期对企业进行绿色印刷技术方面的指导，对在绿印技术方面取得成功经验的企业加大宣传力度，使他们的经验能在同行中得到推广。

建立绿印材料、技术数据库，一方面帮助绿色印刷材料或技术供应商推广，另一方面便于绿色印刷企业查询、采购和有效认证资料的收集。

建立绿色印刷所需要的信息共享平台,规范和支持绿色原辅材料市场健康有序发展,开创产业低碳、绿色印刷发展的新格局。

(二) 当前绿色材料、技术在实际应用中存在的问题

企业有代表性的意见表述如下:

目前企业运营成本相对提高,关键是客户对绿色印刷的产品需求还是局限在固定领域(如中小学课本),所以造成了绿色印刷大面积铺开和客户需求之间不对等的关系。

没有足够的渠道获取符合绿色印刷的材料信息,不便于从事绿色印刷的企业在绿色印刷材料采购时进行比对、选取。

从业人员对绿色印刷系统标准的理解和掌握专业性不够,需要更多更专业的培训提升对标准要求的理解。对标准理解不充分或疑义时,缺少相关的标准解读方面的书籍给与帮助或指导。

印刷过程中的绿色印刷技术应用,目前主要集中在各种基础设施的改造、环保设备的投入、新的印刷技术等。应用发展的难点在于投入高,运营成本高,对于微利的印刷业来说负担较重。

印刷行业在采购原材料方面局限性较大,会无形提高印刷成本,而后期产生相应的效益较小,很难达到投入、产出的平衡。

对于印刷企业来说新装备成本过高,地方又缺乏相应的鼓励支持政策,所以相对来说发展脚步比较慢。

在危险废弃物处理方面,企业每年需要增加很大的一笔处置费用,这一笔费用需要有关方面共同承担。此外,能处置废弃物又拥有专业资质的单位太少,导致企业运输及处置成本过高。

通过绿色印刷认证的企业和未通过的企业,在业务量和经济效益上没有明显的差别,未能看到明显的社会效益和经济效益。

VOCs 收集处理系统缺乏统一标准,甚至一些已经淘汰的技术还在推广,即使企业被迫投入,实际使用效果不好。

绿色印刷要求使用水性洗车水,而实际生产中使用水性洗车水的清洗效果不理想。水性洗车水清洗设备耗时太长,清洗效果达不到要求,造成时间、材

料等多方面的浪费，增加了企业的成本。

在工艺设计方面绿色印刷的应用还存在较大的问题。例如绿色印刷推崇水性上光工艺，但是有些客户认为这样没有覆膜效果好，这也会阻碍绿色印刷技术的推广。

（三）绿色印刷企业应用环保技术的经验总结

从受访企业提供的反馈来看，虽然很多印刷企业提出了一些现实困难，但是同时也有很多印刷企业已经在绿色技术应用、管理乃至绿色印刷工程的整体实施上积累了相当丰富的经验，值得行业共同借鉴。其中的代表性意见表述如下：

鉴于绿色印刷加工成本较高，印刷企业的利润空间有限。因此，应该首先鼓励企业通过对现有设备的技术改造来实现绿色应用的功能。

从管理入手，优化生产工艺流程等措施，提高生产效率，减少物料和能源耗费。从设备入手，引进先进设备，淘汰环境污染较大、高耗能、低效率的传统设备。从工艺技术入手，采用绿色印刷材料，对使用的物料进行全面评估，确保为绿色环保物料，如纸张、再生纸、大豆油墨、水性油墨、UV 油墨、无醇润版液、水性洗车水等。从节约方面入手，减少材料使用和损耗，如降低纸张开幅、定量，对喷粉、润版液进行回收和循环利用；对印刷过程所产生的废纸进行循环利用，重新切成相应的尺寸用于校版、办公等。从节能减排方面入手，将照明灯具更换为节能环保、寿命长的 LED 灯；在车间的空气压缩、真空、鼓风、散热、排气装置移置车间外，以保证车间合格的温度及噪音。提高效率，降低车间空调负荷，节约能源；通过安装负压排风装置，增加车间空气流通，降低温度。从建立废料回收体系入手，对垃圾进行分类处理；废料集中交由供应商或者有资质的回收处理公司进行回收处理。

可以在现有机器的基础上进行改进，使之新增需要的功能或者改善之前的不足，这样可节省企业开支。在企业内部致力于工艺技术的提高，建立健全废水废料的回收利用机制，还应建立设备和原辅料日常维护程序和记录表，并设计监督部门进行监督。

绿色印刷技术应用要与绿色印刷材料的使用有机融合，切实为印刷企业生产效率提高、生产成本下降服务。要着眼绿色印刷产品受众，通过对比方式诠释绿色印刷产品与传统印刷产品的差异，唤醒消费者的环保意识并选择绿色印刷产品。要激发绿色印刷产品客户的选择意识，通过凸显绿色印刷的性价比、环保属性等优势，引导客户主动选择使用绿色印刷技术并接受绿色印刷工价。

开展"典型示范"企业交流，引导传统印刷向绿色印刷企业学习。充分利用绿色印刷企业的资源优势，借助行业、政府等组织，实现合作。

企业自身要积极采用新技术，比如印前自动化软件、纳米绿色喷墨制版系统、采用免化学处理版等。同时加强企业科技创新，和有关印刷技术院校开展合作，共同申请课题，共同开展科技研发工作。积极试水印刷电子商务，转变企业商业模式。

改造原有分散单机供墨为集中供墨方式，实现节能环保，提高效能；将原有单机润版液配比操作方式改革为集中配比，架设管道，集中供应；建设印刷厂集中供气站，统一管理集中供气。

从现有的行业情况考虑，建议将印刷行业进行分类，针对类别推广相应的绿色印刷技术或装备，让企业选择适合自己的，从而快速实现因技术或装备的变革所带来的利益，使企业更加有动力去应用更多的绿色印刷技术或装备。

（四）印刷企业对于绿色材料、技术供应商的期望

目前绿色印刷产业链所涉及的环节越来越多，绿色印刷企业根据自身在实施绿色印刷过程中的不同问题提出了多方面的反馈，其中大部分仍集中于绿色原辅材料领域，以及成本投入问题。多数企业认为，鉴于目前企业仍未得到根本改善的经营环境与成本压力，绿色原辅材料作为生产的源头仍需进一步加强成本与质量的管控力度，其直接关系到绿色技术作用的发挥。

另一方面，部分专业绿色印刷技术得到特别关注，如柔性版印刷。从受访企业的意见中可以看出，企业对于绿色技术的关注度很高，迫切需要了解、认识有关成熟的技术，不仅需要供应商提供可靠的产品，而且需要建立更多的信息渠道。其中的代表性意见表述如下：

有关技术或设备供应商要加紧对于国产自主专利柔性版版材的开发，降低企业在生产初始阶段的运营成本投入，为我国发展绿色柔性版印刷铺筑坚实的

技术基础。

边研发边升级改造，一方面加大开发符合环保要求的新技术（装备），适应不断发展的需要；另一方面更应对企业现已投入的技术装备进行绿色化改造、改进和升级。

绿色印刷应从源头抓起，要强化对非绿色材料的控制，严格管理绿色材料的生产。另一方面，改善现有设备检测技术，从机器的环保节能性出发，在制造设备时就设计出循环利用装置，技术或装备供应商要从配置机器及相应的辅助设施开始考虑绿色效能。希望更多的上游企业、原辅材料供应进入绿色认证，以便印刷企业有更多更好的选择。

加强绿色印刷相关内容的培训、交流，树立一些典范企业和基地，帮助各生产企业通过集体论证、团购技术推广会等方式降低新技术、新设备的采购成本和长期运营中的维护成本，缩短投资回报周期，缩短企业负责人的决策判断时间。

要尽快淘汰老旧、高能耗、高污染的印刷技术，加快印刷新技术的改革，并且在环保印刷的基础上，努力降低新印刷技术的投入和运行成本。不要让新技术变成"贵族"，使企业望而却步，也不要让新技术长久地附带"新手"的缺陷。

加大力度研发环保包装技术或绿色包装技术。无害化、无污染、可再生利用的环保包装或绿色包装在商品出口贸易中起着举足轻重的作用。

绿印原辅材料价格要适应出版社加工费价格，原辅材料的使用要向大众化、市场化发展，而且要普及推广到每个领域的产品包装，促使整个印刷包装行业的产业链实现绿色环保。

由以上几类具体反馈来看，当前绿色印刷企业所关注的领域越来越宽泛，从广度到深度上都明显增强，从另一个侧面反映了绿色印刷已经渗透到印刷业上下游的方方面面。

四、绿色印刷技术发展趋势及市场前景分析

通过本次调查，我们可以看到，大多数印刷企业都认识到绿色印刷技术并

不仅仅意味着高成本，虽然受限于我国印刷业发展的不平衡，不同区域的绿色印刷企业在绿色印刷技术的体验上仍有较大的差距，但是企业已经能够看到绿色印刷技术应用所产生的节能减排的效应，包括给企业、从业人员带来的实实在在的好处。

更加重要的是，绝大多数绿色印刷企业在绿色理念与意识上都有了质的提升。他们认识到绿色印刷对于行业可持续发展的重要意义，意识到实施绿色印刷是目前印刷企业生存发展必经之路，不仅对印刷品使用者有益，对环境、社会有益，同样也惠及从事印刷业的职工；从企业长远经济效益来讲，绿色印刷也能满足印刷企业调整战略，提升核心竞争力的内在需求。这代表着我国实施绿色印刷战略的重要成果，也将成为绿色印刷相关产业链发展的重要推动力。但另一方面，绿色效益与经济效益的接轨仍是企业眼下最关心的现实问题。从技术与市场发展的规律来说，绿色印刷企业的现实需求将直接影响绿色印刷技术的市场进程。

（一）绿色印刷技术迎来加速创新发展期

绿色印刷是一个系统工程，包括生产流程、原辅材料、废物处理以及技术改造等多个方面，他们的综合作用将决定绿色印刷所能达到的环保水平。其中，技术本身的环保性能够起到事半功倍的效果。

就本次调查中所涉及的12项绿色技术而言，除了计算机配色系统与图文自动检测控制系统这两项软件辅助技术以外，其他10项都可以说是与环保型印刷密切相关，并且直接作用于印刷工艺与印刷废物处理。但是从具体的统计调查数据来看，真正在印刷企业中实现较大范围普及的只有CTP技术、污水集中处理系统、粉尘收集装置、润版液循环过滤系统和显影废液处理系统这五项，说明这五项技术相对已经成熟，在环保性能上也得到了印刷企业的认可，其市场推广已经进入上升期，这是目前我国绿色印刷技术应用领域的成果之一。

此外，其他五项的使用率都不足50%，普及率偏低，说明技术本身的成熟度还不高，或者是市场需求不足。特别是像柔性版印刷、无水胶印这类环保型印刷技术，在绿色印刷企业中的使用率还不足20%。这两种典型的环保印刷技术并不是新的技术，在我国也经历了相当长的研发阶段，但是实际应用方面始终没有质的进展，而在国外发达国家这两种技术都已经有了相当普及的应用，由此可以看出我国绿色印刷与世界先进水平仍有较大的差距，尤其是在较为关键的技术领域，印刷企业的应用还停留在初级阶段。

形成目前这一现状的原因是复杂的，从大的方面讲，我国实施绿色印刷还只有短短几年时间，绿色印刷企业数量有限，因此对环保型技术的需求程度还不高，另一方面，绿色印刷技术的应用前提是生产设备必须保持先进，当下许多印刷企业的硬件设施对于绿色印刷技术的应用而言实际上也是不达标的，但是要更新这些生产设备对于许多企业而言是一笔不小的负担，对身处微利的印刷企业来说压力较大。与此同时，印刷业面临的环保形势日趋严峻，绿色转型的任务越来越艰巨，绿色印刷进程将加速推进，离不开行业供应商全力的技术支持。

综合种种形势的要求，绿色印刷技术本身的加速创新与新型技术的研发必须提上日程。结合绿色印刷企业在技术应用中的反馈，目前正在使用的部分环保型印刷工艺、材料、技术，如上光、油墨、洗车水、废弃物处理装置等，在实际应用中都表现出不适应性，或是性能环保但导致印刷效果不良，或是本身的环保水平较低，不能带来理想的环保效果。归根到底，这些问题的核心在于绿色印刷相关技术或材料本身的环保含量还不高，在技术层面上还有待大幅提升，印刷技术供应商有责任为印刷企业提供真正的"环保技术"。

另一方面我们也看到，尽管很多绿色印刷企业使用的环保技术还有限，但是大多都表现了极高的关注度，说明他们一直在观察这些技术的发展情况，并且愿意深入了解。对于技术供应商而言，这是潜在的市场需求，同样需要他们加快提升技术水平以达到企业的预期。

（二）及时响应现有技术的绿色化改造需求

目前，绿色印刷企业在全面普及使用绿色技术方面还存在很多局限，除了新技术成本

较高的原因之外，大多数企业中的原有技术或装备也还没有达到使用期限，甚至还有很多刚刚配置的新设备，从传统技术与装备的利用率上来说仍有

很大的开发空间,因此对很多企业来说,大规模地更换新技术或装备对企业的正常运营而言是不太现实的。

  有鉴于此,大多数绿色印刷企业倾向于首先进行小范围的绿色化改造,一直以来,国家不仅鼓励企业使用环保节能的技术与装备,也支持企业通过对现有技术或装备的改造来实现环保功能。在本次调查中我们也看到,绿色印刷企业在技术改造方面的意愿很高,而且有较为迫切的需求,值得行业各方给予更高的关注。从绿色化改造本身来说,有条件的绿色印刷企业可以自行研发创新,或通过增加小型的配套设施,或对生产环节进行局部改造等方式来实现,目前已经有不少绿色印刷企业在此方面做出了努力和尝试,并且总结出了好的经验与同行分享。

  另一方面,绿色化改造是一个长期工作,并不仅仅是绿色印刷企业单方面的任务,尤其是对于技术供应商来说,应该看到市场与客户的需求,在努力研发创新更环保技术的同时,积极响应客户的现实需求,深入一线企业了解客户的技术与装备配置情况,据此提出不同的个性化绿色改造方案;各品牌供应商要充分发挥自身在技术创新与研发中的优势,对市场上普遍应用的印刷技术加强绿色升级工程,在绿色化改造上尽快实现改进突破,配合印刷企业在现阶段能以较低的投入实现有关生产环节的绿化过程,帮助企业逐步提升环保生产水平。同时,绿色印刷企业作为绿色技术的实际操作者与应用者,需要进一步加强对绿色印刷相关知识的学习,在绿色印刷各生产环节加强科学管理,进一步解决技术应用使用不当、控制不到位的问题,尽快掌握新技术或新工艺的应用,还要注意收集与总结有关绿色技术应用与改造的经验,为供应商提供有效的技术应用反馈信息,帮助供应商有针对性地进行改进。

  为了实现上下游的有效互动,加快企业绿色化改造的进度,技术供应商要考虑建立更加畅通的信息沟通与交流渠道。针对绿色印刷新技术的应用,以及新型的环保技术,绿色印刷相关信息不够完善的问题仍然存在,在很大程度上影响了绿色印刷生产各环节的绿色改造进度与新技术的普及。因此,供应商或有关行业协会有必要进一步拓宽绿色印刷及相关新技术、技术改造的信息交流与推广渠道,突出新技术的着力点,尽可能多地与绿色印刷企业加强沟通,及时宣传与推广好的技术与改造经验,从而在更广泛的区域内加快有关绿色技术的大众化进程。

（三）强化公众环保意识是绿色技术普及的基础

绿色印刷企业调查发展至今，我们可以看到企业对于绿色印刷的认识已进入了一个新的阶段，集中地表现在企业所关注的领域不再局限于自身或是绿色印刷产品本身，而是向产业的上下游拓展，在本次的调查中尤其表现出对社会公众环保意识的重视。很多绿色印刷企业明确表示，要实现真正的绿色印刷，推广全民化才是长久之计。

很多绿色印刷企业从主观上来说认同绿色印刷技术对于产业健康发展的重要性，但与客观的市场需求仍然存在矛盾。归根到底，只有公众与社会的环保意识提升了，才能激活绿色印刷的市场需求，才能对绿色印刷产业链产生一系列好的环保推动力，从源头上建立绿色印刷技术普及的基础，这是符合市场经济发展规律的良性循环。

提升公众的环保意识需要社会各界的共同努力，一方面，这需要政府有关部门在相关的环保知识普及推广中发挥主导作用，不断将环境保护的宣传工作推向新的高度，具体到印刷行业，需要主管部门以及行业协会在社会宣传方面深度拓展与相关产业链的合作，利用各种社会、政府宣传渠道加强对绿色印刷的针对性推广；另一方面，绿色印刷企业在绿色印刷领域的宣传中也有责任进一步提高主动性，在企业经营过程中主动加强对其客户，即产业链上游相关行业的绿色印刷意识宣传，利用企业现有的资源与优势帮助更多的客户或印刷产品消费者深入了解绿色印刷知识，主动向客户推荐绿色印刷技术或相关产品，扩大绿色印刷的公众参与度，对绿色印刷市场的培育做出更大的努力。对印刷产业各方来说，这将是一项需要长期坚持的工作。

（四）新型技术人才的培养是绿色技术应用的保障

在本次调查中，我们发现仍有不少绿色印刷企业反映在绿色印刷技术或装备的应用中企业员工还缺乏相应的操作技能，并因此阻碍了企业对绿色印刷技术的引进。有鉴于此，目前很多印刷企业把加强员工培训，提升员工操作水平视为加快绿色技术普及应用的必经途径。

一直以来，专业技能人才的缺乏都是困扰我国印刷企业发展的主要瓶颈之一。自绿色印刷战略实施以来,从业人员所表现出来的不适应性在某些地区和企业中更加突出。绿色印刷新技术与装备对于多数印刷企业来说还是一个全新的领域,从了解到认识、应用和操作还需要一段时间来磨合,在绿色印刷生产一线,员工相应技能的缺乏直接影响了新技术的使用效率,还可能造成不必要的浪费,在印刷生产中也达不到应有的环保效果。

从印刷企业的反馈中我们也看到,很多企业继续提出了对员工加强绿色技术培训的需求,并且希望得到行业有关部门、供应商等的支持。在今后的绿色印刷推广进程中,有关行业协会与供应商需要在从业人员的绿色技术应用或操作技能提升上提出强化解决方案,相关领域的针对性技能培训也应成为今后绿色印刷宣传推广工作中的重要组成部分。另一方面,印刷企业内部的绿色技术创新或改造也离不开新型的技术人才,面对当下印刷企业绿色化改造的迫切需要,对技能人才的需求正在不断扩大。因此,印刷企业还有必要进一步加强、健全内部技能培训机制与人才储备制度,特别是对每一种新的环保技术的应用强化岗位技能要求,同时采取有效措施鼓励员工积极学习新技术与操作技能。更重要的是,从长远发展考虑,要充分利用绿色印刷对保护员工身体健康与改善生产环境的积极效应,从根本上改变社会及行业从业人员对于印刷业的传统看法,让绿色印刷成为吸引高技能人才的亮点,从而形成印刷新技术人才储备与快速成长的良性循环。

五、结 语

近五年来,我国绿色印刷战略的实施已经取得了显著的成果,从绿色印刷企业的数量、绿色印刷相关标准体系的建立到上下游产业链的大力配合,实施绿色印刷的主动性明显增强,绿色印刷产业的规模不断扩大,印刷企业的绿色竞争力不断凸显,绿色印刷理念更加深入人心。在即将到来的"十三五"发展新时期,面对国家持续加强的环保力度,印刷业全面推进绿色印刷系统工程的根本方向不会改变,适应新常态,坚定不移地走绿色转型的发展道路,将是绿色印刷产业链各方继续努力的目标。

中国印刷业数字化发展报告

郑爱玲

作为"十二五"期间的重点项目,在国家政策的大力支持下,印刷数字化在十二五期间得到了迅速的发展。

进入2016年,也是"十三五"的开局之年,虽然印刷行业"十三五"规划还未正式发布,但可以肯定的是,数字化必将继续成为印刷业"十三五"时期的焦点问题,在印刷行业大谈转型的时期,成为印刷企业向前发展的强劲助力。

本文将从印刷工艺数字化、印刷内容数字化、印刷经营管理数字化等方面关注印刷全过程的数字化发展。

一、印刷工作流程:向全面数字化方向发展

一般所说的印刷工作流程的数字化包括数字图文采集、数字排版、数字拼版、图文栅格化处理(RIP)、色彩管理、数字打样、数字制版、广义数字印刷、印前数据控制的印后加工等,即CIP3/PPF和CIP4/JDF的印刷全过程的工艺数字化。

多年来,国内印刷行业一直不断提升印刷工作流程的数字化水平,尤其是印前工艺,数字化水平一直紧随计算机软硬件技术的更新换代的步伐,从某种程度上来讲,其数字化脚步要远远快于印刷和印后工艺,即使到现在,计算机技术的每一次变革,也都会迅速影响到印前工艺的发展。现在数字打样、屏幕

软打样、计算机直接制版等已成为印刷企业的常态。在印刷环节,各种最新的数字技术也不断得到应用,但其数字化程度要低于印前工艺。而印后环节的数字化程度则可以说是远远低于印前。

(一) 打样环节全面实现数字化

1. 数字打样设备有向数字印刷设备转向的趋势

打样对印刷至关重要,可以说,印刷的过程也是"追样"的过程,因此,打样连接了印前与印刷。在当前的印刷行业,客户如果需要机械打样,应该算是一个"刁钻"的需求了。现在,批量产品越来越少,产品生产周期短,生产效率要求高,基于数字化的打样技术如数字打样、屏幕软打样等打样方式已经完全取代传统打样的方式,并全面在印刷行业普及。

数字打样系统由数字打样输出设备和数字打样软件两部分组成,采用色彩管理与色彩控制技术高保真地使印刷色域同数字打样色域达到一致。数字打样早在2005年前后就已经为广大印刷企业所接受,并逐渐普及。作为一种更为便捷的打样方式,最早数字打样的推广是为了替代传统打样,之后成为CTP的必备配套技术。数字打样极大地简化了打样流程,降低了设备投资及生产成本,虽然也存在其成像方式同传统打样及印刷不一致的问题,但因其低成本和便捷性,迅速为广大印刷行业所接收。现在数字打样已经在全行业普及。很多厂商都能提供高品质的数字打样设备。而在这些设备中,喷墨打印设备占主流地位。

值得一提的是,数字印刷已经很大程度地融入到传统印刷企业之中。对于单张纸数码印刷机,数字打样是其一项重要应用之一。

数字打样的高速发展时期集中于2005年前后,到2008年左右基本上全行业已经完成数字打样与传统打样的更新换代。在当前的印刷行业,数字打样已经不是一种新工艺,而是一种普遍应用于印刷企业的工艺,尤其是色彩管理软件的应用使得数字打样还原印刷色彩的能力已经很高。

2. 屏幕软打样和远程打样

打样可以大大缩短印刷生产周期,减少重复劳动,削减成本,提高效益。随着色彩管理技术和显示器技术的不断进步,"所见即所得"可以在屏幕上实现了。软打样也逐渐被印刷行业接受了。目前，屏幕软打样在我国印刷行业已经进入实用阶段，尤其在报业领域的应用较为广泛。现在，我们所说的远程打样，也是以屏幕软打样为主，进行远程和异地打样。

这种方式从根本上改变了传统的打样工作模式，使印刷企业和客户能够通过网络以极快的速度传递样张。应用远程软打样，印刷企业可以克服与客户地域分离的不利条件，加快流转周期，实时交互。因此，远程软打样不仅仅实现了所谓的"所见即所得"，还带来了一种更有效的沟通方式，一种更有效的流程和生产管理理念。

（二）色彩管理保证印刷品质

色彩管理的发展主要有3大推动力：首先是数字打样的发展。数字打样要模拟与匹配印刷效果，必须经过色彩管理；其次是数字印刷市场的发展，一些数字印刷的新应用，如艺术品复制等，必须经过精确的色彩管理来实现；再次就是客户对印刷品质量要求的提高。

近年来色彩管理为我国印刷企业所逐渐重视，并得到迅速发展。色彩管理的理念已经深入到每个印刷企业之中。尤其是数字打样的全面普及促进了色彩管理的应用。一些优秀的印刷企业重视色彩管理并将其融入印刷生产的每个环节之中，将色彩管理做到极致，不仅能保障大批量的高品质的印刷，还能进行超高水平的艺术品复制，如雅昌、中华商务、杭州影天、北京圣彩虹等企业，已将色彩管理"写进企业名片之中"，以色彩管理取胜。很多企业的印刷品经常在国际印刷大奖赛上获奖，也得益于其优秀的色彩管理技术。但另一方面，我们也看到，国内印刷企业应用色彩管理水平参差不齐。为数众多的小规模印刷企业缺失色彩管理这一重要环节。随着近年来印刷行业洗牌程度加剧，众多中小企业也开始重视色彩管理，以确保产品质量。

另一方面，各大色彩管理软件供应商也不断推出新产品，尤其是在drupa 2016上。如GMG发布多通道打样软件GMG OpenColor新版本，能够将创建的分色特性曲线导出到其他应用程序中（包括包装生产解决方案），值得一提的是，其还能够解决光学增白剂（OBAs）带来的新问题。此外，很多供应商还专门针对数字印刷设备推出了有针对性的色彩管理软件，可极大提升数字印刷的质量。

（三）CTP进入普及之后的平稳发展阶段

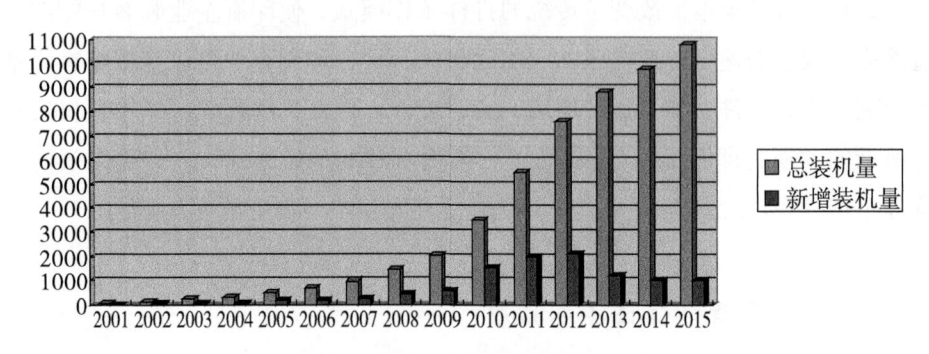

图1 我国CTP历年装机量汇总

（2011年前数据来自科印传媒"CTP在中国"系列调查，2012年数据为《印刷工业》杂志汇总所得，2013-2015年数据为估测数据）

CTP技术的高度成熟（包括设备以及版材）促进了其普及应用。目前，CTP技术在我国印刷行业的应用可以说已经进入了普及之后的平稳发展阶段，其主流采购群体已经向中小型印刷企业转移，"平民化"已经成为当前CTP的标签。版材方面，以光敏CTP版和热敏CTP版为主，其中热敏CTP版市场占有率稍高些。较早的银盐CTP版以及近几年迅速发展起来的免处理CTP版和喷墨CTP版也占有少量的市场份额。

1. 2015年CTP装机量与上年相当

CTP技术从20世纪90年代末开始进入中国印刷行业，图1几乎展示了其整个发展历程。2012年，国内知名印刷行业专家曾经预测，CTP的装机量将以40%的增长率快速增长，并在2016年到达顶峰，从图1我们可以看出，2011~2012年，我国印刷行业的CTP装机量实现了井喷，全年装机量为2000台左右，因此，我们可以说从2011年开始，印刷行业进入CTP时代，CTP在印刷企业中全面普及。此后的2013~2015年，CTP装机量实现了稳步发展，新增装机量变化不大，我们也据此估计，2015年CTP装机量与2014年持平，但实际上这是一种乐观的估计，从2015年印刷行业的整体表现来看（包括各设备器材供应商的销售情况），2015年行业发展要比2014年逊色一些。

2. 热敏与光敏 CTP 为主流

当前热敏及光敏技术为 CTP 市场的两大主力技术，根据各自的优势在不同领域发展略有差异，如商业、包装等印刷企业比较青睐于热敏 CTP 技术，而报纸等要求快速出版的印刷企业则青睐于紫激光 CTP 技术。而采用传统 PS 版的 CTcP 或 UV - CTP 产品，作为技术上的补充，也在印刷行业有一定市场占有率。此外还有喷墨 CTP 技术，是一种绿色 CTP 技术，是绿色印刷企业的加分项目，但这种技术成像质量还有待进一步提高。

3. 国产 CTP 设备及版材加入国际市场竞争

目前，我国的 CTP 技术已经成熟，国产 CTP 设备和版材已经远销国外。在近几年全球各大印刷展会上，都能看到国内 CTP 生产商的身影，我国已经完全有实力加入国际 CTP 市场的竞争。

随着以杭州科雷、广州爱司凯等为代表的国内企业纷纷推出 CTP 产品，本土品牌 CTP 设备批量涌现，市场占有率不断提高。CTP 设备市场基本被国际品牌所垄断的景象早已不在。早在 2011 年，本土品牌与国际品牌的市场占有率已基本平分秋色。2012 年，随着市场重心的继续"下沉"，中小企业成为 CTP 设备的主要购买力量，更具性价比优势的本土品牌显示出了较好的市场成长性。从进口数据我们可以看到，2012～2015 年，我国进口 CTP 设备分别为 491 台、471 台、376 台和 374 台，那么我们可以看到，国产设备分别占当年装机量的比重全部超过 60%。

从 2015 年海关进出口数据可以看出，在我国出口的印刷设备及耗材中，CTP 设备及版材均实现贸易顺差（2015 年 CTP 设备出口额为 7780 万美元，进口额为 2581 万美元；CTP 版材出口额为 3.4 亿美元，进口额为 633 万美元），出口额均位列前十位。2012～2015 年，我国 CTP 设备出口量分别为 1781 台、1779 台、1880 台、1798 台，作为全球重要的 CTP 生产基地，中国 CTP 产品开始参与国际竞争。图 2 所示为 2008 - 2015 年我国 CTP 产品的进出口情况。

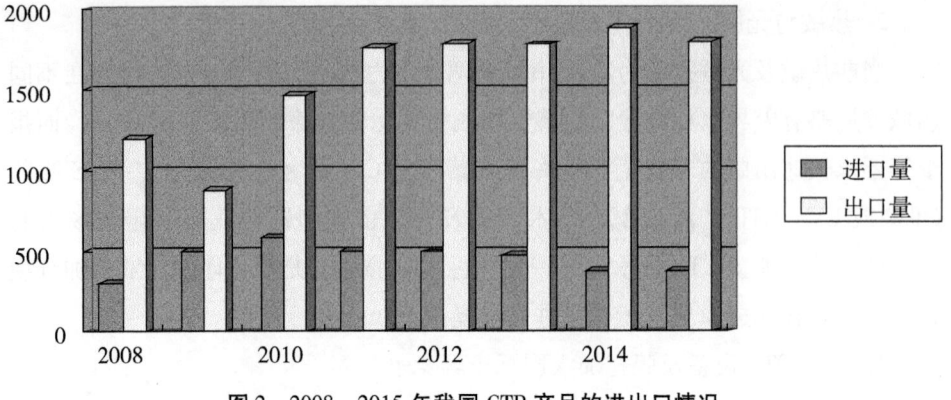

图2　2008－2015年我国CTP产品的进出口情况

4. 高效率、绿色化、自动化将成为CTP技术发展趋势

更高的效率意味着更强的竞争力，在印刷行业全面普及CTP的今天，印刷企业已经将注意力放在如何用更低的CTP使用成本，创造更高的生产效率上；设备生产商也会响应市场需求，加快研发，生产出制版速度更快的CTP设备。同时，单一的CTP设备将被淘汰，全数字化流程解决方案是优化CTP系统的重中之重，印刷企业将系统化地减少作业冗余、人员冗余和成本冗余，实现印刷全流程数字化。

而在当前严峻的环保形势下，无疑绿色化也必将成为印刷企业关注的焦点。现在，免处理CTP版在发达国家和地区已经得到大量使用，并且使用率还在快速增长。在我国也受到了更多关注。但由于免处理CTP版成本高、产量低，其在国内的应用仍处于初级阶段。预计在今后一段时间内价格低廉的免处理CTP版将会是未来各CTP版材生产商的研发重心，有专业人士预测，免处理印版将成为印刷行业的主流产品。而版材供应商则需要创新优化免冲洗和免化学处理的绿色版材，提高绿色版材的普及率。

柯达公司在drupa 2016展会上发布新型腾格里UV免冲洗印版，计划于2017年初全面上市；且其具备更快成像速度的全胜Q400和Q800直接制版机每小时可吞吐68张对开印版或75张4开印版。drupa 2016上，柯达还展示了其CTP设备的自动化选项，其新的多版盒单元（MCU）可联机接入四个版盒，每个版盒可装载120张印版，共计480张印版无须人工干预连续成像。

据了解，drupa 2016 上，乐凯华光展示 TP－U 型热敏 CTP 版、TP－G 型免处理热敏 CTP 版、PPVG 型低化学紫激光 CTP 版等。不难看出，其非常注重热敏版的升级和免处理版的研发，而这一点正与我国绿色印刷的发展方向相契合。

在喷墨 CTP 版方面，由于其加网线数有了极大提高，同时其制版机价格仅仅是热敏 CTP 和紫激光 CTP 设备的几十分之一，因此其使用率也正迅速增加。drupa 2016 上也展出了大量的针对商业印刷、出版印刷和包装印刷领域的喷墨 CTP 设备。富士胶片、柯尼卡美能达、网屏、爱普生等公司发布了相关的技术产品。今后，喷墨 CTP 制版机和喷墨 CTP 版将会获得更加迅猛的发展。

（四）数字印刷已成书刊短版印刷首选，逐渐渗透包装等领域

在此前的报告中，我们提到，数字印刷在中国的发展，已经从个性化的阶段进入到个性化＋工业化的阶段，应用领域也扩展到书刊、标签、包装、报纸、广告等众多领域，正在抢占各个领域传统印刷的市场份额。

国内目前最大的按需出版印刷企业北京京华虎彩印刷有限公司已将此前的传统票据业务全部舍弃，全面投入到数字印刷的发展中，依靠先进的设备以及雄厚的实力，近年来，其数字印刷产值逐年上升。从出版行业的情况来看，当前，出版社短版印刷业务居多，在很多出版社，几乎 1000 本以下的业务全部采用数字印刷的方式印刷。数字印刷给出版行业带来了革新，"去库存"的目标将得以实现，当然，前提是数字印刷技术的全面的提升。

drupa 2016 展会上，数码印刷尤其是喷墨印刷的精彩表现又让我们对数字印刷的信心增加了一层。中国印刷设备及器材工业协会数字印刷分会理事长张建民撰文指出："喷墨印刷之所以未在市场上广泛推广开取代传统印刷的主要原因在于其受到五大'门槛'的限制，即印刷质量、印刷速度、印刷幅面、承印物范围和印刷成本。"

drupa 2016 上，数字印刷继续取得突破性进展，"门槛"逐一跨越。目前仅有印刷成本仍是制约因素。第一，印刷质量已经达到与胶印相媲美的程度，印刷质量已经不再是问题；第二，展会上展示的各类喷墨印刷设备，其印刷速度已经达到 150m/min，有的甚至达到了 300m/min，可以说印刷速度已经不再

是阻碍数字印刷进入传统印刷领域的问题；第三，高速卷筒纸、B1 和 B2 幅面单张纸喷墨印刷设备的登场，彻底打破了传统印刷企业的顾虑；第四，目前传统印刷设备使用的纸张基本上都可应用在喷墨印刷设备上，这说明承印物单一问题已经得到根本解决。虽然印刷质量、速度、幅面和承印物范围已经不再是制约数字印刷推广的障碍，但数字印刷目前仍面临印刷成本问题，这将是其在传统印刷领域能否站稳脚跟的最重要因素。

技术的进步必将进一步推动数字印刷在行业的发展，现在，数字印刷已逐渐渗透到我国的传统印刷行业。如当前的典型企业虎彩、江苏凤凰等公司，已经步入了工业化数字印刷之路，与此同时，如京师印务、中石油印刷厂、中国教育进出口总公司、河南新华印刷厂、新疆新华印刷厂等单位，也相继引进工业化数字印刷业务，开展按需印刷服务。

与此同时，在包装、标签等领域，数字印刷的应用也在逐渐拓展，据了解，烟包巨头虎彩印艺目前已经利用数字印刷技术推出了个性化烟包等业务。

（五）数字化工作流程应用趋于成熟

CTP 和数字打样的全面普及使数字化工作流程的应用向前迈进了一步。

实际上，我们谈到的数字化工作流程，多指印前的数字化工作流程。在 2010 年以前，其呈现多元化发展的特点。没有流程软件，就用 PS 保证出版流程的相对安全；有流程软件，就先对 PDF 进行规范化，输出 PDF，再挂网。2010 年至今，PDF 格式得到了印刷业界的广泛认可和全面应用。随着 CTP 技术的成熟，印前数字化工作流程走向了功能全面化和应用普及化的道路。在中文排版领域，运用方正畅流工作流程管理系统的企业较多，且已经成为出版领域的不二选择。在报业领域，几乎 100% 都是方正畅流工作流程管理系统。在商业印刷领域，由于前端可以使用 Adobe 的排版软件，输出流程也就百花齐放。

有业内专家指出，今后数字化工作流程的发展多集中在兼容性、自动化和运算效率的提升方面，并将向印刷全流程数字化方向发展，支持数字印刷、印后加工等。

现在，印刷企业开始推广"全面数字化工作流程"的概念，全面连接印前、印刷和印后,数字化工作流程在我国的发展进入了一个崭新的阶段,有了从局部应用到全面应用的转变。数字化工作流程的应用已经从印前领域扩展到印刷领域,数字化工作流程的各个主要模块都已经开始在印刷企业发挥作用。

如今面向胶印和数字印刷的混合流程已经开始应用。数字化工作流程将与印刷企业 ERP 紧密结合,成为企业管理的基础平台。

但对国内印刷企业来说,数字化工作流程的全面应用的内部和外部条件尚未完全成熟。如国内印刷企业的管理模式还不适应全面的数字化工作流程,生产设备不具备实施同一厂家全流程的基础条件等。

现在,很多专业的软件供应商都在为印刷企业的全数字化流程而努力,如方正、柯达等,而如海德堡、小森等以传统胶印设备为主打产品的供应商更是着重对印刷企业全数字化工作流程的打造。drupa 2016 上,CIP4 发布了 JDF 的简化版本——XJDF,其改变了原来 JDF 定义整个作业传票的数字表述,减少了无用的数据,例如折页单元只需要印后方面的数据,这时就不会将其他无用数据传送到这一工序。XJDF 会定义个别的处理过程,并且只发送在每一步骤中需要的 XML 信息。XJDF 将在 2017 年正式发布。海德堡提出了智能印刷车间(Smart Print Shop)的概念,旨在帮助用户构建高度自动化、智能化的印刷厂,能够同时整合数字印刷和胶印工作流程。文件上传前设置好工作流程,根据活件数据和生产信息确定生产工序。采用统一且透明的方式进行管理,支持网络印刷应用和多渠道出版业务模式。

二、印刷内容:数字化内容亟待数字化管理

印刷工艺的数字化,必然要求印刷内容数字化和相应的管理。印刷内容的数字化和管理主要包括:模拟文字、图形、图像本身的数字化;适合网络传输和远程传输的数字印刷页面生成;建立数字化印刷内容数据库;存储、查询、开发和再利用数字资源;为印刷、电子出版、网络出版、广播影视等电子媒体、网络媒体、多媒体等全媒体的需求服务(一次制作,多次输出)及其数字内容的管理。

即使在当前,说到印刷企业的数字资产,很多人也会觉得很陌生。这在印

刷企业当中仍然是个新奇的概念。那么印刷企业的数字资产到底有哪些呢？对于印刷企业来说，数字资产管理包括数字资产的采集加工、数字资产的可扩展保存与管理、数字资产的多次和多渠道利用。客户提供给的数字信息，成为最原始和最直接的数字资产；在印制过程中，生成的各种版式文件、数字打样、出版数据等电子文件，成为第二类数字资产；摄影、设计、网络广告、网站设计、个性化印刷等服务，所产生的各类电子文件，成为第三类数字资产。

在数字化印刷时代，这些电子文件的重复使用频次也在不断提高。传统的手工建目录存储文件及每次生产手工查找文件，不但严重影响工作效率，而且会大大增加出错的可能性，导致生产质量事故。对企业的数字资产进行管理不仅可以解决印刷企业内部对数字资源的规范管理，提高效率、减少差错、保证产品再版的一致性，同时还可以利用这些规范管理的文件为出版单位等客户提供文件服务。

虽然印刷内容数字化早已是常态，但对于印刷内容的管理则依然处于起步阶段。数字资产管理的作用是将各种数字文档进行归类、存储以及深度开发和再利用。数字资产管理的核心是存储数字化数据的大型数据库，涉及的主要是内容存储与开发利用的问题，但在国内，印刷企业一般只承担加工者的角色，内容的开发及利用权都掌握在客户手中，因而企业缺少采用数字资产管理的动力。近年来，如雅昌等一些高端印刷企业开始进行数字资产管理，并为客户提供数字资产管理服务。尽管有小部分印刷企业已经认识到数字资产管理的重要性，但总体来看，这些企业也仅仅是想要更加有效地管理数字资源，对于数字资源的升值及再利用，则缺乏商业模式的尝试。

目前，出版印刷行业的知名供应商苹果、北大方正、悟略科技等都在数字资产管理系统的开发方面做了大量工作。其产品均有强大的数据处理、存储及输入/输出能力，可进行多种类型资产（包括文字、图像、音频信息）的数字化及分类、标引及检索、存储等工作。悟略科技还专门推出了汗牛印刷企业管理系统，可有效解决印刷企业数据文件资源管理的问题。该系统除了分类存储文件，保证资源库内文件的唯一性，防止拿错文件外，还可以与企业 ERP 进行对接，从入库起点、订单加印等环节上控制文件的入和出，严格防范由于版本管理混乱造成的印刷事故。

随着印刷内容数字化的发展和服务对象的扩展，数字资产管理也将有较大发展。数字资产管理，可能由目前主要为印刷服务（印前准备），发展成为印刷媒体、电子媒体、网络媒体、多媒体等全媒体服务的"媒体内容开发和管理"。

三、印刷经营管理：大幅度向信息化管理迈进

印刷经营管理数字化主要包括建立印刷服务网，通过自动报价、网络接单、本地和异地印刷、个性化服务、作业跟踪等为客户提供更快捷的服务；加强和优化企业内部人、财、物、产、供、销的统一管理和项目管理及项目核算，降低成本；建立客户、出版和发行者管理系统，实现编印发一体化；建立印刷设备和器材的供求网络，改善供求关系，优化设备供应和原辅材料供应。印刷经营管理囊括了 IT 信息、营销管理、印前管理、生产管理、行政财务等公司经营的各个领域。

进入 2016 年，印刷电商如火如荼，智能印厂等概念不断被提起，众多印刷企业投入到印刷经营管理的数字化建设当中，大踏步向信息化管理迈进。接下来，我们仅从 ERP 应用、印刷电商发展、智能印厂等几个角度谈一谈此领域的最新发展。

（一）中小企业开始关注并应用企业信息化管理系统

提到信息信息管理，我们可能会遇到很多概念，如 MIS 即企业的管理信息系统（Management Information Systems）、ERP 即企业资源计划（Enterprise Resources Planning）等。两者定义不甚相同，涵盖范围有所重合，都是企业经营数字化管理的重要方式，目标都是企业管理的数字化、信息化，其在印刷企业的发展经历也是大同小异。实际上，从 ERP 这一概念本身来说，已经在国内演变成一个非常宽泛的概念，在更多的情况下是企业经营管理软件的代名词。在此，我们依然以 ERP 为例，看一看印刷企业在经营管理方面的数字化程度。

1. 民营企业以及中小企业开始重视企业信息化建设

国内印刷企业对企业信息化一直处于"观望多、尝试少"的局面，尤其是在 20 世纪 90 年代，印刷行业盈利水平较高，很少有印刷企业能够关注到管理

水平的提升。因此，相对于中国印刷行业整体的发展水平，印刷企业信息化的发展有些滞后。在发展之初，ERP 软件仅仅是由国内外一些通用 ERP 软件供应商提供，在 ERP 开始进入印刷行业之后，一些专门针对印刷行业而开发的 ERP 软件也开始推向市场，如悟略科技。

到现在，印刷行业不仅面临微利的困境，而且还面临着环保要求更加严格、人工成本上升等各方面的压力，行业转型的呼声已发出多年。企业信息化管理逐渐成为很多企业转型谋求发展的重要路径。观察业内 ERP 系统供应商 20 多年来的客户发展情况，主要集中于大中型书刊印刷企业（新华印刷厂）、报纸印刷企业等，其中以国企背景居多。虽然也有系统定位的问题，但多多少少还是能影射一定的行业发展情况。

印刷企业信息化管理水平偏低的主要原因是印刷活件工艺复杂多变、计划多变等，没有很好的应用导致推广有些受阻。近年来，众多系统供应商针对印刷企业推出了适合行业特点的产品，也使得很多企业尝到了甜头儿。而最重要的前提在于，企业迫切地需要通过信息化管理的手段来提高企业的管理水平，最终能够控制成本，提升盈利水平。

2016 年最明显的特点就是，众多民营企业开始进行信息化建设，尤其是一些中小企业，在各种压力面前，信息化建设成为他们的最佳选择。

2. 专业 ERP 渐成行业主流系统

印刷企业主要通过这样的三种方式来实施 ERP，一是自主或与科研机构合作开发，这种方式尤其是在 ERP 发展的早期多有尝试。这种方式的优点是更加贴近企业实际，但缺点是研发力量很可能不足，而造成软件使用不畅的情况。第二种方式是项目外包，委托 ERP 供应商量身定制；三是直接购买 ERP 软件，根据自身特点适当个性化开发，这种方式是当前印刷行业中 ERP 实施的主要方式。由于印刷行业的特殊性，应用专业印刷 ERP 软件的较多，而应用各行业通用的 ERP 软件的较少。

经过 20 多年的应用和探索，很多应用 ERP 较好的企业，其系统也经历了不断的升级换代，而一些应用体验较差的，也开始尝试专业的 ERP 系统。对于专业 ERP，当前印刷行业已有成熟的品牌可选择，如北京悟略科技有限公司（原北京北大方正电子有限公司印刷 ERP 事业部）自从 1998 年以来一直致力于印刷行业 ERP 的研发和实施，已成功为 200 多家中大型印刷企业实施 ERP 系统。近年来，又涌现出一批优秀的印刷 ERP 供应商，如工信、印智、点阵科技、丽点等，可为各种不同类型的印刷企业提供所需的解决方案。这些供应商坚持不懈地致力于对印刷 ERP 的研发和推广，有力地促进了中国印刷行业 ERP 应用的发展。

（二）印刷电商 发展如火如荼

今天我们所说的印刷电商，可以从两个方面来理解。一方面是连接印刷企业与其客户的电商平台，其以网络为平台，通过数字化的业务流程，为客户提供专业化的印刷服务。印刷厂甚至还可以将在线订单直接衔接内部 ERP 系统，为每一个订单号编制相应的条形码，与各个环节连通，最后转入配送中心，打印配送单据，进而进入物流环节。另一方面是连接供应商与印刷企业的电商平台，正如我们从京东、亚马逊、淘宝等进行采购一样，印刷企业通过这样的交易平台采购各类器材。实际上，后者仅是从近两年开始逐渐涌现，如印刷家、印猫网、飓风网等，旨在为印刷企业提供便捷的采购通道。因其主体为中间商，并非印刷企业，因此，在此我们仅关注第一类印刷电商，以印刷企业为主体的网络平台。

印刷电商主要有两种体现形式，一是网络接单平台，二是网络按需印刷平台。网络接单平台是早期网络印刷的主要模式，也是当前很多传统印刷企业所采用的方式。现在发展电商平台几乎成为印刷企业都要考虑的问题，很多印刷企业也已经开始试水。网络按需印刷同样也是网络接单平台的一种，只不过其功能要更强大。实现方式多为数字印刷。消费者可根据自己的需要进行选择、定制（一般还要具备在线版面设计、预览、提交订单、支付功能）。网络按需印刷可根据每个客户的不同要求定制个性化产品。

我们还是以 2016 印刷电商排行榜情况来管窥整个网络印刷市场的发展。

1. 2016 年印刷电子商务 20 强榜单

从 2013 年开始，网络印刷开始成为业界谈论的焦点。2014~2015 年，业内知名媒体科印网首次发布了两个年度的中国印刷电子商务排行榜，2016 年，这一榜单继续更新，具体情况如表 1 所示。

表1 2016年中国印刷电子商务排行榜

世纪开元	www.36588.com.cn	片刻云印	www.pptake.com
一幅图	www.yifutu.com	云印网	www.ininin.com
有福网	www.yofus.com	爱的影集	www.iyingji.com
网易印象派	yxp.163.com	佳印网	www.joyinker.com
我的相册	www.wodexiangce.cn	名片网	www.mingpian.sh
名片天下	www.namex.cn	印刷加	www.mpbang.com
阳光印网	www.98ep.com	米莫印品	www.mimoprint.com
印通天下	www.ep365.com	开心印	www.kaixinyin.com
虎彩印艺	www.hucai.com	缤纷乐	www.binfenle.com
飞印网	www.92mp.com	多多印	www.duoduoyin.com

2015~2016年，很多印刷电商网站关闭，其中最著名的要数惠普的个性化冲印网站喀嚓鱼。20强网站，与上年相比增加了6个新面孔，3届均在榜的网站仅剩8家。可见这一市场并不稳定，对每家企业来说，未来发展都有很大的不确定性。20家网站中，以"个性化印刷"业务为主的网站占比为45%，以"商业印刷"业务为主的网站占55%。"商业印刷"略占上风。

2. 业务融合是趋势

"商业印刷"和"个性化印刷"究竟谁更符合未来印刷电商的发展趋势，仍无定论。观察三届榜单，以"商业印刷"业务为主网站占比，从第一届40%，逐渐提升到本届的55%。标明以"商业印刷"业务为主的网站影响力正在提升。同时，业务的两种类型融合趋势正在增强。部分"商业印刷"网站中融入个性化印刷业务，而"个性化印刷"网站同样也希望在商业印刷市场中有所斩获。名片天下、印通天下就是以"商业印刷"业务为主的企业，积极发展"个性化印刷"业务的典型。

首次上榜的印通天下是在2011年由中国内地、香港、台湾省等三地的10家资深印刷企业合资而成，采取线上网络服务、线下门店连锁、区域生产互助的立体性、多元化服务方式运营发展。经过4年多时间的低调发展布局，于2015年正式亮相。印通天下采用印刷企业联盟的方式，整个供应生产链上的印刷企业均能共享标准化的流程管理、技术培训，最终实现标准化的品质管控。而有福网和世纪开元，则是"个性化印刷"网站开拓"商业印刷"业务的典型。世纪开元除了在2015年获得鼎龙股份首轮5000万元的融资，立志打造网上冲印、个性定制、图文快印以及云打印超强产业链外，还上线以商业印刷为主的"这里印"网站，提供名片、宣传画册、单页、三折页、各种卡券等多种宣传印刷品的设计、印刷生产、物流配送等全方位的服务。世纪开元可以独立完成几乎所有商业印刷产品的生产，保证了产品的品质和生产时效。

3. "个性化印刷"渐入佳境

2015年，"个性化印刷"网站在前端导流和后端整合生产能力方面有了长足的进步，发展渐入佳境。

网易印象派能够获得大量的订单并迅速盈利，这与网易的门户入口地位有极大的相关性。而在今年最新入榜的片客云印，也善于把握流量的入口资源，在2015年相继与百度云、中国联通合作，并依托两者强大的导流能力以及海量的内容资源，为用户带来照片冲印的新体验。此外，片客云印还对云印刷平台进行扩容、优化升级，并将云印刷能力开放给各大云端存储平台、摄影及图片处理类APP及更多互联网平台，从而在获得较大流量的同时，维持了业绩高速的增长。

随着客户对于产品质量和交货周期要求的提升，拥有直营生产中心的"个性化印刷"网站，如有福网、世纪开元、虎彩印艺等，由于有着更专业的印刷设备及生产团队、更有效的ERP系统，可以有效降低成本、提高效率、保证质量，也迎来了发展新机遇。在过去的2015年，有福网实现了100%的增长速度，来自网络端的业务占比也能达到20%，而世纪开元2015年的销售额也突破了1亿元。其中，有福网的母公司有福科技自主研发ERP系统，通过IT技术手段获取合作企业的订单并进行智能化分析处理，自动下单、智能合单、排产，形成智能化生产管理的模式。

4. 资本力量开始显现

2015年6月，阳光印网宣布完成B轮融资，融资总额度达数亿元人民币，一年后，其再次获得3.5亿元人民币的C轮融资。云印在2015年7月宣布获得了5000万元人民币的A轮融资。其主要为企业级用户提供个性化印刷服务，线上采用的是APP + PC端构建的淘宝式模式，线下开设体验店从而改造传统印刷业。

　　此外，印刷电商的巨大发展潜力，也获得了行业外来者的重视。中国领先的服务众包平台猪八戒网在获得 26 亿元人民币后，首轮出资 5000 万元人民币与纳斯达克上市印刷企业浙江胜达集团、佛山彩印通三方组建互联网印刷平台"八戒印刷"。与其他印刷电商平台最大的不同，八戒印刷具有强大的线上导流能力，并可依托猪八戒网交易平台的海量数据和丰富的设计资源，以海量订单定向派送的方式，将传统印刷行业的模式创新升级，提高效率、降低成本，实现对印刷企业服务质量的强管控。同时，八戒印刷通过建设高效的物流系统，做好从下单到收货的客户体验，通过"互联网+印刷"来构建新的印刷生态系统。

　　在印刷电商大张旗鼓地与资本深度结合之际，部分上榜网站的母公司也试图在新三板中有所斩获。2015 年，有福网母公司有福科技，虎彩印艺，以及印通天下的联盟企业彩虹光，纷纷在新三板挂牌上市。也有部分新三板的上市企业正积极布局印刷电子商务市场。这其中就包括 2015 年刚刚登陆新三板的上市公司中浩紫云。据公开的资料显示，登陆新三板后，中浩紫云专门定增 6000 万元用于建设云印刷，主要用于在北京、上海、广州及深圳等地建设直营的云印刷旗舰店。这些旗舰店，不仅将能为个人顾客或集团客户提供传统印刷业务，还将提供线下办公生活等服务。

　　除了上面提到的几家获得融资的网站，在 2016 年榜单的上榜网站中，世纪开元也获得了来自鼎龙股份的首轮 5000 万元的融资。相信资本对于电子商务网站的发展，将起到推动其快速发展的重要作用。

　　5. 移动布局日益深入

　　截至 2015 年 12 月，我国手机网民规模达 6.20 亿，较 2014 年增加 6303 万人。网民中使用手机上网的人群占比由 2014 年的 85.8% 提升至 90.1%。在这种背景下，印刷电子商务网站都开始加强移动端布局，从观望走向实践，移动端布局日益加速。

　　据对入榜网站的不完全统计，推出 APP 客户端的网站有 6 家；对网站进行移动端改造的网站有 7 家；两者兼有之的有 3 家。几乎全部的入榜网站都开通了微博账号，而开通微信公众号的网站也达到了 17 家。这其中，可以使用微信公众号查询订单的有 6 家；可以实现微信下单的有 6 家；两者兼有之的有

4家。

2015年10月,虎彩印艺推出一款手机应用软件——简印。这是一款智能化的照片书、台历、照片卡制作应用。采用照片讲故事的模式,通过智能算法对照片的拍摄时间、地点、天气等进行分析,实现智能化的排版。用户只需从相簿选择照片,即可一键成册。除冲印外,所有产品都支持一键分享朋友圈,拥有很好的社交属性。

尽管由于印刷品的特性,以及编辑复杂程度等问题,大部分印刷电商来自移动端的流量并不突出,短期内流量大幅增加的可能性并不明显,但印刷电商依然要加强移动端入口的建设,完善服务体系,从而提升用户体验。

(三) 互联网+传统印刷　寻求转型路径

近年来,印刷行业在微利、环保等各种压力下寻求转型的路径,在互联网的大潮中,传统印刷行业也在不断寻求与互联网结合的商业模式。也不乏有一些印刷企业尝试印刷电商,如已经进入今年印刷电商20强榜单的虎彩印艺,其背后便是大型包装印刷企业虎彩集团;再如曾在2015年进入20强榜单的盛通商印快线,也是上市印刷企业盛通印刷想要进行互联网转型的初步尝试。

提到互联网+,有几个关键词:移动互联网、云计算、大数据、物联网、智能化制造,随着互联网+被列为国家发展战略,传统产业的互联网升级成为经济转型的重要途径。围绕这些关键词,印刷行业也进行了初步的尝试。

如安徽新华印刷有限公司推出"时代云印"项目,便是拟建立以订单为核心的垂直型电子商务平台,旨在谋划整合印刷行业资源,打通行业上下游渠道,以逐步发展成为印刷行业的领军网络印刷平台,引领公司在大数据时代背景下的互联网转型。其一期项目利用移动互联网技术,上线APP手机客户端及数字资产管理系统,为客户传递实时生产信息和物流信息,为客户提供更为便捷的线上及资源服务。出版社可通过手机客户端实时获得图书生产及物流信息,可与印刷企业进行及时信息传递。

同时,基于云计算商业模式应用的印刷加工、印刷管理、印刷云平台的新兴概念,也为印刷电子商务注入了新的活力。北京盛通印刷股份有限公司自2013年起在上海建设云印刷数据处理中心、按需印刷示范基地、电子商务平台及总部经济项目；江苏凤凰印务的"凤凰印"云平台系统也在进一步建设中，该平台基于内容数字处理技术、网络传输技术、数字印刷技术、创意设计、电子商务和终端实体连锁等核心要素，集聚整个产业链中孤立的生产单元，以"零距离出版、凤凰定制、自助书城"三大业务板块介入市场，通过智慧数字化、跨界服务和精准加工，可为出版用户提供便捷的专业编辑体验、为印企提供集聚的订单来源、为终端用户提供开放的内容设计资源。

越来越多的企业意识到利用云印刷实现客户方便快捷地完成网络在线印刷的重要性。不过目前我们还没有看到"云印刷"概念真正落地的成功案例。

在大数据的应用方面，目前国内印刷企业还罕有（标志性企业。香港上市印刷企业 e-print 公司则可以给我们提供很多借鉴。据介绍，e-print 通过大数据来进行市场分析、判断，进而管理生意。他们借助大数据来分析公司的业务情况，并设法促进销售。e-print 还通过大数据分析，了解客户的下单习惯，以便优化企业资源调配。在 e-print 的 50 万客户群中，有 40% 左右的活跃客户。大数据可判断出一天中哪个时间段的订单流量最高，以保证那时有充足的人手。

（四）智能印厂 探寻中国印刷行业的工业 4.0

近两年，智能印厂的概念常被业内人士提起。智能印刷工厂，可以理解为主要由智能物流系统、企业管理软件、生产信息采集系统、智能生产设备、智能服务系统等五大部分组成的庞大系统。通过各系统协同工作，构建功能完备、具有高度自动化的智能印刷工厂。其中，设备与设备互联、人与人互联、人与设备互联，即系统中的物理对象在信息系统进行通讯，并进行跨界信息交流。智能印厂既是印刷品制造的执行中心，又是印刷产业链的信息连接中枢以及印刷智能制造体系的核心。其外部通过物联网、移动互联网、大数据、电子商务平台和网络印刷平台，实现印刷产业链上客户、供应商及关联企业的互联；内部通过企业信息化与设备智能化，实现企业内部资源、智能设备、信息系统和人的互联；最后，通过内部与外部的互联，演变成"智能互联工厂"。

当客户通过智能印厂的系统下单后，系统会自动将订单拆解到具体的工序中，形成相应的加工指令，再通过 ERP（企业资源计）、MES（制造企业生产过程执行系统)、SCM（供应链管理）之间的集成，实现个性化定制生产，最后将客户、印刷企业、设备及耗材供应商、物流配送等整个价值链上的资源整合起来。通过所有制造资源的共享，大大提高效率，降低成本。

目前也有印刷企业有此尝试。通过 WIFI 网络、二维码等互联网手段，将企业内部的设备、材料、产品等通过网络平台连接起来。如通过产品二维码、芯片与手机互动，实现产品的智能化，通过传感器、二维码等将设备与设备、设备与产品等连接起来，打造智能化工厂。目前，国内有很多厂商已经致力于推动印刷企业智能化制造的发展，如陕西北人提出的智能印厂包括智能软件平台（包括制造执行系统 MES、仓库管理系统 WMS 和云平台）、智能硬件设备（包括智能生产设备、智能物流设备和工业机器人）和绿色节能设备（如通过使用 VOCs 尾气处理设备和热泵系统，让印刷生产节能减排）。专业印刷 ERP 供应商悟略科技提出 WIFI 工厂的概念，通过 WIFI 网络与移动终端实现生产的实时反馈以及物料的条码查询等。

北京北大方正电子有限公司则从软件层面对智能印厂开展建设，其推出的方正智能生产管理平台具有订单自动汇集、生产实时自动管控和实时动态的信息处理三大核心技术优势，同时还可实现网上订单自动汇集、订单管理、按需印刷和调度管理等特色功能。天津荣联汇智智能科技有限公司也已经开始为印刷企业提供完整的智能印厂解决方案。

四、结　语

2016 年是"十三五"规划的开局之年。数字化必将继续深入到印刷企业经营管理以及工艺全过程之中。而随着互联网＋印刷的持续发展，更多的印刷企业将会把企业的数字化建设作为企业转型发展的重要手段，尤其是中小企业，将在新一轮的转型发展过程中，成为印刷数字化的主力阵地。

中国数字印刷产业报告

郭春涛

数字印刷是 20 世纪 90 年代发展起来的一项新型印刷技术,纵观其发展历程,大致经历了以下几个重要阶段:1995 年 drupa 展会上展出数字印刷技术后,在世界范围内掀起了印刷数字化的浪潮,紧接着在 1996 年我国举办的 China Print 展览会上,数字印刷设备第一次在国内亮相,开始引起了我国出版、印刷界人士的关注;20 世纪末静电成像技术在国内得到了普及;drupa 2008 喷墨印刷步入主流印刷技术,并于 drupa 2012 年呈井喷式发展,同时首次提出纳米喷墨印刷技术;而在今年落幕的 drupa 2016 上,喷墨印刷技术已突破了质量和幅面的瓶颈,意味着数字印刷正式进入高速度、高品质的应用阶段。

数字印刷虽然仅拥有短短二十年的发展历史,但凭借短版、可变、快速、灵活、绿色环保等优势,如今已成为最具市场前景的印刷技术之一,应用领域从最初的办公打印、商务快印、机关文印、个性化印刷,扩展到当下热门的按需出版、直邮商函、个性化影像,以及数字标签、数字包装等新兴领域,未来数字印刷更将突破原有的定义,在功能性印刷,如 FRID、柔性显示器、光伏产品、3D 打印等创新领域大显身手。此外,在全球印刷行业持续低迷的情况下,数字印刷市场份额逆势上扬,呈现良好的发展势头——数字印刷机装机量依然逐年上升;数字印刷企业朝着规模化、专业化方向迅猛发展;传统印企逐渐向数字印刷领域延伸,二者不断深度融合;数字印刷创新应用成为行业新的利润增长点;以数字印刷技术为基础的新型商业模式不断突破……基于此现状,在印刷产业"换挡"调整期,观察和思考数字印刷市场的发展走势,探究市场前景，具有着极其重要的意义。

一、全球数字印刷产业发展概况

（一）数字印刷主流技术发展概况

目前，市场上应用的数字印刷机系统包括静电成像、喷墨成像、电凝聚成像、磁记录成像、离子沉积成像等5种成像方式，其中静电成像（激光成像、干粉显影）和喷墨成像是当前数字印刷机的主要成像方式。

静电成像是应用最广泛的数字印刷技术，其最初用于静电复印，是利用光导体和静电效应相结合实现的。通过激光扫描方式在光导体表面形成静电潜像，再利用带电色粉（电荷符号与静电潜像相反）与静电潜像之间的作用力形成潜像，最后将色粉转移到承印物上完成印刷。静电成像有两种基本模式，一种是采用干式色粉显影，主要代表包括施乐、柯达、柯尼卡美能达、理光、佳能等公司的产品；另一种是采用电子油墨（液体墨粉）显影，其主要代表产品是HP Indigo数字印刷机。静电成像数字印刷的优点主要体现在对承印物无特殊要求；色域范围大于传统印刷，色彩更亮丽真实，印刷质量可以达到胶印水平，单个像素可达8bit的阶调值；部分机型具有独立处理套印、字体边缘、人物肤色及独特的第五色功能等。而静电成像数字印刷的缺点主要为激光成像技术的局限，单组成像系统高速旋转时，激光束会发生偏转，在印版滚筒中间和边缘之间出现距离差，从而造成图像层次及细节有损失；电子油墨进行四色印刷时，有时采用各色油墨全部转移到一个橡皮滚筒的橡皮布上叠加成像，可能会造成网点增大或混色，从而影响高光和暗调部分的色彩还原或丢失一些细节。

与其他印刷技术一样，静电成像数字印刷技术持续发展，其近几年的发展方向主要体现在高精细电子油墨代替色粉，从而获得高品质的图像质量及色域更广的色彩效果；印刷速度和质量不断提升，由于采用高精细电子油墨和多个成像装置，使静电成像数字印刷机的速度大幅提高，如采用双色成像装置的HP Indigo 30000数字印刷机，印刷速度已接近喷墨数字印刷机（在普通四色模式下印刷速度 3450 张/小时，而扩大产能模式下印刷速度为 4600 张/小时)，而其印刷质量也已高于当前的喷墨数字印刷机；印刷幅面不断加大，以前静电成像幅面多以 A3 为主，为拓展应用市场，如今已有不少厂商推出 B2 幅面静电成像数字印刷机，今年的 drupa 2016 上惠普更是展出了唯一一台 B1 幅面的静电成像数字印刷机——HP Indigo 50000 数字印刷机。

从市场应用来看，目前静电成像印刷仍占据着数字印刷的主导地位，从低端单张纸数字印刷机到高端单张纸或卷筒纸数字印刷机，有不同厂商的 100 余个型号的单色或彩色机型供用户选择；能够处理可变数据印刷，并与连线印后加工设备进行系统集成。

喷墨成像数字印刷技术是历经 40 多年发展后爆发出巨大潜力的数字印刷方式，是一种无接触、无压力、无印版的印刷复制技术。它具有无版数字印刷的共同特征，而且能在不同材质以及不同厚度的平面、曲面和球面等异形承印物上印刷，不受承印表面的限制。喷墨印刷的方式有 20 多种，按墨水喷射是否连续可分为连续喷墨和按需喷墨两类。连续喷墨印刷系统的印刷速度较快，但结构比较复杂，需要加压装置、充电电极和偏转电场，终端要有墨滴回收和循环装置，在墨水循环过程中需要设置过滤器来去除混入的杂质和气体等；按需喷墨技术顾名思义就是只在图文部分喷出墨滴，而在空白部分则没有墨滴喷出，这种喷射方式无须对墨滴进行带电处理，也就无须配备充电电极和偏转电场，所以喷墨头结构简单，可以使用多嘴喷头来达到更高的输出质量，但按需喷墨的墨滴喷射速度较低，常见的按需喷墨技术有热发泡喷墨、压电喷墨和静电喷墨 3 种类型。喷墨印刷的技术关键聚焦在喷墨头上，减少了系统复杂程度，所要处理的电子器件、加热单元、鼓/带等硬件问题极少；能够印刷几乎所有专色，复制色域远远高于静电成像印刷；无须印刷作业准备、可扩展性极好、能耗低、墨耗低、承印材料广泛，而且环境要求低。

相较于静电成像数字印刷技术，喷墨印刷技术虽起步较晚，但发展速度极为迅速。从喷墨印刷发展进程来看，最早进入市场的为连续纸高端喷墨印刷设备，如柯达鼎盛 6000C、HP T490HD、奥西 ColorStream 6000、网屏 Truepress Jet 520HD、施乐 Trivor 2400 等，此类设备主要面向的是按需出版印刷和商业印刷领域。随后发展起来的是连续纸窄幅高精度的高速喷墨标签数字印刷设备，如海德堡捷拉斯 Labelfire 340、爱普生 SurePress L-4033AW、爱普生 SurePress

L6034VW 及网屏 Truepress Jet L350UV 等。而近几年，大幅面单张纸高速喷墨印刷设备成为各大印刷展会的热点，在 B2 幅面高速喷墨技术和市场应用趋于成熟之时，B1 幅面设备悉数登场，如 drupa 2016 上有 5 款 B1 幅面的高速喷墨印刷设备亮相，其色组为 4—7 色，普遍与 90% 的 PANTONE 色相匹配，喷墨精度可达 1200dpi×1200dpi，印刷质量可媲美胶印。

喷墨印刷技术在数字印刷中的应用相对较晚，但由于其是一种无接触、无压力、无印版的复制技术，近几年在包装印刷、按需出版、标签印刷等各印刷领域得到广泛应用。无论是技术水平还是市场应用，喷墨印刷均表现出巨大的发展潜力，成为数字印刷新势力。

（二）全球数字印刷市场现状

近几年，全球数字印刷发展迅速，市场份额呈大幅上升趋势。据 Smithers Pira 公司发布的报告数据显示，2015 年全球数字印刷市值占印刷包装产业总市值的 13.9%，而在 2010 年，这一数值仅为 9.4%。另据报告显示，开拓数字印刷业务能为印刷企业提供新的市场机遇，其低成本、短运行、快速周转的优势将推动数字印刷市场发展。据其预计，2020 年全球数字印刷市值占比将达到 17.4%。

数字印刷迅速发展的关键是满足了短版印刷、按需印刷和个性化印刷的需求，并提供了显著的环境效益，有助于满足市场的要求。同时，具有创新精神的供应商广开门路，千方百计地为用户服务，使得数字印刷不仅服务于商业印刷、出版印刷，还渗透到各个领域，如包装印刷、标签印刷、装潢印刷、票据印刷、广告印刷、建筑图文、户内外喷绘等众多应用领域，从而使数字印刷市场份额不断扩大。其中，采用数字印刷技术的包装印刷更成为当今印刷业中少数保持迅猛增长势头的产业之一。据 Smithers Pira 公司测算，2015 年该产业全球市值约为 105 亿美元，在未来 5 年内，采用数字印刷的包装印刷市场价值将以 13.6% 的年均复合增长率增长，市场规模将以 16.2% 的年均复合增长率增长，其中数字包装标签印刷占其市值的 80.5%、市场规模的 93.5%，主要应用于纸箱、瓦楞纸板、软包装、硬质塑料与金属装饰包装等。

全球印刷市场分为三大区域——美国、欧洲和亚洲市场，其各占全球印刷市场的三分之一,同时这也是全球数字印刷市场的三大阵地,其市场情况可以看作是全球数字印刷市场的风向标。

2015年美国印刷产值面对数字媒体的冲击仍保持平稳增长,其中传统印刷对产值增长的贡献比例为2.24%,而数字印刷及其配套服务为行业产值增长贡献1.94个百分点。另据NPES国际印刷商务网显示,2015年前三个季度,美国印刷设备及耗材市场总销售额接近23亿美元,与2014年同期的21亿美元相比增长8%,其中传统印刷设备出货量下降至2.59亿美元,与2014年同期的2.70亿美元相比降低4%;而数字印刷设备销售额逼近16亿美元,与2014年同期的14亿美元相比增长14%。从中可以看出,美国印刷市场的总销售额保持持续增长,主要是依靠数字印刷机销售额增长的拉动,并且这一趋势特点在2016年将继续保持。与此同时,由于数字印刷能够提供给客户更快捷、高质量的产品,印刷生产正逐渐向数字印刷发展。美国印刷协会早在2006年分析市场发展趋势时即已指出:印刷企业更多的收入将由以往的加工转向为客户提供服务;业内的整合将会进一步加剧;向包装印刷转移的势头将会增加,而近几年美国印刷业的发展走势与上述分析基本吻合。目前,包装行业受物流、产品多样化、生产周期短等因素的冲击,使得传统管理模式下的胶印和柔性版印刷严重限制美国包装行业的生产效率和盈利能力,已有越来越多的企业利用数字印刷设备灵活多变的特点来对抗新形式的冲击,提升企业的经济效益、减少浪费。

据Smithers Pira公司调查统计显示,艰难的市场环境导致欧洲传统印刷市场持续低迷,2016年欧洲传统印刷市场收入下降率将达20%—30%。面对严峻的市场形势,诸多欧洲印刷企业开始不断调整业务类型,以确保满足客户多样化的需求。数据还显示,2016年欧洲地区对短版印刷与即时印刷的需求将更为明显,数字印刷市场份额将越来越大,而且随着喷墨印刷技术的飞跃式发展,欧洲数字印刷设备的销售量还会大幅增加。

德国是欧洲最大的印刷市场,据德国印刷和媒体协会(BVDM)统计的数字显示,德国印刷业2015年经营的销售额达203亿欧元,与上年度相比减少了2%。生产结构中最主要部分的广告印刷和目录印刷的产值,与上年度相比下降了2.5%;传统出版物,如报纸、杂志和书籍的产值也有所下降。而从技术细分市场的层面来看,数字印刷方式继续呈现增长趋势,2015年4.84亿欧元的总产值都是由无版印刷完成，与 2009 年相比，增长超过 80%。据 BVDM 的专家介绍，曾有 500 名德国印刷专家针对未来印刷业发展趋势进行预测，其中，67% 的受访专家认为数字印刷是未来发展的重要方向，29% 的受访专家认为数字化是印刷业未来革新的主要领域，而 14% 的受访专家则认为印刷业未来发展的重点是个性化数字印刷。此外，德国印刷业一直高度依赖广告、出版业。据 BVDM 的专家介绍，已有越来越多的企业通过网络印刷进行个性化的广告和宣传品的印制，这不仅可以减少印量、节约印刷费用，而且可以达到更好的针对性、更广的传播面等效果。数字印刷尤其是网络印刷和个性化印刷已成为德国印刷业未来的重要发展方向。

亚洲印刷业发展迅速，其商业印刷和广告是全球发展最快的地区，尤其是中国和印度几乎是保持两位数的增长率高速发展。相对而言，日本印刷及相关产业在 1990 年产值达到顶峰 8.8 万亿日元后便长期下滑，但日本数字印刷自 2007 年开始却保持缓慢的增长趋势，市场相对稳定，其中商业印刷、商业表格、账单打印、不干胶标签、大幅面广告、相册印刷等依次排在市场份额前列，得益于日本食品、药品和化妆品消费市场的繁荣，个性化的包装标签印刷也保持着快速稳健的增长势头，这为数字印刷在日本的发展提供了有力的支撑。与此同时，2015 年日本印刷机特别是数字印刷机产量呈现爆发式增长。日本经济产业省的机械统计数据表明，2015 年的 12 个月中，日本数字印刷机的月产量有 9 个月超过 2000 台。2015 年全年日本共生产了 25131 台数字印刷机，比 2014 年的 11286 台增长率 122.7%。日本数字印刷机的产量近年来连续快速增长，2010 年仅为 1630 台，2012 年突破 5000 台，2013 年突破 7000 台，2014 年突破 1 万台，为 1.13 万台，2015 年的产量比上年翻了一番还高。日本数字印刷机的产值在 2015 年也实现大幅增长，2015 年产值为 400 亿日元，比 2014 年的 240 亿日元增长 66.5%。

二、我国数字印刷发展现状

2013 年，我国数字印刷实现产值 103 亿元，比上一年增长 63%，占印刷总产值的比重首次达到 1%。据不完全统计，全国共有专营和兼营数字印刷企业

2488家，数字印刷生产设备7715台（套）；而2012年我国数字印刷总产值为62.9亿元，占印刷总产值的比重只有0.66%，数字印刷企业共有738家（不完全统计），生产型数字印刷设备2354台（套）。这说明，尽管我国数字印刷产值占的比重还很低，但增速较快。2015年，在我国经济进入"新常态"，数字印刷虽没有突飞猛进，但仍处在稳步发展中。

在政策方面，随着数字印刷技术的发展，相关政策也适时进行了相关调整，相较于《生产型数字印刷机目录》（2012），《生产型数字印刷机目录》（2015）在机型方面，增加了成像方式（喷墨/静电/磁成像）一项，印刷速度、物理分辨率、月承载量等入选条件也有所调整。这说明随伴我国数字印刷业愈发成熟，设备分类也更为系统化，为将来数字印刷的进一步普及和发展打下了良好的基础。

在技术方面，2015年我国数字印刷设备制造业在新技术和新产品创新方面取得了新进展。一直以来，我国激光数字印刷设备一直被国外品牌占领。2015年5月，京图盛印（北京）科技有限公司举行新闻发布会，宣布我国首次推出自主品牌的JT-1500PL、JT-1500MF多功能宽幅面激光数字印刷机，为我国激光数字印刷设备市场带来了国产设备。此外，北人集团在数字印刷领域的成绩也可圈可点。2015年，北人集团与惠普公司举行了战略合作签约仪式，双方达成共识，将充分发挥各自的行业资源和运营优势，实现高速喷墨数字化和品牌扩张等多方面合作，共同推进我国数字印刷技术的发展。

在市场方面，2015年内我国数字印刷市场仍处于调整期，印刷企业多处于探索和转型阶段。根据中国印刷技术协会数字印刷分会与科印传媒《数字印刷》杂志联合开展的第十二次"数字印刷在中国"装机量与应用调研报告显示，从国内数字印刷企业的产值来看，27.43%的样本企业表示2015年产值实现增长，30.97%的样本企业表示产值持平，另有41.60%的样本企业表示产值有所降低。与2014年相比，产值增长及持平的数字印刷企业占比略有提升，但值得注意的是，产值降幅达30%的样本企业占比达15%，去年该数据为10%，可见我国数字印刷企业的经营情况依旧较为严峻，数字印刷市场仍然处于调整期。在这样的大背景下，企业的投资意向更为谨慎，尤其对于硬件方面的投资，更趋于理性和保守，轻资产运营模式也成为数字印刷企业未来发展的一个重要方向。该调研还显示，2015年40.23%的样本数字印刷企业新增生产型数字印刷设备，19.51%的样本企业投资了印后设备，30.49%的样本企业针对业务及管理需求再次引入新的管理软件，另有39.02%的样本企业表示在过去一年中未进行任何投资，且未来一年具有投资意向的企业占比进一步降低，这也说明了我国数字印刷企业在印刷微利时代投资更为理性。当下，我国数字印刷企业或倾向于选购与企业生产需求相匹配的印刷设备，或从购置设备转为租赁。此同时，企业更关注流程软件等软实力的提升。另外，诸多印刷电商平台项目的推出，也为印刷企业将自身打造为轻资产、创意服务企业提供了更多可能。

（一）我国数字印刷装机量分析

数字印刷作为一项新型印刷技术，还处于不断创新、不断突破的高速发展阶段。新技术、新设备的推出层出不穷，充分满足着数字印刷企业求变的发展需求。而数字印刷市场的飞速增长，也不断促使着数字印刷企业对新设备引进的需求。由此，我们从设备装机量上，也可以对国内数字印刷领域的发展进行简要分析。

1. 单张纸高端彩色数字印刷机装机量

据"数字印刷在中国"系列调查报告显示，截至2015年7月，我国单张纸高端彩色数字印刷设备装机总量达到1632台，在上年度的基础上增加了199台，增长率接近14%，增长率比上年度降低了6个百分点。从近两年的装机量增量增速情况看，2014—2015年度增长199台，增速再次下降，下降了16%，而上一年度下降了23%。如表1所示。

值得一提的，HP Indigo 10000截至2015年7月在我国已经实现了18台装机，集中应用于商业和影像印刷领域，也有快印店引入HP Indigo 10000用于数字合版印刷，降低成本，开发新盈利模式；富士施乐的高端单张纸数字印刷机新增装机量与去年增长情况相同；柯达NexPress系列新增装机量相比去年有所降低。

表1 2008~2014年单张纸高端彩色数字印刷机装机量统计

装机总量（台）	截至2009年7月	截至2010年7月	截至2011年7月	截至2012年7月	截至2013年7月	截至2014年7月	截至2015年7月
	354	455	644	887	1195	1433	1632
年度增量（台）	2008年8月—2009年7月	2009年8月—2010年7月	2010年8月—2011年7月	2011年8月—2012年7月	2012年8月—2013年7月	2013年8月—2014年7月	2014年8月—2015年7月
	84	101	189	243	308	238	199

从数字印刷在国内的应用分析，据"2011数字印刷在中国调研报告"显示，标本企业中有70%的企业业务涉及商业快印，在各应用领域中占比最大；出版印刷以9%的占比位列第二；受节能减排、无纸化办公的政策影响和政府号召，金融、邮政、电信和机关文印领域较上一年度有不同程度下降，占比分别为8%和7%；标签包装领域占比为4%；其他应用领域占比为2%。如图1所示。

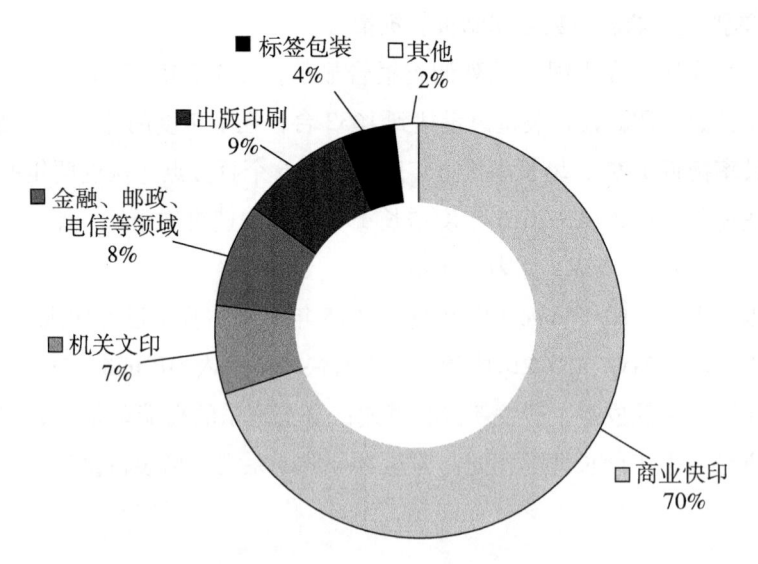

图1 单张纸高端彩色数字印刷机应用领域分布

从地域分布来看，华东、华南、华北地区仍是目前采用单张纸高端彩色数字印刷机最多的地区，占比分别达到29%、29%和25%，华东地区蝉联单张设备最多地区，华南地区呈上涨态势，同比去年上涨了2个百分点。华北地区较去年下降了2个百分点。华中地区较去年增加了两个百分点，占比为6%，上升到第四位。西北地区和西南地区分别占比为5%和4%。在单张纸高端彩色数字印刷机的装机领域来看，华东、华南和华北以绝对的优势领先于全国其他地区。如图2所示。

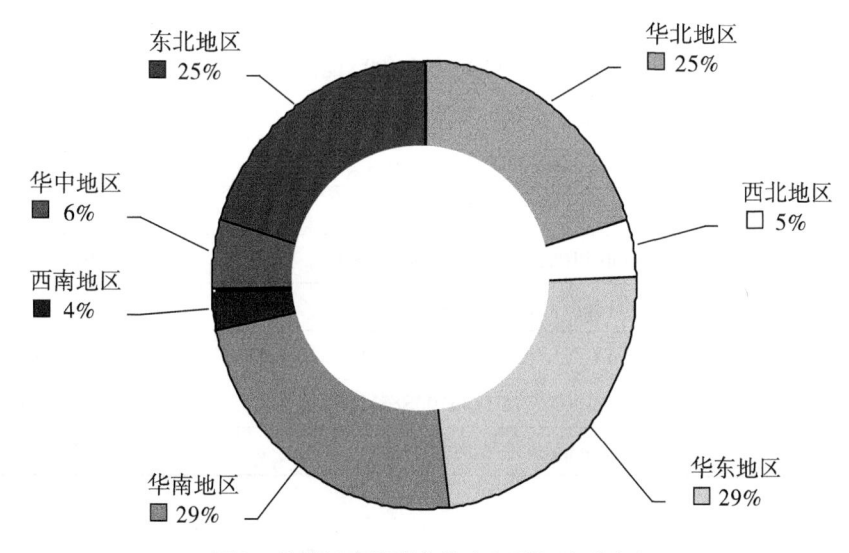

图2 单张纸高端彩色数字印刷机地域分布

2. 单张纸生产型彩色数字印刷机装机量

同样以"2015数字印刷在中国"调研报告分析，以富士施乐、佳能、柯尼卡美能达、理光、海德堡的生产型彩色数字印刷设备作为代表，共计35款（见表2）。

表2　单张纸生产型彩色数字印刷机一览表

品牌	型号	速度（页/分钟，A4）
富士施乐	DocuColor 8000/8000AP	80
富士施乐	DocuColor 8002	80
富士施乐	DocuColor 7000AP	70
富士施乐	700DCP	70
佳能	imagePRESS C7000VP/C7010VP	70
佳能	imagePRESS C6000/C6010	60
佳能	imagePRESS C800/700/600	80/70/60
柯尼卡美能达	bizhub PRESS C8000/7000/6000/6000L	80
柯尼卡美能达	bizhub PRESS C70hc	71
柯尼卡美能达	bizhub PRO C6500/C6501	71
柯尼卡美能达	bizhub PRESS C1070/1060/1060L	60
柯尼卡美能达	bizhub PRESS C1100/1085	65
理光	Pro C751/901/651EX/751EX	75/90/65/75
理光	Pro C7100X/7110X/5100S/5110S	80/90/65/80
海德堡	Linoprint C751/901/CV	75/90/90

截至2015年7月，单张纸生产型彩色数字印刷机的装机量总量为5377台，增长率约为33%。单张纸生产型彩色数字印刷机的装机量增量同比2014年有所增加，除了因新加入的理光和海德堡的品牌装机外，佳能和柯尼卡美能达推出了价格更合理、品质好、更加满足用户轻量生产要求的轻量级新机型，装机量数量贡献不少。如表3所示。

表3　2009—2015年单张纸生产型彩色数字印刷机装机量统计

装机总量（台）	截至2009年7月	截至2010年7月	截至2011年7月	截至2012年7月	截至2013年7月	截至2014年7月	截至2015年7月
	990	1305	1856	2345	3214	4036	5377
年度增量（台）	2008年8月—2009年7月	2009年8月—2010年7月	2010年8月—2011年7月	2011年8月—2012年7月	2012年8月—2013年7月	2013年8月—2014年7月	2014年8月—2015年7月
	346	315	551	489	869	822	1341

从单张纸生产型彩色数字印刷机应用领域来看，单张纸生产型彩色数字印刷机主要应用仍在商业快印领域，占比为66%，比去年上升了6个百分点；机关文印排名第二，占比为11%，下降1个百分点；排名第三的是其他，占比为9%，上升1个百分点，可见企业开发的特殊应用增多；并列第四的是按需出版和标签包装，占比均为5%，较2014年分别下降了3个百分点和上升了2个百分点。影像输出占比较往年有所下降，占比为4%，下降了5个百分点。如图3所示。

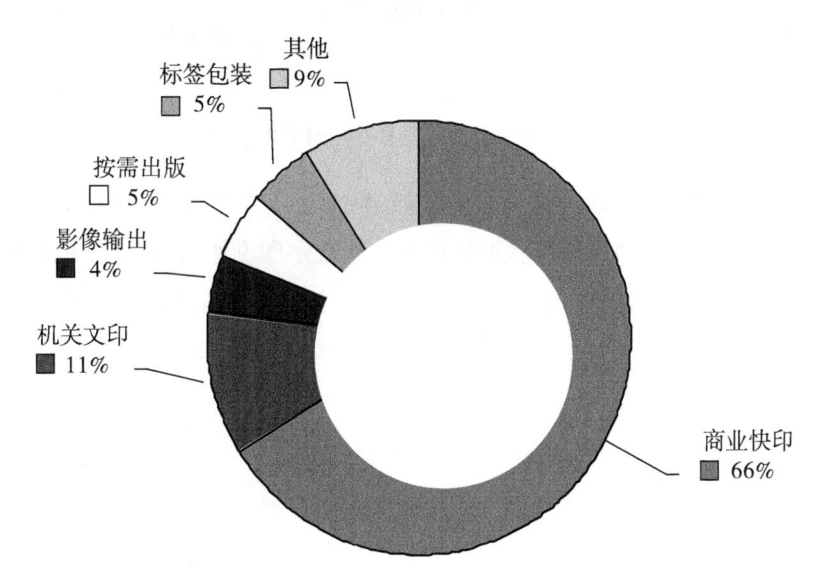

图3　单张纸生产型彩色数字印刷机应用领域分布

从地域分布来看，单张纸生产型彩色数字印刷机的地域分布情况与往年差别不大，华北、华东、华南依然是当前的三大重点应用区域，占比分别为26%、26%以及19%。西南地区、华中地区依然分别位列第四、第五位，占比分别为10%和9%。西北地区、东北地区的占比均为5%，在全国各地区中占比仍较低。单张纸生产型彩色数字印刷设备的分布情况近年来变化不大。如图4所示。

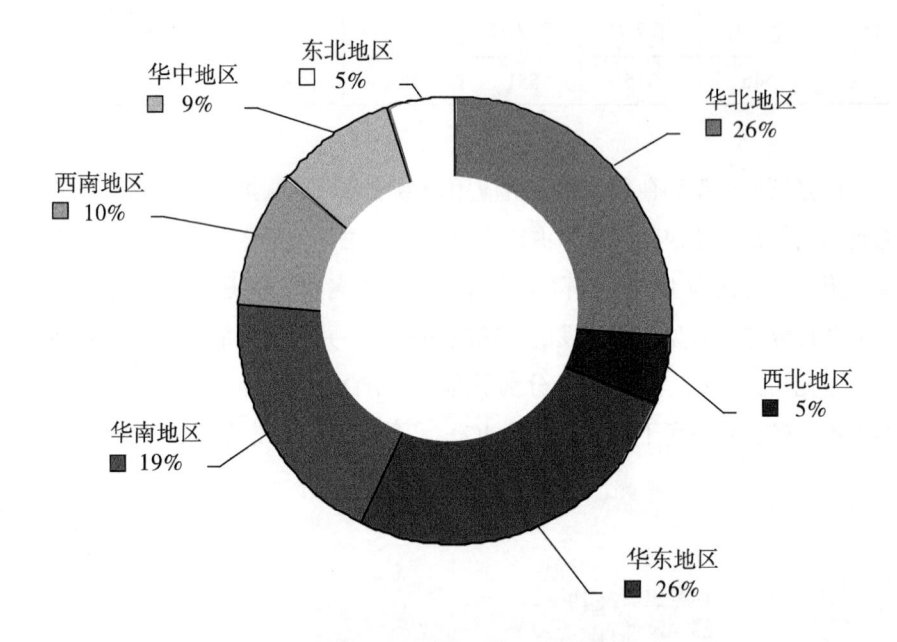

图4 单张纸生产型彩色数字印刷机地域分布

按照《生产型数字印刷机目录（2015年）》的分类方法，即将所划分的单张纸高端彩色数字印刷机与单张纸彩色生产型数字印刷机合并为"单张纸彩色生产型数字印刷机"计算，目前市场上此类主流机型的装机量为7009台，较上一年度（5469台）增长1540台，增长率约28%，较2014年度增幅（增长24%）上升了4个百分点。

3. 连续纸高端彩色数字印刷机装机量

2015年度对于连续纸高端彩色数字印刷机的调查，机型如表4所示。

表4 连续纸高端彩色数字印刷机一览表

品牌	型号	速度
惠普	HP Indigo WS4500/4600	15/21 增强（米/分钟）
	HP Indigo WS6000/6600/6800	30/40 增强（米/分钟）
	HP Indigo WS7250/7200	60/90 增强（米/分钟）
赛康	Xeikon 8000	230 页/分钟（19.2 米/分钟）
	Xeikon 6000	160 页/分钟（12 米/分钟）
	Xeikon 5000 +	130 页/分钟（9.6 米/分钟）
奥西	9000	852 印/分钟

注：此类设备在《生产型数字印刷机目录（2015年)》中归属"连续纸生产型彩色数字印刷机"。

2015年度连续纸高端彩色数字印刷机总装机量达到128台，新增装机量33台，同比上年增长35%，增长率与2014年度基本持平，详见表5。在地区分布上，市场上该类设备依然集中在华南、华东两大区域，其他地区装机量较少。在应用领域上，2015年度新增33台设备主要集中在包装、标签、出版领域。其中，赛康8000系列共新增5台装机，分别应用于壁纸、标签、热转印和按需印刷领域。

表5 2009—2015年连续纸高端彩色数字印刷机装机量统计

装机总量（台）	截至2009年7月	截至2010年7月	截至2011年7月	截至2012年7月	截至2013年7月	截至2014年7月	截至2015年7月
	21	24	37	46	68	95	128
年度增量（台）	2008年8月—2009年7月	2009年8月—2010年7月	2010年8月—2011年7月	2011年8月—2012年7月	2012年8月—2013年7月	2013年8月—2014年7月	2014年8月—2015年7月
	11	3	13	9	22	23	33

4. 高速喷墨数字印刷机装机量

高速喷墨印刷技术在全球正处于快速发展阶段，代表着国际主流印刷技术发展方向。相比于 2014 年我国多家企业引进高速喷墨印刷设备，2015 年国内高速喷墨印刷设备装机情况略显平静，目前高速喷墨印刷设备主要应用于按需出版、直邮账单、标签三个重要领域，而因我国电子化程度较高，直邮账单更多地被电子账单替代，应用于该领域的高速喷墨印刷机趋于零增长。

根据 2016 年 4 月由中国印刷技术协会数字印刷分会和《数字印刷》杂志联合开展的"高速喷墨印刷在中国"装机量与用户调研报告（需说明的是，该调查所涉及的高速喷墨印刷设备，采用的是业内对高速喷墨印刷的主流界定标准：速度在 100 米/分钟以上，分辨率达到 600dpi×600dpi 的轮转及单张纸喷墨数字印刷设备）显示，2015 年用于按需出版领域的高速喷墨印刷设备共有 6 台装机，详见表 6。其中，九州迅驰购买了大恒闲置的柯达 Prosper 1000 高速喷墨印刷机，另外 5 台均为方正 P 系列。值得一提的是，人民日报引进 1 台方正 P 系列高速喷墨印刷设备，旨在开展报纸数字印刷业务，如印刷社区报纸、个性化报纸、数据化报纸等。

表 6　截至 2015 年 12 月用于出版领域的高速喷墨印刷系统装机量统计

品牌	型号	速度	截至 2015 年末装机总量（台）	2015 年 1 月—2015 年 12 月装机增量（台）
柯达	Prosper 1000	200 米/分钟	4	1
	Prosper 6000	300 米/分钟	1	0
惠普	T200/T300/T410/T350	122 米/分钟	13	0
佳能奥西	ColorStream 3500	127 米/分钟	2	0
方正	桀鹰 P 系列	150 米/分钟	13	5

近几年的高速喷墨印刷在按需出版市场初步形成，从区域分布上看，用于按需出版的高速喷墨印刷设备在国内的分布如图 5 所示。其中华北地区的高速喷墨设备保有量全国第一，占 43%；紧随其后的是华南、华东地区，占比分别为 27% 和 24%；华中和西北占比均为 3%；东北和西南地区均无装机。从这组数据可以看出，高速喷墨印刷的地理分布既与按需出版的上游出版社地理分布相关，又与当地的数字印刷市场发展状况存在一定关系。值得一提的是，西北地区也在 2015 年引进高速喷墨印刷设备，其为西北地区少数民族书刊的按需

出版提供了技术支持。

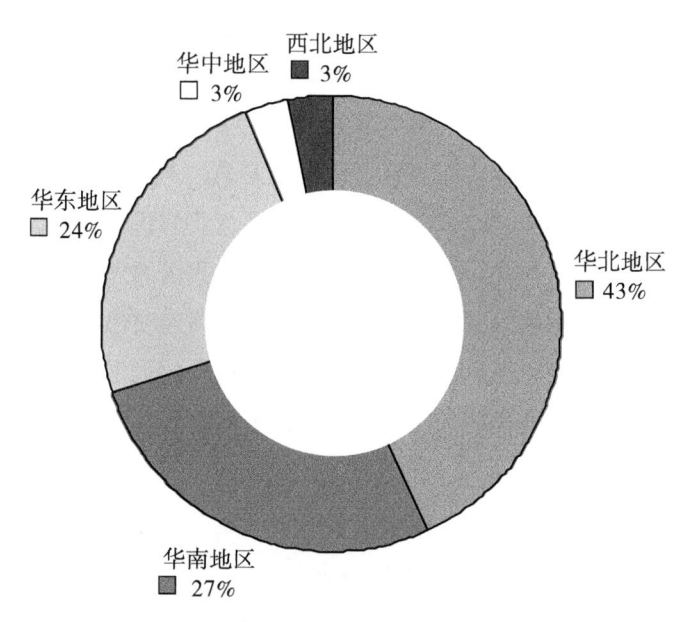

图5 用于按需出版的高速喷墨印刷设备在国内的分布

- 华北地区 43%
- 华南地区 27%
- 华东地区 24%
- 华中地区 3%
- 西北地区 3%

在标签印刷领域，以方正为领先代表的国产高速喷墨标签印刷机依然呈现良好的增长态势，详见表7，伴随国家药监码的广泛快速实行，全国药品包装厂纷纷引进适用于可赋电子药监码的高速喷墨印刷设备。2016年2月20日，国家食药监总局发文称，决定暂停执行《关于药品生产经营企业全面实施药品电子监管有关事宜的公告》（2015年第1号）中药品电子监管的有关规定，这一规定是否会影响高速喷墨印刷在标签领域的应用，仍有待观察。

表7 截至2015年12月用于标签印刷领域的高速喷墨印刷系统装机量统计

品牌	型号	速度	截至2015年末装机总量（台）	2015年1月—2015年12月装机增量（台）
方正	H系列	150米/分钟	532	163
	L、K、W系列	25米/分钟	216	61

从 2015 年的装机量调查报告可以看出，继 2014 年高端彩色数字印刷机装机量出现小幅下降，2015 年度该类装机量依然走低，而单张纸生产型彩色数字印刷的装机量却有回热上涨态势（增长率高达 33%），市场对价格高、生产能力卓越的高端彩色数字印刷机投资趋于谨慎，更易接受售价合理、生产能力可以应对日常业务的设备。这一趋势与市场环境、供应商可提供的服务与技术，以及数字印刷生产经营新模式的转型或有较大关系，未来或许这一态势会更加明显，随着相关政府部门的政策支持，数字印刷企业的积极开拓，中国数字印刷市场更加值得期待。与此同时，高速喷墨印刷在我国的发展总体向好，尤其是在按需出版应用领域的发展空间仍然较大，引入高速喷墨设备的企业既有凤凰集团这样的大型出版集团，也有虎彩、当纳利这样的大型综合印刷集团，还有中国教育进出口公司这样的版权交易公司，可见出版和印刷的边界正在进一步融合。

（二）我国数字印刷区域市场分析

在"互联网+"时代，移动互联网与数字印刷技术的发展正在引发印刷产业的数字印刷系统构建、数字印刷与传统印刷整合、印刷价值链创造、印刷经营与管理模式创新等一系列变革。同时，与传统印刷业一样，我国数字印刷市场目前已经初步形成了三大发展区域，以广东为中心的珠三角印刷产业带、以上海和江浙为中心的长三角印刷产业带、以京津为中心的环渤海印刷产业带，其市场发展情况可谓全国数字印刷市场领先水平的缩影。下面通过分析广东、江浙、北京三大区域的数字印刷市场情况，还原我国数字印刷业的领先发展面貌。

1. 广东区域数字印刷业

广东是内地最先接受并践行数字印刷理念的地区之一，与北京、上海并列为三大数字印刷重地，如若回顾数字印刷经营形态在我国的演变进程，从广东数字印刷业的发展脉络中即可窥见一斑。

广州早在 20 世纪 90 年代初，数字印刷概念兴起之时，即出现了以广州天意为代表的国内最早的一批数字印刷企业。而与其他地区第一代数字印刷企业的出身相似，另有一些企业以建筑图文输出起步，后又逐渐过渡到数字印刷领域。同时，因广州是图文办公产业的发祥地，亦是全国最大的办公设备及耗材集散地，早期 OA 设备供应商、代理商也纷纷加入图文快印这一领域，广州大洋数码快印有限公司即是其中的代表之一。在领航者开辟一番新机遇之时，越来越多的跟随者闻风而动，加之国家政策、市场环境的推动，广州数字印刷业很快进入了发展的快车道，部分前期完成资本原始积累的数字印刷企业乘胜追击，一方面大举引入高端数字印刷设备，另一方面持续连锁扩张。另有一些以快印门店为主要经营形式的数字印刷企业，因业务范围较窄、设备性能发挥水平较低等原因，彼此经营模式较为雷同，未能形成规模化或差异化的竞争优势。长此以往，广州数字印刷企业逐渐呈现分层发展的态势，企业间实力差距拉大，甚至出现两极分化。其中第一梯队的数字印刷企业，包括拥有 30 多家直营连锁店、实现跨区连锁服务的天意有福，拥有 20 余家门店的大洋图文，积极打造数字印刷工厂的广州广森数码印刷公司。此外，在全国数字印刷市场中，广州是业务领域细分最为明确的市场。如上文提到的 3 家企业其业务侧重即各不相同，天意有福以商业快印、个性化影像业务著称；大洋图文在工程图文领域占据着绝对的市场份额；而广森数码以商业印刷为主营业务的同时，在菜谱等细分领域一直深耕细作。

深圳作为中国改革开放建立的第一个经济特区，是中国改革开放的窗口，已发展为有一定影响力的国际化城市，创造了举世瞩目的"深圳速度"，同时享有"设计之都""创客之城"等美誉。据相关资料显示，2013 年深圳印刷业达到辉煌顶峰，印刷企业数量达 2430 家。但此后，受电子媒体的冲击、政府抑制三公消费、行业低价竞争、租金和人工成本大幅攀升等因素的影响，深圳印刷业开始走下坡路。八卦岭是深圳印刷业的招牌，也是中国具有代表性的印刷产业群，最鼎盛时期曾聚集 1000 多家印刷企业，其中包含以数码打样及商业印刷为主营业务的数字印刷企业，与南山、车公庙、华强北等地共同形成深圳数字印刷企业的聚集地。但从 2010 年开始，八卦岭印刷业初现倒闭和外迁潮，在 2012 年以后，受到政府推行无纸化办公和三公消费被抑制的影响，倒闭潮持续，到 2015 年进入高潮。传统印刷企业呈现的严峻局面，令深圳数字印刷业也无可避免地受到波及。自 2014 年开始，深圳数字印刷业陷入了价格战的漩涡，同质化竞争严重，加之近几年深圳房价、店面租金的暴涨，也给通常在街边设置门店的数字印刷企业又一重击。在产能过剩，同质化竞争激烈的大背景下，积极苦练内功、寻求创新突破的企业，与那些粗放管理、仅仅依靠价格让步争取市场份额的企业，形成两极分化。可以预见，优胜劣汰、洗牌加剧将是深圳数字印刷业未来几年的必然发展趋势。

佛山位于广东省中部，地处珠三角腹地，毗邻港澳，东接广州，南邻中山。佛山与广州地缘相连，历史相承、文化同源。2003年，在"广佛都市圈"的战略下，佛山主动接受广州辐射带动，二者之间的互动与交流逐步展开，并随着同城化的发展，广佛两市基础设施逐渐连接成网，推动了经济发展相互依存、相互联系，并形成空间地域上连绵成片的城市经济综合体。在这样的背景下，佛山的数字印刷业深受广州影响，数字印刷发展速度快，企业多以连锁形式扩张，粗略统计佛山大大小小的数字印刷企业数量高达1000家，市场的总业务量约为广州地区的1/10。

中山市位于珠江三角洲中南部，北连广州，毗邻港澳，地理面积位居广东省倒数第二，人口数量约312万，不足广州人口的1/4，有限的土地资源和人口数量决定了中山数字印刷市场的规模不大，且相较广州、深圳、佛山等地区，中山数字印刷业的发展速度较慢，业务略显单一，主要以商业印刷为主，而个性化影像、菜谱等细分领域业务因需求量的制约，均难以推进。此外，因中山建设工程已采用电子招标的投标形式，导致其工程标书类业务也较少。

2. 江浙区域数字印刷业

以上海、浙江、江苏为代表的"长三角"，继领跑中国印刷业的"珠三角"之后驶入了发展的快车道，整个"长三角"的印刷总产值占全国的1/3，而浙江、江苏位居全国印刷强省前三名，仅次于广东，印刷产业多、产值高，已成为全球印刷界关注的焦点。浙江、江苏数字印刷业发展迅速，是继广东之后崛起的地区，明显活跃于内地各省。江浙数字印刷业快速发展得益于当地印刷业的雄厚基础及毗邻"长三角"龙头城市上海的优势，上海数字印刷业起步早、起点高、市场繁荣，对江浙数字印刷业起到了示范带动作用。

南京数字印刷市场的产品结构仍处在中期水平。建筑图文依然占到60%以上的份额，广告影像约占20%，商务文件约占15%，个性化产品约占3%，其他约占2%。对比北京、上海等地的商务文件比例高达40%以上，苏州也将近30%，南京的市场比例略显失调，个性化产品几乎停滞不前，市场没有得到积极开发。随着国家宏观调控力度的加大，建筑图文业务下滑严重，南京市场总印量还将受到威胁。由于经营时间长、客户资源相对稳定、抱着小富即安的心态，南京的数字印刷企业大多相对平稳。而南京数字印刷行业的龙头企业已感到行业的危机，均在思变，谋求应对当下市场环境的新对策，如令企业生产和管理标准化、制度化；产品创新、开拓市场；寻找差异化；强强联合等。

苏州、无锡、常州，三座城市组成了长三角经济圈中最具活力的苏锡常经济圈，其仅占江苏省17%左右的面积、人口，却创造了占全省40%的GDP和财政收入。苏锡常数字印刷发展得益于当地经济活跃、政府的支持和政策导向。其中，苏州是苏锡常经济圈的中心，建有国家级工业园区，不少世界500强企业进驻苏州，大量的IT产业加工中心推动了苏州经济的快速发展，也为苏州数字印刷快带来了机遇，涌现了一大批成规模的数字印刷企业，如爱欧、时代、灵通、金达、新飞、墨派、恒晟等。与此同时，苏州数字印刷市场产能过剩，竞争激烈，如果仅靠现有市场和打低价很难获得长远发展。苏州数字印刷业首先要打破以建筑图文为主业的格局，在建筑图文业务量不变的情况下把比例大幅度降下去，开拓更广阔的市场领域。

浙江是位居全国第二的印刷强省，印刷包装工业总产值占全国总量的1/8，杭州作为浙江的省会城市，也是浙江经济发展的中心，经济的发达催生了以杭州为中心的数字印刷的迅猛发展，在我国一线城市里位居前列，其中最早进入杭州数字印刷业的企业包括恒晟图文、杭州真彩等。目前杭州数字印刷市场设备已基本饱和，产能过剩现象比较严重，但同时发展空间依然存在，如杭州动漫基地、动漫产业园等，均可能为杭州数字印刷市场提供新的发展机遇。

3. 北京区域数字印刷业

北京作为中国第二大城市，是中国最大的陆空交通枢纽和最重要的国内国际交流中心，是中国的政治、经济和文化中心。毋庸置疑，北京拥有可观的数字印刷市场。作为政治中心，国家各级党政机关坐落于此，故政府文印数量不容小觑。作为经济中心，北京吸引着大量的企业进驻，48家世界五百强企业总部设于北京，跨国公司在京总部企业和研发机构多达714家，各类企业的会议资料等商业印刷占有北京数字印刷市场的绝大部分份额。作为文化中心，北京是全国出版业最集中的城市，在我国573家图书出版社中，237家落户于北京，占全国总数的41.36%。随着出版社的库存压力和环保要求在近年来受到行业内外的广泛关注，加之断版书和绝版书的市场需求，北京的按需印刷已经先于全国启动。同样，以服务高校文印的数字印刷企业也占有相当比例，91所高校聚集北京更加助力北京数字印刷市场的印量提升。此外，北京还是与数字印刷市场密切相关单位的最密集之地，如各类设计院、设计公司，随着城市建设的不断发展，如新建地铁、房屋建设，数字印刷在工程图领域的应用也经历了井喷式增长。

北京数字印刷先于全国崭露头角，20世纪90年代初期，其数字印刷最早以服务企业和政府的文印而起，随改革开放和市场经济的步伐，大量外资企业的进入加快了北京数字印刷的发展。如，1992年成立的时美（当时称为：时美科贸公司），如今是北京数字印刷企业中当之无愧的"老字号"，在其22年的发展历程中已形成了独特优势，现凭借"会务服务""IPO竞标"等业务板块树立起数码印企的旗帜。

21世纪初期，随着北京经济的突飞猛进和城市建设的迅猛发展，依托于建筑图文、商务快印业务、广告设计的数字印刷企业蓬勃发展，其中不少成为现在北京数字印刷市场的中坚力量。如，成立于2004年的金木堂将自己定位于"商务服务公司"，应用领域不断创新的良图数码、与传统印刷结合专注短版印刷的印艺天空、专注建筑图文输出的丰海通等。

此外，传统印厂在胶印量逐渐趋于饱和的市场现状下，也考虑引入数字印刷设备来开拓数字印刷的新模式与新业务，如北京雅昌，北京华联、奇良海德等，但此类企业中的数字印刷往往仅作为传统业务的补充，数字印刷在传统印刷中发挥的作用仍待进一步挖掘。

随着数字印刷设备产能的不断提高，数字印刷在按需印书领域的应用成为现实。依托于出版社自身资源的印刷公司引入数字印刷设备后，均呈现产量和产值翻番的强势增长态势，如知识产权出版社旗下的北京中献拓方和石油工业出版社下属的中石油彩色印刷。另外，一些数字印刷企业与出版社合作的建立也使得按需出版的模式逐渐深入市场，如九州迅驰，七彩京通等。资金实力雄厚的传统印刷公司也引入数字印刷设备全力拓展按需量大的图书印刷市场，如京华虎彩打造新型的出版基地。

在全国范围内，以商务印刷、政府文印为主营的数字印刷加工中心或连锁店单店压力较大，但北京的情况尤为突出。主要原因如下：

（1）竞争激烈。在巨大的数字印刷市场需求下，北京的数字印刷单张价格趋稳。北京市面上的 A3 彩色平均报价在 2~3 元,最低可低至 1 元以下。虽然各项成本压力已经濒临企业不能负担的临界点,但是仍有后进入市场者为了占领市场而降低价格。

(2) 房租高昂。若没有相关政策补贴,北京三环附近的街边店面租金至少为每天每平方米 6 元,而对于一个可以保证快印生产能力的企业来说,至少需要配置双套生产型的设备,所需面积也增至 200 平方米,房租的压力可想而知。

(3) 人力成本居高。无论从人力成本,还是从人的管理成本来考虑,北京快印店的人才难招,职场新人自身个性张扬而难以管理,北京的生存成本高,企业所能提供的工资和员工的薪酬预期形成矛盾,多数企业表示,留下率 10% 就可以称得上是成功的招聘加之按国家规定为员工缴纳保险等因素,企业所需支付的人力成本激增。

三、我国数字印刷业发展趋势

2015 年中国经济增速明显放缓,印刷行业同大多数行业一样,需要面对资本遇到寒冬、产品供过于求、发展不确定性增加等现实,在可以预见的未来,这种局面依然会长期存在。具体到印刷企业,一方面,机关和部分商业印刷需求在政府倡导勤俭节约的大背景下大幅下降,同时书刊印刷需求受电子设备逐步成为主流媒介的影响也相应下滑;另一方面,人工成本、原材料价格不断上涨,印刷成本不断增加,这些都令印刷企业的处境愈发艰难。危机蕴含转机,往往也会催生出产业转型的新机遇。作为印刷市场新引擎的数字印刷,在当下经济和市场环境下呈现出新的动向和发展机遇。

(一) 数字印刷企业目前面临的发展瓶颈

1. 经济增速减慢带来的市场需求下滑

数字印刷从起步开始最有效益的业务为图文打印,我国经济由历史上的高速增长转为现在的中低速增长后,项目量明显减少,图文打印量随之减少。此外,门店租赁费用增加,印刷业务量减少,印刷单位工价减少。数字印刷企业的经营压力之大可想而知。

2. 数字印刷企业的转型升级工作尚未完成，新的商业运营模式尚未形成

至今为止，门店型数字印刷企业仍以"等客上门"的居多，虽然都已意识到从传统的加工生产型向现代服务型方向转变是必由之路，但如何完成这一转变依然在摸索中。比如，一些数字印刷企业效仿传统印刷企业设置业务员，但结果却是人力成本的上涨；一些企业对接互联网，却无法获得足够的流量。企业经营得好坏固然与其提供的服务息息相关，但成功转型显然并非一件易事，在这条道上的探索或许还需要经过一段时间。

3. 围绕短版业务，传统印刷与数字印刷间的争夺更趋激烈

数字印刷主要以短版、个性化业务为主，以相对短版的成本优势作为竞争手段，但如今传统印刷企业所积极推行的合版印刷有效降低了短版生产成本，具有同数字印刷一争市场的勇气与可能。传统印刷企业凭借着固有的稳定客户以及到位的"一揽子服务"，如果合版印刷能走出低价竞争、放弃质量的怪圈，数字印刷可能在短期内很难改变这一局面。

（二）数字印刷市场新动向

1. 数字印刷企业经营模式更趋多元

一方面，中国数字印刷企业的经营模式经过了从单店到连锁，再到如今的平台化的演变。其中云南金伦、济南道克、广州天意、青岛字塔、天津好彩等，均在连锁经营方面有着独特的经验和优势。另一方面，从业务范围来看，数字印刷企业从单纯地提供印刷服务到如今涉足上下游产业链，如厦门青友的"快印店＋生产中心＋文化传播有限公司"的模式，以用户核心诉求为出发点来设计自己的业务流；金色考印深耕金融印刷服务领域，为客户提供文档管理等增值服务。

此外，一些优秀的印刷企业凭借自身的努力形成了自己独特的经营模式，值得行业借鉴。如，雅昌，从一家专营传统印刷服务的企业拓展了以艺术数据为核心，IT技术为手段，覆盖艺术品复制、拍卖的全产业链模式等。同昆，从线下走到线上，构建了完善的网上文件/订单/账单管理的新兴经营模式。圣彩虹，始终与前沿技术赛跑，不断精深，其作品多次被国务院新闻办选定为中国

国际文化交流的国礼。云南金伦，对外不断扩张连锁店数量，对内精修员工素养，如今，在轻资产盛行之时其又投资办传统印厂。

2. 数字印刷与传统印刷深度融合

当下，传统印刷与数字印刷的融合已经进入新的阶段。从技术角度来看，随着数字印刷技术的快速发展，越来越多的传统印刷设备供应商开始与数字印刷设备供应商合作，比如海德堡与富士胶片、理光的联手，小森与兰达、柯尼卡美能达的合作，高宝与惠普的合作，曼罗兰与奥西的合作等，甚至某些大型传统印刷企业也意欲在数字印刷领域分得一杯羹，比如当纳利和高宝已经建立了技术合作关系，共同开发、生产和销售新一代压电式喷墨印刷机。在drupa 2016上，传统印刷设备供应商与数字印刷设备供应商合作开发的设备也悉数亮相，其中包括海德堡基于富士胶片Samba打印头打造的Primefire 106数字印刷机、以理光技术为基础的Versafire系列数字印刷机；小森与兰达合作的NS40数字印刷机、与柯尼卡美能达合作的IS29数字印刷机等。

从企业角度来看，传统印刷企业与数字印刷企业合作的趋势也愈发明显。目前，几大静电成像印刷技术提供商的服务政策基本都是印量越大按印付费价格越低，在这样的政策推动下，数字印刷领域的价格竞争愈发激烈，这也是现在传统印厂不再自己大规模涉足数字印刷领域的原因，因为竞争不过现有的成熟数字印刷企业，投入产出比不划算。此外，在北京等地严格的VOCs排放政策背景下，传统印刷在城市的生存环境可能会更加被动，其面临着两难的抉择：客户活源在城市里，搬到遥远的郊区甚至隔壁省市后，与客户的业务衔接还得在市中心进行，这就使得要么自己开数字印刷门店或将设计业务部放在城里；要么与数字印刷企业合作、建立新的业务生态链。同样，数字印刷企业也面临如何发展、如何开拓业务渠道等问题，这就造成了部分数字印刷企业与传统印刷企业的合作契机。传统印刷企业在质量、产能等方面具有优势，数字印刷企业在效率、地利、中短单方面有优势，使得双方能够通过合作取长补短，从而实现协同效应。

3. "互联网+印刷"，渐成印刷企业探索转型升级新思维

2015年，李克强总理在政府工作报告中首次提出"互联网+"行动计划。这一年，更多的传统印刷企业和数字印刷企业开始向互联网靠拢，试图抓住"互联网+"的转型机遇。据中国印刷电子商务年会承办方科印网的独家统计，

2015年中国印刷电商网络平台已经超过300家，业务延伸到互联网的印刷企业不胜枚举。目前，我国印刷企业"触网"方式主要有3种，一是选择加盟网络印刷平台，在保证线下业务的同时快速开展网络业务；二是自主开发网络平台，挖掘适合自己的电商经营生产模式；三是从自身产品出发，将产品融入互联网中。

有福网、一幅图、阳光印网、云印等印刷平台建立分公司、分站、连锁工厂或加盟连锁店的动作频出，并已呈现从一线城市和印刷发达地区，向二三线城市迅速扩张之势。而一些如猪八戒网的纯互联网电商也已积极入局，国内印刷电商市场依然呈现群雄争霸的局面。

一些印刷企业开始探索如何借助互联网，从重资产的生产型企业转型为轻资产的服务型企业。如上海合印包装有限公司自2013年开始转以来，已完全从一家传统印刷企业变身为如今"没有一台印刷机"的印企管理者。其以互联网思维构建了印刷全外包服务技术平台，对印刷企业生产能力和资源进行整合，从而为终端品牌商提供整体印刷外包服务。

此外，包装领域也开始受到"互联网+印刷"的积极影响。随着包装及标签数字印刷技术的逐渐成熟以及市场对个性化包装的关注和认可度的提升，越来越多的包装印刷企业开始布局市场，并有突破。如e盒印、一撕得等包装电商脱颖而出。

4. 资本运作，渐成印刷企业发展的新选择

在市场经济条件下的今天，资本的力量正席卷着各行各业，印刷业也不例外。让资本进入印刷行业并运作，在其推动下快速实现印刷产业链横向和纵向的整合，实现多元化的盈利模式和规模化的经营已成为越来越多印刷企业的共识。近年来，兼并收购、上市融资、风险投资等来自印刷企业的资本运作声音接连不断，而伴随我国直接融资体系的完善、多层次资本市场的建立，更为中小型印刷企业对接资本市场、快速发展带来了更多机遇。目前，已有一批企业通过资本运作，快速扩大规模，形成竞争优势。截至2016年6月底，归属于"印刷和记录媒介复制业"板块的新三板上市企业达38家，其中涉及数字印刷业务的上市企业有虎彩印艺、有福科技、河南彩虹光、奇良海德、天河艺术等。这些上市企业或在经营管理或在业务产品方面有着独特的创新能力，以2016年1月上市的河南彩虹光为例，其通过数字化和精细化管理，为客户提供

高效、高品质、低成本的印刷服务。再如湖南天河艺术，主营数字印刷和艺术品的数据采集、复制和衍生品，形成了印前、印刷、印后完整的网络化数字印刷服务体系。

如今资本运作已成为企业加速发展、借力发展的选择之一。但资本运作需要印刷企业管理者完成从产品战略到资本战略的转型。值得注意的是，"上市"不是万能药，在火热的上市大潮下，印刷企业还需要冷静对待。

5. 众筹概念，初现印刷企业经营模式新方法

随着互联网金融在各个领域的不断延伸，"众筹"也成为当下印刷出版业的关键词之一，为市场带来新的机遇与创新空间。在印刷圈中，众筹的内容多种多样，小到众筹一款印刷产品，大至众筹一家数字印刷门店，甚至云印刷平台。如，某数字印刷企业在2016年新年之际推出一款众筹日历产品，该日历含有所有出资人的商家信息，以此降低日历单价，并扩大日历发行范围。再如，某些印刷企业正在尝试众筹搭建云印刷平台，通过汇聚零散的互联网订单，匹配生产资源，再通过规模化制造，提升数字印刷业服务运营效率。毋庸置疑，这样的印刷平台需要大量的资金支持，众筹不失为一种选择。

近些年，印刷行业紧跟时代的步伐，越来越多的企业尝试用互联网实现自身业务形式再发展，甚至尝试用互联网思维寻求新的发展模式，众筹利用网络发布信息，用新思维新方式满足客户的多样性需求，或为印刷企业寻求新发展增加了一条路径。

6. 3D打印或将成数字印刷突破口

2015年是3D打印产业"波澜起伏"的一年。从工业和信息化部、发展改革委、财政部研究制定并颁布了《国家增材制造产业发展推进计划（2015—2016年）》，到国务院印发关于《中国制造2025》的通知；从世界规模最大Inside 3D展会在上海落幕，到意造网、叁迪网、创客联盟等国内网站的繁荣……2015年，3D打印在我国似乎逐渐有了全民参与之势，悉数其所涉足的领域，制造业、建筑业、医疗、生物科技、航空航天，堪称包罗万象。

纵观印刷市场，亦是动作频出。佳能在2015巴黎佳能博览会上，揭开了其首款自主研发的树脂复合系统3D打印概念机以及3D集成软件的神秘面纱。惠普投身喷嘴式融合3D高精度打印系统的研究，并表示2016年将推出打印速度比目前平均速度快10倍的3D打印机，以及一款可彻底改变计算能效和算法

的 Themachine 新型计算机。施乐技术研究中心正在运用 3D 打印技术制造电子元件。柯尼卡美能达所收购的 Kinko's 公司在日本专注 B2C 3D 打印市场。御牧、罗兰、理光等印刷设备制造商也早已进入 3D 打印领域。与此同时，国内外各大印刷展亦纷纷开设"3D 打印专区"，drupa 2016 更是高调聚集 3D 打印。

产品方面，可口可乐曾凭借"昵称瓶"在全球个性化定制领域名声大噪，2015 年夏天，可口可乐冲破原有包装的限制，为顾客打印 3D 人偶给新品造势。无独有偶，迪士尼也正在尝试运用 3D 打印技术为游客提供类似服务。从技术角度考虑，3D 打印已经突破了"快速成型技术"的概念，发展为光聚合、层压、混合增材制造等八大主流技术；其适用材料也从实验室中的树脂不断丰富，到目前的金属、陶瓷、液体塑料、泥浆、纸张、玻璃等；扫描、打印精度已大幅度提高。

据目前形势来看，文物精品复制、3D 印刷版材、个性化人像打印等将是未来国内印刷行业与 3D 打印相结合的发展亮点，也或许是未来数字印刷的突破口。但值得注意的是，色彩管理、喷墨打印头的精细度、软件的通用性都将成为两者顺利融合的掣肘。实际上，到目前为止 3D 打印在印刷行业还是一个新兴的事物。国内 3D 打印产业虽正在发展，但对比欧美市场，技术创新能力有待提高、整体竞争力偏低、盈利能力尚待进一步探索。

四、结　语

尽管我国数字印刷业发展只有短短 20 多年的时间，但搭乘了国内经济发展、科技创新的顺风车。到目前为止，数字印刷技术及市场影响力已经取得了突破性的进展，并在全球印刷行业持续低迷之际，中国数字印刷不断逆势上扬，数字印刷设备装机总量逐年攀升；数字印刷企业和客户数量遍地开花；数字印刷企业营销模式不断成熟、应有领域持续拓展；与此同时，数字印刷与其他行业的不断融合也将碰撞出新的火花。为此我们有理由期待，数字印刷在未来几年必然经历一轮新的快速增长期。

产业政策

종교학

新闻出版总署关于进一步推动新闻出版产业发展的指导意见

新出政发〔2010〕1号

各省、自治区、直辖市新闻出版局，新疆生产建设兵团新闻出版局，解放军总政治部宣传部新闻出版局，总署机关各部门、署直各单位，署管各社会团体：

为深入贯彻落实科学发展观，落实国家《文化产业振兴规划》，按照中央提出的转变经济发展方式和调整经济结构，提高经济发展质量和效益的要求，充分发挥新闻出版业在巩固舆论阵地、传承中华文明、培育民族精神、提高公民素质、促进经济增长、推动社会进步、增强综合国力等方面的重要作用，现就进一步推动新闻出版产业发展，提出如下意见。

一、新闻出版产业发展的态势和机遇

（一）改革开放以来，新闻出版产业得到快速发展。特别是党的十六大以来，新闻出版体制改革取得实质性突破和重大进展，市场主体逐步形成，产业规模迅速壮大，产业结构日趋合理，国际竞争力不断增强，新闻出版产业作为科技含量高，资源消耗低，环境污染少，涉及领域广，产业链条长，投入少，产出大，发展潜力好的朝阳产业，已成为国民经济的重要组成部分，成为经济发展新的增长点和经济结构调整的着力点，在中国特色社会主义事业总体布局和全面建设小康社会战略全局中凸显出越来越重要的地位和作用。

（二）当前，我国新闻出版产业仍处于发展的初级阶段，基础较差，规模较小，实力较弱，竞争力不强。突出表现在：产业结构趋同，产业集中度低，资源配置不尽合理，市场条块分割、资源分散和地区封锁依然严重，传统业态向新兴业态转型迟缓，企业创新能力不足，对外贸易逆差仍然较大，人才队伍建设和经营管理水平等还不适应新闻出版产业发展的需要。要通过抓发展，努力走出一条符合文化建设规律和社会主义精神文明建设要求，适应社会主义市场经济体制，结构优化，速度较快，社会效益和经济效益俱佳，产业整体质量不断提升的可持续发展道路。

（三）新闻出版产业发展正处于重要的战略机遇期，具备了在新的历史起点上实现大发展的良好条件。党的十七大关于推动社会主义文化大发展大繁荣的战略部署，对新闻出版产业发展提出了新的更高的要求；中国特色社会主义事业"四位一体"发展的整体布局，凸显了新闻出版产业的重要地位；人民生活水平不断提高，文化消费快速增长，社会主义新农村文化建设，拓展了新闻出版产业发展的空间；新闻出版体制改革的顺利推进，《文化产业振兴规划》的实施，为新闻出版产业发展提供了内在动力；高新技术特别是信息技术的迅猛发展，为新闻出版产业创新业态、实现产业战略转型提供了有利条件和广阔前景；资本市场的不断完善，为新闻出版企业融资提供了机会；中国日益提高的国际地位以及不断扩大的中华文化影响力，为新闻出版产业"走出去"创造了条件；各级党委、政府的高度重视，为新闻出版产业发展提供了坚强的思想保证和组织保证。

二、推动新闻出版产业发展的指导思想、原则要求和主要目标

（四）推动新闻出版产业发展的指导思想是：以邓小平理论和"三个代表"重要思想为指导，深入贯彻落实科学发展观，高举旗帜、围绕大局、服务人民、改革创新，继续解放思想，坚持改革开放，推动科学发展，促进社会和谐，始终把发展作为第一要务，树立新的新闻出版发展观，突出战略重点，明确主攻方向，兼顾当前和长远，着力转变发展方式，着力优化产业结构，着力推进产业创新，做大主体，做强主业，切实解放和发展新闻出版生产力，大力推动新闻出版产业又好又快发展。

（五）推动新闻出版产业发展的原则要求是：必须坚持以社会效益为最高准则，牢牢把握社会主义先进文化的前进方向；必须坚持以人为本，充分尊重群众的主体地位和首创精神，不断满足人民群众日益增长的多层次、多样性、多方面精神文化需求；必须坚持转变发展方式，优化产业结构，进一步降低新闻出版企业生产能耗和污染物排放，提高新闻出版发展的质量和效益；必须坚持以体制机制创新和科技进步为动力，继续深化新闻出版体制改革，推动新闻出版内容创新与战略性新兴产业发展；必须坚持优化所有制结构，实现以公有制为主体、多种所有制共同发展；必须坚持打破条块分割、地区封锁、城乡分离的封闭格局，努力建设统一开放、竞争有序、健康繁荣的大市场；必须坚持对外开放，加大"走出去"力度，不断提高中华文化的国际传播力和影响力；必须坚持一手抓发展，一手抓管理，为新闻出版产业发展营造健康有序的市场环境；必须坚持以党的领导为根本保证，确保党管舆论、党管干部、党管人才，做到尊重劳动、尊重知识、尊重人才、尊重创造，最大限度地发挥新闻出版工作者的积极性、主动性和创造性。

（六）推动新闻出版产业发展的主要目标是：努力完成全面建设小康社会赋予新闻出版产业发展的各项任务。新闻出版生产力明显提升，新闻出版产业发展速度高于同期国内生产总值发展速度，在国民经济中所占比重逐步提高，力争到"十二五"末，实现新闻出版产业增加值比2006年翻两番。新闻出版产业结构调整基本到位，产业、产品和企业结构更趋合理，产业区域布局与地区经济社会发展协调一致，新闻出版产品和服务更加丰富，企业自主创新能力与高科技应用水平大幅度提高，形成一批拥有自主知识产权、知名品牌以及有较强国际竞争力的骨干新闻出版企业。新兴产业蓬勃发展，数字出版、网络出版、手机出版等战略性新兴产业领域的发展水平和速度达到世界先进水平。基本建立起统一开放、竞争有序、健康繁荣的现代出版物市场体系和技术先进、覆盖全面、传输快捷的现代传播体系。基本扭转新闻出版产品和服务的出口逆差状况，大幅度提升中华文化的国际传播力和影响力。

三、推动新闻出版产业发展的重点任务

（七）发展图书、报纸、期刊等纸介质传统出版产业。支持新闻出版企业组织策划和出版更多贴近实际、贴近生活、贴近群众的优秀精神文化产品，生产出更多思想性、艺术性、可读性俱佳的原创精品力作。鼓励新闻出版企业创新纸介质读物形式，积极发展纸介质立体、有声读物，提升传统纸介质出版物的吸引力。打破出版载体界限，在多个出版平台上对出版内容进行深度开发和加工，实现一次性生产、多媒体发布。支持新闻出版企业积极采用数字、网络等高新技术和现代生产方式，改造传统的创作、生产和传播方式。加快从主要依赖传统纸介质出版产品向多种介质出版产品共存的现代出版产业转变。

（八）发展数字出版等非纸介质战略性新兴出版产业。积极推动音像制品、电子出版企业向数字化、网络化转型。积极发展数字出版、网络出版、手机出版等以数字化内容、数字化生产和数字化传输为主要特征的战略性新兴新闻出版业态。支持新闻出版企业以互联网为平台，以图文、音频、视频等形式，对出版内容资源进行全方位、立体式、深层次开发利用。支持电子纸、阅读器等新闻出版新载体的技术开发、应用和产业化，提高数字阅读设备的质量、方便性以及版权保护水平。

（九）发展动漫、游戏出版产业。加快发展民族动漫出版产业，特别是鼓励网络和电子游戏等产品的出版，提高民族动漫、游戏的数量和质量。对优秀原创动漫、游戏作品及其相关人员、单位进行奖励和支持，大力扶持民族原创动漫、游戏精品，培养民族原创动漫、游戏领军人物。鼓励开展优秀原创动漫、游戏产品的少数民族语言译制出版工作。推动对动漫、游戏出版资源的深度开发利用，不断提升其出版产品附加值。

（十）发展印刷、复制产业。巩固和壮大出版物印刷、包装装潢印刷品印刷、其他印刷品印刷和只读类光盘复制、可录类光盘生产等印刷、复制产业。加大印刷、复制产业结构调整力度，促进印刷、复制产业升级换代。鼓励印刷、复制企业积极采用数字和网络技术改造生产流程和现有设备。实施数字印刷和印刷数字化工程，推动发展快速、按需、高效、个性化数码印刷。推动印刷产业从单纯加工服务型向以提高信息增值的现代服务型转变。支持新一代大容量高清光盘的研发和产业化。鼓励印刷企业上下游共同探索循环用纸等新材料新工艺的研发和应用，大力发展绿色印刷。对高耗能、高排放的落后产能，要运用环保、技术标准、产业和融资政策等手段，坚决予以淘汰。

（十一）发展新闻出版流通、物流产业。加强以跨地区连锁经营、信息化管理和现代物流为特征的大型现代新闻出版流通组织建设，重点培育一批主业突出、辐射力强的全国性和区域性新闻出版现代流通企业和企业集团，建设一批辐射全国的区域新闻出版物流中心，并推动有条件的企业跨地区、跨国连锁经营。积极扶持农村出版物市场和连锁网点建设，建立以大城市为中心、中小城市相配套、贯通城乡的新闻出版产业流通网络。建设出版物流通信息平台，统一信息标准，打通新闻出版产业之间的流通渠道，整合发行渠道，提高流通效率。推广网络结算新技术，打造全国统一的网上结算平台。鼓励新闻出版流通和物流企业发展电子商务，推进物联网与互联网相结合。鼓励新闻出版物流企业提供第三方物流服务。

四、推动新闻出版产业发展的主要措施

（十二）深化新闻出版体制改革，打造合格市场主体和骨干企业。按照中央关于深化文化体制改革的要求和部署及《新闻出版总署关于进一步推进新闻出版体制改革的指导意见》，大力推动经营性新闻出版单位转制和改制，建立和完善法人治理结构，实行股份制改造，培育合格的市场主体。把深化改革同调整结构结合起来，加快企业兼并重组和资源整合，鼓励教育、科技、卫生、财经、文化等领域的新闻出版资源先行整合，鼓励实力较强的地方新闻出版企业先行整合资源，形成一批导向正确、主业突出、实力雄厚、管理规范、运行高效、核心竞争力强的区域性综合集团和行业性专业集团。鼓励和支持新闻出版骨干企业跨媒体、跨行业、跨地区、跨国界和跨所有制重组，在三到五年内，重点培育六七家资产超过百亿、销售超过百亿的国内一流、国际知名的大型新闻出版企业，努力打造具有国际竞争力的跨国出版传媒集团。与此同时，大力培育一批走内涵式发展道路的"专、精、特、新"现代新闻出版企业。鼓励条件成熟的新闻出版企业上市融资。

（十三）运用高新技术，促进新闻出版产业发展方式转变和结构调整。加快推广应用信息技术、数字技术等高新技术，建立以政策为先导、投入为保障、企业为主体、创新平台为支撑、市场需求为导向、产学研相结合的新闻出版科技创新体系。要通过科技创新提高新闻出版内容创新能力与水平，丰富新闻出版产业的生产方式和新闻出版产品的表现形式，拓展新闻出版传播渠道。重点支持语言文字技术、声音技术、图形图像技术、内容采集与处理技术、知识组织管理技术、协同编辑管理技术等新闻出版产业支撑技术的发展和应用。不断提高新闻出版领域的科技含量和装备水平，鼓励和支持新闻出版企业运用高新技术和先进适用技术改造传统生产方式和基础设施。

（十四）实施重大项目建设，带动新闻出版产业发展。通过实施一批具有战略性、引导性和带动性的重大新闻出版项目，加速推进产业和产品升级，提高企业和产品的市场竞争力。抓住国家增加对新闻出版事业投入的契机，加大组织实施国家重大出版工程、少数民族新闻出版"东风工程"、农家书屋工程、全民阅读工程及文化环保工程等公共服务重大工程的力度，推动基本公共服务均等化，推动新闻出版产业有序快速发展。加快组织实施国家知识资源数据库、国家数字复合出版系统、数字版权保护技术研发工程、中华字库工程、国产动漫振兴工程、数字报业、国家重点学术期刊建设工程等重大项目，提升新闻出版产业的整体水平。着力在重点领域尽快形成一批进入海外市场的重点项目，增强新闻出版企业国际竞争力。

（十五）建设新闻出版产业带、产业园区和产业基地，发挥产业集群优势。鼓励各地结合区域经济社会发展规划，优化产业集聚环境，利用优势新闻出版资源，突出产业特色，提高产业集中度和专业化协作水平，有计划地建设新闻出版产业带、产业园区和产业基地，实现产业合理布局，促进产业区域协调发展。重点发展少数民族语言文字出版、数字出版、版权创意等产业园区和基地，大力推进国家级产业园区和基地建设。鼓励西南、西北等地区发展具有鲜明地域和民族特色的出版产业群。支持珠三角、长三角和环渤海等特色印刷复制产业带建设，振兴东北印刷产业，促进中西部印刷产业的开发与崛起。

（十六）建设现代市场体系，发挥市场在资源配置中的基础性作用。打破条块分割、地区封锁和城乡分离的市场格局，加快形成统一开放的新闻出版市场体系。充分利用全国性和区域性产权交易机构，为新闻出版资本、产权、人才、信息、技术等要素的有序、有效流动搭建交易平台。培育发展版权代理、出版经纪等市场中介机构，提高新闻出版产品和服务的市场化程度。积极打造新闻出版产业发展交流平台，支持办好全国图书交易博览会等展会。在国家政策允许的条件下，充分利用发行企业债券、引进境内外战略投资、上市融资等多种渠道为企业融资。开展与国有银行及相关金融机构的战略合作，加快建立和发展中小新闻出版企业信用担保机制，允许投资人以知识产权等无形资产评估作价出资组建新闻出版企业，为产业发展争取良好的融资环境。

（十七）引导和规范非公有资本有序进入新闻出版产业，解放和发展新兴文化生产力。根据《中共中央、国务院关于深化文化体制改革的若干意见》和国家《文化产业振兴规划》等文件精神，鼓励、支持和引导非公有资本以多种形式进入政策许可的领域。鼓励和支持非公有制文化企业从事印刷、发行等新闻出版产业的有关经营活动。引导和规范个体、私营资本投资组建的非公有制文化企业以内容提供、项目合作、作为国有出版企业一个部门等方式，有序参与科技、财经、教辅、音乐艺术、少儿读物等专业图书出版活动。鼓励和支持非公有制文化企业开拓境外新闻出版市场。加强和改进服务，努力为非公有制文化企业持续快速健康发展创造良好的政策环境和平等竞争机会。

五、推动新闻出版产业"走出去"

（十八）加大支持新闻出版产品对外贸易、版权输出、合作出版的力度。支持新闻出版企业结合自身优势和特点，生产更多适合境外市场的新闻出版产品，并以多种方式进入海外市场。支持新闻出版企业利用先进科技成果创新产品形态，拓展传播渠道，增强中华文化影响力。支持新闻出版企业利用金融机构提供的出口信贷和金融产品，积极开展出口外贸业务。抓好国家文化重点出口企业和项目相关工作的落实。继续实施"经典中国"国际出版工程、中外图书互译计划、中国音像制品"走出去"工程、中国图书对外推广计划。

（十九）支持各种所有制的新闻出版企业到境外投资兴办实体。支持有条件的新闻出版企业，通过新设、收购、合作等方式，到境外建社、办厂、开店，实现新闻出版企业在境外的落地和本土化。对符合国家出口指导目录规定的境外投资，在政策、资源、信息、服务等方面予以支持。

（二十）充分发挥国际合作网络和平台的作用。鼓励新闻出版企业与国际著名文化制作、经纪、营销机构合作，建设以欧美、周边国家和港澳台地区为重点的市场营销网络和营销队伍，创新市场营销方式和手段。支持新闻出版企业参加法兰克福国际书展等国际大型展会和文化活动，打造北京国际图书博览会等具有重要影响力的国际出版、版权交易平台，发挥其在对外推广文化产品和服务方面的积极作用。

（二十一）为新闻出版产业"走出去"提供服务。制定"走出去"总体规划和战略目标，在出版物和版权"走出去"的基础上，实现新闻出版企业"走出去"、品牌"走出去"、资本"走出去"。设立出版物海外推广中心、实施翻译人才库工程。加强信息平台建设，完善出版物进出口统计制度，做好新闻出版产品、服务贸易和重点企业的统计分析，向新闻出版企业及时提供国际出版市场信息。加强对有关国家文化市场和政策环境的研究，帮助新闻出版企业开拓海外市场。

六、推动新闻出版产业发展的政策和组织保障

（二十二）加强新闻出版产业发展规划工作，提高宏观调控水平。全面把握国内外经济形势变化，统筹把握新闻出版业的意识形态属性和产业属性，在确保完成《新闻出版业"十一五"发展规划》各项目标任务的同时，科学编制新闻出版业"十二五"发展规划，将新闻出版产业发展纳入国家经济社会发展规划之中。加强对产业重大项目的指导，建立新闻出版产业项目库。制定和公布新闻出版产业发展和投资指导目录。

（二十三）落实推动新闻出版产业发展的各项优惠政策。用好用足国家支持文化单位转制和文化企业发展的一系列优惠政策，会同有关部门制定和落实支持新闻出版产业发展的相关配套政策，充分发挥政策对新闻出版产业发展的引导、激励和保障作用。

（二十四）加大对新闻出版产业发展的投入。积极争取各级财政支持，采取贴息、补助、奖励等方式，支持新闻出版产业发展。用好宣传文化发展专项资金、国家出版基金、民文出版专项资金、农家书屋工程专项资金、扶持动漫产业发展专项资金、"走出去"专项资金等财政专项资金。加强财政资金的管理和使用，提高资金的使用效率。

（二十五）科学配置新闻出版资源。对跨地区发展的新闻出版企业，对优势新闻出版产业，对改革力度大、发展速度快的地区，在出版资源上给予优先配置和政策倾斜。依据新闻出版产业发展需要，综合配置图书、报纸、期刊、音像制品、电子出版、网络出版及手机出版等出版资源，解决因出版权分割所带来的制约产业发展的问题。

（二十六）做好新闻出版产业发展的基础性工作。加强新闻出版标准化工作，抓紧新闻出版标准体系建设，特别是抓好数字出版等新兴业态的标准体系的研究制定。加强出版信息化建设工作，构建有利于书号、条码、在版编目和统计、年检数据等行业信息资源集中管理、有效整合的运行平台和工作机制。进一步加强和改进新闻出版统计工作，及时发布新闻出版统计报告。

（二十七）完善保障新闻出版产业发展的法规体系和法律制度。根据当前新闻出版体制改革和产业发展的实际情况，继续推动《出版管理条例》《音像制品管理条例》的修订，加快制定《中国标准书号使用管理办法》《互联网游戏出版服务管理办法》《国家出版产业基地管理办法》等规章和规范性文件。围绕保障和促进新闻出版产业发展，认真研究完善出版单位法人制度、准入和退出制度、主管主办制度、新媒体出版服务制度等相关法律制度。

（二十八）改善和优化新闻出版市场环境。贯彻落实《国家知识产权战略纲要》，加大版权保护力度，探索建立在新技术条件下科学合理的数字出版授权和使用机制。深入持久开展"扫黄打非"斗争，加大执法力度，着力改善和优化新闻出版市场秩序。加强行业信用体系建设，在全行业开展诚信宣传教育和职业道德教育，切实推动行业自律。加强党风廉政建设和反腐倡廉工作，把行风建设贯穿于新闻出版产业发展的全过程，营造"依法经营、违法必究、公平交易、诚实守信"的产业发展环境。

（二十九）强化新闻出版产业发展的人才保障。以培养新闻出版各类领军人物为目标，统筹抓好领导人才、经营管理人才、专业技术人才特别是复合型人才队伍建设，造就一批名作者、名编辑、名记者、行业技术专家和出版家、企业家。加快人才培养和队伍培训，设立人才培养专项资金，以定向培养、公开招聘、业外引进等方式，培养、吸引和凝聚优秀人才。完善新闻出版专业技术人员职业资格制度，以职业准入和岗位准入为抓手，不断提高基层人才队伍素质。把非公有文化机构的人才队伍纳入行业人才建设体系，积极培养和充分发挥其作用。创新人才激励机制，健全人才选拔机制，完善人才流动机制，形成有利于各类人才脱颖而出的体制环境。

（三十）健全和完善各级新闻出版产业发展领导体制和工作机制。各级新闻出版行政部门要增强推动新闻出版产业发展的责任意识，明确新闻出版产业发展领导机构和工作班子，负责指导、协调、实施新闻出版产业发展工作，确保各项目标、措施和政策落到实处。积极争取地方党委、政府对当地新闻出版产业的重视和支持，继续开展"省部战略合作"，共同推动新闻出版产业发展。

新闻出版总署

二〇一〇年一月一日

新闻出版总署关于加快
我国数字出版产业发展的若干意见

新出政发〔2010〕7号

各省、自治区、直辖市新闻出版局,新疆生产建设兵团新闻出版局,解放军总政治部宣传部新闻出版局,中央和国家机关各部委、各民主党派、各人民团体新闻出版主管部门,中国出版集团公司:

数字出版是指利用数字技术进行内容编辑加工,并通过网络传播数字内容产品的一种新型出版方式,其主要特征为内容生产数字化、管理过程数字化、产品形态数字化和传播渠道网络化。目前数字出版产品形态主要包括电子图书、数字报纸、数字期刊、网络原创文学、网络教育出版物、网络地图、数字音乐、网络动漫、网络游戏、数据库出版物、手机出版物(彩信、彩铃、手机报纸、手机期刊、手机小说、手机游戏)等。数字出版产品的传播途径主要包括有线互联网、无线通讯网和卫星网络等。由于其海量存储、搜索便捷、传输快速、成本低廉、互动性强、环保低碳等特点,已经成为新闻出版业的战略性新兴产业和出版业发展的主要方向。

发展数字出版产业,对于提升我国文化软实力,推动文化产业乃至国民经济的可持续发展,转变出版业发展方式具有重要意义。进入新世纪以来,我国数字出版产业取得了较快进展。与此同时,由于存在投入成本高、赢利模式不成熟、相关标准不统一等问题,制约了数字出版产业的进一步发展,其生产力尚未得以充分释放。为贯彻落实中央关于调整产业结构和转变发展方式的战略部署,贯彻落实《文化产业振兴规划》和新闻出版总署《关于进一步推动新闻出版产业发展的指导意见》,推进出版业升级,现就加快我国数字出版产业发展提出如下意见。

一、加快数字出版产业发展的总体目标

1. 战略目标。要以数字化带动新闻出版业现代化，鼓励自主创新，研发数字出版核心技术，推动出版传播技术升级换代，构建传输快捷、覆盖广泛的现代新闻出版传播体系；要形成一批发展思路清晰、内容资源充沛、立足自主创新、出版方式多样、营销模式成熟、市场竞争力强、产品影响广泛的数字出版龙头企业；要切实从社会需求出发，将优质内容与数字技术紧密结合，打造弘扬中华优秀文化、反映科学技术进步、体现时代精神、为大众喜闻乐见、具有国际影响力的数字出版产品和品牌；要构建要素完整、结构合理、水平先进、效益良好、多方共赢的数字出版产业发展新格局，把数字出版产业打造成新闻出版支柱产业。

2. 发展指标。到"十二五"末，我国数字出版总产值力争达到新闻出版产业总产值25%，整体规模居于世界领先水平。在全国形成8—10家各具特色、年产值超百亿的国家数字出版基地或国家数字出版产业园区，形成20家左右年主营业务收入超过10亿元的具有国际竞争力的数字出版骨干企业。到2020年，传统出版单位基本完成数字化转型，其数字化产品和服务的运营份额在总份额中占有明显优势。

二、加快数字出版产业发展的主要任务

3. 加快推动传统出版单位数字化转型。加快书报刊出版单位采用新技术和现代生产方式改造传统出版流程；高度重视出版资源数字化工作，加快存量资源整理，按统一标准进行分类、存储；积极探索出版资源数字版权授权解决方案；鼓励传统出版单位开展网络出版业务；支持传统出版单位设立完全市场化的数字出版公司，尽快做大做强，成为数字出版龙头企业。

4. 加快推动音像电子出版单位数字化升级。积极运用新媒体、新技术加速产业升级；鼓励音像电子出版单位与通信运营商、网络运营商及硬件制造商进行全方位合作，拓展新业态。

5. 加快推动传统印刷复制企业数字化改造。推动传统印刷复制企业积极采用数字和网络技术，改造印刷生产流程和设备，大力发展数字印刷，提高对消费者多样化、个性化需求的服务供给能力。

6. 大力增强网游动漫出版产品的创作和研发能力。鼓励企业通过自主创新，充分挖掘中华优秀文化，研发网游动漫精品，提高国产网游动漫产品的质量和市场占有率，提升产品附加值；打造网游动漫知名品牌，提高市场运作能力；组织实施民族网游动漫海外推广计划，大力支持国产原创网游动漫产品开发海外市场。

7. 切实加强新闻出版公共服务项目的数字化建设。对新闻出版公共服务工程中的数字化项目予以资金、政策、技术等方面的扶持；支持和鼓励出版单位、数字化公司承担和拓展数字出版公共服务项目；积极支持"农家书屋"向数字化方向发展；高度重视数字阅读，拓展全民阅读的空间；加快全民阅读工程指导性网站建设；积极开发盲文有声教材和读物；充分利用互联网，扩大民文出版物传播范围。

8. 加快国家数字出版重点科技工程和重大项目建设。加快国家数字复合出版工程、数字版权保护技术研发工程、中华字库工程和国家知识资源数据库工程等数字出版重大科技工程项目的建设进度；建设国家重点数字出版工程项目库，扶持企业建设以公共服务平台建设、内容资源数据库建设、数字出版软件产品开发以及相关技术研发为主的数字出版工程项目；加快数字出版领域科技推广和成果转化；扶持以动漫出版、网络游戏出版、数据库出版等为主的数字出版项目；扶持具有自主知识产权的电子纸、终端阅读器等新产品、新载体的研发和应用。

9. 加快推进数字出版相关标准研制工作。坚持"基础、急用"标准先行的原则，尽快制定各种数字出版相关的内容标准、格式标准、技术标准、产品标准、管理和服务标准，完成数字出版、移动出版等相关数字出版标准体系的制定，在生产、交换、流通、版权保护等过程中形成符合行业规范的数字出版业标准化体系，创造公平的市场竞争环境。

10. 推动数字出版产业聚集区建设。打破行政区划壁垒，在有条件的区域建设数字出版产业聚集区，形成一批核心数字出版产业集群和特色产业基地；吸引国内国际知名的相关企业落户，逐步形成产业集群效应；支持进入国家级数字出版基地的企业开展互联网出版业务。

11. 支持非公有制企业从事数字出版活动。支持民营新技术公司研发基于不同传输平台和阅读终端的游戏、动漫、音乐等数字出版产品和具有自主知识产权的移动终端等硬件设备；建立数字出版企业评估体系，对长期从事数字出版活动且出版导向正确、技术实力雄厚、竞争优势明显、发展前景广阔、经营业绩突出的非公有制企业予以重点扶持；建立健全互联网出版准入退出机制，完善准入退出评估标准。

12. 推动数字出版"走出去"。鼓励企业充分利用国际国内两种资源和两个市场，借助网络传输快捷、覆盖广泛和无国界特性，加快推动优秀出版物通过数字出版方式进入国际市场，参与国际竞争，不断增强中国新闻出版的传播能力，提高中华文化的国际影响力；重点扶持和培育在"走出去"方面措施得力、成效显著的数字出版骨干企业和示范单位，对切实跨出国门并取得显著成绩的重大项目和重点企业予以资金资助、税收减免和其他奖励。

三、加快数字出版产业发展的保障措施

13. 加强组织领导。各级新闻出版行政部门要充分认识加强数字出版工作的重要性和紧迫性，把推进数字出版产业发展作为本地区新闻出版业繁荣发展的重要工作内容；要加强组织领导，完善组织机构，积极创造条件，设立专职数字出版管理部门；要加强对本地区数字出版产业发展的统计、规划、协调和引导，做好对本地区从事数字出版内容生产、加工、复制和数字出版产品销售、进出口等活动的数字出版企业的监管与服务工作；要采取有效措施，切实解决数字出版管理工作中存在的突出问题，为数字出版产业发展创造良好的环境和条件。

14. 发挥部门合力。地方各级新闻出版行政部门要主动加强与当地党委、政府相关部门的沟通合作，争取本地发展和改革、财政、税务、工信、科技等综合职能部门对数字出版工作的支持，将数字出版发展规划纳入本地经济社会发展规划之中，为本地数字出版产业发展创造条件、提供保障；要结合本地实际，深入研究针对数字出版产业的财税政策，充分发挥政策的推动引导作用，促进数字出版产业健康发展，把国家以及各地支持推进数字化进程、文化体制改革和文化产业发展的优惠政策落到实处，为数字出版产业发展争取更多的政策支持。

15. 优化资源配置。对内容资源丰富、具备技术和其他条件的传统出版单位优先赋予互联网出版权；鼓励条件成熟的传统出版单位开发基于互联网、无线通讯网、有线电视网、卫星传输等各类移动终端的数字出版产品；鼓励传统出版企业与新媒体公司进行深层次合作，探索新型业务模式和营销模式，拓展和延伸出版产业链；倡导联合重组，鼓励非公有制企业与拥有内容资源优势的国有出版企业嫁接重组，拓展发展领域，形成新的市场主体。

16. 加大投入力度。要逐步完善数字出版投入机制，积极争取各级财政对数字出版产业发展的扶持，加大对重点数字出版工程项目的资金投入；充分发挥文化产业发展专项资金、宣传文化发展专项资金、科技创新资金和现代信息服务业专项资金的扶持导向作用，面向全社会，推动设立扶持数字出版专项资金，重点用于数字出版公共服务平台和骨干项目建设；鼓励社会各界参与数字出版产业发展，用足用好金融领域支持文化产业振兴和繁荣发展的优惠政策，拓宽投融资渠道，引入战略投资者，实现投资主体多元化。

17. 搭建交流平台。继续支持和扶持办好中国数字出版博览会、中国数字出版年会、中国国际数码互动娱乐展览会、中国国际动漫创意产业交易会、中国国际漫画节等数字出版产业方面的重要会展；积极组织参与全国图书博览会、全国图书订货交易会、北京国际图书博览会、深圳文博会、海峡两岸图书交易会，搭建展示和交流平台，推动数字出版新技术、新经验、新模式的深度交流，展示数字出版新产品和新技术。

18. 加强版权保护。要加大版权保护宣传力度，强化版权保护意识；加大对数字版权侵权盗版行为的打击力度，切实保障著作权人合法权益；加快技术创新和标准制定，为版权保护提供有效的技术手段；积极建立以司法、行政、技术和标准相结合的版权保护体系。

19. 强化网络监管。要建立属地内出版、外宣、公安、通信、"扫黄打非"等部门的协调、沟通和信息共享机制；增强网络出版突发事件的应对能力，提高监管工作的预见性、针对性和时效性，全面提升主动监管能力和技术保障水平；要加大对互联网低俗之风和手机网站传播淫秽色情信息的打击力度，同时切实加强对网络游戏出版审批把关和网络游戏动态出版、非法出版的监管，全面净化互联网和手机出版环境；各地要加快网络出版监管系统建设，积极探索网络出版监管的有效方式，强化长效动态监管机制。

20. 完善法规体系。加快修订《出版管理条例》《互联网出版管理暂行规定》等法律法规，制定发布《手机媒体出版服务管理办法》《数据库出版服务管理办法》《互联网文学出版服务管理办法》和《互联网游戏审批管理细则》等部门规章，加快规范数字出版产业发展的法规体系建设。

21. 健全考评体系。要建立健全数字出版工作考评体系，加大对出版单位数字出版业绩考核的指标权重，重点评估其数字出版总体规划、新兴媒体和服务建设、内容资源数字化加工水平、出版流程再造、数字出版企业的市场表现、数字出版人才队伍建设、数字出版创新成果等具体指标和数据；充分调动企业经营管理者和数字出版从业人员的积极性和主动性，激发文化创造力，把推动数字出版的实际效果和发展水平纳入年度考评指标。

22. 加快人才培养。要不断完善数字出版人才培养体系，加大数字出版人才培养力度，特别是传统出版单位数字出版高级管理人才、高级营销人才、高级策划人才及数字出版编辑人才的培养，加快解决数字出版产业高层次、复合型人才的短缺问题；积极开展形式多样的数字出版产业经营管理人才培训，鼓励数字出版企业与高等院校及科研机构合作，建立人才培养和实训基地，逐步建立起教育培训和岗位实践相结合的数字出版产业人才培养机制；进一步健全人才引进、使用和考核机制。

新闻出版总署
二〇一〇年八月十六日

国务院关于促进企业兼并重组的意见

国发〔2010〕27号

各省、自治区、直辖市人民政府，国务院各部委、各直属机构：

为深入贯彻落实科学发展观，切实加快经济发展方式转变和结构调整，提高发展质量和效益，现就加快调整优化产业结构、促进企业兼并重组提出以下意见：

一、充分认识企业兼并重组的重要意义

近年来，各行业、各领域企业通过合并和股权、资产收购等多种形式积极进行整合，兼并重组步伐加快，产业组织结构不断优化，取得了明显成效。但一些行业重复建设严重、产业集中度低、自主创新能力不强、市场竞争力较弱的问题仍很突出。在资源环境约束日益严重、国际间产业竞争更加激烈、贸易保护主义明显抬头的新形势下，必须切实推进企业兼并重组，深化企业改革，促进产业结构优化升级，加快转变发展方式，提高发展质量和效益，增强抵御国际市场风险能力，实现可持续发展。各地区、各有关部门要把促进企业兼并重组作为贯彻落实科学发展观，保持经济平稳较快发展的重要任务，进一步统一思想，正确处理局部与整体、当前与长远的关系，切实抓好促进企业兼并重组各项工作部署的贯彻落实。

二、主要目标和基本原则

（一）主要目标

通过促进企业兼并重组，深化体制机制改革，完善以公有制为主体、多种所有制经济共同发展的基本经济制度。加快国有经济布局和结构的战略性调整，健全国有资本有进有退的合理流动机制，鼓励和支持民营企业参与竞争性领域国有企业改革、改制和改组，促进非公有制经济和中小企业发展。兼并重组企业要转换经营机制，完善公司治理结构，建立现代企业制度，加强和改善内部管理，加强技术改造，推进技术进步和自主创新，淘汰落后产能，压缩过剩产能，促进节能减排，提高市场竞争力。

进一步贯彻落实重点产业调整和振兴规划，做强做大优势企业。以汽车、钢铁、水泥、机械制造、电解铝、稀土等行业为重点，推动优势企业实施强强联合、跨地区兼并重组、境外并购和投资合作，提高产业集中度，促进规模化、集约化经营，加快发展具有自主知识产权和知名品牌的骨干企业，培养一批具有国际竞争力的大型企业集团，推动产业结构优化升级。

（二）基本原则

1. 发挥企业的主体作用。充分尊重企业意愿，充分调动企业积极性，通过完善相关行业规划和政策措施，引导和激励企业自愿、自主参与兼并重组。

2. 坚持市场化运作。遵循市场经济规则，充分发挥市场机制的基础性作用，规范行政行为，由企业通过平等协商、依法合规开展兼并重组，防止"拉郎配"。

3. 促进市场有效竞争。统筹协调，分类指导，促进提高产业集中度，促进大中小企业协调发展，促进各种所有制企业公平竞争和优胜劣汰，形成结构合理、竞争有效、规范有序的市场格局。

4. 维护企业与社会和谐稳定。严格执行相关法律法规和规章制度，妥善解决企业兼并重组中资产债务处置、职工安置等问题，依法维护债权人、债务人以及企业职工等利益主体的合法权益，促进企业、社会的和谐稳定。

三、消除企业兼并重组的制度障碍

（一）清理限制跨地区兼并重组的规定

为优化产业布局、进一步破除市场分割和地区封锁，要认真清理废止各种不利于企业兼并重组和妨碍公平竞争的规定，尤其要坚决取消各地区自行出台的限制外地企业对本地企业实施兼并重组的规定。

（二）理顺地区间利益分配关系

在不违背国家有关政策规定的前提下，地区间可根据企业资产规模和赢利能力,签订企业兼并重组后的财税利益分成协议,妥善解决企业兼并重组后工业增加值等统计数据的归属问题,实现企业兼并重组成果共享。

(三)放宽民营资本的市场准入

切实向民营资本开放法律法规未禁入的行业和领域,并放宽在股权比例等方面的限制。加快垄断行业改革,鼓励民营资本通过兼并重组等方式进入垄断行业的竞争性业务领域,支持民营资本进入基础设施、公共事业、金融服务和社会事业相关领域。

四、加强对企业兼并重组的引导和政策扶持

(一)落实税收优惠政策

研究完善支持企业兼并重组的财税政策。对企业兼并重组涉及的资产评估增值、债务重组收益、土地房屋权属转移等给予税收优惠,具体按照财政部、税务总局《关于企业兼并重组业务企业所得税处理若干问题的通知》(财税〔2009〕59号)、《关于企业改制重组若干契税政策的通知》(财税〔2008〕175号)等规定执行。

(二)加强财政资金投入

在中央国有资本经营预算中设立专项资金,通过技改贴息、职工安置补助等方式,支持中央企业兼并重组。鼓励地方人民政府通过财政贴息、信贷奖励补助等方式,激励商业银行加大对企业兼并重组的信贷支持力度。有条件的地方可设立企业兼并重组专项资金,支持本地区企业兼并重组,财政资金投入要优先支持重点产业调整和振兴规划确定的企业兼并重组。

(三)加大金融支持力度

商业银行要积极稳妥开展并购贷款业务,扩大贷款规模,合理确定贷款期限。鼓励商业银行对兼并重组后的企业实行综合授信。鼓励证券公司、资产管理公司、股权投资基金以及产业投资基金等参与企业兼并重组,并向企业提供直接投资、委托贷款、过桥贷款等融资支持。积极探索设立专门的并购基金等兼并重组融资新模式,完善股权投资退出机制,吸引社会资金参与企业兼并重组。通过并购贷款、境内外银团贷款、贷款贴息等方式支持企业跨国并购。

(四)支持企业自主创新和技术进步

支持有条件的企业建立企业技术中心,提高研发水平和自主创新能力,加快科技成果向现实生产力转化。大力支持兼并重组企业技术改造和产品结构调整，优先安排技术改造资金，对符合国家产业政策的技术改造项目优先立项。鼓励和引导企业通过兼并重组淘汰落后产能，切实防止以兼并重组为名盲目扩张产能和低水平重复建设。

（五）充分发挥资本市场推动企业重组的作用

进一步推进资本市场企业并购重组的市场化改革，健全市场化定价机制，完善相关规章及配套政策，支持企业利用资本市场开展兼并重组，促进行业整合和产业升级。支持符合条件的企业通过发行股票、债券、可转换债等方式为兼并重组融资。鼓励上市公司以股权、现金及其他金融创新方式作为兼并重组的支付手段，拓宽兼并重组融资渠道，提高资本市场兼并重组效率。

（六）完善相关土地管理政策

兼并重组涉及的划拨土地符合划拨用地条件的，经所在地县级以上人民政府批准可继续以划拨方式使用；不符合划拨用地条件的，依法实行有偿使用，划拨土地使用权价格可依法作为土地使用权人的权益。重点产业调整和振兴规划确定的企业兼并重组项目涉及的原生产经营性划拨土地，经省级以上人民政府国土资源部门批准，可以国家作价出资（入股）方式处置。

（七）妥善解决债权债务和职工安置问题

兼并重组要严格依照有关法律规定和政策妥善分类处置债权债务关系，落实清偿责任，确保债权人、债务人的合法利益。研究债务重组政策措施，支持资产管理公司、创业投资企业、股权投资基金、产业投资基金等机构参与被兼并企业的债务处置。切实落实相关政策规定，积极稳妥解决职工劳动关系、社会保险关系接续、拖欠职工工资等问题。制定完善相关政策措施，继续支持国有企业实施主辅分离、辅业改制和分流安置富余人员。认真落实积极的就业政策，促进下岗失业人员再就业，所需资金从就业专项资金中列支。

（八）深化企业体制改革和管理创新

鼓励兼并重组企业进行公司制、股份制改革，建立健全规范的法人治理结构，转换企业经营机制，创新管理理念、管理机制和管理手段，加强和改善生产经营管理，促进自主创新，提高企业市场竞争力。

五、改进对兼并重组的管理和服务

（一）做好信息咨询服务

加快引进和培养熟悉企业并购业务特别是跨国并购业务的专门人才，建立促进境内外并购活动的公共服务平台，拓宽企业兼并重组信息交流渠道，加强市场信息、战略咨询、法律顾问、财务顾问、资产评估、产权交易、融资中介、独立审计和企业管理等咨询服务，推动企业兼并重组中介服务加快专业化、规范化发展。

（二）加强风险监控

督促企业严格执行兼并重组的有关法律法规和政策，规范操作程序，加强信息披露，防范道德风险，确保兼并重组操作规范、公开、透明。深入研究企业兼并重组中可能出现的各种矛盾和问题，加强风险评估，妥善制定相应的应对预案和措施，切实维护企业、社会和谐稳定。有效防范和打击内幕交易和市场操纵行为，防止恶意收购，防止以企业兼并重组之名甩包袱、偷逃税款、逃废债务，防止国有资产流失。充分发挥境内银行、证券公司等金融机构在跨国并购中的咨询服务作用，指导和帮助企业制定境外并购风险防范和应对方案，保护企业利益。

（三）维护公平竞争和国家安全

完善相关管理办法，加强和完善对重大的企业兼并重组交易的管理，对达到经营者集中法定申报标准的企业兼并重组，依法进行经营者集中审查。进一步完善外资并购管理规定，建立健全外资并购国内企业国家安全审查制度，鼓励和规范外资以参股、并购方式参与国内企业改组改造和兼并重组，维护国家安全。

六、加强对企业兼并重组工作的领导

建立健全组织协调机制，加强对企业兼并重组工作的领导。由工业和信息化部牵头，发展改革委、财政部、人力资源社会保障部、国土资源部、商务部、人民银行、国资委、税务总局、工商总局、银监会、证监会等部门参加，成立企业兼并重组工作协调小组，统筹协调企业兼并重组工作，研究解决推进企业兼并重组工作中的重大问题，细化有关政策和配套措施，落实重点产业调整和振兴规划的相关要求,协调有关地区和企业做好组织实施。各地区要努力营造企业跨地区、跨行业、跨所有制兼并重组的良好环境,指导督促企业切实做好兼并重组有关工作。

附件:促进企业兼并重组任务分工表

国务院
二〇一〇年八月二十八日

附件：

促进企业兼并重组任务分工表

序号	工作任务	牵头单位	参加单位
1	清理取消阻碍企业兼并重组的规定。	工业和信息化部	各省、自治区、直辖市人民政府
2	放宽民营资本的市场准入。	工业和信息化部	发展改革委、国土资源部、工商总局、银监会等
3	完善和落实企业兼并重组的税收优惠政策。	财政部	税务总局
4	鼓励商业银行开展并购贷款业务，扩大贷款规模。鼓励商业银行对兼并重组后的企业实行综合授信。通过并购贷款、境内外银团贷款、贷款贴息等方式支持企业跨国并购。	银监会、人民银行	发展改革委、工业和信息化部、财政部
5	积极探索设立专门并购基金等兼并重组融资新模式，完善股权投资退出机制。支持符合条件的企业通过发行股票、债券、可转换债等为兼并重组融资。	证监会、发展改革委	工业和信息化部、财政部
6	在中央国有资本经营预算中设立专项资金，支持中央企业兼并重组。	财政部	国资委、发展改革委、工业和信息化部、商务部
7	鼓励地方人民政府通过财政贴息、信贷奖励补助等方式，激励商业银行加大对企业兼并重组的信贷支持力度。有条件的地方可设立企业兼并重组专项资金。	各省、自治区、直辖市人民政府	

续表

序号	工 作 任 务	牵头单位	参加单位
8	进一步推进资本市场企业并购重组的市场化改革,健全市场化定价机制,完善相关规章及配套政策,支持企业利用资本市场开展兼并重组。鼓励上市公司以股权、现金及其他金融创新方式作为兼并重组的支付手段。	证监会	发展改革委、财政部、商务部、人民银行、银监会
9	完善土地使用优惠政策。	国土资源部	财政部
10	加大对兼并重组企业技术改造支持力度。支持有条件的企业建立企业技术中心。鼓励和引导企业通过兼并重组淘汰落后产能,切实防止以兼并重组为名盲目扩张产能和低水平重复建设。	发展改革委、工业和信息化部	财政部
11	研究债务重组政策措施,支持资产管理公司、创业投资企业、股权投资基金、产业投资基金等机构参与被兼并企业的债务处置。	财政部	发展改革委、人民银行、国资委、银监会
12	制订完善相关政策措施,继续支持国有企业实施主辅分离、辅业改制和分流安置富余人员。	财政部、国资委	人力资源社会保障部
13	落实积极的就业政策,促进下岗失业人员再就业。	人力资源社会保障部、财政部,各省、自治区、直辖市人民政府	国资委

续表

序号	工 作 任 务	牵头单位	参加单位
14	建立促进境内外并购活动的公共服务平台	工业和信息化部	发展改革委、商务部、证监会
15	发挥境内银行、证券公司等金融机构在跨国并购中的咨询服务作用，指导和帮助企业制定境外并购风险防范和应对方案。	商务部	银监会、证监会、工业和信息化部、发展改革委等
16	督促企业严格执行有关法律法规和政策，规范操作程序，加强信息披露。有效防范和打击内幕交易和市场操纵行为，防止恶意收购，防止以企业兼并重组之名甩包袱、偷逃税款、逃废债务，防止国有资产流失。	工业和信息化部	发展改革委、财政部、商务部、国资委、人民银行、税务总局、工商总局、银监会、证监会
17	深入研究企业兼并重组中可能出现的各种矛盾和问题，加强风险评估，制定相应的应对预案。	工业和信息化部	发展改革委、财政部、人力资源社会保障部、商务部、人民银行、国资委、银监会、证监会
18	对达到经营者集中法定申报标准的企业兼并重组，依法进行经营者集中审查。	商务部	发展改革委、工业和信息化部、国资委等
19	完善相关管理办法，加强和完善对重大的企业兼并重组交易的管理。	工业和信息化部	发展改革委、财政部、商务部、国资委、证监会
20	建立企业兼并重组工作部际协调机制。	工业和信息化部	发展改革委、财政部、人力资源社会保障部、国土资源部、商务部、人民银行、国资委、税务总局、工商总局、银监会、证监会等

国家科技支撑计划管理办法

国科发计〔2011〕430号

第一章 总 则

第一条 依据《中华人民共和国科学技术进步法》，为贯彻落实《国家中长期科学和技术发展规划纲要（2006—2020年)》（以下简称《纲要》），加强国家科技支撑计划（以下简称"支撑计划"）的规范化、科学化管理，特制定本办法。

第二条 支撑计划面向国民经济和社会发展的重大科技需求，落实《纲要》重点领域及优先主题的任务部署，坚持自主创新，突破关键技术，加强技术集成应用和产业化示范，重点解决战略性、综合性、跨行业、跨地区的重大科技问题，培养和造就一批高水平的科技创新人才和团队，培育和形成一批具有国际水平的技术创新基地，为加快推进经济结构调整、发展方式转变和民生改善提供强有力的科技支撑。

第三条 支撑计划重点支持能源、资源、环境、农业、材料、制造业、交通运输、信息产业与现代服务业、人口与健康、城镇化与城市发展、公共安全及其他社会事业等领域的研发与应用示范。

第四条 支撑计划按照"竞争、公开、择优、问责"的原则组织实施，坚持需求牵引，突出重点；统筹协调，联合推进；权责明确，规范管理。在实施机制中突出企业技术创新的主体地位，促进产学研用紧密结合。

第五条 支撑计划实行保密制度、回避制度、信用管理制度和公示制度，课题任务的组织实施强化法人管理责任制；逐步建立支撑计划绩效评价体系，对计划参与主体加强监督，实行责任追究制度。

第六条　科学技术部（以下简称"科技部"）建立国家科技计划管理信息系统，加强国家科技计划的信息化管理，推动科技资源的合理配置和共享。

第七条　科技部会同财政部制定支撑计划管理办法。科技部负责支撑计划的组织实施，设项目和课题两个层次。项目采取有限目标、分类指导、滚动立项、分年度实施的管理方式，实施周期为三至五年。

第二章　组　织

第八条　科技部负责支撑计划总体实施的组织、管理和监督，其主要职责是：

（一）负责支撑计划的总体设计和发展战略研究；

（二）制定有关管理办法；

（三）建立国家科技计划备选项目库，汇总提出、审定项目立项建议，确定项目组织单位，组织项目可行性论证，批复立项；

（四）编制年度计划；

（五）指导并督促支撑计划的实施，协调并处理项目执行中的重大问题；

（六）组织项目验收；

（七）汇总登记项目产生的科技成果，按规定加强管理；

（八）建立国家科技计划管理信息系统。

第九条　项目组织单位为国务院有关部门（单位）、有关地方科技厅（委、局）和其他具备组织协调能力的单位或组织，对项目目标的完成及实施效果负责，其主要职责是：

（一）按要求组织编制项目可行性研究报告；

（二）负责项目的任务分解，组织课题可行性论证，按照"公开、公平、公正"的原则，择优确定课题承担单位和项目最终技术或产品集成的负责单位，组织签订课题任务书；

（三）落实项目约定支付的除财政资金以外的其他渠道经费及相关保障条件；

（四）组织项目（课题）的实施，监督、检查课题的执行情况和经费使用情况，按要求汇总、报告项目年度执行情况及有关信息报表，协调并处理项目

（课题）执行过程中出现的有关问题；

（五）按要求准备项目验收的有关文件资料，进行成果登记并对项目所形成的成果资料（包括技术报告、论文、数据、评价报告等）进行汇交和归档。按照有关政策法规加强管理，推动支撑计划成果的知识产权保护和转化应用。

第十条 课题承担单位为具有较强科研能力和条件、运行管理规范、在中国大陆境内注册的、具有独立法人资格的企业、科研院所、高等院校等，按法人管理责任制要求对课题任务的完成及实施效果负责，主要职责是：

（一）按照项目可行性论证报告编写课题任务书；

（二）按照签订的课题任务书所确定的各项任务，组织研究队伍，落实自筹投入及有关保障条件，完成课题预定的目标；

（三）按规定管理使用课题经费；

（四）按要求编报课题年度执行情况和有关信息报表，及时报告课题执行中出现的重大问题，提交课题验收的全部文件资料；

（五）在课题实施前与各参与单位签订协议，明确课题执行中产生的知识产权及成果归属，按照有关政策法规，保护各方权益。

第十一条 充分发挥专家在支撑计划的项目立项、实施监督、验收、经费预算等环节中的咨询作用；参与支撑计划的专家从国家科技计划专家库中随机抽取，专家对咨询结果的公正性、科学性负责；建立和完善专家遴选、使用、回避和信用制度。

第十二条 科技服务机构接受委托，开展专利查新、评估、过程管理等工作，对工作结果的科学性、公正性负责。

第三章 立 项

第十三条 支撑计划立项的基本要求：

（一）符合支撑计划的定位及支持重点；

（二）项目目标任务明确具体，技术指标可考核，三到五年能够完成，并能形成具有自主知识产权的成果或相关技术标准；

（三）项目前期研究基础较好，组织实施机制和配套条件有保障，实施方案和经费配置合理、科学、可操作；

（四）能够带动人才、基地发展，项目完成后成果能够转化应用。

第十四条　科技部根据国家目标及战略重点，加强顶层设计和统筹布局，确定年度支持重点并发布备选项目征集指南，结合国务院各有关部门、地方科技厅（委、局）、国家级行业协会、产业技术创新战略联盟等科技需求，建立健全国家科技计划备选项目库。备选项目库是年度计划编制的主要来源。

第十五条　科技部组织专家通过网络视频方式对备选项目进行评审，对于研究内容重要、研究目标明确、技术路线可行、研究队伍强、研究基础和条件好的备选项目择优入库。

第十六条　科技部根据《纲要》确定的重点领域和优先主题，结合国家五年科技规划、五年科技专项规划、部际合作、部省会商等确定的重点任务，会同部门、地方及有关方面，从备选项目库中凝练、整合，提出符合年度支持重点的备选项目建议。

第十七条　科技部组织专家，对提出的备选项目建议进行综合咨询，确定立项项目、项目组织单位等。

第十八条　项目组织单位组织编写项目可行性研究报告，提出项目具体目标、任务分解、项目实施运行机制等。

第十九条　项目组织单位根据论证意见，从科技部备选项目库中择优确定课题承担单位；对于目标任务明确、课题承担单位优势特别明显的项目，可以采取定向委托的方式确定课题承担单位。项目组织单位系统外的单位承担项目的财政资金所占比例，原则上不低于40%。

第二十条　对于具有明确产品导向和产业化前景的项目（课题），企业应作为实施主体，以企业投入为主。企业承担或参与项目（课题）的条件：

（一）符合课题承担单位要求的基本条件；

（二）产学研联合实施的项目（课题），企业应与其他机构事先签署具有法律约束力的协议，明确任务分工及知识产权归属和利益分配机制；

（三）通过项目（课题）实施获取的共性技术成果，企业有义务通过多种方式向本行业进行扩散；

（四）其自筹经费应不低于国拨经费。

第二十一条　鼓励产业技术创新战略联盟申报、组织和承担支撑计划项目。

第二十二条 科技部按照财政预算管理要求,形成项目(课题)预算安排建议报财政部批复。

第二十三条 科技部批复项目立项。项目组织单位根据批复意见,与课题承担单位签订课题任务书,经科技部审核后实施。

第二十四条 建立支撑计划应急反应机制。对影响国民经济与社会发展的突发性事件,如果具有紧迫的、重大的科技需求,科技部可商有关部门、地方直接论证立项,组织实施。

第二十五条 项目(课题)的可行性研究应将知识产权分析作为重要内容,并提交本技术领域的知识产权分布、发展趋势和本项目(课题)研究与产业化的知识产权对策等分析报告,把自主知识产权的获取作为项目(课题)的重要考核目标之一。

第二十六条 支撑计划把形成技术标准作为组织实施项目(课题)的重要目标之一。优先支持有助于形成国家经济社会发展急需的、可显著提高产业国际竞争力的、形成我国重要技术性贸易措施的技术标准项目(课题)。

第二十七条 支撑计划落实《国家中长期人才发展规划纲要(2010—2020年)》精神,把创新人才培养作为重要目标,加强与创新人才推进计划的衔接,统筹项目实施、人才团队培养和研究开发基地建设工作。

第二十八条 建立公示制度。在遵守国家保密规定的前提下,对项目(课题)的立项等信息及时向社会公开。

第二十九条 严禁同一项目(课题)在不同的国家科技计划、公益行业科研专项等中重复申报立项。对于重复申报和课题申请单位弄虚作假、伪造申请材料或证明材料的,一经发现,将按照信用管理的有关规定执行。

第四章　实施与监督检查

第三十条 项目组织单位负责项目的具体组织实施工作。按照项目批复要求和课题任务书,检查、督促并落实项目(课题)的相关保障条件,确保项目(课题)按计划执行。

第三十一条 支撑计划项目实行年度报告制度。课题承担单位按要求编制年度计划执行情况报告并上报有关信息报表,项目组织单位汇总后于每年11

月 15 日前上报科技部；执行期在当年度不足三个月的项目可在下一年度一并上报。年度报告是项目（课题）下一年度调整、撤销和拨款的重要依据。

第三十二条　加强对项目（课题）实施的管理、监督和评估。科技部委托相关事业单位或第三方科技服务机构对项目（课题）执行情况、组织管理、保障条件落实、经费管理、预期前景等进行独立的评估监督。项目过程管理实行项目专员制。对于围绕国家重大任务实施的项目，可采取设立项目专员或专家总体组等方式加强项目实施过程管理。具体按照有关规定执行。

第三十三条　项目（课题）在实施过程中出现下列情况的，应及时调整或撤销：

（一）市场、技术等情况发生重大变化，造成项目（课题）原定目标及技术路线需要修改；

（二）自筹资金或其他条件不能落实，影响项目（课题）正常实施；

（三）项目（课题）所依托的工程建设或装备开发已不能继续实施；

（四）技术引进、国际合作等发生重大变化导致研究工作无法进行；

（五）项目（课题）的技术骨干发生重大变化，致使研究工作无法正常进行；

（六）由于其他不可抗拒的因素，致使研究工作不能正常进行。

第三十四条　需要调整或撤销的项目（课题），由项目组织单位提出书面意见，报科技部核准后执行。必要时，科技部可根据实施情况、评估意见等直接进行调整。

第三十五条　支撑计划撤销的项目（课题），项目组织单位应当对已开展工作、经费使用、已购置设备仪器、阶段性成果、知识产权等情况做出书面报告，同时报科技部核查备案。

第三十六条　项目（课题）接受组织管理或实施部门、第三方科技服务机构、项目专员等的指导、检查和监督。

第三十七条　支撑计划实行责任追究制度，对参与计划管理和实施的人员、单位发生的违规违纪行为，追究其相应责任。

（一）对于出现玩忽职守、以权谋私、弄虚作假等行为的管理人员，一经查实，视情节轻重给予批评教育，或由纪检监察部门依照有关规定对其给予行政（纪律）处分。

（二）对于在项目（课题）申请、评审、执行和验收过程中发现的弄虚作假、徇私舞弊、剽窃他人科技成果等科研不端行为，以及违规操作或因主观原因未能完成课题任务并造成损失的科研单位或个人，一经查实，视情节轻重给予通报批评、终止项目（课题）任务并追回专项经费、取消其一定时期内申请国家科技计划任务的资格等处理；构成违纪的，由纪检监察部门依照有关规定对其给予行政（纪律）处分。

（三）对不按时上报年度报告材料或信息，以及不按规定接受监督检查的项目（课题），科技部可采取缓拨、减拨、停拨经费等措施，要求项目组织单位和课题承担单位限期整改。整改不力的项目（课题），视情节分别给予通报批评、追回已拨付经费、取消其一定时期内参与支撑计划活动资格等处理。

第三十八条　加强信用管理，对项目组织单位、课题承担单位及课题责任人、专家、科技服务机构等在实施支撑计划中的信用情况进行客观记录，并作为其参与国家科技计划活动的重要依据。

第五章　项目验收

第三十九条　科技部组织支撑计划项目验收。项目验收以项目批复确定的任务考核指标为依据；项目验收工作应在规定执行期结束后半年内完成。

第四十条　对项目在执行期结束后半年仍不能接受验收的，科技部将对有关单位或责任人进行通报。项目因故不能按期完成的，项目组织单位应提前三个月申请延期，经科技部批准后按新方案执行；如未能批准，项目仍需按原定期限进行验收。

第四十一条　验收工作可采取组织专家组或委托具有相应资质的科技服务机构进行。根据项目特点，可采取会议审查验收、网络评审验收、实地考核验收等多种方式进行，并形成验收结论意见。

第四十二条　支撑计划项目验收结论分为通过验收、不通过验收。

（一）项目目标和任务已按照考核指标要求完成，经费使用合理，为通过验收。

（二）凡具有下列情况之一，为不通过验收：

1. 项目目标任务完成不到85%；

2. 所提供的验收文件、资料、数据不真实，存在弄虚作假；

3. 未经申请或批准，课题承担单位、课题负责人、考核指标、研究内容、技术路线等发生变更；

4. 超过项目批复规定的执行期半年以上未完成，并且事先未做出说明；

5. 经费使用存在严重问题。

第四十三条 因提供的验收文件资料不翔实、不准确等原因导致验收意见争议较大，或项目的成果资料未按要求进行归档和整理，或研究过程及结果等存在纠纷尚未解决，需要复议。需要复议的项目，应在首次验收后的半年内，针对存在的问题做出改进或补充材料后，再次组织验收。若未按规定时限要求进行改进或补充材料，视同不通过验收。

第四十四条 项目验收结论由科技部书面通知项目组织单位。除有保密要求外，项目验收结论及成果应向社会公示。

第四十五条 未通过验收的项目，科技部将对有关单位或责任人进行通报。其中，因违反有关政策法规和科技计划管理制度未通过验收的，取消其五年内承担支撑计划项目的资格。

第六章 知识产权、技术标准与成果

第四十六条 加强支撑计划成果和知识产权的管理与保护，鼓励支撑计划成果的转让和转化。支撑计划取得的成果要按照《科技成果登记办法》等有关规定进行登记和管理。支撑计划的知识产权管理及其产生的知识产权归属和利益分配，按照《中华人民共和国科学技术进步法》、国务院办公厅《关于国家科研计划项目研究成果知识产权管理的若干规定》和科技部《关于加强国家科技计划知识产权管理工作规定》等执行。

第四十七条 支撑计划根据《科技计划支持重要技术标准研究与应用的实施细则》的要求，鼓励、引导对形成技术标准的成果集成示范和转化应用。

第四十八条 对于涉及国家秘密的项目及取得的成果，按照《科学技术保密规定》执行。

第四十九条 项目组织单位和课题承担单位，在项目和课题启动实施前，应与各参与单位通过正式协议约定成果和知识产权的权益分配，不得有恶意垄断成果和知识产权等行为。如项目组织单位和课题承担单位违反成果和知识产权权益分配约定，在五年内不得参与支撑计划。

第五十条 加强支撑计划的宣传。支撑计划形成的技术、产品、专利和标准等成果的宣传推广，应标注"国家科技支撑计划资助"字样及项目编号，并作为评估或验收时确认依据。

第五十一条 建立规范、健全的项目科学数据和科技报告档案，建立项目科技资源的汇交和共享机制。项目组织单位和课题承担单位按照国家有关科学数据共享的规定，按时上报项目（课题）有关数据和成果。建立健全支撑计划项目数据和成果库，实现信息公开、资源共享。

第七章 附 则

第五十二条 支撑计划经费管理办法另行制定。

第五十三条 本办法自发布之日起施行，原《国家科技支撑计划暂行管理办法》（国科发计字〔2006〕331号文件）同时废止。

第五十四条 本办法由科技部、财政部负责解释。

新闻出版总署、环境保护部关于实施绿色印刷的公告

(新闻出版总署公告2011年第2号)

为推动我国生态文明、环境友好型社会建设，促进印刷行业可持续发展，根据《中华人民共和国环境保护法》和《印刷业管理条例》的有关规定，新闻出版总署和环境保护部决定共同开展实施绿色印刷工作。现将有关事项公告如下：

一、实施绿色印刷的指导思想

认真贯彻党的十七大、十七届五中全会精神，深入学习实践科学发展观，坚持"以人为本"的宗旨，本着"全面推进、重点突破、创新机制、加强监管"的原则，通过在印刷行业实施绿色印刷战略，促进印刷行业发展方式的转变，加快建设印刷强国，推动生态文明、环境友好型社会建设。

二、实施绿色印刷的范围和目标

(一)实施绿色印刷的范围

绿色印刷是指对生态环境影响小、污染少、节约资源和能源的印刷方式。实施绿色印刷的范围包括印刷的生产设备、原辅材料、生产过程以及出版物、包装装潢等印刷品，涉及印刷产品生产全过程。

(二)实施绿色印刷的目标

通过在印刷行业实施绿色印刷战略，到"十二五"期末，基本建立绿色印刷环保体系，力争使绿色印刷企业数量占到我国印刷企业总数的30%，印刷产品的环保指标达到国际先进水平，淘汰一批落后的印刷工艺、技术和产能，促

进印刷行业实现节能减排，引导我国印刷产业加快转型和升级。

三、实施绿色印刷的组织管理

为加强对实施绿色印刷工作的组织领导，新闻出版总署和环境保护部决定共同成立实施绿色印刷工作领导小组，负责统一领导实施工作，统筹协调有关部门，督促检查工作进展。

领导小组组长由两部门主管副部级领导担任，日常工作由新闻出版总署印刷发行管理司和环境保护部科技标准司承担。

四、绿色印刷标准

绿色印刷标准是实施绿色印刷、评价绿色印刷成果的技术依据，绿色印刷标准由环境保护部和新闻出版总署共同组织制定，由环境保护部以国家环境保护标准《环境标志产品技术要求 印刷》的形式发布。绿色印刷标准对印前、印刷和印后过程的资源节约、能耗降低、污染物排放、回收利用等方面以及使用的原辅材料提出相关要求，特别是针对印刷产品中的重金属和挥发性有机化合物等危害人体健康的有毒有害物质提出控制要求。

环境保护部已于2011年3月2日发布了国家环境保护标准《环境标志产品技术要求 印刷 第一部分 平版印刷》（HJ 2503—2011）。今后根据工作进展情况，将陆续制定发布相关标准。各级新闻出版和环境保护行政主管部门应做好标准的宣传贯彻工作。

五、绿色印刷认证

实施绿色印刷工作的重要途径是在印刷行业开展绿色印刷环境标志产品认证（以下简称绿色印刷认证）。绿色印刷认证按照"公平、公正和公开"原则进行，在自愿的原则下，鼓励具备条件的印刷企业申请绿色印刷认证。国家对获得绿色印刷认证的企业给予项目发展资金、产业政策和管理措施等的扶持和倾斜。

六、实施绿色印刷的工作安排

（一）启动试点阶段

2011年，在印刷全行业动员和部署实施绿色印刷工作。各地要深入学习和宣传国家环境保护标准《环境标志产品技术要求 印刷 第一部分 平版印刷》；有条件的地区和企业要针对青少年儿童紧密接触的印刷品特别是在中小学教科书上率先进行绿色印刷试点；鼓励骨干印刷企业积极申请绿色印刷认证。

（二）深化拓展阶段

2012年至2013年，在印刷全行业构筑绿色印刷框架。陆续制定和发布相关绿色印刷标准，逐步在票据票证、食品药品包装等领域推广绿色印刷；建立绿色印刷示范企业，出台绿色印刷的相关扶持政策；基本实现中小学教科书绿色印刷全覆盖，加快推进绿色印刷政府采购。

（三）全面推进阶段

2014年至2015年，在印刷全行业建立绿色印刷体系。完善绿色印刷标准；绿色印刷基本覆盖印刷产品类别，力争使绿色印刷企业数量占到我国印刷企业总数的30%；淘汰一批落后的印刷工艺、技术和产能，促进印刷行业实现节能减排，引导我国印刷产业加快转型和升级。

七、实施绿色印刷的配套保障

（一）宣传引导

新闻出版总署和环境保护部决定每年11月第一周为"绿色印刷宣传周"。各地要结合自身实际，大力宣传我国实施绿色印刷战略、推进绿色印刷的措施和成效，开展多种形式的宣传教育活动，普及绿色印刷知识，提高全社会的绿色印刷意识。引导印刷企业及印刷设备、原辅材料生产企业积极履行社会责任，大力推动节能环保体系建设。统筹协调组织好"绿色印刷在中国"等系列活动。

（二）教育培训

结合绿色印刷标准实施，对相关行政主管部门、行业协会和企业人员开展多层次、多形式的教育培训工作，提高政府行政管理人员的监督管理能力，提高行业协会工作人员的指导协调能力，提高检测机构和企业内部人员的技术保障能力，增强全行业从业人员的绿色印刷意识。

（三）政策扶持

新闻出版总署和环境保护部将与有关部门和地区研究出台绿色印刷的扶持

政策，鼓励有关企业、科研机构和高等院校建立产学研相结合的实施绿色印刷的新模式，对实施绿色印刷取得突出业绩的部门和企业进行奖励。各地要结合自身实际，研究出台对绿色印刷的扶持政策。

（四）监督检查

各级新闻出版和环境保护行政主管部门要高度重视实施绿色印刷工作，抓好工作落实；相关检测机构要根据有关标准做好绿色印刷质量检测工作。新闻出版总署和环境保护部将对各地实施绿色印刷工作的情况进行督促检查，建立健全责任制和责任追究制，逐步完善绿色印刷管理的长效机制。

特此公告。

新闻出版总署

环境保护部

二〇一一年十月八日

国家印刷复制示范企业管理办法

新出政发〔2011〕18 号

第一条 为贯彻落实国务院印发的《文化产业振兴规划》提出的建设一批印刷复制产业示范基地的要求，对印刷复制企业分类实施综合评估，规范国家印刷复制示范企业的建立和管理，充分发挥国家印刷复制示范企业在转变发展方式、调整产业结构、提升行业素质等方面的引导和辐射作用，将我国建设成为世界印刷强国，特制定本办法。

第二条 国家印刷复制示范企业，是指资质合格、遵纪守法、管理规范、技术先进、产品优质、业绩突出、创新节能、人才聚集、诚信经营，在全国具有示范作用的骨干印刷复制企业或者企业集团。

第三条 建立国家印刷复制示范企业的宗旨，是通过对具有示范作用的骨干印刷复制企业或者企业集团的认定、挂牌、扶持和宣传，进一步优化产业结构、培育优势企业，加快自主创新和技术进步，鼓励节能减排，倡导绿色印刷，引导整个产业实现转型和升级。

第四条 新闻出版总署负责制定国家印刷复制示范企业总量、结构、布局的全国规划，对国家印刷复制示范企业进行审核、认定和管理。各省、自治区、直辖市新闻出版行政主管部门负责对国家印刷复制示范企业进行初审、申报和日常管理。

第五条 国家印刷复制示范企业的规划目标，是从 2012 年开始，到"十二五"期末，在全国范围内建立 100 家左右"国家印刷示范企业"和 10 家左右"国家光盘复制示范企业"，国家印刷复制示范企业的引导作用和辐射效应明显显现，骨干印刷复制企业国际竞争力明显增强，产业分工合理，区域协调发展，形成相对完善的现代化印刷复制产业体系。

第六条 国家印刷复制示范企业必须具备的条件：

（一）合法经营方面

印刷复制企业模范遵守《出版管理条例》《印刷业管理条例》《音像制品管理条例》以及《复制管理办法》等法规和规章，没有盗版盗印等不良记录，近三年内未被新闻出版行政主管部门给予过行政处罚。

（二）规模效益方面

印刷复制企业主要经济效益指标及全员劳动生产率居国内同行业前列，在最近三个财务审计年度实现赢利。其中，印刷企业资产总额3亿元以上（主营出版物印刷企业或者数字印刷企业1亿元以上），年度销售收入5亿元以上（主营出版物印刷企业或者数字印刷企业2亿元以上），或者近三年销售总收入10亿元以上（主营出版物印刷企业或者数字印刷企业5亿元以上）且其间年度增长率均值超过20%，年度上缴税收1000万元以上；只读类光盘复制企业年度产量1亿片以上，销售收入1.2亿元以上，年度上缴税收500万元以上；可录类光盘生产企业年度产量2.5亿片以上，销售收入2.8亿元以上，年度上缴税收1000万元以上。

（三）技术装备方面

印刷复制企业关键生产设备居行业先进水平。其中，印刷企业拥有多色高速、自动、联动等先进技术设备，或者在数字印刷、柔印、印刷设备数字化自动控制、数字资产管理、数字直接制版、数字化工作流程等方面具备较强实力；光盘复制企业拥有DVD、DVDR或者高清光盘生产线以及配套的检测设备。

（四）创新研发方面

印刷复制企业研发投入达到销售收入的一定比重。其中，印刷企业研发投入占销售收入比重不低于1%，光盘复制企业研发投入占销售收入比重不低于4%。印刷复制企业建有国家级或省级企业技术中心或者研发机构，企业持有授权专利，且持有数量居国内同行业前列。印刷复制企业在新产品拓展、产业链延伸、商业模式探索等方面有实质性创新和相对成熟的创新成果。

（五）管理体系方面

印刷复制企业建立了规范的现代产权制度和科学的管理机制；通过了质量管理体系认证，按照国际与国内先进标准组织生产，产品质量经检测符合有关标准；建立了基于网络的企业管理信息化系统；企业安全生产管理体系完善，责任制健全，近三年内未发生重大安全生产事故。

（六）绿色环保方面

印刷复制企业积极开展绿色生产，通过环境管理体系及相关国际绿色认证；推行清洁生产审核；使用的各种原辅材料符合国际标准，应用节能减排、清洁生产的设备、材料与工艺；排放、节能等指标符合国家环保标准。其中，印刷企业能够达到国家绿色环保印刷标准的要求。

（七）人才队伍方面

印刷复制企业具有较强的经营管理和技术研发队伍。其中，印刷企业大专以上学历或者中级以上（含中级技工以上）职称人员人数比例不低于70%，高级技术人员（含技师以上）比例不低于20%；光盘复制企业大专以上学历或者中级以上职称人员人数比例不低于90%，技术人员比例不低于20%。

（八）地方扶持方面

印刷复制企业所在地省、自治区、直辖市对建立国家印刷复制示范企业给予了切实可行的扶持政策和措施。

第七条　为鼓励印刷企业"走出去"，对具备以下条件的印刷企业可以认定为国家印刷示范企业：印刷企业年度承接境外印刷加工业务占企业全面主营业务量的30%以上，且年度对外加工业务营业额达到2000万美元；企业的总资产报酬率应高于同期银行贷款利率；企业应不欠税、不欠工资，不欠社会保险金，企业资产负债率一般应低于60%，企业银行信用等级在AA级以上（含AA级）。在同行业中企业的产品质量、产品科技含量、新产品开发能力居领先水平，原料综合利用率高，主营业务符合国家产业政策、环保政策和质量管理标准体系。

第八条　国家印刷复制示范企业实行自愿申请、初审、终审和认定的程序。凡符合本办法第六条或者第七条要求的印刷复制企业，均可申请建立成为国家印刷复制示范企业。

第九条 印刷复制企业应当向所在地县、市新闻出版行政主管部门提交《国家印刷复制示范企业申请表》（见附表），经所在地县、市新闻出版行政主管部门核实确认后，报送所在地省、自治区、直辖市新闻出版行政主管部门初审。审核同意后，由各省、自治区、直辖市新闻出版行政主管部门向新闻出版总署报送书面报告以及有关申请材料。报告要同时载明地方给予的扶持政策和措施。

第十条 新闻出版总署组织评审专家组，对各省、自治区、直辖市新闻出版行政主管部门申报的国家印刷复制示范企业进行考核和终审。

通过考核和终审的印刷复制企业在新闻出版总署门户网站上进行公示，公示期为7天。

通过公示的印刷复制企业，由新闻出版总署认定为国家印刷复制示范企业，授予"国家印刷示范企业"或者"国家光盘复制示范企业"的称号，颁发牌匾和证书，并通过媒体向社会公告。

第十一条 经过认定的国家印刷复制示范企业，新闻出版总署建议其所在地人民政府给予扶持和奖励。国家印刷复制示范企业享有以下方面的优惠扶持：

（一）项目资金方面

新闻出版总署对认定成为国家印刷复制示范企业的印刷复制企业优先给予产业发展项目和发展资金的支持。

（二）产业政策方面

认定成为国家印刷复制示范企业的中外合资、中外合作出版物印刷企业、其他印刷品印刷企业或者只读类光盘复制企业，外方可以控股或者占主导地位，但中方比例或者权益不得低于30%。

（三）管理措施方面

认定成为国家印刷复制示范企业的印刷复制企业，在接受委托印刷复制境外的印刷复制产品时，各省、自治区、直辖市新闻出版行政主管部门在保证文化安全的基础上，可以根据管理实际，适当简化审批程序，提高审批效率。

（四）评选奖励方面

中国出版政府奖（印刷复制奖）、全国文化重点出口企业、全国文化高新技术企业等的评定，在同等条件下，优先考虑被认定成为国家印刷复制示范企业的印刷复制企业。

（五）进口设备方面

认定成为国家印刷复制示范企业的光盘复制企业，可以进口境外性价比高且使用年限不足3年的光盘复制生产设备，但进口各种类型设备的总数量不得超过企业原有设备总数量的30%，而且进口设备只限于企业自身使用。

第十二条 新闻出版总署和各省、自治区、直辖市新闻出版行政主管部门对国家印刷复制示范企业进行跟踪管理。根据"目标考核、动态管理、能进能退"的原则，建立并完善国家印刷复制示范企业的年度考核机制。年度考核采取书面考核和现场考评相结合的方式。具体程序为：

（一）国家印刷复制示范企业应当于每年1月底前向所在地省、自治区、直辖市新闻出版行政主管部门提交上年度总结。

（二）各省、自治区、直辖市新闻出版行政主管部门对年度总结材料进行审核后，每年2月底前将本地区国家印刷复制示范企业发展情况、审核意见和有关审核材料报送新闻出版总署。

（三）新闻出版总署组织评审专家组对国家印刷复制示范企业进行考核，确定年度考核结果。对考核结果不合格的，撤销国家印刷复制示范企业称号。

第十三条 新闻出版总署对国家印刷复制示范企业年度考核情况予以通报，通过媒体向社会公告，并发布国家印刷复制示范企业年度发展报告。

第十四条 有下列情形之一的，由新闻出版总署直接撤销国家印刷复制示范企业称号并通过媒体向社会公告：

（一）严重违反《出版管理条例》、《印刷业管理条例》和《音像制品管理条例》有关规定且情节严重的；

（二）发生重大生产安全和质量事故，造成严重后果的；

（三）有其他严重违法违规行为的。

第十五条 本办法由新闻出版总署负责解释。

第十六条 本办法自2012年1月1日起施行。

国家文化科技创新工程纲要

国科发高〔2012〕759号

为深入贯彻党的十七届六中全会精神，落实《国家"十二五"时期文化改革发展规划纲要》部署，充分发挥科技创新对文化发展的重要引擎作用，深入实施科技带动战略，加强文化科技创新，增强文化领域自主创新能力和文化产业核心竞争力，推动文化产业成为国民经济支柱性产业，繁荣发展社会主义文化，制定本纲要。

一、形势与机遇

当今世界，随着世界多极化、经济全球化进程的加快和科学技术的飞速发展，国家和地区之间的竞争态势已发生深刻变化，文化越来越成为世界各国和地区竞争的重要力量。文化产业具有高附加值和高科技含量等新经济特征，已成为当今知识经济的重要组成部分，成为发达国家重要的支柱性产业，在经济增长中发挥着极其重要的作用。科技与文化融合态势凸显，主要由数字技术和网络信息技术掀起的高科技浪潮在改造提升传统文化产业的同时，还催生了一大批新的文化形态和文化业态。科技已交融渗透到文化产品创作、生产、传播、消费的各个层面和关键环节，成为文化产业发展的核心支撑和重要引擎。文化产业国际化竞争趋势日益明显，发达国家凭借其优越的经济和技术实力，形成了强大的文化传播体系，其文化产品覆盖全球，国际化竞争日趋激烈，由此也对发展中国家的本土民族文化和价值理念带来冲击。

中华民族具有悠久的传统文化和丰厚的民族文化底蕴。改革开放特别是党的十六大以来，我国文化科技创新能力不断加强，有力促进了文化事业和文化产业发展。然而，从全球文化竞争格局来看，我国文化科技发展仍相对滞后。一方面，文化领域的核心技术和高端系统装备国产化不足、进口依赖度高，造成文化产品制作成本昂贵、文化服务效率低下，制约了文化产业核心竞争力的提高。另一方面，文化和科技融合不足，相关科研成果与文化领域实际需求结合不够紧密，缺乏既通晓高科技又熟谙文化的复合型人才，难以创作出民族文化与高科技手段高度融合的文化精品，影响了中华文化自身的感染力、表现力和传播力。

当前我国已进入全面建设小康社会的关键时期和深化改革开放、加快转变经济发展方式的攻坚时期，文化科技发展正面临重大的战略机遇。首先，推进文化科技创新已成为深化文化体制改革、推动社会主义文化大发展大繁荣的重要任务之一。党的十七届六中全会提出"要发挥文化和科技相互促进的作用，深入实施科技带动战略，增强自主创新能力"。其次，我国文化科技发展具有明显的比较优势：一是我国文化产业具有极大的发展潜力和市场空间。人均GDP已超过4000美元，在物质生活基本满足的条件下，文化消费将成为重要的经济增长点。巨大的人口资源为文化产业提供了广阔的发展空间，同时也为支撑文化产业发展的文化科技创新提供了发挥作用的舞台。二是我国信息网络基础设施已有相当规模和水平，三网融合步伐加快，通过国家科技计划的支持，我国在文化科技相关领域已经积累了一批技术成果，文化和科技融合的国际知名企业不断涌现，为我国文化科技全面发展奠定了良好的基础。三是全球文化产业仍处于发展阶段，相关体系与标准尚未健全，而文化技术体系具有系统性、集成性和应用性的特征。我国有可能在文化装备制造业相对落后的情况下，通过系统集成创新和应用创新，促进文化领域技术和产业体系整体的跨越发展。四是文化产业具有鲜明的区域和民族特色，外来文化难以快速扩张，这一特点非常有利于推动我国文化科技和文化产业的自主发展，并借助我国丰富的文化资源和庞大的文化消费市场，通过文化和科技的融合创新弘扬优秀传统文化，掌握中国文化发展的主导权，提升我国文化科技的国际竞争力。

党的十七届六中全会对推进文化科技创新作出战略部署，为推动社会主义文化大发展大繁荣提供了难得的历史机遇。积极把握我国新时期文化发展的良好契机，加强文化和科技的融合，全面提高文化科技创新能力，提升文化产业核心竞争力，对我国文化发展和科技进步具有十分重大的现实意义和长远的战略意义。

二、指导思想与基本原则

（一）指导思想

以邓小平理论和"三个代表"重要思想为指导，深入贯彻落实科学发展观，深入贯彻落实党的十七届六中全会精神，坚持社会主义先进文化前进方向，深化文化体制改革，推进文化科技创新，加强文化和科技融合，探索建立文化和科技融合路径，全面提升文化科技创新能力，转变文化产业发展方式，推动文化事业和文化产业更好更快发展，解放和发展文化生产力，不断满足人民群众日益增长的精神文化需求。

（二）基本原则

—创新引领、促进融合。科学技术是第一生产力，文化科技创新必须始终把提高自主创新能力摆在突出位置，促进有利于文化和科技有机融合、相互作用、相互促进、共同提高的文化科技创新体系和机制的形成。

市场牵引、应用驱动。文化科技创新要以需求为导向，应用为驱动，市场为牵引，结合文化科技发展的特点，注重对文化各重点领域重大科技需求的分析凝练，结合实际应用，开展技术创新，真正解决文化发展遇到的实际技术难点问题，实现科技创新与文化发展的有机融合。

技术集成、模式创新。科技创新已渗透到文化领域的各个方面，要充分利用已有的现代科技成果和技术积累，加强技术集成创新，提升文化领域的科技含量与技术水平，强化发展模式、服务模式、管理模式的创新，推进文化和相关产业的融合发展。

整合资源、统筹兼顾。推动文化大发展大繁荣是全社会的共同责任，必须凝聚各相关领域的系统力量，发挥整体优势，坚持开放合作，广汲各方资源，创新组织方式，以促进文化产业发展为主线，统筹推进文化事业和文化行政管理的科技进步，实现经济效益与社会效益的和谐统一。

三、总体目标与主要任务

（一）总体目标

围绕促进社会主义文化大发展大繁荣的重大科技需求，深入实施科技带动战略。突破一批共性关键技术，增强自主创新能力，以先进技术支撑文化装备、软件、系统研制和自主发展，提高重点文化领域的技术装备水平；加强文化领域技术集成创新与模式创新，推进文化和科技相互融合，促进传统文化产业的调整和优化，推动新兴文化产业的培育和发展，提高文化事业服务能力，加强科技对文化市场管理的支撑作用；开展文化科技创新发展环境建设，建设一批特色鲜明的国家级文化和科技融合示范基地，培育一批创新能力强的文化和科技融合型领军企业，加强文化领域战略性前沿技术前瞻布局，培养一大批文化科技复合型人才，培育发展以企业技术创新中心、技术创新战略联盟、专业孵化器、大学科技园、工程（技术）研究中心为核心，以科研院所和高校为重要支撑的文化科技创新体系。

到2015年，文化科技共性支撑技术取得重要突破，科技对文化产业的带动作用明显提高，以文化和科技融合示范基地为主体的产业化载体建设全面推进，文化事业科技服务能力和文化行政管理科技手段显著增强，文化科技创新体系初步建立，重点文化领域科技支撑水平显著提升，推动文化产业逐步成长为国民经济支柱性产业。

到2020年，文化和科技深度融合，科技创新成为文化发展的核心支撑和重要引擎。文化科技发展环境不断完善，文化科技创新充满活力，高素质文化科技人才队伍发展壮大，文化科技创新体系得到完善，文化和科技融合示范基地成为文化产业的重要载体，基本形成带动文化产业发展、推动文化事业进步、规范文化市场秩序的文化科技支撑体系。文化产业成为国民经济支柱性产业。

（二）主要任务

1. 加强文化领域共性关键技术研究

（1）加强文化领域共性技术研究与关键系统装备研制

加强文化领域战略性前沿技术和核心技术研究，提升我国文化科技自主创新能力和国际影响力。面向文化产业和行业发展科技需求，开展文化内容创作、生产、管理、传播与消费等文化产业发展的共性关键技术研究，增强文化领域共性技术支撑能力，提高文化产品的创造力、表现力和传播力。研究文化资源保护开发共享、知识产权保护、文化安全监管、文化诚信评价等文化管理共性技术，提高科技服务能力。开展文化艺术、广播影视、新闻出版网络文化等行业关键设备与集成系统研制，提升文化重点领域关键装备和系统软件国产化水平。

（2）加强文化领域标准规范体系建设

研究制定文化资源统一标识、核心元数据、分类编码和目录体系、数据格式和数据交换等通用技术标准规范，促进文化资源整合和共享。研究制定文化艺术、广播影视、新闻出版、网络文化等重点文化行业技术和服务标准规范，引导和规范相关产业和行业健康发展。

2. 促进传统文化产业的优化和升级

（1）文化艺术

重点围绕演艺、工艺美术等产业发展开展技术创新和应用服务示范。研究增强舞台艺术表现力的声光电综合集成应用技术、基于虚拟现实的舞美设计与舞台布景技术、移动舞台装备制造技术和演出院线网络化协同技术等演艺关键支撑技术，提升文化演出的艺术创作力、感染力、表现力和传播力，调整和优化传统文化演艺产业结构。加强高新技术与陶瓷、漆器、织造、印染、雕刻等中国传统工艺有机结合，研究建立文化艺术品知识数据库，在传承民族传统工艺特色的基础上，推陈出新，焕发生命力。

（2）广播影视

围绕下一代广播电视网、互联网电视、地面数字电视、移动多媒体广播、直播卫星、电影产业科技提升以及融合网络创新服务等广播影视文化产业布局，重点研究下一代广播电视网关键支撑技术，地面数字电视与有线和直播卫星协同覆盖与综合管理技术、影视动漫生产与集成制作技术以及新媒体集成管理与分发传播技术，促进广播电视网升级换代及新技术推广，提升影视制作质量和效率，提高影视装备国产化水平，推进网络与内容协同发展，形成网络互通、内容丰富的广播影视文化传播服务体系。

（3）新闻出版

围绕新闻出版全产业链上的内容资源集成、出版、印刷、发行、版权保护等重点环节开展技术创新与应用示范。加快全媒体资源管理与集成技术、语义分析搜索及自动分类标引技术、多介质多形态内容发布技术、彩色电子纸等新兴数字显示技术的研究，促进传统新闻出版产业的数字化转型升级，形成覆盖网络、手机以及适用于各种终端的数字出版内容生产供给体系；研究数字印刷和绿色环保印刷技术，促进传统印刷设备的升级改造和节能减排；重点支持电子图书、数字报刊、网络原创文学、网络教育出版、数据库出版、手机出版等数字出版新兴业态，提升创新能力；研究数字版权保护关键技术，推动数字出版产业健康发展。

3. 推动新兴文化产业的培育和发展

（1）创意设计

加强文化创意设计与展示自主核心技术和装备研发，形成整体技术集成解决方案。构建专业化媒体超算与协同式创意设计云服务平台，面向广告、会展、工艺品等文化创意设计开展社会化服务，提升文化创意设计的表现力和创作力，提高创意设计效率和质量。研发文化主题公园关键技术及装备，形成系统集成解决方案，提升主题公园创意设计自主创新能力和文化旅游应用服务效果。

（2）网络文化

研究网络原创文学、微博、网络剧、微电影等新兴网络文化形态、网络信息集成传播技术及前沿引导技术，研究新兴网络文化创新服务模式，繁荣民间文学、影视、音乐创作与传播。研究基于互联网群体互动的新型文化生活服务集成应用技术，建立网络文化信誉社会监督机制，突破网络社会系统安全监控监管技术，引导新兴网络社交服务业规范健康发展。

（3）推动文化科技与相关产业融合发展

研究文化科技与相关产业融合发展的集成技术，增加相关产业文化科技含量，促进创新文化建设。融合中华民族地理文化资源和旅游资源，构建中华地理风情和民族文化信息资源库，开展红色旅游和我国少数民族地区文化走廊旅游服务应用示范，繁荣文化旅游服务经济。研究新型网络娱乐化学习模式与云服务平台技术，聚合中华传统文化教育学习资源开展应用示范，弘扬中华传统文化和社会主义核心价值观。利用先进技术手段，开展形式多样和内容丰富的高质量科学普及，创新文化产品的创作、生产与传播，提高全社会文化和科学素质。研究动漫游戏与虚拟仿真技术在设计、制造、科普、教育、体育、建筑、旅游、商务等产业领域中的集成应用，加强动漫衍生品综合开发及文化娱乐装备的集成制造，促进动漫创意文化元素与相关产业的融合发展。

4. 提升文化事业服务能力

（1）文化资源传承和保护

加强文化资源数字化保护和开发利用，重点针对文物、典籍、民俗、宗教等各类物质与非物质文化遗产传承和保护的需求，研究突破文化资源数字化关键技术，研究数字文化资源公益服务与商业运营并行互惠的运行模式，整合各类文化机构传统文化资源，开展文化资源数字化公共服务与社会化运营服务示范。开展出土出水文物保存、无损检测及保护技术研究，加强高新技术与传统工艺结合的文物保护与修复方法研究，提高文物保护的安全性、可靠性和科学性。

（2）公共文化服务

结合国家公共文化服务体系建设，加强农家书屋、文化馆、图书馆、博物馆、科技馆等文化公共服务平台的网络化和数字化建设，重点针对农村、边疆少数民族地区、社区及工地等的精神文化生活实际需求，实现对公众文化产品的普惠和精准投放，推动全社会文化共享，提高国民文化消费力。充分利用官方和民间文化交流渠道，聚合国际文化交流资源，构建网络化国际文化交流服务平台，架设国际文化互通的桥梁，弘扬中国传统文化。

（3）文化市场管理

针对多种形态网络环境中各种形式文化内容的传播安全需求，研究文化安全信息监管、文化安全评价及文化传播平台安全管控技术，形成文化安全监管整体技术解决方案，强化文化执法科技手段。完善文化产品评估标准体系，建立版权公共管理与举证服务平台，保护著作权人合法权益。研究文化市场信用和诚信服务评价机制，加强监管，营造诚信经营市场秩序。

5. 加强文化科技创新发展环境建设

（1）加强文化科技创新载体建设

依托国家高新技术产业开发区、国家可持续发展实验区等，建立一批各具特色的国家级文化和科技融合示范基地。重点选择若干文化产业特色突出、条件好的国家高新技术产业开发区，加强文化科技产业集群建设，探索集群式发展、创新链和产业链互动结合的新模式。研究完善促进高技术企业和文化产业发展的相关政策，培育一批带动性强的文化科技创新型领军企业，促进文化产业的集聚发展。加强项目、基地、人才和政策的统筹，加速推进科研成果的产业化。

(2) 加强文化科技创新服务体系建设

以提高文化科技创新能力为目的,建立和完善文化科技创新服务体系。充分利用和整合现有资源,依托高等院校、科研院所及文化科技企业,培育建设若干文化科技国家工程(技术)研究中心,开展文化科技发展战略和政策研究、共性技术研究和国际交流合作,提高文化领域基础科技创新能力。加强文化科技专业孵化器和国家大学科技园建设,促进文化科技成果转化和创新创业人才培养,培育和扶植文化科技类中小企业快速成长。加强产学研用的紧密结合,构建以技术创新型企业、文化综合服务运营商及骨干文化企业为主体的文化技术创新战略联盟。面向文化事业与文化产业发展,加强文化产品与设备测试服务平台建设,建立测试服务体系,提供社会化检测和咨询服务。

(3) 完善文化科技工作体系和统计评价体系

以促进文化科技创新发展为目标,加强部门间的沟通协调,积极探索跨部门合作新机制,鼓励地方科技部门、文化部门建立文化科技协调工作机制,形成有利于文化科技发展的工作体系。加强文化科技工作统计制度、指标体系、调查方法的研究,逐步探索建立一套适用于评价文化科技发展速度、发展水平、发展潜力以及投入产出效益的评价指标体系。加强文化科技创新发展的宣传、知识普及和教育工作,在全社会形成支持文化科技创新发展的良好氛围。

四、保障措施

(一) 建立跨部门、跨地方协调工作机制

文化科技创新工作涉及面广,既有跨部门、跨区域的共性技术研究,又有行业和区域协调的应用示范,需要各方面密切协作,整体规划推进。建立由科技部、中宣部、发改委、教育部、工业和信息化部、财政部、文化部、广电总局、新闻出版总署、国家文物局、中国科学院、中国工程院等部门参加的文化科技创新工程部际联席会议机制,建立专家咨询机制,创新组织方式,加强整体协调,跨部门、跨区域联合推动工程各项具体工作,保障工程的顺利实施。

(二) 完善国家文化科技创新扶持政策

把文化科技重大项目纳入国家相关科技发展规划和计划,予以持续稳定支持,支持开展文化科技创新。文化科技类企业符合相关条件的,按规定享受高新技术企业税收优惠政策和现行有关鼓励企业技术创新和科技进步的税收优惠政策。支持科研机构和科技企业技术成果向文化企业转移，支持文化企业提升科技研发和技术集成应用能力。

（三）建立健全文化科技投融资体系

综合运用资助、贷款贴息、政府购买服务等中央和地方财政投入支持方式，通过政府资金引导，带动社会资本、金融资本参与文化科技相关领域的研发和产业化。鼓励民间创业投资机构、科技担保机构搭建文化科技投融资服务平台，为文化科技企业提供创业投资、贷款担保和银行融资服务。推动条件成熟的文化科技类企业上市融资。

（四）加强文化科技学科建设与人才培养

加强理工学科与人文、管理学科的交叉融合，支持高校设立文化科技交叉学科，支持科研院所开展文化科技专业研究生培养，培养文化科技融合人才。依托高校、科研院所，建设文化和科技融合的综合性研究中心。依托国家各类人才计划，注重对高端文化科技人才的引进，培养造就专业化、复合型的人才队伍与团队，为文化科技创新的可持续发展提供人才支撑。

（五）积极开展文化科技领域的国际交流与合作

支持文化科技相关高校、科研院所和企业开展国际交流与合作。加强文化科技的引进吸收再创新，提升我国文化科技整体水平。推动建立内地与港澳台在文化科技领域的合作机制，深化双边、多边和区域文化科技合作，提升我国文化科技影响力；支持我国文化科技企业和科研机构主导或参与制定国际标准，推动文化领域自主标准国际化。

文化产业发展专项资金管理暂行办法

财文资〔2012〕4号

第一章 总 则

第一条 为进一步规范和加强文化产业发展专项资金（以下简称"专项资金"）管理，提高资金使用效益，根据《中华人民共和国预算法》和有关法律法规，制定本办法。

第二条 专项资金由中央财政安排，专项用于提高文化产业整体实力，促进经济发展方式转变和结构战略性调整，推动文化产业跨越式发展。

第三条 专项资金的管理和使用应当体现国家文化发展战略和规划，符合国家宏观经济政策、文化产业政策、区域发展政策及公共财政基本要求，坚持公开、公正、公平的原则，确保专项资金的规范、安全和高效使用。

第四条 财政部负责专项资金预算管理、资金分配和拨付，对资金使用情况进行监督检查。

第二章 支持方向与方式

第五条 专项资金的支持方向：

（一）推进文化体制改革。对中央级经营性文化事业单位改革过程中有关费用予以补助，并对其重点文化产业项目予以支持。

（二）培育骨干文化企业。对中央确定组建的大型文化企业集团公司重点发展项目予以支持,对文化企业跨地区、跨行业、跨所有制联合兼并重组和股改等经济活动予以支持。

(三)构建现代文化产业体系。对国家文化改革发展规划所确定的重点工程和项目、国家级文化产业园区和示范基地建设、文化内容创意生产、人才培养等予以支持,并向中西部地区、特色文化产业和新兴文化业态倾斜。

(四)促进金融资本和文化资源对接。对文化企业利用银行、非银行金融机构等渠道融资发展予以支持;对文化企业上市融资、发行企业债等活动予以支持。

(五)推进文化科技创新和文化传播体系建设。对文化企业开展高新技术研发与应用、技术装备升级改造、数字化建设、传播渠道建设、公共技术服务平台建设等予以支持。

(六)推动文化企业"走出去"。对文化企业扩大出口、开拓国际市场、境外投资等予以支持。

(七)财政部确定的其他文化产业发展领域。

第六条 专项资金支持项目分为重大项目和一般项目,支持方式包括:

(一)项目补助。对符合支持条件的重点发展项目所需资金给予补助。

(二)贷款贴息。对符合支持条件的申报单位通过银行贷款实施重点发展项目所实际发生的利息给予补贴。

(三)保费补贴。对符合支持条件的申报单位通过保险公司实施重点发展项目所实际发生的保费给予补贴。

(四)绩效奖励。对符合支持条件的申报单位按照规定标准给予奖励。

(五)财政部确定的其他方式。

第三章 重大项目

第七条 本办法所称重大项目,是指财政部按照国家文化改革发展规划要求,组织实施的文化产业重点工程和项目。

第八条 财政部根据专项资金支持方向和文化产业发展需要印发年度专项资金重大项目申报通知,符合条件的申请人可按要求进行申报。

第九条 重大项目申请人应当是符合申报通知要求的部门或企事业单位。

第十条　重大项目申请人应按要求提交项目申请书及其他相关材料。申请书包括以下内容：申请人基本情况、项目背景材料、项目目标及主要内容、项目执行进度安排、申请资金额及预算安排、地方财政资金支持情况和其他相关内容。

第十一条　重大项目申请人应按以下程序进行申报：

（一）中央各部门、资产财务关系在财政部单列的中央企业，直接向财政部申报；

（二）中央各部门归口管理的申报单位，由主管部门报财政部；

（三）地方申报单位，由各省、自治区、直辖市、计划单列市财政部门报财政部。

第十二条　财政部负责对重大项目的组织、立项、评审等工作，并根据评审结果研究确定具体支持项目和金额。

第十三条　财政部负责对重大项目的实施情况进行监督检查和追踪问效。

第四章　一般项目

第十四条　本办法所称一般项目，是指申请人按照本办法所确定的支持方向自行申报的文化产业项目。

第十五条　财政部根据专项资金支持方向和文化产业发展需要印发年度专项资金一般项目申报通知，符合条件的申请人可按要求进行申报。

第十六条　一般项目申请人为在中国境内设立的企业，以及从事文化产业相关工作的部门或事业单位。

第十七条　一般项目申请人除需按要求提交资质证明和专项资金申请文件外，还应提供下列材料：

（一）申请项目补助的，需提供项目可行性研究报告以及相关合同等复印件。

（二）申请贷款贴息的，需提供银行贷款合同、贷款承诺书、付息凭证等复印件。

（三）申请保费补贴的，需提供保险合同、保险费发票等复印件。

（四）申请绩效奖励的，需提供相关证明、合同、原始凭证等复印件。

（五）财政部要求提供的其他资料。

第十八条　一般项目申请人应按以下程序进行申报：

（一）中央各部门、资产财务关系在财政部单列的中央企业，直接向财政部申报；

（二）中央各部门归口管理的申报单位，由主管部门报财政部；

（三）地方申报单位向地方财政部门申报，由各省、自治区、直辖市、计划单列市财政部门汇总后报财政部。

（四）企业集团下属单位，通过企业集团统一进行申报。

第十九条　中央各部门负责组织本部门及归口管理单位的一般项目申报工作。各省、自治区、直辖市、计划单列市财政部门负责组织本地区一般项目申报工作。

第二十条　中央各部门和各省、自治区、直辖市、计划单列市财政部门要建立规范的项目审核机制，重点是审核申请人是否具备申请资格；申报程序是否符合要求；申请项目数量是否超出有关限制条件；有关申报文件材料是否真实有效等。

第二十一条　中央各部门和各省、自治区、直辖市、计划单列市财政部门在对申报项目初步审核、遴选的基础上，按规定向财政部汇总报送本部门或本地区申报项目。

第二十二条　财政部组织成立专项资金专家评审委员会，负责审核有关申请材料，重点是项目是否符合国家文化产业政策；项目可行性、实施计划及准备情况；项目投资概算、自筹资金情况、地方财政投入情况等，在此基础上提出扶持项目预算安排建议。

第二十三条　财政部根据专项资金专家评审委员会建议，结合预算管理要求及专项资金规模研究确定具体支持项目和金额。

第五章　资金使用

第二十四条　财政部确定资金分配方案后，按照预算和国库管理规定，及时下达并拨付资金。

第二十五条　专项资金预算一经批复，应严格执行。资金使用单位应按规定报告资金使用情况。

第二十六条 资金使用单位应当按照"专款专用、单独核算、注重绩效"的原则，及时制定内部管理办法，建立健全内部控制制度，加强对专项资金的管理。

第二十七条 财政部建立重点文化产业项目库，对获得补助资金的项目实施跟踪管理。

第二十八条 专项资金结转和结余按照财政部门有关规定执行。

第六章 监督管理

第二十九条 中央各部门和各省、自治区、直辖市、计划单列市财政部门应当建立专项资金监督检查制度，督促资金使用单位及时报告资金使用情况，并于每年 3 月 31 日前将有关材料汇总后报财政部备案。资产财务关系在财政部单列的中央企业，按上述要求直接报财政部备案。

第三十条 资金使用单位应遵守国家财政、财务规章制度和财经纪律，自觉接受财政、审计等部门的监督检查。

第三十一条 财政部驻各地财政监察专员办事处，对专项资金的拨付使用情况及项目实施情况进行监督检查。

第三十二条 财政部对专项资金使用情况进行跟踪检查，根据需要组织或委托有关机构对项目开展绩效评价，检查和评价结果作为以后年度安排资金的重要依据。

第三十三条 项目申请人存在下列情况之一的，不予支持：

（一）申报项目存在重大法律纠纷的；

（二）未按规定报告以往年度专项资金使用情况的；

（三）受补助项目经绩效评价不合格未按要求整改的；

（四）因违法行为被执法部门处罚未满 2 年的；

（五）违反本办法规定，正在接受有关部门调查的。

第三十四条 任何单位和个人不得滞留、截留、挤占、挪用专项资金。对以虚报、冒领等手段骗取专项资金的，一经查实，财政部将收回专项资金，并按《财政违法行为处罚处分条例》（国务院令第 427 号）的相关规定进行处理。

第七章　附　则

第三十五条　本办法由财政部负责解释。

第三十六条　本办法自发布之日起施行,《财政部关于印发〈文化产业发展专项资金管理暂行办法〉的通知》(财教〔2010〕81号)同时废止。

新闻出版总署关于支持民间资本参与出版经营活动的实施细则

(新闻出版总署 2012 年 6 月 28 日发布)

为推动社会主义文化大发展大繁荣,充分调动民间资本参与文化建设,促进出版行业科学发展,根据《国务院办公厅关于鼓励和引导民间投资健康发展的若干意见》(国发〔2010〕13 号),结合出版行业特点,现就支持民间资本参与出版经营活动,提出如下实施细则:

一、继续支持民间资本投资设立印刷复制企业,从事出版物、包装装潢印刷品及其他印刷品、可录类光盘生产和只读类光盘印刷复制经营活动。

二、继续支持民间资本投资设立出版物总发、批发、零售、连锁经营企业,从事图书、报纸、期刊、音像制品、电子出版物等出版产品发行经营活动。

三、继续支持民间资本投资设立网络出版包括网络游戏出版、手机出版、电子书出版和内容软件开发等数字出版企业,从事数字出版经营活动。

四、支持民间资本在党报党刊出版单位实行采编与经营"两分开"后,在报刊出版单位国有资本控股 51% 以上的前提下,投资参股报刊出版单位的发行、广告等业务,提高市场占有率。

五、支持民间资本投资设立的文化企业,以选题策划、内容提供、项目合作、作为国有出版企业一个部门等方式,参与科技、财经、教辅、音乐艺术、少儿读物等专业图书出版经营活动。

六、支持民间资本通过国有出版传媒上市企业在证券市场融资参与出版经营活动,支持国有出版传媒企业通过上市融资的方式吸收民间资本,实现对民间资本的有序开放。

七、支持民间资本参与"走出去"出版经营，从事图书、报纸、期刊、音像制品、电子出版物等出版产品的出口业务，到境外建社建站、办报办刊、开厂开店等出版发行业务。经批准，对面向境外市场生产销售外语出版物的，可以配置专项出版权。

八、支持民间资本投资成立版权代理等中介机构，开展版权贸易业务。

九、支持民间资本投资设立的文化企业通过所在地区新闻出版行政管理部门申报新闻出版改革和发展项目，申请国家文化产业发展专项资金。

十、支持民间资本参与出版产业园区和产业基地建设，在项目安排、资金支持、税收优惠等方面予以国有资本同等待遇。

支持民间资本参与出版经营活动，对于出版行业持续健康发展具有十分重要的意义。各级新闻出版行政管理部门要认真贯彻落实国发〔2010〕13号文件精神，继续深化改革，规范市场准入，为民间资本从事出版经营活动提供良好环境和制度保障。要切实加强指导和管理，引导民间投资主体按照国家的法律法规要求，认真履行审批备案程序，依法经营，诚实守信，履行社会责任。要不断提高管理水平，做到依法管理、科学管理、有效管理，确保民间资本参与出版经营活动健康发展。

新闻出版总署关于推进绿色印刷产业发展的通知

新出政发〔2013〕96号

各省、自治区、直辖市新闻出版局,新疆生产建设兵团新闻出版局,解放军总政治部宣传部新闻出版局:

为贯彻落实党的十八大精神,实现印刷业"十二五"规划目标,发挥绿色印刷对印刷业发展增长的引领作用,在做好绿色印刷推进实施的基础上,现就绿色印刷产业发展有关工作安排通知如下:

一、加快营造绿色印刷发展环境

修改完善《印刷业管理条例》及有关规章,增加推进绿色印刷发展的内容。坚持各部门各地协同配合,尽快出台推进绿色印刷产业发展的政策措施,积极探索绿色印刷发展统计评估制度,建立完善推进绿色印刷发展的有效机制。加强社会宣传,培育绿色印刷发展理念。

二、加大拓展绿色印刷市场力度

今年中小学教科书实施绿色印刷的比例由去年的30%提高到60%以上,有条件的地区争取提前实现全覆盖;鼓励引导更多畅销图书采用绿色印刷。加快推进票据票证领域绿色印刷认证工作,逐步推广票据票证绿色印刷。鼓励印刷企业积极开展食品药品包装绿色印刷的试点工作。

三、重点支持绿色印刷发展项目

项目包括以下3类:①为达到绿色印刷认证标准购置环保型印刷设备的项目;②已达标绿色印刷企业扩大产能购置环保型印刷设备的项目;③绿色环保水性油墨的研发与推广项目。各地要将本辖区内规模以上重点印刷企业及相关企业意向实施上述3类项目的情况进行审核汇总，并按照《绿色印刷发展储备项目基本要求》（见附件1），准确填写《绿色印刷发展储备项目一览表》（见附件2），并于2013年4月26日前报送至总局。总局将向有关部门推荐支持重点项目。

四、充分发挥骨干企业示范作用

鼓励国家印刷示范企业强强联合，开展跨地区、跨所有制、跨产业链的兼并重组和资源整合，引导形成以国家印刷示范企业为核心的卫星式绿色印刷发展企业集群。组织印刷企业开展绿色印刷发展观摩学习，系统总结特色发展经验，加快培育一批优势骨干印刷企业。

五、积极鼓励绿色印刷自主创新

围绕绿色印刷发展的重点和难点，在印刷设备改造、加工工艺改进、原辅材料研发、环保环境建设等方面，加快建立以印刷企业为主体、市场需求为导向、产学研用相结合的自主创新体系。鼓励印刷企业建设数字资产管理系统。推广使用我国自主开发的绿色印刷新工艺和新材料。

六、全面加强绿色印刷人才培养

大力实施绿色印刷人才工程，发挥高等院校、科研机构在绿色印刷专业人才培养中的重要作用。加强印刷企业在职人员绿色印刷技能培训。建立健全绿色印刷人才资源管理、开发、流动机制，形成有利于绿色印刷人才培养的体制环境，逐步提高从业人员素质。

绿色印刷是拉动我国印刷业持续发展的重要引擎。要通过认真做好文化产业发展专项资金资助项目的申报工作申请财政扶持，要通过国家印刷示范企业的建设工作发挥政策引导，要通过印刷企业的年度核验工作科学评估成果，切实推动我国印刷业实现绿色发展。各地新闻出版行政主管部门要树立绿色印刷产业发展的"问题意识"，针对发展中的问题，切实履行好发展职责，有关重大情况请及时报送总局。

附件：绿色印刷发展储备项目基本要求

新闻出版总署
二〇一三年四月十日

附件

绿色印刷发展储备项目基本要求

一、项目承担单位基本条件

项目承担单位应是在中国境内依法设立、财务管理制度健全、会计信用和纳税信用良好、具备一定规模实力、成长性好的企业或相关科研机构。同时,项目承担单位还应具备以下条件:

(一)已通过绿色印刷认证的企业,应实现绿色印刷产业化应用,并计划继续扩大绿色印刷产能;正在申请绿色印刷认证的企业,已制定绿色印刷实施规划,并在绿色印刷技术装备改造方面取得显著进展。

(二)印刷企业年产值应在 5000 万元以上或年增长率在 20% 以上;绿色印刷原辅材料生产企业年产值应在 1 亿元以上;科研机构应具备绿色印刷科研基础设施、人才队伍,并在相关领域取得一定成果,具有良好的产学研合作经验。

二、项目主要内容

此次储备项目主要指围绕绿色印刷所实施的扩大绿色印刷产能、提高节能减排成效、开发环保原辅材料等方面的重点项目,主要包括:

(一)绿色印刷设备购置项目。包括购置具备高效率、低能耗、少排放等环保特性的高端印刷设备、数字化印刷设备以及对现有设备增加环保、节能装置,降低原辅材料和能源消耗的项目。

(二)环保综合改造项目。包括集中供墨、供水系统,废液、废气回收处理系统,废烟气余热回收利用系统,生产环境节能环保系统,数字化生产管理系统等综合型技术改造项目。

(三)环保原辅材料研发及产业化项目。包括印刷成品所涉及的环保纸张、油墨、粘接胶等原辅材料以及生产过程中所使用的各类环保型清洗溶剂等原辅材料的研发及产业化项目。

关于推动新闻出版业数字化转型升级的指导意见

新广出发〔2014〕52号

各省、自治区、直辖市新闻出版广电局、财政厅（局），各计划单列市新闻出版广电局、财政厅（局），新疆生产建设兵团新闻出版广电局、财务局：

面对数字化与信息化带来的挑战与机遇，传统新闻出版业只有主动开展数字化转型升级，才能实现跨越与发展。开展数字化转型升级是进一步巩固新闻出版业作为文化主阵地主力军地位的客观需要，是抢占未来发展制高点、参与国际竞争的重要途径。经过几年的探索和积累，目前新闻出版业已经具备了实现整体转型升级的思想基础、技术基础、组织基础和工作基础，但还存在资源聚集度不高、行业信息数据体系不健全、技术装备配置水平较低、对新技术与新标准的应用不充分、市场模式不清晰、人才不足等问题。为贯彻党的十八大关于加快文化与科技融合的精神，落实《国家"十二五"时期文化改革发展规划纲要》关于"出版业要推动产业结构调整和升级，加快从主要依赖传统纸介质出版物向多种介质形态出版物的数字出版产业转型"的要求，推动新闻出版业健康快速发展，特制定本意见。

一、总体要求

（一）指导思想

深入贯彻落实党的十八大、十八届三中全会精神，充分发挥市场机制作用，通过政府引导、以企业为主体，加速新闻出版与科技融合，推动传统新闻出版业转型升级，提高新闻出版业在数字时代的生产力、传播力和影响力，为人民群众的知识学习、信息消费提供服务，为国民经济其他领域的产业发展提供知识支撑，更好更多地提供生活性服务与生产性服务，推动新闻出版业成为文化产业的中坚和骨干，为把文化产业打造成国民经济支柱性产业做出积极贡献。

（二）主要目标

通过三年时间，支持一批新闻出版企业、实施一批转型升级项目，带动和加快新闻出版业整体转型升级步伐。基本完成优质、有效内容的高度聚合，盘活出版资源；再造数字出版流程、丰富产品表现形式，提升新闻出版企业的技术应用水平；实现行业信息数据共享，构建数字出版产业链，初步建立起一整套数字化内容生产、传播、服务的标准体系和规范；促进新闻出版业建立全新的服务模式，实现经营模式和服务方式的有效转变。

（三）基本原则

改革先行、扶优助强、鼓励创新、示范推广。优先扶持已完成出版体制改革、具备一定数字化转型升级工作基础的新闻出版企业，鼓励新闻出版企业在数字化转型升级进程中大胆创新，探索新产品形态、新服务方式、新市场模式，形成示范项目并进行推广。

分步启动、并行实施、叠加推进、市场调节。优先支持已经先行启动转型升级项目的企业，对不同支持方向的转型升级项目并行推进，正确处理政府与市场关系，充分发挥财政资金引导示范作用，培养企业市场风险意识，提高企业市场应对能力。

二、主要任务

（一）开展数字化转型升级标准化工作

支持企业对《中国出版物在线信息交换（CNONIX）》国家标准开展应用。重点支持图书出版和发行集团。包括：支持企业研制企业级应用标准；采购基于 CNONIX 标准的数据录入、采集、整理、分析、符合性测试软件工具，开展出版端系统改造与数据规范化采集示范；搭建出版、发行数据交换小型试验系统，实现出版与发行环节的数据交换；开展实体书店、电子商务（网店）、物流各应用角度基于 CNONIX 标准的数据采集、市场分析、对出版端反馈的应用示范。

支持企业对《多媒体印刷读物（MPR）》国家标准开展应用。重点支持教育、少儿、少数民族语言等出版单位，推动企业从单一产品形态向多媒体、复合出版产品形态，从产品提供向内容服务的数字化转型升级。包括：研制企业级应用标准；部署相应软件系统；完成选题策划、资源采集，研发教材教辅产品、少儿、少数民族文字阅读产品；开展底层技术兼容性研究与应用；建设MPR出版资源数据库；创新产品销售体系，构建从实体店到电子商务的立体销售体系。

支持企业面向数字化转型升级开展企业标准研制。支持出版企业研制企业标准，以及开展国家标准、行业标准的应用研究；支持、鼓励相关技术企业研制基于自主知识产权技术的企业标准；支持以企业标准为基础申报行业标准、国家标准乃至国际标准。

（二）提升数字化转型升级技术装备水平

支持企业采购用于出版资源深度加工的设备及软件系统。以实现出版资源的知识结构化、信息碎片化、呈现精细化为目标，支持企业采购出版资源专业化的深度加工服务；支持部分专业出版单位采购专用的扫描设备、识别软件等资源录入设备及软件。

支持企业采购用于出版业务流程改造、复合出版产品生产与投送的软件及系统。以数字环境下出版业务流程再造、实现出版业务流程完整性为目标，支持采购出版内容资源数字化加工软件、内容资源管理系统、编辑加工系统、产品发布系统等软件及系统；以实现出版产品表现形式完整性为目标，支持采购关联标识符编码嵌入软件、复合出版物生产和投送系统等软件及系统。

支持企业采购版权资产管理工具与系统。以支撑新闻出版企业版权运营多元化为目标，为全面开展版权运营奠定基础，支持采购版权资产管理工具与系统，包括：自有版权资产与外购版权资产数据输入模块，以控制版权资产的规范化输入；授权管理模块，以控制版权资产的规范化输出；版权管理模块和业务支撑管理模块，以记录版权资产状况、控制版权运营策略；与出版企业其他生产业务流程系统进行对接，以实现对版权资产的精细化管理，对存量版权资产的清查和增量版权资产的管控。

(三) 加强数字出版人才队伍建设

支持出版企业与高校、研究机构联合开展基础人才培养，开展定向培养。支持、鼓励高校设立专业课程，联合研究机构，培养面向出版企业数字化转型升级的专业人才，定向输送出版与科技专业知识相融合的基础性人才。

支持相关技术企业与高校、研究机构联合开展数字出版业务高级人才培养。支持、鼓励技术企业提供技术支撑，参与高校、研究机构的高级人才培养计划，开展面向出版企业在岗高级数字出版人才的培养。

(四) 探索数字化转型升级新模式

支持教育出版转型升级模式探索。重点支持部分以教育出版为主的出版企业开展电子书包应用服务项目。包括：研制电子书包（数字出版教育应用服务）系列标准；以课程标准和完整的教材教辅内容框架为基础，整合内容资源，开发富媒体、网络化数字教材，开展立体化的教育出版内容资源数字化开发，打造数字资源库，为电子书包试验的顺利推进奠定内容基础；构建对教育出版内容的价值评测、质量评测的完整评测系统；研发包括下载与推送、使用统计等功能的教育出版内容资源服务系统；构建包括教学策略服务、过程性评测、个性化内容推送、内容互动服务等教学应用服务支撑体系，并开展入校落地试验；基于用户数据分析技术开展个性化定向投送平台建设（B2C 模式），基于集团化学习的出版资源投送平台建设（B2B 模式）。

支持专业出版转型升级模式探索。重点支持部分专业出版企业按服务领域划分、联合开展专业数字内容资源知识服务模式探索。包括：开展知识挖掘、语义分析等知识服务领域关键技术的应用，基于专业内容的知识服务标准研制，基于专业出版内容的知识资源数据库建设，基于知识资源数据库的知识服务平台建设。

支持大众出版转型升级模式探索。重点支持出版企业在关注阅读者需求、引导大众阅读方向的模式创新。包括：建设作者资源管理系统，选题热点推荐与评估系统；开展生产与消费互动的定制化服务模式探索，形成线上与线下互动（O2O）的出版内容投送新模式；建设经典阅读、精品阅读产品投送平台。

三、保障措施

(一) 加大财政扶持。加大财政对新闻出版业数字化转型升级的支持力度，将新闻出版业数字化转型升级项目作为重大项目纳入中央文化产业发展专项资金扶持范围，分步实施、逐年推进。发挥财政资金杠杆作用，推动重点企业的转型升级工作，引导企业实施转型升级项目。

（二）充分利用新闻出版改革与发展项目库。进一步完善新闻出版改革与发展项目库建设，征集符合本指导意见并具有较强示范带动效应的新闻出版业数字化转型升级项目，加强对重点项目的组织、管理、协调、支持和服务。

（三）加强组织实施。各级新闻出版广电行政部门、财政部门要按照本意见要求，在党委、政府的领导下，结合本地区实际，切实加强新闻出版业数字化转型升级工作的组织领导，同时加强跨地区、跨部门协作，确保各项任务的执行和落实。

国家新闻出版广电总局　财政部

2014 年 4 月 24 日

国家新闻出版产业基地（园区）管理办法

新广出办发〔2014〕107号

第一条 为进一步提高新闻出版产业规模化、集约化、专业化水平，推动产业结构调整，加快产业升级步伐，规范新闻出版产业基地（园区）的建设和管理，充分发挥其在深化新闻出版业改革，促进制度创新，带动产业发展中的示范、引领作用，特制定本办法。

第二条 国家新闻出版产业基地（园区）是指经国家新闻出版广电总局认定，以新闻出版创意策划、内容采集加工、产品生产制作、数字内容服务、绿色印刷复制、出版物物流配送、版权交易、进出口贸易等为主要发展方向，以聚集新闻出版企业，及为其提供技术支撑、原料设备供给、行业服务企业为主的产业集群区。

第三条 国家新闻出版产业基地（园区）建设的总体要求是：产品内容导向正确，符合国家区域经济发展布局的总体要求，符合新闻出版产业发展实际，符合文化创意和设计服务与相关产业融合发展要求，有利于体制机制、发展模式、管理方式创新，有利于产品内容、产品服务和产业形态创新，有利于资源合理配置、有效整合和综合利用，有利于推动科技与文化的融合，推动产业转型升级和协调发展。

第四条 国家新闻出版广电总局负责对国家新闻出版产业基地（园区）总量、结构、布局进行宏观指导，对国家新闻出版产业基地（园区）进行认定和监管。各省、自治区、直辖市人民政府负责对本地区国家新闻出版产业基地（园区）的建设与发展进行指导，制定鼓励与支持发展的政策。省、自治区、直辖市新闻出版行政部门负责对本地区国家新闻出版产业基地（园区）进行日常监管与指导。

第五条 国家新闻出版产业基地（园区）应具备下列条件：

（一）基地（园区）所在地应具有新闻出版资源优势，相关产业发展基础雄厚，已经形成产业聚集，对周边地区具有带动、辐射作用，区位优势明显，产业发展环境良好。

（二）当地政府已经制定切实可行的配套财税、用地、融资等优惠经济政策，支持基地（园区）的建设发展，能够保障基地（园区）基础设施建设、重大项目实施、骨干企业培育、战略人才引进等方面工作顺利开展。

（三）基地（园区）建设的可行性论证充分，发展方向明确，建设进度明确，鼓励政策明确，发展特色鲜明。基地（园区）建设规划已经得到省（区、市）有关部门的认可，并纳入本地区总体发展规划。

（四）基地（园区）应有地域范围相对集中的园区（区域），其规划建筑面积一般应在5万平方米以上，已投入使用的建筑面积一般不少于2万平方米，水、电、气、交通、通讯等设施完备。

（五）基地（园区）已实现年营业收入不低于20亿元人民币。基地（园区）已入驻的新闻出版及相关企业不少于30家，其中年营业收入总额大于3亿元人民币的入驻企业不少于3家。

（六）基地（园区）应具有符合新闻出版产业发展要求和新技术发展要求的研究开发能力，具有完善的公共服务体系和服务平台，可提供成熟的投融资、交易、展示等功能。

（七）基地（园区）须设立具有独立法人资格的运营管理机构，具有有利于发展和创新的管理体制和顺畅、高效的运营机制。

（八）基地（园区）应具有健全的管理制度，能够对入驻企业的资质审核、业务规范、年度考评、产业统计以及激励淘汰等方面实行科学管理。同时，能够协助新闻出版行政部门监督入驻企业依法经营，向入驻企业宣传普及新闻出版法律法规及相关知识。

（九）法律、行政法规规定的其他条件。

第六条 国家新闻出版产业基地（园区）实行自愿申报的原则。凡符合本办法第五条申报条件的基地（园区），均可以由所在地省、自治区、直辖市人民政府向国家新闻出版广电总局申报国家新闻出版产业基地（园区）。

鼓励省、自治区、直辖市地方人民政府发挥地方优势，基于区域经济圈和新闻出版产业带发展实际，建设省级新闻出版产业特色基地（园区），为建设国家新闻出版产业基地（园区）奠定基础，创造条件。

第七条 申报国家新闻出版产业基地（园区），须提交以下材料：

（一）所在地省、自治区、直辖市人民政府申请文件。

（二）基地（园区）发展研究报告。

（三）基地（园区）近期和中长期建设发展规划。

（四）基地（园区）管理机构的设置和人员组成情况及法人资质证明。

（五）地方政府支持基地（园区）发展的政策清单及相关文件。

（六）《国家新闻出版基地（园区）审核认定申请表》（见附件）以及有关情况的有效证明材料。

（七）申请单位认为需要提供的其他文件材料。

第八条 国家新闻出版广电总局组织对申报材料进行审核，组织专家组对申报基地（园区）进行实地考察。

经审核，申报材料齐全、属实、符合本办法要求，且经实地考察基地（园区）发展现状和趋势良好的，由国家新闻出版广电总局授予国家新闻出版产业基地（园区）称号并向社会公告。

第九条 国家通过以下方式支持国家新闻出版产业基地（园区）建设：

（一）将国家新闻出版产业基地（园区）的建设发展列为新闻出版业五年发展规划的重要任务。

（二）在出版资源的综合配置、重大出版工程项目的安排实施等方面，对国家新闻出版产业基地（园区）予以政策倾斜，开展相关政策的先行先试工作。

（三）将通过专家评审的国家新闻出版产业基地（园区）项目列为新闻出版改革发展项目库重点支持项目。

（四）对符合条件的国家新闻出版产业基地（园区），按规定落实国家有关优惠政策。

（五）定期对发展较好或做出显著成绩的基地（园区）及企业择优予以表彰。

第十条 省、自治区、直辖市新闻出版行政部门重点从以下方面加强对国家新闻出版产业基地（园区）的日常管理和服务。

（一）内容导向管理。建立基地入驻单位内容产品审读工作机制，实行审读结果季度报告制度。

（二）产品质量管理。建立新闻出版产品编校、印刷等质量检查制度。对不符合国家质量管理要求的产品，应予召回、销毁。

（三）重大项目管理。建立基地重大项目协调机制，积极推动重大项目实施，为项目争取政策和资金支持提供服务和帮助。

省、自治区、直辖市新闻出版行政部门要指定部门和人员负责相关工作。

第十一条 国家新闻出版产业基地（园区）实行年度报告抽检制度，按照以下程序进行。

（一）每年6月30日前，基地（园区）运营管理机构要向所在省、自治区、直辖市新闻出版行政部门报告基地（园区）上一年度整体建设发展情况，同时报送入驻企业经营概况和遵守新闻出版法规等有关情况。

（二）省、自治区、直辖市新闻出版行政部门收到相关材料后，要及时对材料予以审核，组织专家进行实地考察，并就基地（园区）建设发展是否符合规划要求，新闻出版主业是否突出，各项政策是否落实到位，管理是否规范有序，报送统计数据是否规范等情况出具相关意见；对基地（园区）建设偏离主业、发展规模严重萎缩或入驻企业存在违法违规问题的，要求其限期整改。

每年8月31日前，各省、自治区、直辖市新闻出版行政部门将基地（园区）建设发展等有关情况及工作意见报送国家新闻出版广电总局，同时报送当地省、自治区、直辖市人民政府。

（三）国家新闻出版广电总局在收到省、自治区、直辖市新闻出版行政部门报送的基地（园区）建设发展等有关情况及工作意见后，按照不低于30%的比例进行抽查。对不按时报送建设发展等有关情况，或发现有其他重大问题的基地（园区），将予以通报批评，情节严重的，取消其国家新闻出版产业基地（园区）称号。

第十二条 国家新闻出版产业基地（园区）增设园区、合并、迁移等，须按本办法规定的条件、程序报国家新闻出版广电总局重新认定。

第十三条 国家新闻出版产业基地（园区）纳入国家新闻出版统计范围。基地（园区）要按照有关规定报送统计数据。

第十四条 本办法自2014年10月1日起实施。

深化新闻出版体制改革实施方案

按照党的十八届三中全会通过的《中共中央关于全面深化改革若干重大问题的决定》精神和《中共中央办公厅　国务院办公厅关于印发〈深化文化体制改革实施方案〉的通知》要求，新闻出版领域要紧紧围绕巩固马克思主义在意识形态领域的指导地位、巩固全党全国各族人民团结奋斗的共同思想基础这一宣传思想文化工作的根本任务，坚持社会主义先进文化前进方向，坚持中国特色社会主义文化发展道路，坚持以人民为中心的工作导向，坚持把社会效益放在首位、社会效益和经济效益相统一，以激发全民族文化创造活力为中心环节，进一步深化新闻出版体制改革，进一步解放和发展新闻出版生产力，促进社会主义文化强国建设，增强国家文化软实力。为此，特提出如下实施方案。

一、完善新闻出版管理体制

1. 加快推动政府职能转变。按照党管媒体、党管干部和政企分开、政事分开的原则，在坚持新闻出版主管主办制度前提下，推动党政部门与所属新闻出版企事业单位进一步理顺关系。进一步推动新闻出版行政管理部门更好发挥政策调节、市场监管、社会管理和公共服务职能。推动建立健全党委和政府监管国有文化资产的管理机构，完善工作机制，实现管人管事管资产管导向相统一，确保对企业重大事项决策权、资产配置控制权、宣传文化内容终审权、主要领导干部任免权落到实处。

2. 创新网络出版管理机制。修订《网络出版服务管理办法》及其配套规章和规范性文件，科学界定和划分网络出版业务范围，依照图书、报刊等传统出版准入资质，严格网络出版主体资格和准入条件，加强对网络出版的管理和服务。规范出版物内容网络传播，强化监管。根据出版物国家标准推行网络连续出版物编号管理，参考国际数字文献标识办法加强对网络出版物的管理和版权保护，营造良好的网络出版空间。

3. 严格新闻出版工作者职业资格制度。将新闻出版工作者职业资格制度，纳入全国专业技术人员职业资格制度统一规划。完善出版专业技术人员职业资格制度，建立新闻采编人员职业资格制度。研究制定新闻采编专业技术人员职业资格考试暂行规定及其实施办法，严格新闻采编人员准入退出管理，加强职业培训，规范采编行为。推进采编人员同岗同责同权同待遇。本着严格把关、稳妥有序的原则，逐步将新闻网站从事新闻采集业务的采编人员纳入新闻记者管理，将从事新闻转载、聚合、搜索等业务的新闻网站和网络出版单位编排人员纳入出版编辑职业资格管理，实现对新闻出版工作者管理的全覆盖。规范新闻从业人员职务行为信息管理。建立健全全国联网的各级各类新闻出版从业人员数据库及不良从业行为档案库。

4. 完善产品评价体系。坚持把弘扬社会主义核心价值观、坚持社会主义先进文化前进方向、人民群众满意作为评价产品最高标准，把群众评价、专家评价、市场检验统一起来，建立两个效益相统一的评价体系，增强导向性、权威性和公信度。把产品评价与企业评级、年度核验和编辑注册、职称评定等直接挂钩，以激励约束机制推动出精品、出人才、出效益。改革评奖制度，严格控制政府主办的各类评奖，改进中国出版政府奖等重要奖项评奖方式，清理整治违规设立的全国性新闻出版奖项。加强图书排行榜引导和管理工作。

5. 建立健全市场准入和退出机制。建立健全分类准入制度，针对不同类型新闻出版单位实行不同的准入政策。在继续实行行政审批的前提下，根据社会发展和市场需求更加灵活调整新闻出版单位总量布局。放宽发行、印刷等企业的准入条件。完善书报刊等出版资源配置方式，着重向大型和"专、精、特、新"新闻出版单位倾斜。建立健全严格的退出机制，对不具备从事新闻出版条件和存在严重违规行为的新闻出版单位依法吊销、撤销行政许可，予以关停。研究建立新闻出版从业单位信用信息公示系统。

6. 加大版权保护力度。推动尽快修订《著作权法》及相关条例。加强版权保护体系建设，完善版权登记制度，扩大版权登记的数量和覆盖面。推进国家版权监管平台建设。支持文化产品和服务的专利申请、商标注册和版权登记以及评估、质押。进一步推动网络使用作品依法依规进行，完善信息网络传播权保护机制。依法严惩侵权盗版、非法出版、非法营销及制售假冒伪劣产品等行为，着力打击网络侵权盗版，维护著作权人合法权益，激发文化创造创新活力。

7. 加强出版市场秩序管理。加强和改进新闻出版主管主办、许可准入和年审年检等制度，完善事中事后监管措施，进一步规范市场主体行为。建立健全质量检验及认证体系，完善相关登记备案和年度核验制度。深入开展"扫黄打非"，严厉打击各类非法出版物，严厉打击网上淫秽色情信息，严厉打击新闻敲诈、假新闻和假媒体假记者站假记者，切实整治少儿出版物和中小学教辅材料市场，不断优化出版市场秩序。

二、增强新闻出版单位发展活力

8. 深化公益性新闻出版单位改革。结合事业单位分类改革，研究制定加快公益性新闻出版单位劳动人事、收入分配、社会保障等内部制度改革意见，进一步细化公益服务内容和标准，建立健全绩效考核等机制。改革和完善企业化管理机制，扩大和落实选人用人、薪酬分配、资金使用等自主权，提高面向市场、服务群众的能力。在坚持党管媒体、党管干部、确保正确舆论导向的前提下，可将公益性新闻出版单位中经营性部分转制为企业进行公司制、股份制运作，增强市场运营能力，为新闻出版宣传主业服务。积极探索公益性新闻出版单位通过接受政府采购和面向市场服务的方式开展公益服务。深化党报发行体制改革，提高自主发行能力和市场占有率。

9. 继续推进新闻出版单位体制改革。继续推进生活、科普等非时政类报刊出版单位转企改制，与优化报刊出版单位布局相结合，整合归并一批，撤销退出一批，做大做强一批。稳步推进不具有独立法人资格的报刊编辑部体制改革，或并入其他新闻出版单位，或转为内部资料性出版物，或予以撤销，符合条件的可合并设立报刊出版单位，切实解决"小散滥"问题。探索重点科技期刊和学术期刊编辑部组稿审稿并交由出版单位统一出版发行的运营模式。推动已转制的新华书店、图书出版社、电子音像出版社、非时政类报刊社等进行公司制、股份制改造，完善法人治理结构，建立健全符合现代企业制度要求、体现文化企业特点的资产组织形式和经营管理模式，健全坚持把社会效益放在首位，实现社会效益和经济效益相统一的体制机制。所有出版单位必须设立总编辑岗位，上市出版企业要探索建立编辑委员会制度，对出版物内容问题实行一票否决，确保正确导向。探索建立职业经理人制度和选聘外部董事制度。有条件的国有出版企业可以上市融资，尽快做大做强。探索国有出版企业股权激励机制，制定试点方案，经批准允许有条件的国有控股上市出版企业开展股权激励试点。

10. 推动传统出版传媒与新兴出版传媒融合发展。支持新兴出版传媒健康发展，制定关于加强数字出版内容投送平台建设和管理的指导意见等政策性文件，鼓励和支持传统出版传媒与新兴出版传媒融合发展。通过开展传统新闻出版单位数字化转型示范，引导图书、报刊、电子音像等传统出版形态向数字出版转型升级。打破行业、地域界限，拓宽融合发展渠道，支持传统新闻出版单位与新媒体企业、渠道运营企业、适用技术企业开展合作。加快MPR（多媒体印刷读物）、CNONIX（出版物在线信息交换）等新技术标准应用推广，推动和支持聚合精品、覆盖广泛、消费便捷的优质数字出版内容发布投送平台建设。

11. 推动出版企业兼并重组。鼓励和支持国有骨干出版企业以资本为纽带，打破区域限制和行业壁垒，实施跨地区、跨行业、跨所有制兼并重组，培育一批主业突出、产业链完整、核心竞争力强的骨干出版传媒集团，发挥主导作用，增强国有经济活力、控制力、影响力。支持国有出版企业兼并重组非公有制文化企业。通过兼并重组，推动出版资源和要素向优质出版企业聚集，提高出版产业规模化、集约化、专业化水平。

三、建立健全多层次出版产品和要素市场

12. 加强出版产品市场建设。建立全国统一的出版产品信息交换平台，着力推动出版信息标准化建设。有条件的大中城市可建立区域性或全国性的出版产品交易市场。创新商业模式，拓展大众消费市场，满足不同层次和多样化、个性化的消费需求。推进印刷订单综合服务平台建设工作。争取和落实财政资金及税收优惠政策，支持实体书店发展，推动实体书店、报刊亭等发行网点建设纳入城市建设规划和文明城市考评体系。支持、引导各类社会资本在农村、社区和其他基层单位开办书店，综合利用各种资源解决"最后一公里"问题。支持、引导国有出版发行集团整合各类发行资源和资产，组建跨地区、跨行业的综合性大型发行集团。大力发展连锁经营、物流配送、电子商务等现代流通组织和流通形式，鼓励出版企业发展第三方物流，形成以大城市为中心、中小城市相配套、贯通城乡的流通网络，打造低成本、高效率流通和配送的限时"服务圈"。

13. 强化出版要素市场建设。加快制定完善著作权、商标权、专利权等出版无形资产评估、质押、登记、托管、投资、流转和变现等管理办法，鼓励和支持版权、股权、商标、品牌等交易。规范发展版权基地、交易中心，建设实体和网络交易平台。利用债券、基金等国内外多层次资本市场，促进出版资源与金融资本、社会资本有效对接，解决出版企业融资难问题。加强专业化文化金融服务，鼓励有条件的新闻出版单位设立财务公司等非银行金融机构。落实国家推进文化创意等新型服务业发展的政策，以企业为主体，促进出版与科技深度融合，推动成果产业化、市场化。支持出版产业与体育、旅游、制造等相关产业融合发展，提升品牌价值，增加附加值和文化含量。制定规范出版产业基地（园区）建设的办法，促进基地（园区）健康发展。制定和完善行业经纪、评估鉴定、推介咨询、担保拍卖等出版市场中介服务机构管理办法，提供全方位服务。

14. 引导社会资本有序参与出版经营活动。在国家许可范围内，引导社会资本以多种形式投资参与出版经营活动。制定制作和出版分开的实施办法，在坚持出版权特许经营前提下，吸纳社会资本从事除出版以外的图书期刊前期制作和经营发行业务。允许国有出版单位同非公有制文化企业开展除教材、党和政府的文件及学习辅导读物外的有关出版代理及租型业务，同时确保国有出版单位对出版内容的控制权，确保出版物的质量、印数、发行范围等可控。开展实行特殊管理股制度试点，通过特殊股权结构设计，保证党和政府对新闻出版企业的领导权和管理权。以有资质的国有出版单位拥有特殊管理股为前提，允许符合条件的非公有制企业参与网络原创出版业务，给予非公有制文化企业对外专项出版权。

15. 支持小微出版服务企业发展。落实国家支持小微企业发展政策，实施小微文化企业孵化培育计划，鼓励各类资本投资设立小微出版服务企业，从事实体书店、报刊亭等出版物零售及选题策划、装帧设计、数字印制、展会服务等经营活动，发挥其在调整产业结构、转变方式、扩大内需、增加就业等方面的积极作用。充分发挥融资性担保机构的积极作用，引导和鼓励其支持小微出版服务企业发展。扶持"专、精、特、新"小微出版服务企业发展，重点支持有核心竞争力和发展潜力的小微出版服务企业逐步发展壮大。

16. 用好用足文化经济政策。用好财政、税收、金融、社会保障等方面优惠政策。争取各级财政加大对新闻出版领域各项专项资金、基金的支持力度，扩大资金规模。重点支持主题出版、精品力作生产和新闻出版走出去，积极支持全民阅读、传统媒体转型、集团化建设、示范企业建设、产业基地（园区）建设以及新媒体、新项目、新产品的研发和推广等。积极探索运用专项资金或基金形式，加大对数字出版、绿色印刷、中小出版企业发展等扶持力度。对党报党刊、时政类报刊社、公益性出版社等公益二类事业单位，争取国家重点扶持，增强发展活力。

四、推进出版公共服务体系标准化、均等化

17. 深入开展全民阅读活动。推动尽快制定全民阅读促进条例，制定全民阅读中长期规划，推动建立全民阅读工作组织协调机制。以政府为主导，进一步加快城乡阅报栏（屏）工程建设，组织好各类优秀出版物推荐活动，推进"书香之家（乡、县、市）"推介工作。鼓励出版适应群众购买能力的书报刊，鼓励有条件的地方对低收入人群发放阅读消费券。加大对革命老区、边远山区、民族地区、边疆地区开展全民阅读活动的支持和帮扶力度。完善全民阅读状况监测与评估机制，提高全民阅读指数和国民阅读调查的科学化水平。

18. 更好发挥农家书屋效能。会同有关部门提出农家书屋工程建设标准化的方案，研究制定具体指标，按照标准落实推动并监督考核。建立以基层群众为主的选书机制，变"标配"为"特配"，加强县级参与、省级指导，更好实现农家书屋配书与农民阅读需求的有效对接。提高农家书屋传播能力，推动有条件的地方建立多种形式的数字农家书屋。促进农家书屋与农村综合文化站（室）、广播电视"村村通""村村响"、县乡图书馆，党员远程教育、文化资源共享工程、文化科技卫生"三下乡"之间进行整合，加强与地方新华书店的合作。依托农家书屋开展多种形式的农民读书活动，提高农家书屋利用率。鼓励农民成立读书会等自助读书组织，发挥群众参与文化活动的积极性。

19. 扶持少数民族新闻出版工作。加大对少数民族新闻出版事业的投入，支持出版优秀民族文字和双语出版物。继续推进新闻出版"东风工程",适度扩大实施范围,增强对民族地区新闻出版基础设施和文化民生项目的扶持力度。加强对少数民族新闻出版从业人员培养培训,优先选派少数民族新闻出版骨干参加领军人才能力建设研修班等培训项目。进一步做好藏传佛教寺庙书屋建设和出版物补充更新工作。

20. 健全新闻出版公共服务工作机制。引入竞争机制,采取政府招标采购、项目外包、专项补贴、委托管理等,推动新闻出版公共服务提供方式社会化。鼓励社会力量、社会资本等通过兴办实体、资助项目、赞助活动、提供设施等形式参与公共服务。建立新闻出版公共服务需求评价和反馈机制,推行"菜单式"服务,实行服务公示制度,与群众需求有效对接。

五、提高新闻出版开放水平

21. 大力推动新闻出版走出去。研究制定新闻出版走出去中期发展规划,完善项目立项评审机制和效果评估机制。进一步推进中国当代作品翻译工程、中国图书对外推广计划、中国文化著作翻译出版工程、"经典中国"国际出版、中外图书互译计划等重点工程建设。探索市场化、商业化、产业化、社会化、本土化的运作方式,创作和提供坚持中国立场观点、贴近国外受众阅读习惯和关注点、兴趣点的产品。利用海外主要分销企业、华文书店、网络书店等渠道资源"借船出海",构建多种渠道并行的国际营销网络。支持新闻出版单位通过合资、合作、参股、控股、并购等方式,在海外建站建社、办报办刊、开厂开店,并实施公司化运作、本土化战略、全媒体发展,积极参与国际市场竞争。培育一批国际竞争力和抗风险能力强的综合性、专业性知名跨国出版传媒集团。打造一批融通中外、具有自主知识产权和核心竞争力的国际知名产品品牌,进入国外主流社会和主流人群。配合"丝绸之路经济带""21世纪海上丝绸之路"建设,大力实施"丝路书香工程"。积极稳妥做好中美、中欧等双边多边重大协定谈判所涉及出版领域工作。依托中国(上海)自由贸易试验区等自由贸易园(港)区、海关综合保税区,推动出版对外贸易。实行版权输出奖励制度。

22. 加快实施边疆地区新闻出版走出去扶持计划。通过国家专项资金资助等方式,鼓励和支持边疆省(区),借助地缘人缘文缘等优势,完善工作机制,构建双边多边框架下的新闻出版交流平台和投资、销售渠道。依托中国（新疆）—亚欧出版博览会、中国（宁夏）—阿拉伯国家版权贸易洽谈会、云南边境口岸"国门书社"以及民文出版基地等，推动出版产品、版权输出，扩大对周边国家和地区的辐射力和影响力。

23. 积极吸收借鉴国外优秀文化成果。引进有利于出版产业发展的人才、技术、经营管理经验，启动引进人才、技术等交流合作平台建设。进一步健全进口管理体系，完善出版物进口实时监控系统，加快出版物进口管理平台建设，运用科技手段提高内容审核把关能力，切实维护国家文化安全。

关于推动传统出版和新兴出版融合发展的指导意见

新广发〔2015〕32号

各省、自治区、直辖市新闻出版广电局、财政厅（局），新疆生产建设兵团新闻出版局、财务局，解放军总政治部宣传部新闻出版局：

推动传统出版和新兴出版融合发展，把传统出版的影响力向网络空间延伸，是出版业巩固壮大宣传思想文化阵地的迫切需要，是履行文化职责的迫切需要，是自身生存发展的迫切需要。根据中共中央办公厅、国务院办公厅印发的《关于推动传统媒体和新兴媒体融合发展的指导意见》，结合出版业实际情况，现就推动传统出版和新兴出版融合发展，提出如下指导意见：

一、总体要求

1. 指导思想。以邓小平理论、"三个代表"重要思想、科学发展观为指导，深入贯彻落实习近平总书记系列重要讲话精神，贯彻落实中央关于全面深化改革的重大战略部署，坚持以先进技术为支撑、内容建设为根本，充分运用新技术，创新出版方式、提高出版效能，进一步掌握网络空间话语权，进一步提高出版业的影响力传播力和竞争实力，推动出版业更好更快发展。

2. 基本原则。必须始终坚持党管出版，把坚持正确政治方向和出版导向贯穿到出版融合发展的各环节、全过程，自觉体现社会主义核心价值观，始终坚持把社会效益放在首位，努力实现社会效益和经济效益有机统一；坚持正确处理传统出版和新兴出版关系，以传统出版为根基实现并行并重、优势互补、此长彼长；坚持强化互联网思维，积极推进理念观念、管理体制、经营机制、生产方式创新；坚持一体化发展，推动传统出版和新兴出版实现出版资源、生产要素的有效整合；坚持内容为本技术为用、内容为体技术为翼，运用先进技术传播先进文化；坚持重点突破和整体推进相结合，因地制宜、积极探索、差异化发展。

3. 工作目标。按照积极推进、科学发展、规范管理、确保导向的要求，立足传统出版，发挥内容优势，运用先进技术，走向网络空间，切实推动传统出版和新兴出版在内容、渠道、平台、经营、管理等方面深度融合，实现出版内容、技术应用、平台终端、人才队伍的共享融通，形成一体化的组织结构、传播体系和管理机制。力争用3—5年的时间，研发和应用一批新技术新产品新业态，确立一批示范单位、示范项目、示范基地（园区），打造一批形态多样、手段先进、市场竞争力强的新型出版机构，建设若干家具有强大实力和传播力公信力影响力的新型出版传媒集团。

二、重点任务

4. 创新内容生产和服务。始终坚持贴近需求、质量第一，严格把关、深耕细作，将传统出版的专业采编优势、内容资源优势延伸到新兴出版，更好发挥舆论引导、思想传播和文化传承作用。探索和推进出版业务流程数字化改造，建立选题策划、协同编辑、结构化加工、全媒体资源管理等一体化内容生产平台，推动内容生产向实时生产、数据化生产、用户参与生产转变，实现内容生产模式的升级和创新。顺应互联网传播移动化、社交化、视频化、互动化趋势，综合运用多媒体表现形式，生产满足用户多样化、个性化需求和多终端传播的出版产品。强化用户理念和体验至上的服务意识，既做到按需提供服务、精准推送产品，又做到在互动中服务、在服务中引导，不断增强用户的参与度、关注度和满意度。

5. 加强重点平台建设。整合、集约优质内容资源，推动建立国家级出版内容发布投送平台、国家学术论文数字化发布平台、出版产品信息交换平台、国家数字出版服务云平台、版权在线交易平台等聚合精品、覆盖广泛、服务便捷、交易规范的平台及出版资源数据库，推进内容、营销、支付、客服、物流等平台化发展。鼓励平台间开放接口，通过市场化的方式，实现出版内容和行业数据跨平台互通共享。

6. 扩展内容传播渠道。各出版发行单位要探索适合自身融合发展的道路，创新传统发行渠道，大力发展电子商务，整合延伸产业链，构建线上线下一体化发展的内容传播体系。进一步加强实体书店建设，努力将实体书店建设成为集阅读学习、展示交流、聚会休闲、创意生活等功能于一体的复合式文化消费场所。支持实体书店与电子商务合作，在区域配送发挥各自优势。探索以用户为中心的全渠道服务模式。进一步开拓农村等出版产品消费市场。利用社交网络平台，建立出版网络社区等传播载体，打通传统出版读者群和新兴出版用户群，着力增强粘性，广泛吸引用户。借力商业网站的微博微信微店等渠道，不断扩大出版产品的用户规模，进一步扩大覆盖面。

7. 拓展新技术新业态。运用大数据、云计算、移动互联网、物联网等技术，加强出版内容、产品、用户数据库建设，提高数据采集、存储、管理、分析和运用能力。积极通过多种方式吸收借鉴、善加利用先进的传播技术和渠道，借力推动出版融合发展。充分利用新一代网络的技术优势，加快发展移动阅读、在线教育、知识服务、按需印刷、电子商务等新业态。加强出版大数据分析、结构化加工制作、资源知识化管理、数字版权保护、数字印刷、发布服务以及产品优化工具、跨终端呈现工具等关键性技术的研发和应用实践，着力解决出版融合发展面临的技术短板。建立和完善用户需求、生产需求、技术需求有机衔接的生产技术体系，不断以新技术引领出版融合发展，驱动转型升级。有计划地组织相关标准的制修订工作，完善标准化成果推广机制，加快国际标准关联标识符（ISLI）、中国出版物在线信息交换（CNONIX）等标准的推广和应用。

8. 完善经营管理机制。积极适应出版融合发展要求，主动探索出版单位内部组织结构的重构再造，逐步建立顺畅高效、适应市场竞争和一体化发展的内部运行机制。变革和融合传统出版和新兴出版生产经营模式，建立健全一个内容多种创意、一个创意多次开发、一次开发多种产品、一种产品多个形态、一次销售多条渠道、一次投入多次产出、一次产出多次增值的生产经营运行方式，激发出版融合发展的活力和创造力。探索建立首席信息官制度，加强版权、商标、品牌等的保护和多元化、社会化运营，构建融合发展状态下的经营管理模式。

9. 发挥市场机制作用。坚持行政推动和发挥市场作用相结合，探索以资本为纽带的出版融合发展之路，支持传统出版单位控股或参股互联网企业、科技企业，支持出版企业尤其是出版传媒集团跨地区、跨行业、跨媒体、跨所有制兼并重组。在网络出版以及对外专项出版领域，探索实行管理股试点。引导社会力量参与融合项目的技术研发和市场开拓，鼓励支持符合条件的出版企业上市融资，促进金融资本、社会资本与出版资源有效对接。增强传统出版单位的市场竞争意识和能力，健全技术创新激励机制和容错、纠错机制，探索建立股权激励机制。

三、政策措施

10. 加强相关法律法规修制工作。推动修订《中华人民共和国著作权法》，加快修订出台《网络出版服务管理规定》和《出版物市场管理规定》。制定新闻出版许可证管理办法、新闻采编人员职业资格制度暂行规定和网络连续出版物管理规定等。制定网络出版等新兴出版主体资格和准入条件，制定加强信息网络传播权行政保护指导意见，推动网络使用作品依法依规进行。通过逐步建立以法律法规为主体，以部门规章为配套，以规范性文件为补充的法律法规体系，规范、保障、推动出版融合发展。

11. 加大财政政策支持力度。充分发挥财政引导示范和带动作用，着力改善传统出版和新兴出版融合发展环境。加大中央文化产业发展专项资金支持力度，完善和落实项目补助、贷款贴息、保费补贴、绩效奖励等措施，更好地与新闻出版改革发展项目库等进行衔接，实现财政政策、产业政策与企业需求的有机衔接。支持出版企业在项目实施中更多运用金融资本、社会资本，符合条件的可通过"文化金融扶持计划"给予支持。加大国家出版基金对涉及出版融合发展的出版项目支持力度。继续实施新闻出版业转型升级重大项目，探索将传统出版和新兴出版融合发展纳入重大项目支持范围，突出重点、分步实施、逐年推进。

12. 优化出版行政管理。坚持和完善新闻出版主管主办制度，坚持出版特许经营，严格许可证管理。对网上网下、不同出版业态进行科学管理、有效管理，建立统一的导向要求和内容标准，建立出版单位社会效益评价机制。严厉打击各类非法出版物、网上淫秽色情信息，严厉打击出版领域的侵权盗版行为尤其是网上侵权盗版行为，创造良好的版权保护环境。加强质量管理，建立不良产品和企业退出机制。鼓励有条件的地区和出版单位率先发展，支持有先发优势的产业带、产业基地（园区）依托资源条件和产业优势，建设出版融合发展聚集区，扶持创业孵化，培育新的经济增长点。建立国家级出版融合发展研究基地（中心），对融合发展重大项目实施集智攻关。支持行业组织在出版融合发展研究、标准制定、自律维权等方面发挥积极作用。

13. 实施项目带动战略。充分发挥全民阅读、国家古籍整理出版、农家书屋、民文出版、出版发行网络建设、绿色印刷、"丝路书香"、国家数字复合出版、数字版权保护技术研发等项目的带动作用，支持提升出版融合发展的质量和水平。

14. 强化人才队伍建设。制定出版融合发展人才培养规划，支持出版单位与高校、研究机构和创新型企业联合开展出版融合发展人才培养，加大新兴出版内容生产人才、技术研发人才、资本运作人才和经营管理人才培养引进力度，进一步优化人才结构。建立出版融合发展人才资源库。鼓励出版传媒集团设立人才基金，鼓励出版单位加强领军人才和复合型人才队伍建设。建立健全绩效考核体系，创新项目用人机制，探索出版融合发展条件下吸引人才、留住人才、用好人才的有效途径。

四、组织实施

15. 统筹推进任务措施落实。各出版行政主管部门、出版单位要将出版融合发展列入行业和单位"十三五"规划等重大产业发展规划，制定实施方案，明确时间表、路线图、任务书，合理设计和规划实施项目，重大项目要按程序报批备案。制定精细化的项目指标，加强跟踪测评和效果评估。建立责任考核机制，一层抓一层，层层抓落实，将出版融合发展任务、重点项目落到实处。

16. 进一步加强组织领导。各级出版行政主管部门主要负责同志亲自抓、负总责，会同财政部门结合本地区（部门）实际，切实加强对出版融合发展的组织领导。要形成统一高效的议事决策和协调推动机制，整合各方资源，加强外部协作，强化内部协调，为推动出版融合发展提供有力保障。

国家新闻出版广电总局　中华人民共和国财政部
2015 年 3 月 31 日

关于加快新闻出版业实验室建设的指导意见

新广出办发〔2016〕81号

各省、自治区、直辖市新闻出版广电局,新疆生产建设兵团新闻出版广电局,各相关行业协会、行业机构,各新闻出版企业,各相关院校及科研院所:

为全面贯彻中共中央、国务院《关于深化体制机制改革加快实施创新驱动发展战略的若干意见》精神,贯彻落实《国家"十三五"时期文化改革发展规划纲要》、《新闻出版广播影视"十三五"发展规划》、《新闻出版广播影视"十三五"科技发展规划》等提出的相关任务,完善新闻出版业科技创新体系,培养和凝聚高端复合型人才,加快新闻出版业转型升级,创新融合发展模式,提高新闻出版业自主创新能力,在"十三五"期间推动新闻出版业实验室(以下简称"实验室")建设,特制定本指导意见。

一、建设背景

目前,新闻出版业已成为推动社会经济转型发展的重要力量、促进科技深度融合发展的关键领域、保障国家文化安全与互联网安全的主要阵地。"十三五"期间,新闻出版业需要加快实验室建设,以发挥科技的支撑与引领作用,加强科技研发、标准研制、技术应用、人才培养、模式创新,加快新闻出版业转型升级,促进传统媒体与新兴媒体、传统出版与新兴出版的融合发展,推动新闻出版业拓展新业务、建立新业态、产生新效能。

二、重要意义

(一)完善新闻出版业科技创新体系的迫切要求。通过实验室的建设,强化科技创新体系建设,促进产学研用的有机结合,有利于完善科技创新长效机制,提高新闻出版业可持续性创新能力。

(二)提升新闻出版业核心竞争力的有效手段。通过实验室的建设,强化产业技术原始创新能力,突破一批重大技术装备和产业关键技术,有利于打破技术壁垒,提升新闻出版业的核心竞争力。

(三)促进新闻出版业融合发展的必然选择。通过实验室的建设,跟踪、培育和掌握一批前沿技术,推进高新技术的产业应用,促进业务模式创新,有利于推动新闻出版业自身、新闻出版业与其他产业的融合发展。

(四)强化企业成为创新主体地位的重要途径。通过实验室的建设,以新闻出版行业需求为导向,引导企业加大投入,整合产学研用资源,有利于提升企业创新能力,夯实企业的创新主体地位。

三、指导思想

坚持自主创新、重点突破、支撑发展、跨界融合、引领未来的指导方针,以开展创新活动、培育创新成果、凝聚高端复合型人才、满足行业发展需求为目标,立足国内、跟踪国际发展趋势,实施课题引领、项目带动战略,着力解决制约行业发展的瓶颈问题,推动科技成果应用,探索模式创新,加强新闻出版与科技融合,加快新闻出版业转型升级,促进新闻出版业融合发展,为新闻出版业健康、有序、可持续发展提供有力支撑。

四、建设目标

到"十三五"期末,通过建设重点突出、布局合理、规模适度的实验室群,全面推进关键技术研发,深入开展标准研制,提升行业科技成果的应用水平,全面推动数字化转型升级,积极探索融合发展的模式创新,促进人才培养与队伍建设,优化创新环境,发挥新闻出版业实验室群的创新驱动力,推动新闻出版业创新体系建设。

五、建设原则

(一)统筹规划、合理布局。围绕中心、服务大局,把握新闻出版业发展趋势,服从建设新闻出版强国的总体部署,立足新闻出版业的发展实际,加强国际交流与合作,统筹整合资源、强化顶层设计,合理规划各级各类实验室的发展定位和建设布局。

(二)政府引导、企业为主。充分发挥政府的引导与扶持作用,依托行业机构加强指导，支持以新闻出版企业为主体，调动高等院校、科研院所等单位的积极性，鼓励技术企业积极参与，以分级管理、分类指导、产学研用相结合的方式推动实验室建设。

（三）需求导向、有序推进。全面系统梳理新闻出版业在科技创新、模式创新方面的发展需求，科学合理布局，突破重点、夯实基础、急用先行，分阶段、分层次、分类别推进实验室建设工作。

（四）创新机制、强化管理。积极探索体制机制创新路径，加强实验室建设与其他工作的协同，鼓励实验室充分利用外部资源，促进各实验室之间的资源共享、优势互补，逐步建立科学评价、动态调整的管理机制。

六、建设任务

（一）总体建设任务

深入分析制约新闻出版业发展的瓶颈，针对改革与发展的迫切需求，提出有针对性的实验课题；开展新闻出版领域共性关键技术攻关，不断积累原始创新成果和知识产权；推动与新闻出版业发展需求相适应的新兴学科建设，促进学术带头人和行业领军人才培养，支持适应新业态发展的基础人员培训；积极开展国际合作、学术研讨和专题交流，全面掌握国内外新闻出版科技发展动向，跟踪国内外新闻出版新业态与新模式的发展趋势；为政府提供决策支持，为行业提供咨询服务，面向企业开展创新成果的应用推广。

（二）分级建设任务

围绕国家新闻出版业科技发展的重大战略部署，由新闻出版广电总局批准建立新闻出版业重点实验室；围绕区域新闻出版业发展规划，由各省级新闻出版广电行政管理部门批准建立区域性实验室；围绕行业机构、行业协会相关领域的专项工作计划，由其推动建立专项实验室；围绕企业发展战略规划，由新闻出版企业自主建立或与相关机构联合建立企业实验室。

（三）分类建设任务

各级新闻出版业实验室分为出版融合发展实验室、科技与标准实验室两类，两类实验室互为补充、互为支撑，互相优先提供和运用研究成果。

出版融合发展实验的建设任务，重点研究推动传统出版和新兴出版在内容、渠道、平台、运营、管理以及体制机制等方面深度融合，开展模式创新实践。"十三五"期间，要在应用基础和应用研究、内容资源与生产要素整合融通、内容生产和服务、拓展新技术新应用新业态、一体化传播体系建设、资产管理与资本运作、经营管理机制及生产运营方式、组织机构及运行方式、发挥市场作用、政府管理服务的创新及实践等方向，建设一批出版融合发展实验室。

科技与标准实验室的建设任务，重点解决行业共性关键技术与标准的研发及应用，开展科技创新实践。"十三五"期间，要在生产技术与装备、资源编码与管理、知识挖掘与服务、内容表达与呈现、产品传播与营销、数据管理与运营、版权保护与应用等领域，建设一批专业领域科技与标准实验室、跨领域综合性科技与标准实验室。

七、保障措施

（一）建章立制。新闻出版广电总局将制定实验室管理办法，明确管理职责、规范管理程序、严格考评办法，分类组织行业重点实验室的征集评定工作；指导各省级新闻出版广电行政管理部门、各行业机构与行业协会制定区域性、专项性实验室管理办法，开展征集工作；支持企业围绕自身发展规划建立企业内部管理制度，加快建设企业实验室，逐步完善新闻出版业实验室群的建设与管理。

（二）加大投入。新闻出版广电总局将对新闻出版业重点实验室优先安排补贴资金，对其符合条件的产业化项目优先列入国家新闻出版改革发展项目库，优先支持其承接新闻出版业转型升级、融合发展的重大项目，优先安排其有关人员参加新闻出版广电总局组织的专题学习和培训。

（三）加强推广。新闻出版广电总局将及时总结实验室的创新实践成果，面向行业开展宣传推广活动，提高实验室知名度与影响力，鼓励社会力量广泛参与实验室建设。

（四）组织协调。各级新闻出版广电行政部门要结合本地区实际，切实加强实验室建设的组织领导，加强跨地区跨部门协作，确保各项建设任务的落实。

国家新闻出版广电总局办公厅
2016 年 10 月 13 日

关于新闻出版改革发展项目库 2017 年度项目申报工作的通知

新广出办发〔2016〕97 号

各省、自治区、直辖市新闻出版广电局，新疆生产建设兵团新闻出版广电局，中央各新闻出版单位主管部门：

为贯彻落实国家"十三五"规划《纲要》，有效实施项目带动战略，促进新闻出版产业发展，推动文化产业发展成为国民经济支柱性产业，经研究，决定开展新闻出版改革发展项目库 2017 年度项目申报工作，现将有关事项通知如下：

一、各省、自治区、直辖市新闻出版行政主管部门、中央各新闻出版单位主管部门要高度重视 2017 年度项目申报的组织工作，认真按照《新闻出版改革发展项目库 2017 年度项目申报指南》的要求，做好申报项目的审核把关，有条件的部门要组织专家评审提高项目申报质量；重点组织申报一批具有战略性、引导性和带动性的新闻出版产业在建项目，为争取文化产业发展专项资金和各类文化产业基金的支持奠定基础。

二、各有关新闻出版单位应按照《新闻出版改革发展项目库 2017 年度项目申报指南》的要求，积极准备项目申报材料，认真填报项目申报信息。

三、新闻出版改革发展项目库 2017 年度实行网络申报，并须同时报送纸质申报材料（一式一份）。网络版申报材料与纸质版申报材料必须完全一致。新闻出版改革发展项目库 2017 年度项目申报截止时间为 2016 年 12 月 15 日。

附件：新闻出版改革发展项目库 2017 年度项目申报指南

国家新闻出版广电总局办公厅
2016 年 10 月 26 日

附件

新闻出版改革发展项目库 2017 年度项目申报指南

一、总体要求

实施重大项目带动战略、抓好新闻出版改革发展项目库建设，是新闻出版业贯彻落实"十三五"规划、深化改革、加快发展的重大举措。新闻出版改革发展项目库 2017 年度项目申报要贯彻落实习近平总书记系列重要讲话精神，按照中央关于推进传统媒体和新兴媒体融合发展、推进文化创意和设计服务与相关产业融合发展等指导意见的要求，贯彻落实总局下发的《关于推进传统出版和新兴出版融合发展的指导意见》等重要文件，着眼解决引领新闻出版业发展的重大问题，积极促进新闻出版重点领域的重大技术突破、产业集聚，有力推动传统出版和新兴出版融合发展，申报一批具有创新性发展思路，明确、先进研究计划，科学、可行实施方案的项目。

二、重点支持方向

（一）新闻出版内容创新

对促进新闻出版内容创新、特别是在传播社会主义先进文化、弘扬社会主义核心价值体系方面具有引领和创新意义的重大工程。重点支持以下方面：

1. 社会主义核心价值体系内容创新。马克思主义中国化最新理论成果，紧密联系改革开放和现代化建设实际，推动马克思主义中国化、时代化、大众化的重大项目。

2. 新闻出版精品生产。具有影响世界文明的中国故事、中国形象、中国风格和中国精神的各类新闻出版作品；具有时代精神与特点的精品力作；具有国际影响力的精品内容建设。

3. 党报、党刊舆论引导能力建设。支持党报、党刊等主流媒体新兴传播渠道建设。重点支持一批党报、党刊新媒体品牌建设。

4. 原创动漫、动漫孵化及民族网游开发、出版。重点支持入选"原动力"原创动漫出版扶持计划、中国高校动漫出版孵化计划及民族网游出版工程的项目。推动基于移动互联的新产品开发推广、新技术研发应用，鼓励优秀原创动漫、游戏人才（团队）建设。

（二）新闻出版改革

符合新闻出版改革和发展方向，对全国或项目所在地新闻出版改革和发展有较大推动作用的项目。重点支持以下方面：

1. 大型出版传媒企业跨媒体、跨地区、跨部门、跨行业联合、兼并、重组及上市。出版传媒企业集团调整产品结构、技术结构、整合利用出版资源；大型骨干出版传媒企业核心能力建设。

2. 新闻出版专、精、特、新企业立足自身优势的特色发展。新闻出版单位依托资源优势，创新产品形态、传播手段、商业模式。

3. 鼓励非公有制文化企业以多种形式参与图书前期制作，参与对外专项出版的试点工作。支持民间资本参与出版经营活动，在坚持出版权特许经营的前提下，允许出版与制作分开。

（三）传统出版与新兴出版融合

对促进新闻出版融合发展具有引领和创新意义的重大项目。重点支持以下方面：

1. 新闻出版创意和设计服务。支持新闻出版产品和服务的生产、传播、消费的数字化、网络化，重点发展微博、微信、客户端等网络出版新形态建设。支持数字内容资源整合、特色数字出版产品开发和服务创新，提升新闻出版对信息产业的内容支撑、创意和设计。

2. 新闻出版产业基地（园区）、实验室。支持国家数字出版基地、国家印刷包装产业基地、国家音乐产业基地、动漫游戏产业基地、国家出版创意产业基地等新闻出版产业基地（园区）建设，以及基地（园区）内的重大项目建设。鼓励国家级出版融合发展重点实验室建设，对融合发展重大项目实施集智攻关。

3. 新闻出版业态转型升级。鼓励传统出版与数字音乐、数字教育、网络文学、动漫游戏等新兴出版产业的融合，发展听书等新兴产业业态；支持虚拟现实（VR）、增强现实（AR）等丰富内容呈现方式在出版中的应用项目；扶持绿色印刷、数字印刷、按需印刷等印刷产业；以电子商务和流通网络建设为重点，鼓励发展新闻出版流通和物流产业；以新闻出版和科技融合的技术研发及成果应用为重点，发展新闻出版装备制造业。

4. 新闻出版与相关产业的融合。支持新闻出版与文化创意、广播电视、技术、电信、物联网、金融等相关业态深度融合；推进精品 IP 全产业链建设，鼓励新闻出版产业与其他产业的跨领域合作，支持实体书店进一步融入文化旅游、创意设计、商贸物流等相关行业发展，努力建设成为集阅读学习、展示交流、聚会休闲、创意生活等功能于一体的复合式文化场所。

（四）新闻出版大数据建设

对促进新闻出版业大数据体系建设与大数据应用具有重要作用的项目。重点支持以下方面：

1. 新闻出版大数据体系建设。鼓励开展跨领域、跨行业、跨地区大数据聚合，支持新闻出版大数据交换、共享、运营平台建设，提升内外部大数据资源采集获取、产业化应用能力。支持电子政务大数据、出版产品大数据、新闻出版元数据、出版发行数据共享、知识服务大数据等相关应用。

2. 新闻出版大数据创新应用。鼓励利用大数据重构新闻出版产业价值链体系，变革生产管理方式，培育行业新模式新业态。鼓励新闻出版大数据技术研发，重点推动 ISLI、CNONIX 等标准应用。推动专业领域知识资源数据库、服务平台建设，提升知识资源生产与供给能力。

3. 新闻出版大数据公共服务。鼓励利用大数据推动新闻出版诚信体系、企业评价体系和新闻出版市场监测体系建设。支持新闻出版公共服务数据汇聚整合，创新服务模式，提供个性化服务。

（五）新闻出版公共服务体系建设

鼓励有条件的新闻出版公共服务项目采用政府和社会资本合作（PPP）模式开展项目建设，促进新闻出版公共服务提供主体和提供方式多元化。重点支持以下方面：

1. 推进新闻出版公共服务均衡发展。拓展重大文化惠民项目出版物的出版发行，城乡阅报栏（屏）建设等。支持少数民族语言文字内容创作及双语出版物的出版发行及数字化项目。

2. 增强新闻出版公共服务发展动力。鼓励社会力量参与新闻出版公共服务体系建设，支持新闻出版企业与教育培训、体育健身、演艺会展、旅游休闲等相关产业合作，开发公共文化产品和服务。

3. 加强新闻出版公共服务产品供给。支持全民阅读项目，推动数字阅读，推动儿童、青少年阅读、满足特殊群体阅读项目建设，推进阅读活动资源的跨地区、跨部门整合。

4. 加大农村出版物发行网点建设。支持新华书店等发行企业的农村连锁网点建设项目和相关的物流、信息等配套项目。对长期坚持立足农村、服务农村的实体书店和城市具有示范引领作用的品牌实体书店给予扶持。

（六）新闻出版"走出去"

围绕中央推进"一带一路"建设的重大战略部署，加大对推动新闻出版产品、服务、企业、资本"走出去"具有重大影响项目的扶持。重点支持以下方面：

1. 新闻出版海外传播渠道建设。鼓励参与全球新闻出版产品供给，推进中国出版物立体化国际营销渠道建设。支持与跨国销售机构合作，拓展海外互联网营销渠道。支持具有重要影响力的国际版权交易平台建设。扶持对介绍中国发展变化、反映当代中国精神风貌、传播优秀中华文化精品出版物的翻译出版项目。

2. 新闻出版企业海外收购、投资设厂。重点扶持外向型骨干企业，通过独资、合资、合作等方式，到境外建社建站、办报办刊、开厂开店；鼓励运用参股、控股等多种方式，扩大境外投资，参与国际资本运营和国际企业管理。

（七）新闻出版保障服务体系建设

对新闻出版金融服务体系、新闻出版版权交易管理体系、新闻出版教育与人才培养等方面具有重大意义的项目。重点支持以下方面：

1. 新闻出版金融服务体系建设。引导金融资本投入新闻出版产业，鼓励银行、基金、文化担保、文化融资租赁等机构为新闻出版单位提供融资服务。

2. 新闻出版版权交易管理体系建设。鼓励支持在线版权交易、使用与保护的相关项目，在线版权交易服务平台建设，版权金融服务、版权涉外应对项目建设。

3. 新闻出版教育与人才培养。符合发展实际需要的专业技术人才、复合型人才与行业紧缺和亟需人才教育培养项目。

（八）企业股权（债权）融资项目

符合国家政策规定的、具有股权（债权）融资需求的新闻出版企业、新闻出版产业项目。

符合国家产业政策及新闻出版业发展规划要求，符合当地经济社会发展要求，具有良好的社会效益、经济效益。在建及已建成的项目，应具有或者预期具有稳定的现金流回报，能提供稳定的还款来源；新建项目须已完成可行性研究和立项审批等项目前期工作。

三、申报单位条件

（一）中国大陆境内具有法人资格的单位、港澳地区在内地设立（或与内地单位联合设立）的新闻出版或相关单位均可根据申报指南提出项目申请。

（二）申报单位在申报项目时应推荐项目负责人。每个项目只能确定 1 位项目负责人。项目负责人应具备以下条件：

1. 必须是申报单位在职人员。
2. 作为项目负责人同年度参与承担的项目申报数不得超过 2 项。
3. 作为已入库项目的项目负责人不得因申报新项目而退出已承担的项目。

（三）以下单位不得申报项目：

1. 中途退出尚在进行的入库项目的单位。
2. 承担的入库项目中存在 2 年内没有启动或超过完成时限 3 年尚未结项的单位。
3. 在入库项目调查中发现重大问题的单位。
4. 2015 年、2016 年因违规受到总局或省局行政处罚的单位。
5. 其他不能保证履行规定义务的单位。

四、申报数量要求

（一）项目申报原则上每个单位申报项目数量不超过 2 个（不含联合申报项目），每个集团申报项目数量不超过 8 个（不含联合申报项目）。作为联合申报单位（不作为项目申报主体）联合申报项目不超过 2 个。

（二）中央及各地方出版（传媒）集团公司所属单位申报项目，必须由集团统一申报并加盖集团公章。

（三）每个省、自治区、直辖市申报项目数量原则上不超过 30 个（不含计划单列市项目）。

（四）计划单列市须通过省、自治区、直辖市新闻出版广电局申报项目，每个计划单列市申报项目数量原则上不超过 10 个。

（五）企业股权（债权）融资项目既可以是项目库入库项目，也可以是新建项目；新建项目不占用各地项目指标名额。

五、项目申报与受理

（一）新闻出版改革发展项目库2017年度入库项目实行网络申报，并须同时报送纸质申报材料（一式一份）。网络版申报材料与纸质版申报材料必须完全一致。

（二）中央各新闻出版单位申报项目材料须经上级主管部门审核后报国家新闻出版广电总局。新疆生产建设兵团所属新闻出版单位申报项目材料报新疆生产建设兵团新闻出版广电局。其余单位申报项目的材料，按照属地管理原则，报所在省（区、市）级新闻出版行政主管部门。

（三）各省、自治区、直辖市新闻出版广电局、新疆生产建设兵团新闻出版广电局，负责对本辖区、本系统新闻出版单位的申报项目进行审核并提出审核推荐意见后，报国家新闻出版广电总局。

（四）各有关单位可通过国家新闻出版广电总局网站（http：//www.sapprft.gov.cn/）首页"申报快捷通道"栏目下的"新闻出版改革发展项目库"进入网上申报审核系统，根据申报项目类型（非企业股权（债权）融资项目选择"新闻出版改革发展项目库"，企业股权（债权）融资项目选择"出版企业股权（债权）融资项目"），进行用户注册及有关内容的填报、审核。

（五）凡涉密项目，请按有关保密管理规定办理，不得通过网络申报。

六、申报材料要求

（一）申报材料必须齐全、客观、真实，项目申报单位应提供由项目负责人签名的承诺书，并随项目申请书同时报送国家新闻出版广电总局规划发展司。

（二）为方便项目单位之间、项目单位与金融服务机构之间的合作交流，项目申报单位须填写不超过1500字的项目简介。该项目简介对所有项目申报单位公开，并用于向金融机构推介项目等。

（三）请按系统设定字段，逐项填写项目申请书内容。完成系统填报后，系统自动生成申报书打印格式，下载装订成册。

（四）申报单位登录申报系统后，在正式申报项目前，须在系统内完善单位信息，提供相关证明文件（上传扫描图片证明文件）：

1. 申报单位的企业法人营业执照副本或事业单位法人登记证书。

2. 法人代表有效身份证明文件。

3. 税务登记证。

4. 申报前近两个月的缴税付款凭证（含营业税、增值税、所得税以及个人所得税等，可选择重点两份扫描上传）。

5. 最新的年度企业财务报告；财务报表、资产负债表、损益（利润）表、现金流量表。

（五）其他需要上传的文件（根据需要扫描上传）

1. 申请贷款贴息的，需提供相关银行贷款合同、利用贷款实施重点发展项目情况说明、已支付贷款利息凭证等复印件。

2. 申请境外投资项目补助的，需提供境外企业注册文件、商务主管部门核准颁发的企业境外投资证书、资金汇出证明、项目合同、有资质的中介机构出具的项目资金审计报告。

3. 项目前期如果已经进行专家评审，请申报单位提供专家评审意见（专家须分别出具意见并亲笔签字）和专家资质证明（职称证书）。

评审专家应具备以下条件：

（1）本行业内副高职称以上。

（2）非项目申报单位。

（3）非项目承担者及联合申报单位的专家意见。

4. 证明申报项目技术水平的其他相关文件。

5. 与项目相关的发明专利证书或与项目相关的发明专利申请进入实质审查阶段通知书。

（六）装订后的申报书必须包括如下内容：

1. 数据采集表。

2. 项目简介。

3. 项目可行性研究报告摘要。

4. 项目论证。

5. 项目工作量与时间进度。

6. 项目经费预算及明细（项目基础设施建设费用不得超过总经费

的 30%）。

7. 预期社会效益与经济效益。

8. 专家推荐意见。

9. 上面（四）（五）中提交的其他文件。

七、申报时间要求

新闻出版改革发展项目库 2017 年度项目申报截止时间为 2016 年 12 月 15 日，届时将关闭申报系统端口和省局审核系统端口。

八、其他事项

（一）项目实施期一般为 2 年，最多不超过 3 年。

（二）申报单位对项目申请书的真实性负责，并对项目实施人员（包括项目负责人）的申报资格负责。

（三）申报单位在申报系统中注册用户名原则上应使用单位名称，且与单位公章一致。每个申报单位原则上只能注册一个账户。已经注册过的申报单位，须使用原注册账户申报。

（四）系统内已有入库项目的单位，需对未进行信息维护的入库项目完成必要的信息完善、维护，方可申报 2017 年度新项目。

（五）项目申请书（包括不受理的项目申请书）不予退回。

联系人：赵清玉、张印昊、冀素琛

联系电话：01083138540、83138308、83138661

邮寄地址：北京市西城区宣武门外大街 40 号

国家新闻出版广电总局规划发展司

邮政编码：100052